高等职业教育城市轨道交通专业规划教材

GAODENG ZHIYE JIAOYU CHENGSHI GUIDAO
JIAOTONG ZHUANYE GUIHUA JIAOCAI

U0677145

URBAN RAIL TRANSIT

· CHENGSHI GUIDAO JIAOTONG CHELIANG GOUZAO ·

城市轨道交通车辆构造（第二版）

主　编　史富强　祁国俊

副主编　李彦武　马仲智

主　审　朱圣瑞

重庆大学出版社

内 容 提 要

本书是在全国铁路职业教育教学指导委员会的指导下编写的高等职业教育城市轨道交通专业规划教材。本书在内容上按项目式教学方式编写,深入浅出地介绍了城市轨道交通车辆各部分的构造、原理及城市轨道交通车辆的动力学等基本理论,全书共 15 个项目,主要包括城市轨道交通车辆基础知识及发展概况、车体、转向架、车辆连接装置、制动系统、空调系统及城市轨道交通车辆动力学基础等。

本书可作为城市轨道交通专业驾驶及检修方向的教材,也可作为职业院校城市轨道交通专业的教学用书,还可供从事城市轨道交通车辆专业工作的广大科技人员学习参考。

图书在版编目(CIP)数据

城市轨道交通车辆构造/史富强,祁国俊主编.—2 版.—重庆:重庆大学出版社,2018.9(2020.1 重印)
高等职业教育城市轨道交通专业系列教材
ISBN 978-7-5624-7449-4

Ⅰ.①城… Ⅱ.①史…②祁… Ⅲ.①城市铁路—铁路车辆—车体结构—高等职业教育—教材 Ⅳ.①U270.3

中国版本图书馆 CIP 数据核字(2018)第 219515 号

城市轨道交通车辆构造
(第二版)

主　编　史富强　祁国俊
副主编　李彦武　马仲智
主　审　朱圣瑞
策划编辑:曾显跃　周　立
责任编辑:谭　敏　姜　凤　　版式设计:曾显跃
责任校对:陈　力　　　　　　责任印制:张　策

*

重庆大学出版社出版发行
出版人:饶帮华
社址:重庆市沙坪坝区大学城西路 21 号
邮编:401331
电话:(023) 88617190　88617185(中小学)
传真:(023) 88617186　88617166
网址:http://www.cqup.com.cn
邮箱:fxk@cqup.com.cn(营销中心)
全国新华书店经销
重庆市国丰印务有限责任公司印刷

*

开本:787mm×1092mm　1/16　印张:25.75　字数:643千
2018 年 9 月第 2 版　　2020 年 1 月第 5 次印刷
印数:8 501—10 500
ISBN 978-7-5624-7449-4　定价:59.80元

编审委员会

序

轨道交通以其快捷、舒适等其他交通工具无法比拟的优越性,成为城市交通发展新的热点和重点。当前我国的城市轨道交通正处在大发展、大建设时期,截至 2012 年年底,全国有 16 座城市共开通运营 70 条线,总里程 2 081.13 km。

随着城市轨道交通行业的迅猛发展,相应运营专业人才的需求也日益紧迫,尤其是具有理论和实践性的复合型人才尤为紧缺。为适应新形势,近年来,国内的大专院校,尤其是交通职业技术类院校的城市轨道交通专业迅速扩大,早出人才、快出人才、出实用型人才成为学校和业界的共同愿望。通过一系列的调研和准备工作,在重庆大学出版社的倡导下,西安市地下铁道有限责任公司联合多省市交通类高职高专院校(如陕西交通职业技术学院、广东交通技师职业技术学院等)建立了校企合作联盟,组织具有丰富实践经验的轨道企业技术人员和职业院校的一线教师,与地铁运营实际紧密结合,共同编写了高等职业教育城市轨道交通专业规划教材。

这套规划教材采用校企结合模式编写,结合全国轨道交通发展状况,推出的面向全国、面向未来的教材,既汇集了高校专业教师们的理论知识,也汇聚了城市轨道交通专业技术部门创业者们的宝贵经验。

为做好教材的编写工作,重庆大学出版社专门成立了由著名专家组成的教材编写委员会。这些专家对城市轨道交通专业教学作了深入细致的调查研究,对教材编写提出了许多建设性意见,慎重地对每一本教材一审再审,确保教材本身的高质量水平,对教材的教学思想和方法的先进性、科学性严格把关。

"校企合作""理论与实践相结合"是本套系列教材的特点,不但可以满足当前城市轨道交通运营技术管理的需要,也为今后的城市轨道交通运营发展管理提出了新思考。随着运营管理的要求越来越高,以及新技术的不断应用,本系列教材必然还要不断补充、完善,希望该套教材的出版能满足广大职业院校培养城市轨道交通专业人才的需求,能成为城市轨道交通运营技术管理人员的"良师益友"。

建设部地铁轻轨研究中心　顾问总工
建设部轨道交通建设标准　主　编
建设部轨道交通专家委员会　专家委员

2013 年 7 月 26 日

前言

当前,我国城市轨道交通正处于飞速发展的大好时机,地铁、轻轨、单轨和磁悬浮等各种城市轨道交通系统如雨后春笋般出现在全国各大城市。城市轨道交通系统是集线路、车辆、供电、通信信号、自动售检票、运营管理等多种专业工种于一体的综合系统;而且不断有新工艺、新技术运用在城市轨道交通各个专业,因此急需建设、运营和维修方面的人才。但由于城市轨道交通在我国还是个新生事物,缺乏前期经验积累,目前关于城市轨道交通车辆技术方面的专门教材甚少,尚不能满足城市轨道交通专业教育和培训的需要,因此,我们组织在城市轨道交通方面有教学经验的老师和在城市轨道交通一线工作的工作人员共同编写了《城市轨道交通车辆构造》这本教材,试图填补这方面的空缺。

《城市轨道交通车辆构造》是属于职业教育城市轨道交通专业规划教材,按项目式教学方式编写,全书共分15个项目,深入浅出地介绍了城市轨道交通车辆各部分的构造、原理及城市轨道交通车辆的动力学基本理论。本教材的特点是:基础理论适度、强化基础及共性的知识、专业针对性强、以培养能力为主、反映本学科技术领域的现状及发展,在编写时采用了大量形象生动的工作原理图。主要内容包括城市轨道交通车辆基础知识及发展概况、车体、转向架、车辆连接装置、制动系统、空调系统及城市轨道交通车辆动力学基础等。

本教材由西安铁路职业技术学院史富强和西安地下铁道有限公司祁国俊共同担任主编,充分体现了本系列教材校企合作的特色,全书由史富强统稿。由西安铁路职业技术学院史富强、马仲智和西安地铁公司运营分公司车辆部李彦武、王利东、马进火、张亮、都荣兴、吴敏、杨少选等共同完成。具体分工如下:史富强编写项目3、项目5、项目6;李彦武编写项目1、项目2、项目4;王利东、马仲智共同编写项目12、项目14;吴敏、杨少选共同编写项目9;张亮、马仲智共同编写项目 7、项目 8;马进火、杨少选共同编写项目 10、项目 11,都兴荣编写项目 13、项目 15。本书由武汉轻轨公司朱圣瑞担任主审。

本书可作为城市轨道交通专业驾驶及检修方向的教材,也可作为职业院校城市轨道交通专业的教学用书,还可供从事城市轨道交通车辆专业工作的广大科技工作人员学习参考。

由于编者水平有限,书中难免有不足和疏漏之处,敬请各位读者批评指正。

编　者

2018 年 6 月

目录

项目 **1**
现代城市轨道交通发展概况

【项目描述】

城市公共交通系统是城市发展的形象窗口之一,对城市的政治经济、文化教育、科学技术等方面的发展影响极大,也是城市基础建设的一个重要方面。城市客运交通包括公共交通和非公共交通两大部分。城市公共交通是城市客运交通的主体,主要包括在城市中提供给公众使用的各种交通工具,如公共汽车、电车、轮渡、地铁、轻轨、出租汽车以及缆车、索道等;城市公共交通是城市基本功能的重要组成部分,对促进城市的经济发展和保证人们工作、学习与生活正常化起着相当重要的作用;随着社会经济的发展,城市人口不断增多,生活质量逐步提高,人们对城市客运交通服务的要求也越来越高,大运量的地铁、轻轨等轨道交通运输方式,既解决了城市中日益增长的客运需求,而且以其快捷、准时、舒适、安全等特点而备受人们青睐;城市轨道交通不但可以为城市居民提供安全、高效、快捷、优质的客运服务,而且可以为城市进一步发展提供良好的基础交通设施条件。目前,从世界各国的较发达城市交通发展来看,这些城市均形成以轨道交通为主,其他各种交通工具协调发展的格局,形成多层次、立体化综合交通体系。经济发达国家城市的交通发展历史告诉我们,只有采用大客运量的城市轨道交通(地铁和轻轨)系统,才是从根本上改善城市公共交通状况的有效途径。

【学习目标】

通过本项目的学习要求掌握以下基本知识:

1. 掌握城市轨道交通系统的主要特点。
2. 掌握城市轨道交通系统的主要形式。
3. 掌握城市轨道交通发展的新趋势。
4. 掌握我国目前城市轨道交通发展概况。

1

【技能目标】

1. 能根据轨道交通的发展趋势提出我国某个城市应该选择的交通方式。
2. 能描绘出新型轨道交通在我国的应用前景。

任务 1　城市轨道交通运输形式的认知

【活动场景】

本任务建议在以下两种场景下完成：①在城市轨道交通车辆生产车间或检修现场；②在能够使用多媒体展示城市轨道交通车辆车体的使用与生产或有城市轨道交通车辆模型的模型室进行。

【任务要求】

1. 了解城市轨道交通发展。
2. 掌握城市轨道交通系统中地铁、轻轨、独轨等的主要特征及使用范围。
3. 能根据城市发展的特点进行城市轨道交通车辆的基本选型。

【知识准备】

在城市内，建设在固定轨道上运行并主要用于城市客运的交通系统，称为城市轨道交通系统。城市轨道交通系统具有固定线路，编组化运行、运量大、速度快、电力牵引、环保、全隔离路权等特点。

"城市轨道交通系统"是一个包含范围较大的概念，目前在国际上尚无统一定义。一般而言，广义的城市轨道交通是指以轨道运输方式为主要技术特征，在城市公共客运交通系统中具有中等以上运量的轨道交通系统，主要为城市内（有别于城际铁路，但可涵盖郊区及城市圈范围）公共客运服务，是一种在城市公共客运交通中起骨干作用的现代化立体交通系统。城市轨道交通系统（Urban Rail Transitmass System 或 Transit System）简称城轨交通，主要包括地铁、轻轨铁路、独轨铁路、新交通系统及城市铁路等。

城轨交通是近代高科技的产物，大多采用全封闭道路，立体交叉，自动信号控制调度系统和轻型快速电动车组等高科技产品和手段，行车密度大，运行速度快，载客能力大，运送客流的能力与传统的道路公共交通工具相比，具有无与伦比的优越性。另外，城市轨道交通一般均采用性能优良的电动车组，无污染、低噪声，有"绿色交通"的美称。以大运量、高效率、低污染等优势而成为许多大城市解决交通问题的首要选择。表 1.1 为城市轨道交通系统的主要技术参数。

表 1.1　城市轨道交通系统的主要技术参数

系统类型	高运量地铁	大运量地铁	中运量轻轨	次中量轻轨	低运量轻轨
车辆类型	A 型车	B 型车	C-Ⅰ,C-Ⅱ型车	C-Ⅱ型车	现代有轨电车
最大客运量/(单向万人次·h^{-1})	4.5～7.5	3.0～5.5	1.0～3.0	0.8～2.5	0.6～1.0

续表

系统类型		高运量地铁	大运量地铁	中运量轻轨	次中量轻轨	低运量轻轨
车辆类型		A 型车	B 型车	C-Ⅰ,C-Ⅱ型车	C-Ⅱ型车	现代有轨电车
线路	线路形态	隧道为主	隧道为主	地面或高架	地面为主	地面
	路用情况	专用	专用	专用	隔离或少量混用	混用为主
	平均站距/m	800 ~ 1 500	800 ~ 1 200	600 ~ 1 000	600 ~ 1 000	600 ~ 800
车辆	车辆宽度/m	3	2.8	2.6	2.6	2.6
	车辆定员/人	310	240	320	220	104 ~ 202
	最大轴重	16	14	11	10	9
	最高速度/(km·h^{-1})	80 ~ 100	80	80	70	45 ~ 60
	平均运行速度/(km·h^{-1})	34 ~ 40	32 ~ 40	30 ~ 40	25 ~ 35	15 ~ 25
	轨距/mm	1 435	1 435	1 435	1 435	1 435
供电	额定电压/V	DC1500	DC750	DC750	DC750(600)	DC750(600)
	受电方式	架空线	第三轨	架空线/第三轨	架空线	架空线
	列车运行方式	ATO/司机驾驶	ATO/司机驾驶	ATO/司机驾驶	司机驾驶	司机驾驶
	行车控制技术	ATC	ATC	ATP/ATS	ATP/ATS	ATS/CTC
运营	列车最大车辆编组	6 ~ 8	6 ~ 8	4 ~ 6	2 ~ 4	2
	列车最小行车间隔/s	120	120	120	150	300

城市轨道交通运输形式

城市轨道交通系统主要包括地铁、轻轨、独轨、新交通系统和磁悬浮等。

1)地铁交通

"地铁"是"地下铁道交通"的简称,是一种在城市中修建的快速、大运量的轨道交通,通常以电力牵引,其单向高峰客运能力可达 3 万 ~ 7 万人次/h 的大容量轨道交通系统,线路通常设在地下隧道内,也有的设在城市中心以外地区从地下转到地面或高架桥上。

【小贴士】地铁的概念不仅是指在地下隧道内运行的城市轨道交通系统,地铁的线路根据城市的具体情况也可能在地面封闭线路或高架桥上。

地铁的英语简称是 Metro、Subway 或 Underground Railway,目前国内地铁使用比较多的是 Metro。地铁系统 1863 年诞生于英国伦敦,蒸汽机车牵引,长度只有 6 km,1879 年电力机车研制成功以后,地铁多采用电力牵引,大大改善了地铁的客运环境和服务设施。目前,世界上一些著名的特大城市纽约、伦敦、巴黎、莫斯科、东京、中国北京和上海等,均已形成一定的城市轨道交通规模和网络,且以地铁为主干,可延伸到城市的各个方向。经过 100 多年的发展,全球范围内已有 40 多个国家和地区的大城市都建有地下铁道,已建成地铁线路总里程约 5 000 km。

地铁的主要优点:①电力牵引、轮轨导向、轴重相对较重,驱动的主要方式有直流电机、交流电机、直线电机等;②具有一定规模运量。地铁的单向运能在3万人次/h以上,最高可达6万~8万人次/h;③按运行图行车,一般4~10辆编成一组,运行在地下隧道内,或根据城市的具体条件,运行在地面或高架线路上;④速度高。地铁的最高速度可达90 km/h,旅行速度可达40 km/h以上,车辆运行最小间隔可低于1.5 min。⑤安全、准时、节省能源、不污染环境、节省城市用地。

地铁的主要缺点:造价昂贵,每千米投资在3亿~6亿元,建设成本高,建设周期长。

地铁适用于出行距离较长、客运量需求大的城市中心区域。一般认为,人口超过百万的大城市就应该考虑修建地铁。地铁的主要技术参数见表1.2。

表1.2 地铁的主要技术参数

顺序	项 目	技术参数	顺序	项 目	技术参数
1	高峰单向运送能力/(万人次·h⁻¹)	3~7	9	安全性和可靠性	较好
2	列车编组	4~8节,最多11节	10	最小曲线半径/m	300
3	列车容量/人	3 000	11	最小竖曲线半径/m	3 000
4	车辆构造速度/(km·h⁻¹)	80~100	12	舒适性	较好
5	平均运行速度/(km·h⁻¹)	30~40	13	城市景观	无大影响
6	车站平均间距/m	600~2 000	14	空气污染、噪声污染	小
7	最大通过能力/(对·h⁻¹)	30	15	站台高度	一般为高站台
8	与地面交通隔离率	100%			

近年来,许多发展中国家的大城市都在规划、新建地铁,以缓解其大城市日趋严重的交通压力,如墨西哥、里约热内卢、加尔各答以及中国香港等都已建成地铁。图1.1为墨西哥地铁车辆。

图1.1 墨西哥地铁车辆

地铁的主要特征表现在以下7个方面:

①大部分线路建于地面以下。在市中心区时车站和区间线路均设于地下,当线路延伸到近郊时,常采用高架或路堤,以节约线路建设的投资成本。

②建设费用高、耗时周期长、成本回收慢。新建地铁线路投资一般在每千米5 000万美元以上;一般建造一条地铁线路需5～10年,成本回收需20～30年。

③客运量和站台的长度决定了列车的编组数。一般车辆编组为2～8辆。站台长度一般为100～200 m,站间距一般为0.5～1.5 km。车辆编组按有、无动力装置可分为动车与拖车两种,一般列车采用动车与拖车混合编组的动车组,并为电力驱动。

④受电的制式主要有直流750 V第三轨受电和直流1 500 V架空线受电弓受电。对于发车频率高、列车取用电流大的线路,受电额定电压一般采用1 500 V,以利于减少线路电压降和电能损失,加大牵引变电站的距离,提高列车再生制动的电能回收率。

⑤行车密度大、速度高。由于线路全隔离、全封闭,从而可实现行车调度、信号控制的自动化,行车间隔最短达1.5～2 min,车辆最高时速达80 km以上,旅行速度不低于35 km/h。

⑥客运量大。单向最大客运量可达3万～8万人次/h,这对于大城市中心区高峰期乘客的疏通十分有效。

⑦地铁的消音、减振和防火有严格的要求,能满足客运容量大、安全、快速、舒适和节能等方面的要求。

下列是几个典型城市地铁线路的主要参数,见表1.3。

表1.3　典型城市地铁线路主要参数表

序号	城市名称	运营年份	运营线路长度/km	轨距/mm	牵引供电		运营(行驶)速度/(km·h⁻¹)
					电压/V	方式	
1	纽　约	1904	592.0	1 435	625	第三轨	29.0
2	芝加哥	1892	143.0	1 435	600	接触网/第三轨	45.0
3	墨西哥城	1969	202.0	1 995/1 435	750	第三轨	35.0
4	伦　敦	1865	392.0	1 435	600	第三轨	32.5
5	巴　黎	1900	338.0	1 440	750	第三轨	42.0
6	柏　林	1902	180.0	1 435	750	第三轨	31.0
7	莫斯科	1935	274.0	1 520	825	第三轨	48.0
8	东　京	1927	243.0	1 067/1 435	600/1 500	第三轨/接触网	45.0
9	香　港	1979	38.6	1 435	1 500	接触网	33.0

2)轻轨交通

现代城市轻轨交通是一种集多专业先进技术于一体的系统工程,在信号自动控制和集中调度配合下,能快速而安全地完成中等运量的旅客运输任务,客运量介于地铁和公共汽车之间。

城市轻轨交通是在20世纪70年代有轨电车的基础上发展起来的。有轨电车1881年诞生于德国,1888年投入商业运营,20世纪末和21世纪初发展较快,在当时的城市公共交通中起骨干作用。但由于有轨电车的线路占地多,运行速度低,噪声大,乘坐舒适性差等缺点,因此随着汽车工业的发展和居民生活水平的不断提高,有轨电车在一些城市被拆除,当然也有一些城市因为有轨电车的节约能源、无污染、造价低廉等特点仍在继续使用。近年来,随着汽车数量的大幅增加,交通堵塞,行车速度下降,空气和噪声污染严重,停车位、停车场严重不足等问题的出现,使得一些国家和地区又重新考虑使用有轨电车,图1.2是奥格斯堡的7节低地板现代有轨电车,另外还有一些更为先进,采用线路隔离,自动化信号调度系统和高新技术的车辆等改造措施,从而形成轻轨交通系统LRT(Light Rail Transit)和轻轨车辆LRV(Light Rail Vehicle)。

轻轨交通的主要特点是其轨道和车辆都是轻型的,运输系统相对也比较简单,较适宜于中等运量的城市客运交通。联邦德国是轻轨交通发展较早且使用较普遍的国家,已投入运营的线路超过1 000 km,较集中于柏林、慕尼黑和鲁尔地区。目前,发展中国家的轨道交通主要集中在200万人口以上的城市,一般只在特大城市发展地铁,更多的则是发展轻轨交通。如图1.2所示为欧洲国家普遍使用的低地板轻轨车辆。

图1.2 低地板轻轨车辆

城市轻轨交通具有以下特征:

①类比于地铁,采用转向架承载。轻轨车辆轴重一般为10~12 t,车辆以直流或交流提供牵引动力。

②建设费用低,仅为地铁的1/5~1/2。

③单向运输能力一般为2万~4万人次/h,介于地铁和公共汽车(4 000~8 000人次/h)之间,属于中等运能的一种公共交通形式。

④轻轨线路可以为地面、地下和高架混合型,一般与地面道路完全隔离,采用半封闭或全封闭专用车道。在通过交叉路口处,采用立体交叉形式,保证车辆以较高速度运行。

⑤轻轨车辆有单节4轴车,双节单铰6轴车和3节双铰8轴车等,如图1.3所示。每组车可以单节运行,也可以联挂编列。车辆能够通过小半径曲线($R = 50$ m)和大坡度(60‰~70‰)地段。

⑥轻轨交通对环境影响小,尤其对车辆和线路的消音和减振在建设方面有较高要求。采用降噪车轮、空气弹簧、自导向和迫导向径向转向架等措施,以减轻列车运行和通过曲线的噪声。采用无缝长钢轨线路,弹性钢轨扣件和路基弹性层、弹簧路基,达到减少噪声和振动的传递。必要时在轨道两侧设置隔音挡板。将车内噪声范围控制在67~75 dB;车速达到50 km/h

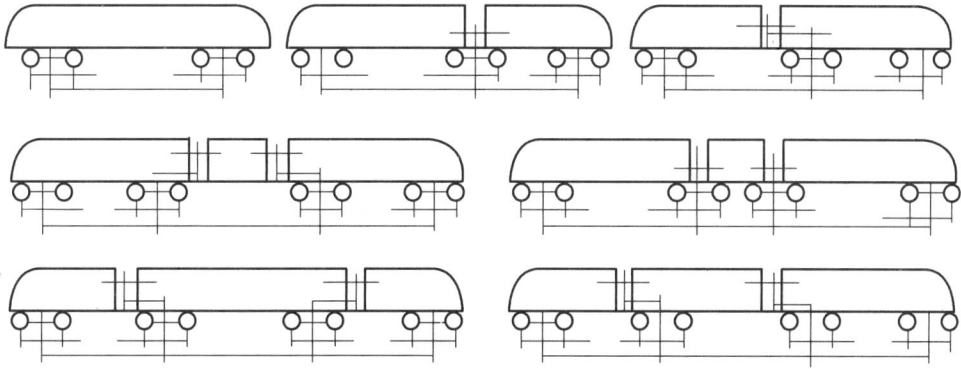

图 1.3　几种基本的轻轨牵引单元组成形式

时,距离车辆 7.5 m 处噪声应为 76～80 dB。

⑦电压制式以直流 750 V 架空线(或第三轨)供电为主,也有部分采用直流 600 V 和直流 1 500 V 供电。

⑧轻轨车站分为地面、高架和地下 3 种形式,与地面道路可部分混行,也可完全隔离。在新建轻轨交通工程中,铺设在地面上的轨道,根据道路条件主要有两种情况:一是半封闭式的专用道,其他车辆不得进入,仅在道路交叉口处设置道口,并利用信号控制技术,保证轻轨车辆优先通行;二是封闭式专用车道,在通过交叉路口处,采用立体形式,保证车辆以较高的速度运行。

由于轻轨交通具有投资少、建设周期短、灵活性强、运行成本低的特点,在关键地段和市中心区可采用高架或地下线路,使之具备专用车道,再配合信号调度控制系统的自动化,使之能适应运量大、速度快、安全、准点的要求。因此,近几年来世界各国城市的轻轨交通得到迅速发展,欧洲、北美和发展中国家有百余座城市正在规划或建造 LRT 交通,其中就包括我国十余座城市。下列是几个城市轻轨线路的主要参数,见表 1.4。

表 1.4　城市轻轨线路主要参数表

序号	城市名称	运营年份	运营		轨距/mm	牵引供电		运营(行驶)速度/(km·h^{-1})
			线路长度/km	车站数		电压/V	方式	
1	温哥华	1986	22.5	16	1 435	600	第三轨	41.0
2	鹿特丹	1969	22.5	23	1 435	750	接触网	24.0
3	墨尔本	1981	17.1	5	1 600	1 500	接触网	28.0
4	开罗	1987	42.5	34	1 435	1 500	接触网	34.0
5	埃森/慕尼黑	1977	27.0	33	1 435/1 000	750	接触网	28.0
6	萨克拉门托	1987	29.4	27	1 435	750	接触网	27.0
7	南特	1984	10.6	22	1 435	750	接触网	24.0

续表

序号	城市名称	运营年份	运营		轨距/mm	牵引供电		运营(行驶)速度/(km·h⁻¹)
			线路长度/km	车站数		电压/V	方式	
8	香 港	1988	23.0	41	1 435	750	接触网	25.0
9	马尼拉	1985	15.0	18	1 435	750	接触网	39.0
10	神 户	1968	18.5	25	1 435	1 500/600	接触网/第三轨	43.0/32.0

3)独轨交通

独轨交通是一种车辆在特制轨道梁上运行的中运量轨道运输系统,轨道梁不仅是车辆的承重机构,同时也是车辆运行的导向轨道,独轨交通主要有车辆跨坐在单梁上运行的跨座式和车辆悬挂在单片梁上的悬挂式两种类型。车辆的旅行速度为 27~37 km/h,最大输送能力为2 万~3 万人/d。独轨交通的发展至今已有 150 余年的历史,目前中国、美国、瑞典、意大利等都建造有独轨交通系统,线路一般长约 10 km,主要用于城市繁忙地段和游览观光。

独轨交通一般均采用高架轨道结构,按结构形式可分为跨座式和悬挂式两种类型。跨座式的车辆走行装置(转向架)跨骑在走行轨道上,车体重心位于走行轨上方;而悬挂式的车体悬挂于轨道梁的下面,重心处于走行轨道梁的下方。独轨交通一般较适宜于公园、博览会、游乐场等作为游览、观光及兼顾短途城市交通之用。

①跨座式独轨。如图 1.4 所示是跨座式独轨交通系统,起源于德国,目前日本有 5 个城市,美国有 4 个城市、澳大利亚的悉尼、英国的奥尔顿·托尔和我国的重庆轻轨 2 号线都采用这种类型,但在结构上存在很大的差别。

图 1.4 跨座式单轨交通

②悬挂式独轨。如图 1.5 所示是悬挂式独轨交通系统,起源于法国,特点是走行轨道梁为钢制箱型断面,底部开口,充气轮胎组成的转向架在轨道梁内走行,车体悬挂在转向架下方,走行平稳,噪声低。日本的湘南江岛线和千叶线均采用该形式。

独轨交通的主要优点有:①能适应城市地形较复杂的地形环境。在大坡道和小曲线半径的区段发挥正常性能。②占地面积小。独轨的线路结构窄,可架设在道路上方和道路中间的绿化带上方,线路支柱占地宽度仅 1~1.5 m,可减少建设线路所必需的拆迁。③建设工期短、施工简便、造价低。由于独轨线路构造较简单,标准轨道梁可在工厂预制,现场拼装,建造容易,建设费用较低,仅为地铁的1/3左右,工期短。④运量适中。独轨编组一般为 4~6 辆,最高试验速度 80 km/h,旅行速度 35 km/h 左右,属于低运量或中运量,单向客流量为 1.0 万~3.0 万人/h,运量介于轻轨交通和公共汽车之间。⑤运行时噪声低。独轨交通车辆的走行装置采用空气弹簧和橡胶轮结构,并采用电力驱动,运行噪声低,无废气,乘坐舒适。⑥独轨铁路架于空中,视野宽广,具有交通和旅游观光的双重作用。⑦运输安全、无脱轨事故。由于单轨交通车辆转向架起稳定作用的导向轮作用在特殊结构轨道梁两层,能保证车辆的运行安全,没有脱轨的危险。

独轨铁路交通的主要缺点有:①能耗大,且运行产生的粉末存在轻度污染。由于其走行装置采用橡胶轮,它与混凝土轨面的滚动摩擦阻力比钢轮与钢轨大,故其能耗比一般轨道交通增加40%,且有轻度的橡胶粉尘污染。②运能较小,一般单向最大客运量为 1 万~2 万人次/h。③道岔结构复杂、笨重、转换时间较长,从而延长了列车折返时间。④列车运行至区间时发生事故,疏散和救援工作比较困难。⑤不能与地铁、轻轨等接轨。

4)磁悬浮交通

如图 1.6 所示,磁悬浮列车是一种靠磁场的吸力和斥力而使车体悬浮于运行轨道之上的新型城市轨道交通系统。磁悬浮列车在运行时不需接触轨面,运行时阻力只有空气的阻力。因此,磁悬浮列车的最高速度可达 500 km/h 以上。磁悬浮技术源于德国,磁悬浮交通一般分为:高速超导型,最高速度为 550 km/h;中速超导型,最高速度为 250 km/h;低速超导型,最高速度为 100~120 km/h。

| 图 1.5 悬挂式地铁车辆 | 图 1.6 磁悬浮车辆 |

磁悬浮交通的最大特点是运行中完全脱离传统的轮轨关系,噪声极低,仅为空气摩擦声和电器噪声等,无黏着限制,可实现最大的启动加速度和制动减速度,可在大坡度线路运行,机械振动小,舒适性和平稳性高,维修费用低。

城市磁悬浮系统采用电力驱动,牵引、制动采用交流直线电机,进行调频调压控制。磁悬浮采用电磁铁调压控制,依靠磁力自导向,列车编组与地下铁道相近。其最大的缺点是救援工作开展困难。

5)新交通系统

新交通系统是指车辆采用橡胶轮承载、电力牵引,在有特殊导向的专用轨道上运行的系统。

新交通系统的车辆可在线路上无人驾驶、无人管理,完全由中央控制室计算机集中控制自动运行。新交通系统与独轨交通系统有许多相同之处:均采用高架线路,列车编组 2 ~ 6 辆,单向运能在 1 万人次/h 左右。新交通系统与独轨交通最大的区别在于除走行轨外,还设有导向轨。另外,新交通系统的自动化程度也比较高。新交通系统的导向系统可分为中央导向方向和侧面导向方向。如图 1.7 和图 1.8 所示分别为日本中央导向和侧向导向方式的新交通系统。

图 1.7　中央导向方式交通系统　　　　　图 1.8　侧向导向方式

　　新交通系统是为了适应多样化的交通运输需求,使线路和车辆提供最高的运输效率和良好的服务质量的公共运输系统和设备系统。这种轨道运输系统多数设置在道路和公共建筑物上部,具有中等运量,能自动驾驶,也称为导轨式交通系统。

【任务实施】

　　1.利用计算机网络技术,查阅世界城市轨道交通发展的资料,并组织学生对搜集到的资料进行交流并开展讨论,进行图片展示等活动。

　　2.教师引导学生总结和概括。

【效果评价】

评价表

项目名称	现代城市轨道交通发展概况	学生姓名	
任务名称	任务 1　城市轨道交通运输形式的认知	分数	
项　目		分值	考核得分
1.城市轨道交通相关知识的搜集、整理		10	
2.是否有小组计划		5	
3.城市轨道交通运输形式的了解		20	
4.我国城市轨道交通运输形式的特点		50	
5.编制学习汇报报告情况		10	
6.基本素养考核情况		5	
总体得分			
教师简要评语:			
		教师签名:	

任务 2　我国城市轨道交通发展展望

【活动场景】

本次任务主要是了解我国城市轨道交通的发展,因此建议在我国具体某个城市道路交通或轨道交通发展规划的展览室进行现场教学,或用多媒体展示我国城市轨道交通发展与使用情况。

【任务要求】

1. 能说明我国城市轨道交通的发展情况。

2. 会初步根据特定城市与区域的特殊情况,进行我国特定城市轨道交通车辆的选型工作。

【知识准备】

近年来,随着我国国民经济的飞速发展,城市化进程逐步加快。在大城市中,地面建筑越来越密集,人口越来越多,交通量越来越大,交通拥堵对社会效益和经济效益都带来了很大的影响。据统计,我国国内每年因交通拥堵造成的经济损失将近 1 000 亿元。随着我国城市化进程的加快,城市流动人口大大增加,城市交通工具选择就显得尤为重要,现在城市内一些私人交通工具,比如自行车、小汽车等都对城市交通系统造成巨大的压力,是我国城市交通面临的主要问题之一。如果在城市交通基础设施建设、管理和新型交通工具选用等方面采取积极的措施,城市道路交通状况必将大大改善,从而促进我国城市经济的发展、改善人们居住环境和提高生活质量。解决城市交通拥堵,有各种各样的方法,其中城市轨道交通系统由于在土地利用、能源消耗、空气质量、景观质量、客运质量等方面具有优势,正逐步成为许多大城市交通发展战略中的骨干,并以地铁、城市快速轨道交通、高架轻轨等为主的多元化发展趋势。

我国城市轨道交通的建设从 20 世纪 50 年代开始筹划,1965 年 7 月,北京市开始兴建新中国第一条地下铁道,1969 年建成。经过近 50 多年,特别是近 10 年的发展,截至 2019 年底,我国已有 38 座城市拥有近 200 条运营线路,总里程达到 6 000 km。根据国外城市交通发展的经验以及我国城市经济与社会发展客观需求,在我国大中城市发展大、中客运量的轨道交通系统已是刻不容缓的举措。我国的城市轨道交通,经历了 50 多年的发展历程。总结发展过程,大致经历以下几个阶段:

1)起步阶段

从 20 世纪 50 年代,我国开始筹备地铁建设,规划了北京地铁网络。1965—1976 年建设了北京地铁一期工程(54 km)。当时地铁建设的指导思想更注重人防功能。随后建设了天津地铁(7.1 km,现已拆除重建)、哈尔滨人防隧道等工程。上海也从 20 世纪 60 年代开始进行了地铁的研究和试验,并建成一段试验段,但后来由于"文化大革命"等被迫终止。这一时期修建地铁的主要目的是用于备战,完全靠政府补贴。该阶段施工技术落后,主要采用明挖法。

2)开始建设阶段

20 世纪 80 年代末至 90 年代初,由于城市规模限制及道路等基础设施比较薄弱,北京、上海、广州等特大城市的交通问题非常突出。以上海轨道交通 1 号线(21 km)(见图 1.9)、北京地铁复八线(13.6 km)(见图 1.10)和地铁一期工程改造、广州地铁 1 号线(18.5 km)(见图 1.11)等建设项目为标志,我国真正以城市交通为目的的地铁项目开始建设。台湾地区台北市也于 1997 年 3 月开通了第一条地铁线路(见图 1.12)。

图 1.9　上海地铁 1 号线车辆

图 1.10　北京地铁复八线车辆

图 1.11　广州地铁 1 号线车辆

图 1.12　台北地铁车辆

3）建设高潮开始阶段

进入 20 世纪 90 年代，随着上海、广州地铁项目的建设，一些城市包括沈阳、天津、南京、重庆、武汉、深圳、成都、青岛等开始计划建设轨道交通项目，并进行了大量的前期工作。

4）调整阶段

由于各大城市要求建设的地铁项目较多，且在建地铁项目的工程造价较高，1995 年 12 月国务院发布国办〔60〕号文，暂停了地铁项目的审批，并要求做好发展规划和国产化工作。同时，国家计委开始研究制订城市轨道交通设备国产化政策。至 1997 年底，提出以深圳地铁 1 号线（19.5 km）（见图 1.13）、上海轨道交通 3 号线（24.5 km）和广州地铁 2 号线（23 km）（见图 1.14）作为国产化依托项目，并于 1998 年批复了上述 3 个项目的立项，此后，城市轨道交通建设项目重新开始启动。图 1.15 为西安地铁 2 号线 B 型车辆。

图 1.13　深圳地铁 1 号线

图 1.14　广州地铁 2 号线

图 1.15　西安地铁 2 号线 B 型车辆

5）建设高潮阶段

随着实施积极的财政政策以进一步扩大内需，国家于 1999 年开始陆续批准一批城市轨道交通项目开工建设。1999 年以后，国家先后审批了深圳、上海、广州、重庆、武汉等 10 个城市的轨道交通项目开工建设，并投入 40 亿元国债资金予以支持，目前包括北京、上海、广州在内，全国已建和在建轨道交通项目的城市有 10 个，新申请立项准备建设的城市有 8 个，建设速度大大超过前 30 年。

据《中国城市轨道交通年度报告 2019》统计，截至 2019 年底，仅在中国内地，已有 38 个城市拥有近 200 条运营线路，总里程达 6 000 km。目前，已发展和规划发展城市轨道交通的城市总数已经超过 50 个，全部规划线路超过 400 条，总里程超过 13 000 km。

目前中国内地已有城市轨道交通运营线路的城市有 38 座，分别是：北京、上海、西安、长春（见图 1.16）、天津（见图 1.17）、广州（见图 1.18）、重庆（见图 1.19）、大连（见图 1.20）、深圳、南京、武汉、沈阳、成都、佛山、苏州、杭州、兰州、哈尔滨、宁波、郑州、青岛、东莞、昆明、无锡、合肥、南昌、南宁、长沙、福州、贵阳。表 1.5 是近期我国城市轨道交通统计情况。

图 1.16　长春市低地板轻轨车辆

图 1.17　天津滨海轻轨车辆

2007 年 7 月，国家发改委同意西安市地铁 2 号线一期工程可行性研究报告。西安市地铁 2 号线北起新建的郑西客运专线铁路北客站，南至西安市长安区的韦曲南，沿西安市南北向主

图 1.18　广州地铁 5 号线直线电机车辆

图 1.19　重庆跨座式轻轨车辆

图 1.20　大连低地板有轨电车

客流走廊布设,线路通过铁路北客站、行政中心、经济开发区、钟楼、小寨商业文化中心、曲江新区、西安国际展览中心、长安区等大型客流集散点,连接了将在 2010 年建成的郑西铁路客运专线北客站、市行政中心和 3 个开发区,2 号线作为线网中的骨干线,与 1 号线构成轨道交通网络中的十字骨架。2 号线近期建设线路全长 26.3 km,全部为地下线,全线近期共设 21 座车站,共有 5 座车站分别与其他轨道交通线换乘,远期向陈家堡方向延伸,增设 3 座车站。2 号线设车辆段及停车场各一座,车辆段选址在北郊经济技术开发区,停车场选址在长安区。控制中心设置在车辆段西北角,同时作为1号、2号、3号线的控制中心。全线共设两座主变电站,分别设置在张家堡及长延堡。列车编组初近远期均采用6辆,3动3拖。工程自2006年下半年开工建设试验段,2011年9月16日全线建成通车运营。

表1.5 近期我国城市轨道交通统计情况

城 市	车辆技术参数	车型/轴重/t	供电(DC)/V	牵引电机额定功率/kW	牵引调速控制方式	最高速度/(km·h⁻¹)
北京市	复八线	B/14	第三轨/750	180	VVVF	80
	八通线	B/14	第三轨/750	180	VVVF	80
上海市	2号线	A/16	接触网/1500	190	VVVF	80
	3号线	A/16	接触网/1500	185	VVVF	80
	4号线	A/16	接触网/1500	190	VVVF	80
	5号线	B/14	接触网/1500	155	VVVF	80
	8号线	B/14	接触网/1500	155	VVVF	80
广州市	1号线	A/16	接触网/1500	220	VVVF	80
	2号线	A/16	接触网/1500	220	VVVF	80
	3号线	B/14	接触网/1500	230	VVVF	120
	4号线	直线电机	第三轨/1500	120	VVVF	90
天津市	滨海线	B/14	接触网/1500	200	VVVF	100
	1号线	B/14	第三轨/750	180	VVVF	80
武汉市	1号线	B/14	第三轨/750	200	VVVF	80
大连市	3号线	B/14	接触网/1500	200	VVVF	100
南京市	南北线	A/16	接触网/1500	185	VVVF	80
长春市	轻轨线	低地板	接触网/1500	180	VVVF	80
重庆市	1号线	跨座式	接触网/1500	180	VVVF	80
西安市	2号线	B/14	接触网/1500	180	VVVF	80

近年来,我国城市轨道交通得到快速发展,我国对磁悬浮铁路技术的研究还处于初级阶段。经过铁科院、西南交大、国防科大、中科院电工所等单位对常导低速磁悬浮列车的悬浮、导向、推进等关键技术的基础性研究,已对低速常导磁悬浮技术有了一定认识,初步掌握了常导低速磁悬浮稳定悬浮的控制技术。1994年西南交通大学成功地进行了4个座位、自重为4 t、悬浮高度为8 mm、时速为30 km的磁悬浮列车试验,之后由铁科院主持、长春客车厂、中科院电工所、国防科技大学参加,共同研制了长6.5 m、宽3 m、自重4 t、内设15个座位的6 t单转向架磁悬浮试验车,并在铁科院环行试验线的室内磁悬浮实验线路上成功地进行了试验,于1998年12月通过了铁道部科技成果鉴定。以上这些成绩的取得使我国成为德、日、英、苏联、

韩国之后第 6 个研制成功磁悬浮列车的国家。

我国上海引进德国技术修建了一条常导磁悬浮列车商运示范线,是目前世界上唯一一条用于商业运营的磁悬浮列车线路,于 2002 年 12 月 31 日进行首次试运行,其车辆如图 1.21 所示。该线西起上海地铁 2 号线龙阳路站南侧,东到浦东国际机场一期航站楼东侧,正线全长 29.863 km。

建立城市轨道交通系统是解决大城市公共交通的根本途径,对于特大城市可以规划建设地下铁路,但由于地铁造价高昂,建设周期长,许多城市的经济实力难以承受,这就给运量适中、造价低廉的轻轨交通的发展带来良好的机遇。国外的经验表明,对于上百万左右人口的城市,发展轻轨交通是最为适宜的。表 1.6 是几种城市公共交通形式的运送能力、服务范围及投资比较的数据。

图 1.21　上海磁悬浮列车

表 1.6　城市公交系统运送能力、服务范围及投资比较表

城市公交形式	线路结构特征	列车编组/辆	单向客运量/(人次·h^{-1})	旅行速度/(km·h^{-1})	乘坐适宜时间/min	可能达到的距离/km	投资总造价/(美元·km^{-1})	建设周期/a	投资回收/a
地　铁	地下隧道为主,部分高架或地面	2~8	3 万~8 万	35~40	10~30	30	3 000 万~10 000 万	10~15	20~30
快速轻轨交通	高架和路堤为主,部分地下	1~4	2 万~4 万	30~35	20~60	50	1 000 万~1 500 万	3~5	10~15
独轨交通	跨座式或悬挂式全部高架支柱支撑	4~6	1 万~2 万	30~35	10~30	15	1 500 万~2 000 万	3~5	10~15
公共汽车无轨电车	城市道路	1	6 千~8 千	12~20	10~30	15			

我国城市公共交通必将以轨道交通作为骨干,以其他交通方式为辅佐,形成一个包括地上、地面和地下多种交通模式的可持续发展的现代化公共交通体系,以促进我国城市发展的良性循环。因此,我国城市公共交通及其轨道交通的发展具有积极的战略意义。

【任务实施】

结合我国城市轨道交通的发展和你所在城市的特点,制定你所在城市轨道交通发展的方式,并简要说明原因。

【效果评价】

评价表

项目名称	城市轨道交通发展概况	学生姓名	
任务名称	任务2 我国城市轨道交通发展展望	分数	
项 目		分值	考核得分
1.城市轨道交通相关知识的搜集、整理		10	
2.是否有小组计划		5	
3.国内外城市轨道交通的发展情况		20	
4.我国城市轨道交通明显发展趋势		50	
5.编制学习汇报报告情况		10	
6.基本素养考核情况		5	
总体得分			
教师简要评语：			
			教师签名：

项目小结

城市轨道交通包括地铁、轻轨铁路、独轨铁路、新交通系统及城市铁路等。目前,城市轨道交通主要有地铁、轻轨铁路、独轨铁路3种形式。

发达国家特大城市轨道交通普遍较发达,且以地铁为主。"地铁"是一种快速、大运量的轨道交通,单向高峰输送能力可达3万人次/h以上,它的线路通常设在地下隧道内,也有的设在城市中心以外地区从地下转到地面或高架桥。

现代的城市轻轨交通,是一种集多专业先进技术于一身的系统工程,在信号自动控制和集中调度配合下,能快速而安全地完成中等运量的旅客运输任务。轻轨交通可以为地面、地下和高架混合型,一般采用半封闭或全封闭专用车道两种类型,单向运输能力一般为2万~4万人次/h。发展中国家的轨道交通主要集中在200万人口以上的城市,一般只在特大城市发展地铁,更多的则是发展轻轨交通。

独轨交通主要有跨座式和悬挂式两种形式。一般采用轻型车辆,输送能力一般单向运量为1万~2万人次/h。独轨铁路线路占地小,可充分利用城市空间,适宜于在大城市的繁华中心区建线,用于公园、博览会、游乐场等作为游览、观光及兼顾短途城市交通。

随着科技的进步,如新交通系统、线性电机车辆和磁悬浮列车等新的交通形式的不断出现。新交通系统一般采用全自动列车运行控制技术,无人驾驶,通过电子计算机进行运行调度控制管理,采用高架专用轨道,适用于大坡道和小曲线半径线路,建设费用低、噪声低、安全性好等;线性电机车辆的直线电机改变了传统电动机旋转运动为直线运动,突破了依靠轮轨黏着作用传递牵引力的传统技术;磁悬浮列车可分为常导型和超导型两大类,时速可达 500 km 左右,在牵引运行时与轨道之间无机械接触,从根本上克服了传统的轮轨黏着限制、机械噪声和磨损等问题,是一种理想的陆上交通工具。

我国城市交通面临的巨大压力在一定程度上影响了城市的发展和居民的生活,据此,我国部分城市开通了自己的地铁和轻轨交通,还有许多城市也在规划、筹建中。根据城市经济与社会发展客观需求及国外城市交通发展的经验,在我国大中城市的发展大、中客运量的轨道交通系统已是刻不容缓的举措,具有积极的战略意义。

思考与练习

1.国内外城市轨道交通发展现状如何?

2.几种城市轨道交通各有何优缺点?

3.阐述我国发展城市轨道交通的必要性。

4.你认为城市轨道交通的发展方向是什么?

项目 **2**

城市轨道交通车辆基础知识

【项目描述】

　　自 1863 年 1 月 10 日英国伦敦建成世界上第一条地下铁道以来,城轨车辆已有 140 年的发展历史,城轨车辆已经从较落后的蒸汽牵引到电气化牵引的新时代,电动列车已成为当代城轨车辆发展的主流。

　　城市轨道交通车辆(简称城轨车辆)与我国现有的铁道机车车辆,特别是动车组的基本结构和原理有许多相同和相似之处,如采用双供电制式的城市轨道交通车辆或者铁路上的机车车辆,如果限界符合,可实现接轨联运,最大限度的方便乘客,发挥轨道交通的优势。

　　本项目主要介绍城市轨道交通车辆的基础知识。

【学习目标】

　　通过本项目的学习要求掌握以下基本知识:

　　1.掌握城轨车辆的特点、类型和结构组成。

　　2.掌握城轨车辆的编组和方位的定义。

　　3.掌握城轨车辆限界的基本知识。

　　4.掌握城轨车辆基本的技术参数。

【技能目标】

　　1.能简要描述城轨车辆的基本类型、结构组成和特点。

　　2.能准确定义城轨车辆方位及其相关知识的应用。

　　3.能应用城轨车辆的基本技术参数和限界的知识进行车辆的检查和验收。

20

任务 1　认识城市轨道交通车辆的类型、结构组成和特点

【活动场景】

在城市轨道交通车辆生产车间或检修进行现场教学,或者在能用多媒体技术展示城市轨道交通车辆组成、城市轨道交通车辆结构和特点的多媒体教室进行。

【任务要求】

1.掌握城市轨道交通车辆的类型、结构组成和特点等基础知识。
2.能对照车辆的实物或模型说明城轨车辆的基本结构及特点等。

【知识准备】

城市轨道交通车辆是城市轨道交通系统中运输旅客的工具,属于技术含量较高的机电设备,是城市轨道交通工程中最关键和最重要的设备,城轨车辆的选型和技术参数不仅是界定城轨线路技术标准的基础,也是确定城轨系统运营管理模式和维修方式的基本条件,还是城轨系统其他设备选型和确定设备规模的重要依据。当然,由于多种因素的影响,各个城市的城轨车辆的结构和性能不尽相同,主要原因如下:①与城轨车辆提供商的技术背景和设计时考虑问题的角度不同有关。②与当时当地的城轨车辆发展水平有关。③与各个城市运用环境不同有着密切的关系;但是,不论怎样,各个地区的城轨车辆都尽可能结合城市各自的特点,都具有满足城市交通客流量大、安全、快速、舒适、美观、节能和环保的要求,具有先进性、可靠性和实用性。

(1)车辆类型

目前,我国城市轨道交通建设尚处于初始阶段,城市轨道交通车辆的制造商较多,各城市的要求也不一样,因此城轨车辆品种较多,规格各异。为促进我国城市轨道交通车辆制造、运营、维修的良性发展,车辆类型的规范化及主要技术规格的统一是十分必要的。建设部 1999 年颁布的《城市快速轨道交通工程项目建设标准》(试行本)根据我国各城市对城市轨道交通车辆选型的不同要求和城市轨道交通车辆的发展现状提出了 A,B,C 型车的概念,主要是按车体宽度的不同进行分类,其主要技术规格可参照表 2.1。

《地铁车辆通用技术条件》(GB 7928—2003)中对用于地铁的运营车辆的技术规格也作出了相应的具体规定。

表 2.1　各类车型主要技术规格

序号	项目名称	A 型车	B 型车	C 型车		
		四轴车	四轴车	四轴车	六轴车	八轴车
1	车辆基本长度/m	22	19	18.9	22.3	29.5
2	车辆基本宽度/m	3	2.8	2.6		

续表

序号	项目名称		A 型车	B 型车	C 型车		
			四轴车	四轴车	四轴车	六轴车	八轴车
3	车辆高度/m	受流器车/m(加空调/无空调)	3.8/3.6	3.8/3.6	3.7/3.25		
		受电弓车/m(落弓高度)	3.8	3.8	3.7		
		受电弓工作高度/m	3.9～5.6				
4	车内净高/m		2.10～2.15				
5	地板面高/m		1.1		0.95		
6	车辆定距/m		15.7	12.6	11	7.2	
7	固定轴距/m		2.2～2.5	2.1～2.2	1.8～1.9		
8	车轮直径/m		ϕ840		ϕ760		
9	车门数(每侧)/个		5	4	4	4	5
10	车门宽度/m		≥1.3				
11	车门高度/m		≥1.8				
12	定员人数/人	单司机室车	295	230	200	240	315
		无司机室车	310	245	210	250	325
13	车辆轴重/t		≤16	≤14	≤11		
14	站立人员标准	定员/(人·m^{-2})	6				
		超员/(人·m^{-2})	9				
15	最高运行速度/(km·h^{-1})		≥80		≥70		
16	启动平均加速度/(m·s^{-2})		≥0.9		≥0.85		
17	常用制动减速度/(m·s^{-2})		1.0		1.1		
18	紧急制动减速度/(m·s^{-2})		1.2		1.3		
19	噪声/[dB(A)]	司机室内	≤80		≤70		
		客室内	≤83		≤75		
		车外	80～85(站台)		≤82		

注:①车辆详细技术条件,可参照《地铁车辆通用技术条件》(GB 7928—2003)和《轻轨交通车辆通用技术条件》(CJ/T 5021—95)。

②C 型车未包括低地板车。

城市轨道交通车辆运用时普遍采用动车组的编组形式,有动车 M 和拖车 T 之分,另外由于车载设备不尽相同,为了便于车辆的管理和维护,有些城轨车辆的制造商和城轨运营公司对车辆又进行了重新分类。比如,上海申通地铁公司对上海地铁车辆1,2 号线的车辆分为 A,B,C 三类车,与上述按车体宽度分类的 A,B,C 型车的概念完全不同。A 类车:为拖车,一端设有驾驶室。B 类车:为动车,车顶上装有受电弓。C 类车:为动车,车下装有一套空气压缩机组,广州地铁1,2,3,4号线均采用了此种分类方法。

我国推荐的轻轨电动车辆有3种形式:4轴动车、6轴单铰接式和8轴双铰接式车,这是吸收了其他国家轻轨车辆运用较为成熟的经验。如,联邦德国是世界上轻轨交通发展较早、轻轨车辆技术较先进的国家。20世纪60年代初,首先在科隆和法兰克福修建轻轨铁路,使用U2型6轴单铰双向运行的动车,车长约23 m,车宽2.65 m。后又研制出了8轴轻轨车,车长约26 m,车宽2.4 m,用于汉诺威市。在莱茵—西格—鲁尔地区城市采用B100/80型标准轻轨车辆(SLRV),它是6轴单铰动车,车长28 m,车宽2.65 m。联邦德国还为欧洲和北美的许多城市提供了多种高性能的轻轨车辆。

(2)车辆结构组成

城市轨道交通车辆类型不同,技术参数不一样,但其基本结构类似,如图2.1所示是西安地铁2号线车辆编组。一般城市轨道交通车辆由以下7个部分组成。

1)车体

车体分有司机室车体和无司机室车体两种。车体的主要作用是容纳乘客和司机驾驶(对于有司机室的车辆)的地方,又是安装与连接其他设备和部件的基础。近代城市轨道交通车辆车体均采用整体承载的钢结构或铝合金、不锈钢等轻金属结构,以达到满足强度、刚度要求的同时最大限度地减轻自重。车体由车顶、底架、端墙、侧墙、车窗、车门等组成。

城市轨道交通车辆的车体与一般铁路客车有相同之处,但由于用途的特殊性,又有其特有的特征。如一般电动车组有动车与拖车之分,服务于市内公共交通,在车内布置的座位少。

2)转向架

转向架是车辆的走行装置,安装于车体与轨道之间,用来牵引(对动力转向架而言)和引导车辆沿轨道行驶,承受并传递车体与轨道之间的各种载荷并缓和其动力作用,是保证车辆运行品质的关键部件。一般由构架、轮对轴箱装置、弹簧悬挂装置和制动装置等组成。城市轨道交通车辆转向架有动力转向架和非动力(拖车)转向架之分,动力转向架还装有牵引电机及传动装置。

3)牵引缓冲连接装置

车辆编组成列运行必须借助于连接装置,即所谓的车钩。连接装置包括车钩缓冲装置和贯通道,车钩是连接车辆使其编组成列车,并传递纵向力的一套装置。通常在车钩的后部装设缓冲装置,在车钩传递纵向力时缓和车辆之间的纵向冲击。通过车钩还可将车辆之间的电路和空气管路进行连接。贯通道是车辆与车辆之间的客室连接通道。城市轨道交通车辆通常采用密接式车钩和宽体式贯通道。

4)制动装置

制动装置是保证列车运行安全所必不可少的装置。不管是动车还是拖车都设有制动装置,它可以保证运行中的列车按需要减速或在规定的距离内停车。城市轨道交通车辆制动装置除常规的空气制动装置外,还有再生制动、电阻制动和磁轨制动等先进的装置。

5)受流装置

从接触导线(接触网)或导电轨(第三轨)将电流引入动车的装置称为受流装置或受流器。

受流装置按其受流方式可分为以下5种形式:①杆形受流器:外形为两根平行杆,上部有两个受电轨(导线),广泛用于城市无轨电车。②弓形受流器:形状如"⌂",属上部受流,弓可升可降,其接触有一根导线,下面有导轨构成电路,用于城市有轨电车。③侧面受流器:在车顶的侧面受流,又称为"旁弓",多用于矿山的电力机车上。④轨道式受流器:从底部导电轨受流,又称第三轨受流,空间可得到充分利用,多用于速度较高的隧道列车运行。北京地铁及目前欧美大部分地铁均采用这种受流方式。⑤受电弓受流器:属上部受流,形状如"▽",弓可升可降,适用于列车速度较高的干线电力机车上。上海、广州等地铁亦采用这种方式。

在受电制式上,目前世界上地铁发展较早的城市大都采用直流 750 V,有个别采用 600 V。北京地铁为直流 750 V,上海、广州、深圳、南京、西安、成都地铁均采用直流 1 500 V,直流 1 500 V与 750 V 比较具有以下优点:可提高牵引电网供电质量,降低迷流数值,增加牵引供电距离,从而可减少牵引变电所数量;便于地铁线路实现地下、地面和高架的连接。

6)车辆设备

车辆设备包括服务于乘客的设备和服务于车辆运行的设备。属于前者的有:照明、广播、通风、取暖、空调、座椅、吊环、扶手等。服务于车辆运行的设备一般不占车内空间,吊挂于车底的有:蓄电池箱、斩波器、逆变器、继电器箱、主控制箱、接触器箱、空气压缩机组和储风缸等,安装于车顶的有空调单元和受电弓等。

7)车辆电气系统

车辆电气系统包括车辆上的各种电气设备及其控制电路。按其作用和功能可分为主电路系统、辅助电路系统和电子与控制电路系统 3 部分。

(3)城市轨道交通车辆基本技术特点

城市轨道交通车辆的采购一般都由各个城市根据本地实际情况、传统习惯、项目设计、投资预算等提出技术要求,向不同的城轨车辆制造商招标制造。由于目前城轨车辆技术发展很快,因此不仅是不同城市之间,就是同一城市的不同项目之间的车辆也有很大的差别,比如西安地铁 1,2 号线的车辆分别由大连和长春轨道交通车辆制造商制造。这一特点与国有铁路绝大多数铁道车辆全国通用有很大差别,但是,车辆的总体技术朝着轻量化、节能化、少维修、低噪声、舒适性、高可靠性和安全性以及低寿命周期成本的方向发展是大趋势。

目前城市轨道交通车辆的基本特点如下:

①城市轨道交通系统属于特种大中运量快速轨道交通系统,对车辆的安全性能,噪声、振动和防火等均有严格要求。

②城市轨道交通系统的线路都是全封闭的线路,双向单线运行,行车密度大(最大行车间隔小于 2 min),如因故障列车不能正常运行,便会阻塞线路,对整个系统的运转将产生很大的影响。因此,对车辆运行的可靠性提出了很高的要求,一些系统部件都必须是冗余设置的,如低压直流控制电源、空气压缩机组、蓄电池、列车控制单元等。

③运营中即使发生了列车不能启动的故障,也要预先制订简便的临时处理方案,使列车能凭自身动力启动离开而进入最近的存车线,以疏通线路。如果列车确实无法启动,一般是安排就近的另一列车前往救援,两列车连挂推至最近的存车线。特别是对地下运行的车辆,必须保证在外来供电的情况下,仍能提供最低限度的照明,广播和通风能力。在万一发生意外事故的情况下,列车必须有旅客快速离车疏散的通道。

④车辆朝轻量化方向发展,采用大断面铝合金型材或不锈钢焊接车体的整体承载结构,最大限度地减少车辆自重。

⑤除电气系统的一些人工操作控制开关装在司机室和客室的电气设备柜内外,其他设备部分散安装在全列车的车底,空调机组装在车顶,不占用客室空间。

⑥车辆间采用封闭式全贯通通道,便于乘客走动及均匀分布。

⑦车辆采用密接式车钩进行机械、电气、气路的贯通连接。

⑧为了在列车停站时能使大量的上下客流交换在尽可能短的时间内完成,车门数量也比较多,每节车厢单侧门数量有 3~5 个。

⑨调频调压交流传动,采用电气和空气的混合制动,节省能耗。

⑩列车控制和主要子系统的运行控制实现计算机和网络化,信息传播实现多样化、实时化和分层集中化。

⑪车辆系统部件的设计、材料的选用都以列车运行和乘客安全为首要原则,设备正常功能失效时,其响应以安全为导向目标。

⑫为了适应高密度行车组织的运营需要,实现了信号控制和列车控制自动化,在车辆正常运行的情况下,采用自动列车控制(ATC)、列车自动驾驶(ATO)和自动列车保持(ATP),车辆上也配备了相应的车载设备。个别项目系统的车辆甚至实现了无人驾驶。

【任务实施】

以西安地铁 2 号线车辆为例,进行车辆编组、结构及特点说明。

(1)西安地铁 2 号线的编组

如图 2.1 所示为西安地铁 2 号线的编组形式,由图可知列车采用 6 辆 B 型车,编组(3 动 3 拖),两端为带司机室拖(Tc),中间为拖车(T)、动车(Mp)(带受电弓)和动车(M)(不带受电弓)。

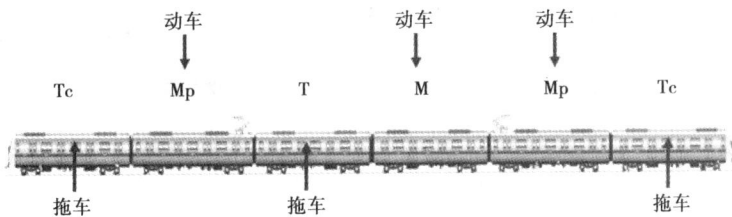

图 2.1　车辆编组形式

(2)西安地铁 2 号线车辆的主要特点

西安地铁 2 号线车辆由长春轨道客车股份有限公司制造,在国内属于较先进的车辆,其主要特点如下:

①列车采用交流牵引电动机和 VVVF 控制的交流电气牵引系统。

②供电电压:DC 1 500 V。

③信号系统采用基于无线通信的列车控制系统(CBTC)。

④车体采用高强度不锈钢材料,采用模块化设计,结构轻,节能,降低维护费用。

⑤车厢内设空调、幅流风机和电暖器,冬暖夏凉,设有乘客信息系统(PIS),闪灯式报站系统、摄像头,通过信息引导,方便乘客安全、便捷乘坐,图 2.2 为客室内装。

图 2.2　客室内装

（3）西安地铁 2 号线车辆的基本组成及特点概述

1）车体结构

如图 2.3 所示为西安地铁 2 号线的车体钢结构图,由图可知,西安地铁 2 号线车辆的车体侧墙各有 4 扇车门和 5 个车窗。板与梁柱、部件与部件之间的连接均采用点焊,以减少热影响,减小焊接变形,保证表面平整。

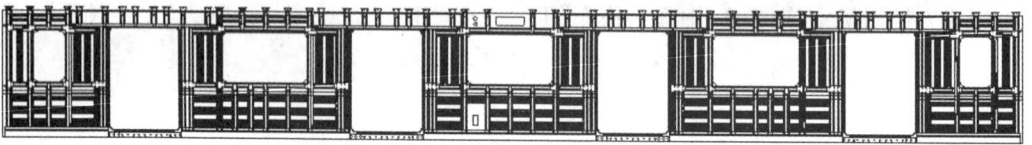

图 2.3　车体钢结构

2）车门系统

西安地铁 2 号线的车门系统包括客室门、司机室门和紧急疏散门。

如图 2.4 所示为客室车门系统的结构示意图,客室侧门采用双扇电控电动内藏门,每侧 4 套,由机械部件和电气部件组成。机械部件主要由顶部机构、门扇、内部紧急解锁装置、乘务员钥匙开关等组成;电气部件主要由电子门控单元、电机、端子排、各种检测开关、各种连接器、蜂鸣器等组成。

司机室有侧门和后端门。司机室侧门采用手动内藏式塞拉门,门的净开度宽不小于560 mm,高不小于 1 760 mm;司机室后端门可以和客室之间开通,可在紧急情况下与紧急疏散门一起供乘客逃生,后端门的开度宽不小于 640 mm,高不小于 1 800 mm。

紧急疏散门位于 Tc 车前端的司机室左侧。紧急情况时可以确保乘客安全顺畅地从车内撤离。

3）转向架系统

如图 2.5 所示为西安地铁 2 号线的动车转向架和拖车转向架的结构示意图,其作用支撑车体、传递牵引力等。

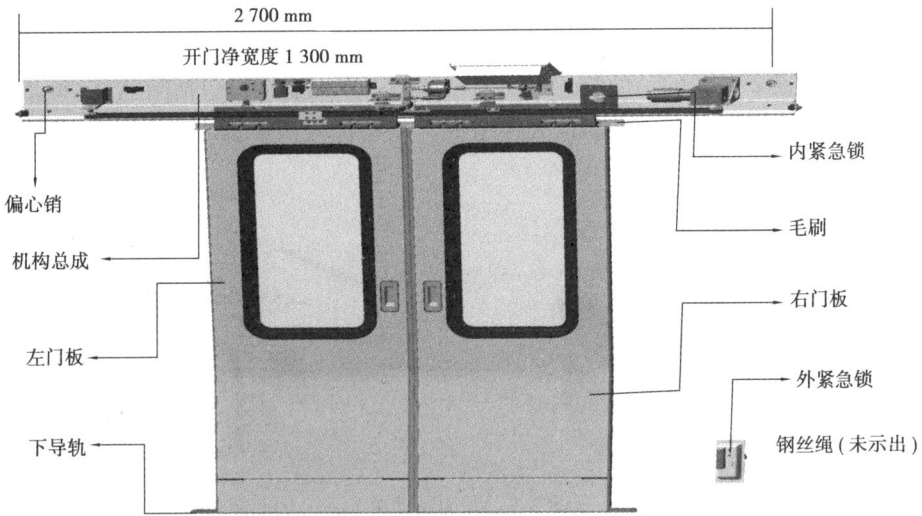

图 2.4　车门系统

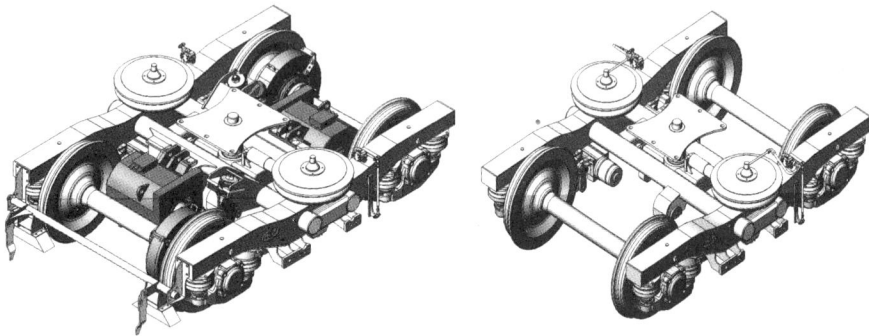

图 2.5　动力转向架和拖车转向架

4)车钩缓冲装置

如图 2.6 所示为西安地铁 2 号线的车钩缓冲装置。按其车辆的作用不同可分为自动车钩和半自动车钩两种。自动车钩可实现机械、电路、风路自动连接或断开,而半自动车钩能实现机械、风路自动连接或断开,电路需手动连接或断开。牵引缓冲装置的主要功能:连接车辆、传递载荷,牵引力、制动力等。

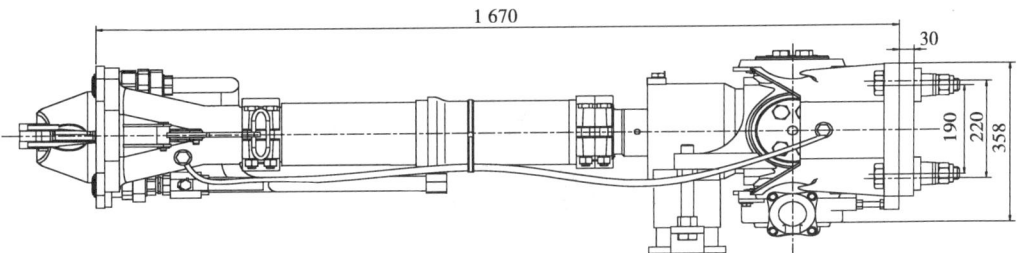

图 2.6　车钩缓冲装置

5）制动系统

西安地铁 2 号线的制动系统采用的是日本的 NABTESCO 制动公司的电控制动机。如图 2.7所示为西安地铁 2 号线的踏面制动单元的示意图。单元制动机包括闸缸、活塞、杠杆、活塞弹簧、间隙调整器、吊杆、闸瓦托、闸瓦、壳体组成。制动优先次序为再生制动、电阻制动、空气制动。

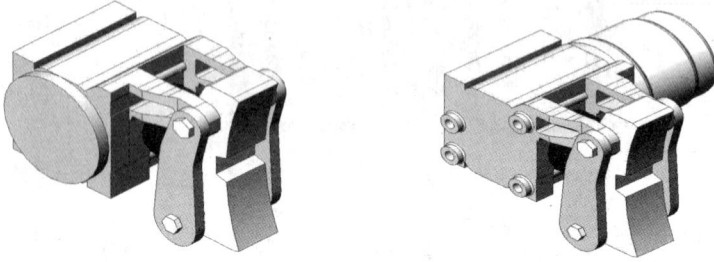

图 2.7 踏面制动单元

6）空调系统

如图 2.8 所示为地铁车辆空调系统制冷原理图。地铁车辆空调系统的作用就是使客室内的温度、相对湿度、空气流动速度及洁净度（主要指尘埃及二氧化碳含量）保持在规定的范围内,为乘客创造舒适的乘车环境。

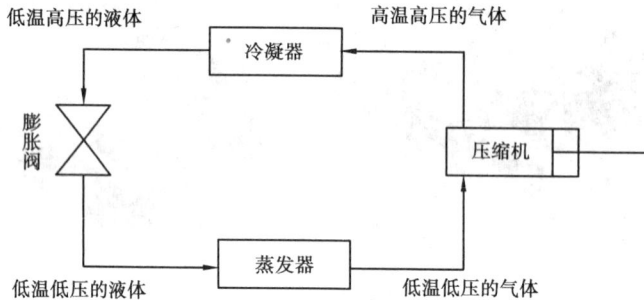

图 2.8 空调系统原理

7）牵引驱动

如图 2.9 所示为西安地铁 2 号线牵引驱动系统的结构示意图。驱动系统由牵引电机、联轴器、齿轮箱、齿轮箱悬挂装置等组成。

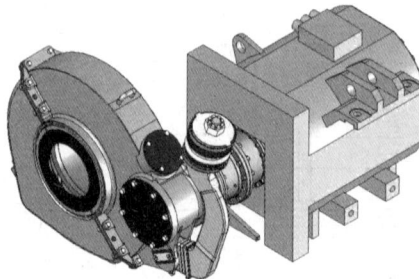

图 2.9 驱动系统组成

【效果评价】

评价表

项目名称	城市轨道交通车辆基础知识		学生姓名	
任务名称	任务1 认识城市轨道交通车辆的类型、结构组成和特点		分数	
项 目			分值	考核得分
1.城市轨道交通车辆相关知识的搜集、整理			10	
2.是否有小组计划			5	
3.城市轨道交通车辆的类型			20	
4.城市轨道交通车辆的组成与结构特点			30	
5.城市轨道交通车辆的技术特点概括			15	
6.西安地铁2号线地铁车辆结构认知			20	
总体得分				
教师简要评语： 教师签名：				

任务2 城市轨道交通车辆技术参数的分析

【活动场景】

在城市轨道交通车辆生产车间或检修现场教学,或用多媒体展示城市轨道交通车辆组成,以及各条轨道交通车辆结构。

【任务要求】

1.掌握城市轨道交通车辆重要的技术参数。
2.会运用技术参数对城轨车辆的性能进行分析。

【知识准备】

车辆技术参数是概括地介绍车辆技术规格的某些指标,是从总体上表征车辆性能及结构的一些参数,一般可分为性能参数与主要尺寸两大类。

（1）车辆性能参数

①自重、载重及容积。自重指车辆整备状态下的本身结构及设备组成的全部质量；载重指正常情况下车辆允许的最大装载质量，以"t"为单位；容积以"m³"为单位。

②构造速度。指车辆设计时按照安全及结构强度等条件所决定的车辆最高行驶速度，并要求连续以该速度运行时车辆具有足够良好的运行性能。

③轴重。指按车轴形式及在某个运行速度范围内，车轴允许负担（包括轮对自身的质量）的最大质量。轴重的选择与线路、桥梁及车辆走行部的设计有关。

④轴配置或轴列式。用数字或字母表示车辆走行部结构特点的方式。例如 4 轴动车，两台动力转向架，则轴配置记为 $B—B$；6 轴单铰轻轨车辆的两端为动力转向架，中间为非动力铰接转向架，其轴配置记为 $B—2—B$。

⑤每延米轨道载重。指车辆设计中与桥梁、线路强度密切相关的一个指标，同时又是能充分利用站线长度、提高运输能力的一个指标，其数值是车辆总质量与车辆全长之比。

⑥通过最小曲线半径。指配用某种形式转向架的车辆在站场或厂、段内调车时所能安全通过的最小曲线半径。当车辆在此曲线区段上行驶时不得出现脱轨、倾覆等危及行车安全的事故，也不允许转向架与车体底架或车下其他悬挂物相碰撞。

⑦制动形式。指车辆获得制动力的方式，有摩擦制动、再生制动、电阻制动以及磁轨制动等多种形式。

⑧启动平均加速度是指在平直线路上，列车载荷为额定定员，自牵引电动机取得电流开始，至启动过程结束（即转入其自然特性时），该速度值被全过程经历的时间所除的商。（注：牵引电动机自然特性即通常所指的在额定电压、满磁场时的牵引电动机的速度特性、牵引力特性等工作特性。）以"m/s²"为单位。

⑨制动平均减速度是指在平直线路上，列车载荷为额定定员，自制动指令发出至列车完全停止的全过程，相应的制动初始速度（一般取最高运行速度）被全过程经历的时间所除得的商。

⑩座席数及每平方米地板面积站立人数。地铁车辆由于其短途高流动性的运载特点，座席数较少，一般为 55 ~ 56 座，站立数一般为 250 人，超载时乘客总数按 7 ~ 9 人/m² 计算。

⑪冲击率。由于工况改变引起的列车中各车辆所受到的纵向冲击。在城市轨道交通车辆中，主要用于说明车辆本身电气及制动控制系统所应达到的冲动限制。用加速度变化率来衡量，以"m/s³"为单位。如地铁车辆正常运行（包括启动加速和电制动，紧急制动情况例外）时，纵向冲击率不得超过 1 m/s³。

⑫列车平稳性指标。车辆平稳性是评定旅客舒适程度的主要依据，反映了车辆振动对人体感受的影响。因此，评定平稳性的方法主要以人的感觉疲劳程度为依据，通常以平稳性指标表示。我国主要用斯佩林公式来计算平稳性指标 W，W 值越大，说明车辆的平稳性越差，并规定地铁、轻轨车辆运行的平稳性指标应小于 2.5。

斯佩林公式计算方法如下：

$$W = 0.896 \sqrt[10]{\frac{j^3}{f} F(f)}$$

式中　j——振动加速度，cm/s²；

　　　f——振动频率，Hz；

$F(f)$——与频率有关的修正公式,反映人体对不同方向和频率振动的敏感度。

（2）车辆的主要尺寸

①车辆长度:车辆处于自由状态、车钩呈锁闭状态时,两端车钩连接面之间的距离。区别于车体长度的概念,车体长度指不包含牵引缓冲装置或折棚的车体结构长度。

②车辆最大宽度:指车体横断面上最宽部分的尺寸。

③最大高度:指车辆顶部最高点与钢轨顶面之间的距离。通常须说明与最高点相关的结构,如有无空调,受电弓的状态等。

④车辆定距:同一车辆的两转向架回转中心之间的距离。

⑤固定轴距:同一转向架的两车轴中心线之间的距离。

⑥车钩中心线距离钢轨面高度:简称车钩高,是指车钩连接面中点(铁路车钩是指钩舌外侧面的中心线)至轨面的高度。取新造或修竣后空车的数值。列车中各车辆的车钩高基本一致,是保证车辆正确连挂、列车运行中正常传递牵引力及不会发生脱钩事故所必需的。广州、上海地铁车辆车钩高为 720 mm,天津滨海轻轨车辆、北京地铁车辆以及西安地铁车辆车钩高为 660 mm。

⑦地板面高度:车辆地板面与钢轨顶面之间的距离。地板面高度与车钩高一样,指新造或修竣后空车的数值。它将受到两方面的制约:一是车辆本身某些结构高度的限制,如车钩高及转向架下心盘面的高度;另一方面又与站台高度的标准有关,规定车辆地板面应与站台高度相协调。例如,上海地铁车辆地板面高为 1.13 m,北京地铁车辆地板面高为 1.053 m,西安地铁车辆地板面高为 1.1 m。

【任务实施】

本任务的实施以我国典型的 3 种不同类型的城市轨道交通车辆为例进行说明。

（1）广州地铁 1 号线车辆主要技术参数

①车辆基本设计参数

车辆的总体设计寿命为	30 年
每辆车的平均轴重	≤16 t
牵引电机额定功率	190 kW
列车平稳性指标	2.7
最高运行速度	80 km/h
设计/结构速度	90 km/h

列车载客容量:表 2.2 为广州地铁 1 号线地铁车辆的载客容量。

表 2.2　地铁车辆的载客容量

缩　写	定　义	每车乘客数	列车乘客数
AW_0	无乘客（空载）	0	0
AW_1	座客载荷	56	336
AW_2	定员载荷/（6 人·m^{-2}）	310	1 860
AW_3	超员载荷/（9 人·m^{-2}）	432	2 592

车辆质量:表2.3为地铁车辆在不同载荷下的质量。

表2.3 地铁车辆在不同载荷下的质量

定 义	乘客载荷/t			车辆质量/t			列车质量/t
	A	B	C	A	B	C	
空载 AW_0	0	0	0	33	36	36	220
座客载荷 AW_1	3.36	3.36	3.36	37.36	41.36	41.36	240.16
定员载荷 AW_2	18.60	18.60	18.60	52.60	56.60	56.60	331.60
超员载荷 AW_3	25.92	25.92	25.92	59.92	63.92	63.92	375.52

注:每位乘客质量按60 kg计算。

②车辆主要尺寸

车辆长度(车钩连接面之间的长度) A 车:24.4 m;B,C 车:22.8 m

列车长度	140 m
车辆宽度	3.0 m
车辆高度	3.8 m
车辆最高点(含排气口)	3 860 mm
受电弓工作范围	175 ~ 1 600 mm
受电弓最大升起高度	1 700 mm
轨道至地板面高度(AW_0)	$(1\ 130^{+15}_{-5})$ mm
转向架中心距	15.7 m
转向架固定轴距	2 500 mm
车门全开宽度	1 400 mm
开、关门时间	(3 ± 0.5) s
开、关门调整范围	1.5 ~ 4 s
贯通通道宽	1 500 mm
窗宽度	1 300 mm
车钩中心线距轨面距离	$(7\ 200 + 8)$ mm
车轮直径	
新轮直径	840 mm
半磨耗轮	805 mm
磨耗轮	770 mm
轮对内侧距(AW_0)	$1\ 353^{+3}_{-0}$ mm
轮缘厚度	32 mm

(2)天津滨海轻轨车辆主要技术参数

1)车辆主要技术参数

①速度

最高运行速度	100 km/h

构造速度	110 km/h

②车辆的平稳性指标　　　　　　　　　　　　$W \leqslant 2.5$

经过 15 万 km 运行后,平稳性指标应在　　　2.5 ~ 2.75

③列车载客容量,见表 2.4。

表 2.4　列车载客容量

工　况	定　义	乘客数		列车乘客数
		Mcp 车	T 车	
AW_0	无乘客(空载)	0	0	0
AW_1	座客载荷	54	62	232
AW_2	定员载荷/(6 人·m^{-2})	190	210	800
AW_3	超员载荷/(9 人·m^{-2})	240	266	1 012

④列车在平直线路上紧急制动距离

a. 对 AW_0 ~ AW_2 载荷条件制动距离不大于 350 m(制动初速度为 100 km/h);

b. 对 AW_3 载荷条件制动距离不大于 370 m(制动初速度为 100 km/h)。

⑤列车牵引功率　2 × 4 × 200 kW = 1 600 kW

⑥轴重不大于 14 t

⑦车辆质量,见表 2.5。

表 2.5　车辆质量

定　义	乘客载荷 /t		车辆质量/t		列车质量/t
	Mcp 车	T 车	Mcp 车	T 车	
空载(AW_0)	0	0	36	32	136
座客载荷(AW_1)	3.24	3.72	39.24	35.72	149.92
定员载荷(AW_2)	11.4	12.6	47.4	44.6	184
超员载荷(AW_3)	14.40	15.96	50.40	47.96	196.72

2)车辆主要尺寸

①车辆长度(车钩连接面之间的长度)

T 车	19 520 mm
Mcp 车(车头前端面距一位转向架中心 3 700 mm)	20 020 mm
②4 辆编组列车长度	79 080 mm
②车辆最大宽度	2 800 mm
③车辆高度(新轮,不含受电弓,空调机组)	3 700 mm
空调机组最上面距轨面	3 800 mm
Mcp 车受电弓落弓时高度	3 820 mm
受电弓工作范围	175 ~ 1 600 mm
受电弓最大升起高度	1 700 mm
④车辆内中心高度(客室内净空高度)	2 100 mm

客室内乘客站立区最小高度		1 850 mm
⑤AW$_0$载荷下空气弹簧充气和新轮状态时		1 100 mm
⑥转向架中心距		12 600 mm
⑦转向架固定轴距		2 300 mm
⑧转向架非弹簧承载部分最低点离轨面最小距离		60 mm
⑨车钩中心线距轨面高度		(660＋10)mm
⑩车轮直径		
新轮		840 mm
半磨耗轮		805 mm
磨耗轮		770 mm
⑪轮对内侧距(在空载情况下)		(1 353±2)mm
⑫客室侧门		
侧门数量		6 对/辆
侧门开宽度		1 300 mm
侧门开启时,门槛顶面以上高度		1 850 mm
⑬司机室侧门		
侧门净开度		560 mm
侧门开启时,门槛顶面以上高度		1 850 mm
⑭贯通道		
贯通道宽度		1 300 mm
贯通道高度		1 900 mm
⑮牵引座安装面距轨面高度		895 mm

(3)西安地铁车辆主要技术参数

1)车辆主要技术参数

①速度

最高运行速度	80 km/h
构造速度	80 km/h

②车辆的平稳性指标　　　　　　W≤2.5

　　经过 15 万 km 运行后,平稳性指标应在　　2.5～2.75

③列车定员和载荷,见表 2.6。

表 2.6　列车定员和载荷

序号	缩写	定　义	每车乘客人数/人		列车乘客数/人	车辆质量/t			列车自重/t
			Tc	M,T,Mp		Tc	T	M,Mp	
1	AW$_0$	无乘客	0	0	0	33	27	35	198.00
2	AW$_1$	座客载荷(座席)	36	42	240	35.16	29.52	37.52	212.40
3	AW$_2$	定员载荷/(6 人·m^{-2})	226	254	1 468	46.56	42.24	50.24	286.08
4	AW$_3$	超员载荷/(8 人·m^{-2})	290	325	1 880	50.4	46.5	54.5	310.80

④列车在平直线路上紧急制动距离,见表2.7。

表2.7　列车在平直线路上紧急制动距离

制动初速/$(km \cdot h^{-1})$	制动距离(AW_3)
80	$\leqslant 238 \pm 10\%$
60	$\leqslant 120 \pm 10\%$
30	$\leqslant 35 \pm 10\%$

⑤列车牵引功率　　　　　　　　　　　　$2 \times 6 \times 180 \ kW = 2 \ 160 \ kW$

⑥轴重　　　　　　　　　　　　　　　　　$\leqslant 14 \ t$

2)车辆主要尺寸

①车辆长度(车钩连接面之间的长度)

　　Tc 车　　　　　　　　　　　　　　　　19 500 mm

　　Mp,M,T 车　　　　　　　　　　　　　19 000 mm

　　列车两端车钩连接面间的长度　　　　　118 360 mm

②车辆最大宽度　　　　　　　　　　　　　2 800 mm

③车辆高度(新轮,不含受电弓,空调机组)　3 800 mm

　　空调机组最上面距轨面　　　　　　　　3 800 mm

　　Mp 车受电弓落弓时高度　　　　　　　　3 810 mm

④车辆内中心高度(客室内净空高度)　　　　2 120 mm

⑤AW_0 载荷下空气弹簧充气和新轮状态时　1 100 mm

⑥转向架中心距　　　　　　　　　　　　　12 600 mm

⑦转向架固定轴距　　　　　　　　　　　　2200 mm

⑧转向架非弹簧承载部分最低点离轨面最小距离　60 mm

⑨车钩中心线距轨面高度　　　　　　　　　(660 + 10)mm

⑩车轮直径

　　新轮　　　　　　　　　　　　　　　　840 mm

　　半磨耗轮　　　　　　　　　　　　　　805 mm

　　磨耗轮　　　　　　　　　　　　　　　770 mm

⑪轮对内侧距(在空载情况下)　　　　　　　(1 353 ± 2)mm

⑫客室侧门

　　侧门数量　　　　　　　　　　　　　　8 对/辆

　　侧门开宽度　　　　　　　　　　　　　1 300 mm

　　侧门开启时,门槛顶面以上高度　　　　　1 830 mm

⑬司机室侧门

　　侧门净开度　　　　　　　　　　　　　725 mm

　　侧门开启时,门槛顶面以上高度　　　　　1 995 mm

【效果评价】

评价表

项目名称	城市轨道交通车辆基础知识		学生姓名	
任务名称	任务2　城市轨道交通车辆技术参数的分析		分数	
项　目			分值	考核得分
1.城市轨道交通车辆相关知识的搜集、整理			10	
2.是否有小组计划			5	
3.城市轨道交通车辆类型及结构的认知情况			20	
4.准确掌握各线地铁车辆的技术参数			50	
5.准确定位车辆方位、掌握总体布置			10	
6.掌握地铁限界的相关定义			5	
总体得分				
教师简要评语：				
				教师签名：

任务 3　车体编组形式、总体布置和标识的定义

【活动场景】

在城市轨道交通车辆生产车间或检修现场教学,或用多媒体展示城市轨道交通车辆组成,以及各条轨道交通车辆结构。

【任务要求】

1.掌握城市轨道交通车辆车体编组的形式、总体布置的基本知识。

2.掌握城市轨道交通车辆标识的知识,并能应用于实践。

3.在实际的检修工作中,能正确应用标识的基本知识和技能,并能说明车辆的总体编组等情况。

【知识准备】

对于城市轨道交通车辆来说,标识是指对车辆及其设备进行标记或编号。为了车辆运用

和检修等情况下管理和识别的方便,必须对车辆进行标识。由于城市轨道交通车辆仅运行在各城市相对固定的线路上,目前我国没有统一的车辆标识规定,用户和制造商一般参照国外成熟的做法,车辆的标识方法比较类似。

（1）列车编组

城市轨道交通车辆中,动车 M 和拖车 T 通过车钩连接而成的一个相对固定的编组称为一个(动力)单元,一列车可以由一个或几个(动力)单元编组而成。目前,我国城市轨道交通车辆列车编组比较普遍的是 6 辆或 4 辆一编组,还有一些城市的大运量地铁车辆采用 8 辆一编组。6 辆编组的主要有"三动三拖"和"四动二拖",4 辆编组主要是"二动二拖"。下面举例说明城轨列车的编组情况。

1）西安地铁

西安地铁 1,2 号线列车均采用"三动三拖"的编组形式,其编组表达式为
$$= Tc * Mp * M * T * Mp * Tc =$$
式中　Tc——有司机室的拖车;

Mp——带受电弓的动车,空气压机装在 Mp 车;

M——不带受电弓的动车;

T——不带司机室的拖车,空压机装在 Mp 车。

【小贴士】在城轨列车的编组表达式中,"–"表示全自动车钩;"="表示半自动车钩;"*"表示半永久车钩。

2）广州地铁

广州地铁 1 号线,采用"四动二拖"形式,编组表达式为
$$- A * B * C = C * B * A -$$
式中　A——拖车,并且一端设有驾驶室,车顶上装有受电弓,车底装有一套空气压缩机组;

B 车和 C 车——均为动车,结构基本相同。

广州地铁 2 号线与 1 号线基本相同,只是受电弓装于 B 车车顶,而空气压缩机组装于 C 车车底。

3）上海地铁

上海地铁 1,2 号线车辆在开通初期为 6 节编组,采用"四动二拖"形式,编组表达式为
$$- A = B * C = C * B = A -$$
而远期为 8 节编组,采用"六动二拖"形式,编组表达式为
$$- A * B * C = B * C = B * C = A -$$
式中　A 车——拖车,一端设有驾驶室;

B 车——动车,车顶上装有受电弓;

C 车——动车,车底装有一套空气压缩机组。

4）天津滨海轻轨

天津滨海轻轨车辆在开通近期为 4 节编组,采用"二动二拖"形式,编组表达式为
$$= Mcp * T = T * Mcp =$$
而远期为 6 节车编组,采用"三动三拖"形式,编组表达式为

$$= Mcp * T = T * M = T * Mcp =$$

式中　Mcp——带司机室、受电弓的动车；

　　　M——动车；

　　　T——拖车。

（2）车辆编号

一般每节城市轨道交通车辆都有属于自己的固定编号，但各城市轨道交通车辆制造商或运营商的编号方式不一样，下面举例说明几种典型城市的车辆编号方式与意义。

1）上海地铁

上海地铁 1,2 号线车辆的编号由 5 位数组成，采用 YYCCT 形式，其中 YY 为车辆出厂的年份，CC 为出厂时这一年的同类型车辆的生产顺序号，T 为车辆类型代号，其中"1"为 A 车，"2"为 B 车，"3"为 C 车。例如"92082"为 1992 年出厂的第 8 辆车，其车辆类型为 B 车。目前，上海地铁列车的编组是固定的，编号后的车辆在列车中的编组位置相应没有变化。例如"92121"号车为第 2 号列车中的一辆 A 车。

2）广州地铁

广州地铁 1,2,3 号线车辆采用了一样的编号形式，其车辆编码包含的信息有：车辆的所属线路（一个字母或数字的位置）、车辆的类型（A，B 或 C 车）、生产顺序号（同类型车辆的连续编号（2 位数字），不同的车辆类型以新的顺序开始编号）。

3）西安地铁

西安地铁 1,2 号线车辆编号如下：

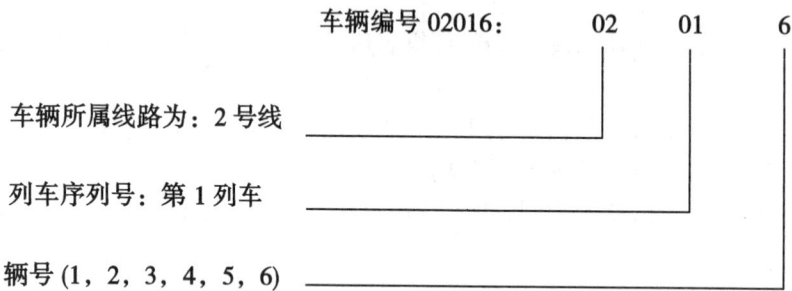

```
车辆编号02016：        02    01    6

车辆所属线路为：2 号线 _____|     |     |

列车序列号：第 1 列车   _____|     |

辆号（1，2，3，4，5，6）_____|
```

比如，01023 表示西安地铁 1 号线的第 2 列车的第 3 辆车。02202 表示西安地铁 2 号线的第 20 列车的第 2 辆车。

（3）车辆的车端、车侧、车门、座位等的标识定义

下面参考德国工业标准 DIN 25006 的广州地铁 2 号线车辆标识方法为例进行讲述。

1）车辆的车端

如图 2.10（a）所示，每辆车的 1 位端定义如下：A 车 1 位端是带有全自动车钩的一端；B 车 1 位端是与 A 车连接的一端；C 车 1 位端是连接半永久牵引杆的一端。另一端就是 2 位端。

2）车侧

当车辆检修人员位于车辆的 2 位端，面向 1 位端，则其右侧就称为该车辆的右侧，左侧也为该车辆的左侧。

（4）列车的车侧定义

如图 2.10 所示,列车的车侧定义与车辆的车侧定义是不同的。它是以司机为主体,司机坐于列车驾驶端座位上,司机的右侧即为列车的右侧,反之,为列车的左侧。换句话说,是按列车的行驶的方向来定义的,这与公路上汽车按行驶方向定义左右侧是相同的。

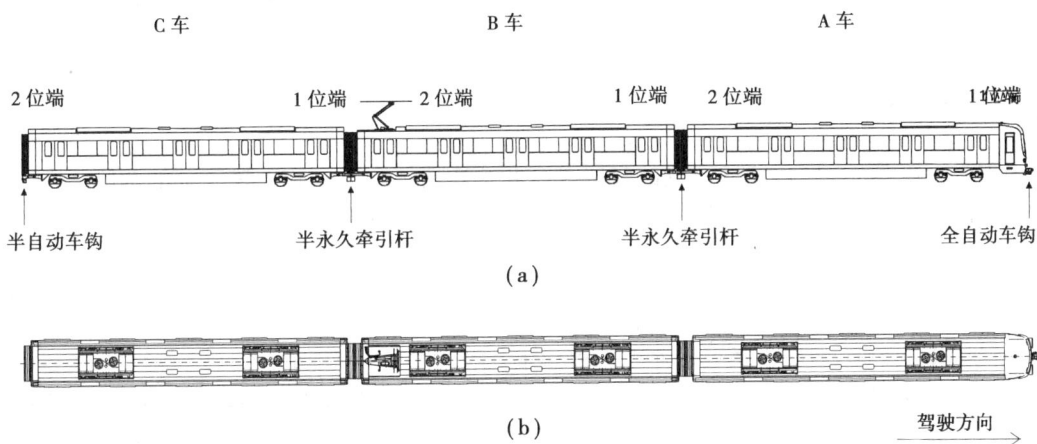

图 2.10　车辆端部和侧部及列车侧部的标识

（5）转向架和轴的编号

如图 2.11 所示,每辆车的转向架都分为转向架 1 和转向架 2。转向架 1 在车辆的 1 位端,转向架 2 在车辆的 2 位端。每辆车的四根轴从 1 位端开始至 2 位端,依次连续编号轴 1 至轴 4。

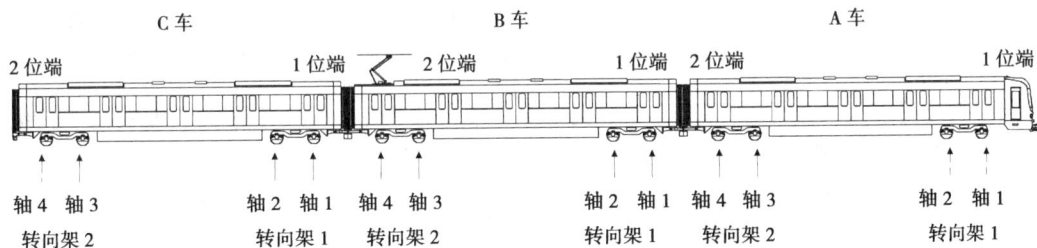

图 2.11　转向架和轴的编号

（6）车门和门页的编号

如图 2.12 所示,城轨车辆车门门页的编号:自 1 位端到 2 位端,沿着每辆车的左侧为由小到大的连续奇数,即 1,3,5,7,9,11,…,17,19;右侧为由小到大的连续偶数,即 2,4,6,8,10,12,…,18,20。

车门的编号则由该车门两个门页的号码合并而成:自 1 位端到 2 位端,左侧车门的编号为 1/3,5/7,9/11,…,17/19,而右侧车门的编号 2/4,6/8,10/12,…,18/20。

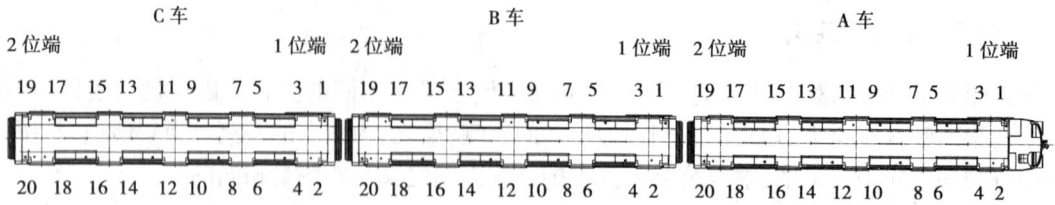

图 2.12　车门的编号

（7）座椅编号

如图 2.13 所示,广州地铁车辆的每辆车有 8 个座椅纵向排列在车辆内部的两侧。自 1 位端到 2 位端,这些座椅的编号是从 1 ~ 8,左侧是奇数,右侧是偶数。

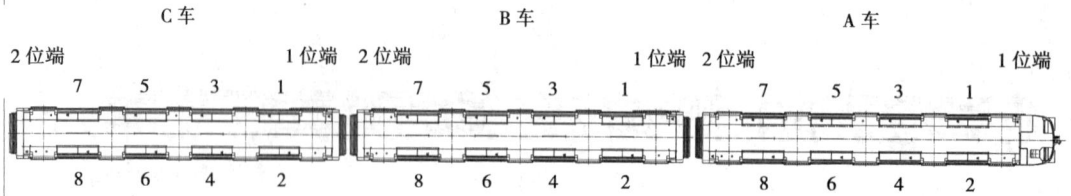

图 2.13　座椅编号

（8）空调单元编号

每辆车的车顶安装有两个空调单元。位于 1 位端的空调单元称为空调单元Ⅰ,位于 2 位端的空调单元称为空调单元Ⅱ。

（9）其他编号与标记

车窗、扶手、立柱、吊环、照明灯、指示灯、扬声器等设备也采用同样的编号方法。而车辆的质量、顶车位置、应急设备位置等必须用相关符号或文字在规定位置作出明确的标记。

【小贴士】以上的编号方式只是我国城轨车辆编号方式的一种,其他城市的城轨车辆编码方式,虽然作用基本相同,但由于习惯不同,编码方式也有一定的区别。比如任务实施中西安地铁的编码与广州地铁有一定区别,但基本作用是相同,都是为了方便车辆零部件定位,以方便检查、检修工作。

【任务实施】

下面以西安地铁为例对城轨列车的编组、车辆的编号、车辆零部件的编号进行具体的学习。

（1）西安地铁列车的编组情况

如图 2.14 所示,西安地铁 1,2 号线列车车辆均采用 6 辆编组形式,即

$$= Tc * Mp * M * T * Mp * Tc =$$

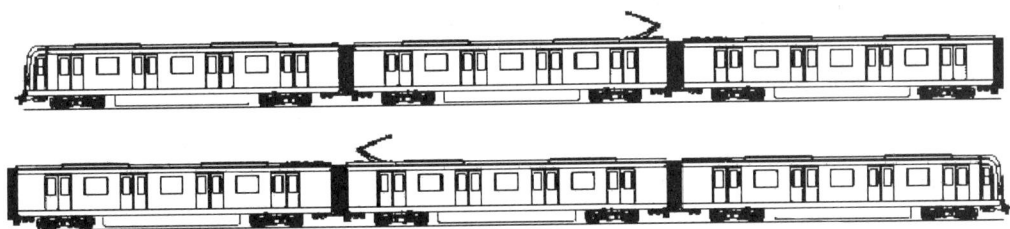

图 2.14　西安地铁 2 号线车辆编组简图

（2）西安地铁的车辆编号

西安地铁 2 号线的车辆编号为 5 位数。第一和第二位表示线号（如一号线 01，二号线 02，三号线 03，以此类推）。第三和第四位表示车列号（如 01 表示第一列车，02 表示第二列车，以此类推）。第五位表示车辆号，用数字 1，2，3，4，5，6 分别表示车辆 1~6 位的编组，分别表示 Tc，Mp，M，T，Mp，Tc 车。

（3）西安地铁 2 号线的车辆方位

西安地铁 2 号线车辆以两头 Tc 车为基准，以前三节车为一组，后三节为一组，在每一组中，靠近司机室的为 1 位端，远离司机室的为 2 位端。车辆方位定义具体如图 2.15 所示。

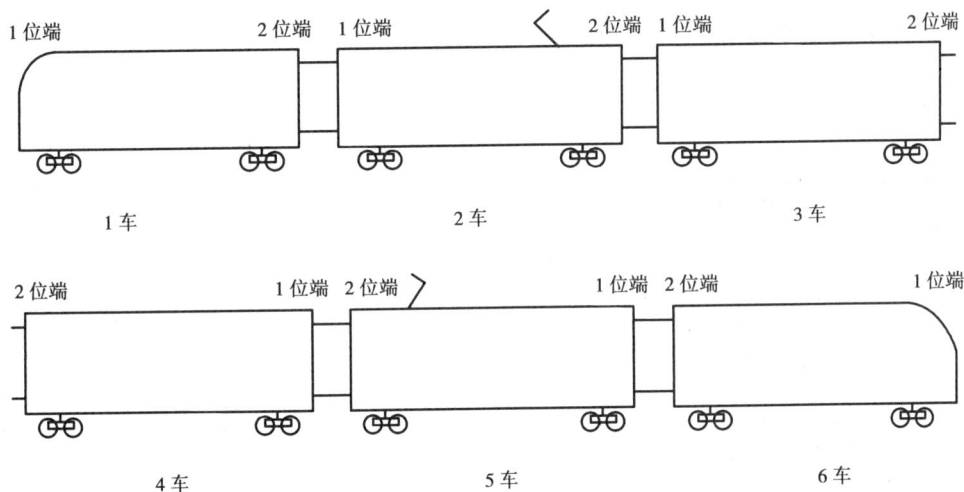

图 2.15　车辆方位示意图

（4）客室内侧位定义

以前三节为一组，后三节为一组。在每一组中，站在列车外，面向司机室正面，左手侧记为一位侧，右手侧记为二位侧。

（5）车门编号原则

沿每节车辆的一位侧车门用奇数编号，即每节车一位侧车门分别为 1，3，5，7 号门；沿每节车辆的二位侧车门用偶数编号，即每节车二位侧车门分别为 2，4，6，8 号门。每个车门的左、右

41

门扇的定义为:人面对门板内侧,左手为 A 门扇,右手为 B 门扇。

(6)贯通件与非贯通件的编号

对横向贯通件,从 1 位端到 2 位端依次用阿拉伯数字命名;对非贯通件,从 1 位端一位侧起到 2 位端二位侧至依次用阿拉伯数字命名,一位侧为奇数,二位侧为偶数。

【实例分析】

如图 2.16 所示,以西安地铁 2 号线的 Tc 车为例,车门、车轮和车轴的编号如下:带有司机室为 1 位端,另一端为 2 位端,站在列车外,面向司机室正面,左侧为一位侧,右侧为二位侧,红色表示车门,绿色表示车轮,蓝色表示车轴,其中车门和车轮均属于非贯通件,从一位端一位侧起到 2 位端二位侧至依次用阿拉伯数字

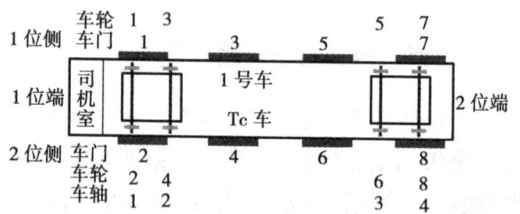

图 2.16　Tc 车各部件编号方案

命名,一位侧为奇数,二位侧为偶数,车门编号一位侧分别为 1,3,5,7 号门,二位侧分别为 2,4,6,8 号门,车轮编号一位侧分别为 1,3,5,7 号轮,二位侧分别为 2,4,6,8 号轮,车轴因为属于横向贯通件,故采用从 1 位端到 2 位端依次用阿拉伯数字命名,即编号分别为 1,2,3,4 号。其他车辆编号与此相同,对横向贯通件,从 1 位端到 2 位端依次用阿拉伯数字命名;对非贯通件,从 1 位端一位侧起到 2 位端二位侧至依次用阿拉伯数字命名,一位侧为奇数,二位侧为偶数。

【效果评价】

评价表

项目名称	城市轨道交通车辆基础知识		学生姓名	
任务名称	任务3　车体编组形式、总体布置和标识的定义		分数	
项　目			分值	考核得分
1.城市轨道交通车辆相关知识的搜集、整理			10	
2.是否有小组计划			5	
3.城市轨道交通车辆类型及结构的认知情况			20	
4.准确掌握各线地铁车辆的技术参数			50	
5.准确定位车辆方位、掌握总体布置			10	
6.掌握地铁限界的相关定义			5	
总体得分				
教师简要评语:				
				教师签名:

任务4 地铁、轻轨车辆限界的认知

【活动场景】

在城市轨道交通车辆生产车间或检修现场教学,或用多媒体展示城市轨道交通车辆组成,以及各条轨道交通车辆结构。

【任务要求】

1. 掌握城市轨道交通车辆限界的基础知识。
2. 会应用限界的基本知识,对新造和检修车辆进行验收。

【知识准备】

(1)**车辆限界的概念**

城市轨道交通车辆的限界限定了车辆与隧道的断面形状与净空尺寸,限定了高架与地面建筑物的净空尺寸,同时也规定了设备安装位置及预留空间,是构成城市轨道交通安全运输的基本保证之一,也是城市轨道交通设计的基础。

限界是限定车辆运行及轨道周围构筑物超越的轮廓线。限界分车辆限界、设备限界和建筑限界3种,是工程建设、管线和设备安装位置等必须遵守的依据。规定限界的目的,主要是防止车辆在直线或曲线上运行时与各种建筑物及设备发生接触,以保证车辆安全通行。在设计城市轨道交通车辆时,其横断面的形状和尺寸要与隧道或线路所留出的空间相适应,为此对车辆横断面轮廓尺寸必须有一限制。车辆限界就是一个限制车辆横断面最大允许尺寸的轮廓图形。无论空车或重车直线地段运行时,所有突出和悬挂部分都应容纳在限界之内。因此,车辆限界是车辆在正常运行状态下形成的最大动态包络线。

建筑限界和设备限界是建筑物或设备距轨道中心和轨面所允许的最小尺寸所形成的轮廓。车辆限界与建筑和设备限界之间,必须留出一定的、为确保行车安全所需的空间,这个空间考虑了以下因素:

①车辆制造公差引起的上下、左右方向的偏移或倾斜。

②车辆在名义载荷作用下弹簧受压引起的下沉,以及弹簧由于性能上的误差可能引起的超量偏移或倾斜。

③由于各部分磨耗或永久变形而造成的车辆下沉,特别是左右侧不均匀磨耗或变形而引起的车辆倾斜与偏转。

④由于轮轨之间以及车辆自身各部分存在的横向间隙而造成车辆与线路间可能形成的偏移。

⑤车辆在走行过程中因运动中力的作用而造成车辆相对线路的偏移。它包括曲线区段运行时实际速度与线路超高所要求的运行速度不一致而引起的车体倾斜;以及车辆在振动中也会产生上下、左右各个方向的位移。

⑥线路在列车反复作用下可能产生的变形,包括轨道产生的随机不平顺现象等。

在城市地面下运行的地铁车辆相对于高架与地面上的其他城市轨道交通车辆而言,由于隧道断面直径小、设备安装空间紧凑、轨道曲线半径小、旅客乘坐舒适性高等特点,因此车辆限界和设备限界的要求更高。

(2)限界名词术语

1)基准坐标系

基准坐标系是与线路的纵向中心线相垂直的平面内的一个二维直角坐标,该坐标的第一坐标轴与两根钢轨在名义位置且无磨耗时的顶面相切,第二坐标轴垂直于前者,并与左右两根钢轨的名义位置等距离。

2)偏移及偏移量

在基准坐标系内,车辆横断面上各点,因车辆本身原因或线路原因,在运行中离开原来在基准坐标系中所定义的设计位置称为偏移,偏移以"mm"为单位称为偏移量。在第一坐标方向的偏移为横向偏移,在第二坐标方向的偏移称为竖向偏移。

3)曲线几何偏移量

车辆在曲线上运行时,线路中心线是曲线,车辆纵向中心线是直线,两者不可能完全重合。车辆纵向中心线上各点在水平投影图上偏移线路中心线的距离称为曲线几何偏移,简称曲线偏移。其中,车辆定距以内的车辆纵向中心线上各点向曲线的内侧偏离称为内侧偏移;车辆定距以外的车辆纵向中心线上各点,向曲线的外侧偏离称为外侧偏移。因此,车辆在竖曲线上产生的曲线偏移也称为竖曲线偏移。

4)计算车辆

认定具有某一横断面轮廓尺寸和水平投影轮廓尺寸及认定结构的车辆在地铁及轻轨线路上运行,并使用该车辆作为确定车辆限界及设备限界尺寸的依据,该车辆称为计算车辆。在地铁及轻轨线路上实际运行的新车和旧车只要符合车辆限界及其纳入限界的校核,就能通行无阻,不必与计算车辆取得一致。

(3)地铁限界

1)地铁车辆限界

地铁车辆限界是基准坐标系中的一个轮廓线,是车辆在正常运行状态下形成的最大动态包络线。车辆及轨道线路各尺寸在具有最不利公差及磨耗时(包括两次维修期间所发生的尺寸偏差)、车辆在运动中处于最不利位置、涉及了由各要素引起的车辆各部位的统计最大偏移后均应容纳在轮廓内。《地铁设计规范》规定了钢轨钢轮、标准轨距系列的地铁限界,包括车辆限界。直线地段车辆限界分为隧道内车辆限界和高架或地面线车辆限界,后者应在前者的基础上,另加当地最大风荷载引起的横向和竖向偏移量。受电弓或受流器限界是车辆限界的组成部分。

我国最早建成的北京地铁车辆横截面尺寸为 2 650 mm×3 509 mm(宽×高),与莫斯科地铁车辆相仿。1990 年以后,为充分利用限界,增加载客量,将车辆截面扩大为"鼓形",车体最宽处达 2 800 mm。这期间新建的上海地铁采用了与香港地铁相近的大型车体,车体的尺寸达到 22 000 mm×3 000 mm×3 800 mm(长×宽×高),这样就有了 A 型、B 型车之分。《地铁设计规范》(GB 50157—2003)对两种车型的车辆限界经计算做了新的界定。其中有接触网受电的 A 型限界(计算车辆车宽 3 m)、接触轨受电的 B1 型限界(计算车辆车宽 2.8 m)和接触网受电的 B2 型限界(计算车辆车宽 2.8 m)3 类,适用于运行速度不超过 100 km/h 地铁工程。运行速度超过 100 km/h 的地铁工程,亦可参照执行。如图 2.19 所示是 A 型车隧道内直线地段车辆轮廓、车辆限界、设备限界图,对应车辆轮廓、车辆限界坐标见表 2.8、表 2.9。A 型车高架或地面直线地段的车辆限界和 B1 型、B2 型车的车辆限界参见《地铁设计规范》(GB 50157—2003)。

表 2.8　A 型车辆轮廓坐标　　　　　　　　　　　　　　　　　单位:mm

点号	0	1	2	3	4	5	6	7	26	27
X	0	250	500	850	1 031	1 300	1 365	1 412	1 425	1 481
Y	3 800	3 790	3 759	3 677	3 623	3 504	3 416	3 313	3 078	3 064
点号	28	29	8	9	10	11	12	13	14	15
X	1 507	1 452	1 500	1 500	1 500	1 400	1 250	1 120	1 120	811.5
Y	2 621	2 605	1 800	1 130	520	520	234	234	170	170
点号	16	17	18	19	20	21	22	23	24	25
X	811.5	708.5	708.5	676.5	676.5	626	626	450	450	0
Y	0	0	−28	−28	160	160	95	95	160	160
点号	0s	1s	2s	3s	4s	—	0k	1k	2k	—
X	0	325	615	687	850	—	0	466	772	—
Y	4 040	4 040	4 022	3 992	3 856	—	3 842	3 842	3 780	—

注:表中第 0~13 点是车体上的控制点;第 13~15 点是转向架上的控制点;第 16,17 点是车轮踏面上的控制点;第 18,19 点为轮缘上的控制点;第 22,23 点为连接在车轴上的齿轮箱点;第 20,21,24,25 点为连接在转向架构架上的车载信号设备的最低点;第 26~29 点为信号灯预留位置;第 0s,1s,2s,3s,4s 点为隧道内受电弓控制点;第 0k,1k,2k 点是车顶空调器点。

表 2.9　A 型车辆限界坐标　　　　　　　　　　　　　　　　　单位:mm

点号	0′	1′	2′	3′	4′	5′	6′	7′	26′	27′
X	0	525	916	984	1 171	1 437	1 499	1 544	1 550	1 606
Y	3 878	3 885	3 794	3 700	3 630	3 503	3 414	3 309	3 074	3 058
点号	28′	8′	9′	10′	11′	12′	13′	14′	15′	16′
X	1 620	1 642	1 578	1 565	1 465	1 303	1 155	1 155	846	841
Y	2 498	1 677	1 007	399	401	122	125	80	82	−18
点号	17′	18′	19′	20′	23′	24′	25′	—	—	—
X	738	738	647	643	421	415	0	—	—	—
Y	−18	−54	−54	42	42	73	75	—	—	—

续表

点号	0s′	1s′	2s′	3s′	4s′	—	—	—	—	—
X	0	464	753	824	984	—	—	—	—	—
Y	4 084	4 084	4 066	4 036	3 900	—	—	—	—	—

2)地铁设备限界

地铁设备限界是基准坐标系中位于车辆限界外的一个轮廓线,是用以限制设备安装的控制线。除另有规定外,建筑物及地面固定设备的任一部分,即使涉及了它们的刚性和柔性运动在内,均不得向内侵入此限界,接触轨限界属于设备限界的辅助限界。A 型车(鼓形)隧道内直线地段设备限界如图 2.17 所示,对应设备坐标见表 2.10。

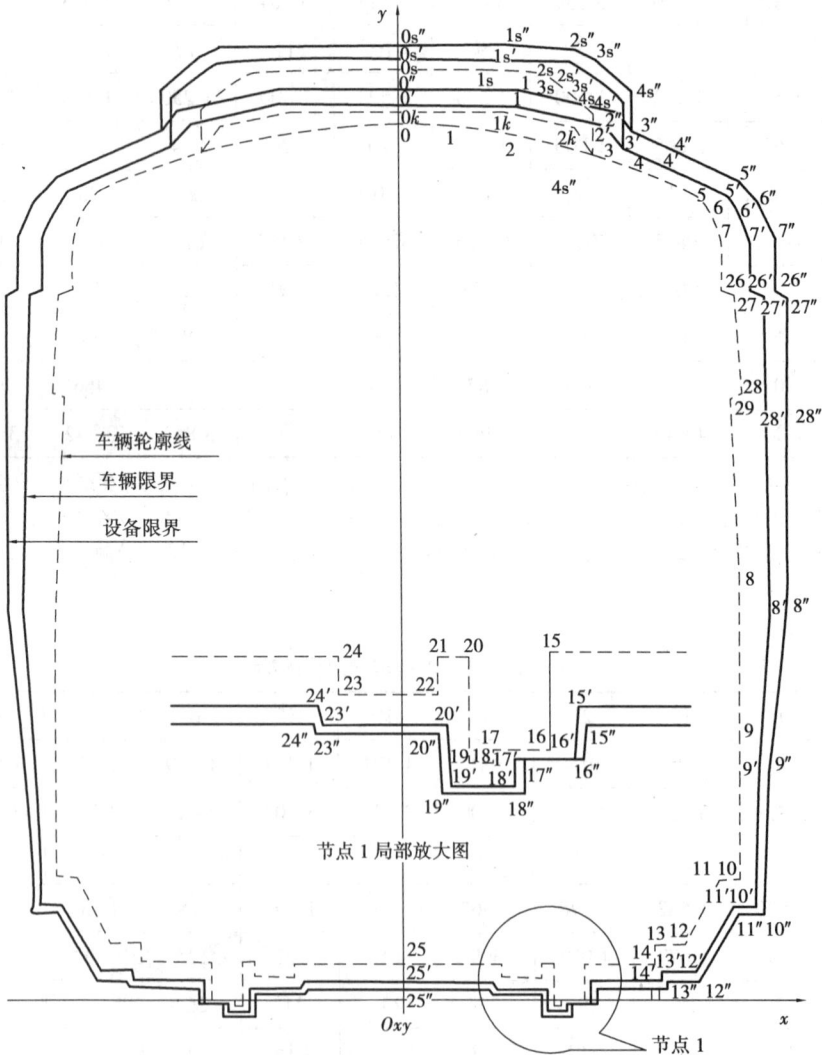

图 2.17 A 型车(鼓形)隧道内直线地段车辆轮廓、车辆限界、设备限界图

表 2.10　A 型车辆设备限界坐标　　　　　　　　单位:mm

点号	0″	1″	2″	3″	4″	5″	6″	7″	26″	27″
X	0	531	952	1 016	1 193	1 477	1 570	1 644	1 645	1 700
Y	3 938	3 945	3 848	3 758	3 686	3 551	3 452	3 309	3 074	3 058
点号	28″	8″	9″	10″	11″	12″	13″	14″	15″	16″
X	1 700	1 703	1 622	1 593	1 482	1 308	1 170	1 170	859	856
Y	2 498	1 677	1 007	368	371	71	74	50	52	−18
点号	17″	18″	19″	20″	23″	24″	25″	—	—	—
X	753	753	633	629	408	405	0	—	—	—
Y	−18	−69	−69	30	30	43	45	—	—	—
点号	0s″	1s″	2s″	3s″	4s″	—	—	—	—	—
X	0	465	765	851	1 016	—	—	—	—	—
Y	4 134	4 134	4 115	4 079	3 938	—	—	—	—	—

设备限界和车辆限界之间留有一定的间隙,这个间隙主要作为未涉及因素的安全留量,按照限界制定时的规定某些偏移量计入此间隙。计算车辆曲线上和竖曲线上的曲线偏移也计入这个间隙内,因此,设备限界在水平曲线上需要加宽,在竖曲线上需要加高。

3)地铁建筑限界

地铁建筑限界是基准坐标系中位于设备限界外的一个轮廓线,是在设备限界基础上,考虑了设备和管线安装尺寸之后的最小有效断面。它规定了地下铁道隧道的形状、尺寸、位置,地下车站及站台位置以及地面建筑物(包括接触网支柱、声屏障和站台屏蔽门等)的位置,涉及施工误差、测量误差及结构永久变形在内,任何永久性建筑物均不得向内侵入此限界。建筑限界和设备限界之间的空间应能安排各种电缆线、消防水管及消防栓、动力箱、信号箱及信号灯、照明灯、扩音器、通风管、架空线及其固定设备。地铁建筑限界应理解为建筑物的最小尺寸,比地铁建筑限界大的隧道、高架桥等建筑应认为是符合地铁建筑限界的。

【任务实施】

以如图 2.18 所示的西安地铁渭河车辆段库内限界检测装置为例进行说明。

图 2.18　西安地铁 2 号线车辆限界门

（1）设备用途及功能

西安地铁车辆段库内限界检测装置是进行西安地铁车辆段车辆限界试验的重要设备,是按车辆轮廓线坐标(含允许制造公差)、线路实际误差、库内限界检测装置制造及安装误差设计车辆轮廓检测装置检测模板的尺寸。西安地铁库内限界检测装置有超限报警功能。列车在AW$_0$载荷条件下,通过调车机车推送以 3 ~ 5 km/h 的速度通过库内限界检测装置,车辆轮廓线与检测模板不发生接触,则为合格。车辆轮廓线任意部位与检测装置模板发生接触或碰撞,触动限位开关装置,发出声光指示,提示车辆轮廓超限,对超限部位和超限尺寸作记录并进行整改。整改后的车辆再次通过库内限界检测装置的检测,直到检测合格。

（2）设备的性能与操作

西安地铁库内限界检测装置严格按照《地下铁道设计规范》(GB 50157—2003)和西安地铁的车辆轮廓线坐标(含允许制造公差)、线路实际误差、库内限界检测装置设计、制造,符合西安地铁车辆限界图。如图 2.19 所示,是库内限界检测设备的操作盘。库内限界检测装置采用两侧对称结构,旋臂式框架结构,采用螺栓固定于安装位置,为可拆结构。工作时,检测模板垂直于列车车辆,不工作时,检查测模板与列车车辆平行,方便于其他列车的通行,采用人工转动的方式完成转换,快速夹钳固定。

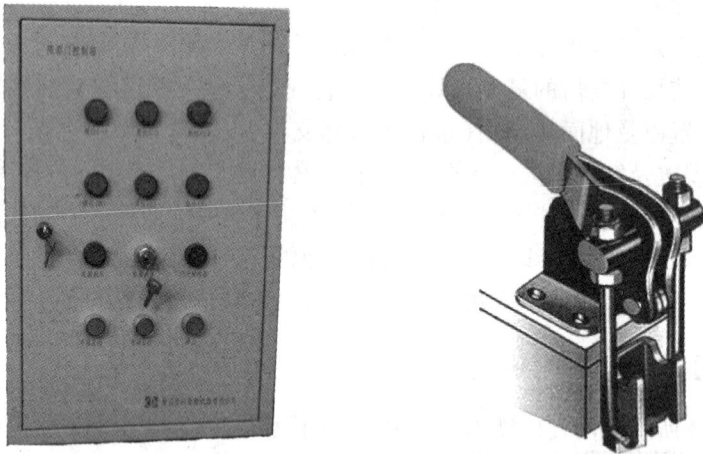

图 2.19　库内限界操作盘与操作机构

设备配置相应的传感器,一旦满足车辆进入通过,系统便开始工作,如有超限就自行发出声光报警。检测模板分为固定板和活动板两部分,活动板边缘镶橡胶条。活动板共分为 12 块板组成,当车辆轮廓线与任意检测模板发生接触时,相应检测模板产生晃动,触动限位开关装置,发出声光指示,提示车辆轮廓超限。

（3）设备主要技术规格及参数

与轨道垂直的方向　分辨率 4 mm　测量误差 2 mm

与地面垂直的方向　分辨率 4 mm　测量误差 2 mm

【效果评价】

评价表

项目名称	城市轨道交通车辆基础知识	学生姓名	
任务名称	任务4　地铁、轻轨车辆限界的认知	分数	
项　目		分值	考核得分
1.城市轨道交通车辆相关知识的搜集、整理		10	
2.是否有小组计划		5	
3.城市轨道交通车辆类型及结构的认知情况		20	
4.准确掌握各线地铁车辆的技术参数		50	
5.准确定位车辆方位、掌握总体布置		10	
6.掌握地铁限界的相关定义		5	
总体得分			
教师简要评语：			
			教师签名：

项目小结

　　我国城市轨道交通车辆选型提出了 A,B,C 型车的概念,它是按车体宽度区分。城市轨道交通车辆又有动车和拖车之分,动车以 M 表示,拖车以 T 表示。我国推荐的轻轨电动车辆有4轴动车、6轴单铰接式和8轴双铰接式车3种形式。

　　一般城市轨道交通车辆由车体、转向架、车辆连接装置、制动装置、受流装置、车辆设备、车辆电气系统等几个部分组成。

　　动车和拖车通过车钩连接而成的一个相对固定的编组称为一个(动力)单元,一列车可以由一个或几个单元编组而成。编组有 − A * B * C = C * B * A − 、= Mcp * T = T * Mcp = 等形式。

　　为了运用和检修的方便,必须对车辆进行标志。目前我国没有统一的车辆标识规定,一般参照国外的做法。包括车端、车侧、转向架、车轴、车门、座席、空调等的标识。

　　车辆技术参数一般可分为性能参数与主要尺寸两大类。性能参数主要有自重、载重、最高运行速度、轴重、通过最小曲线半径、冲击率等;主要尺寸有车辆长度、车辆最大宽度、最大高度、车钩中心线距离钢轨面高度、地板面高度等。

车辆限界是一个限制车辆横断面最大允许尺寸的轮廓图形,是车辆在正常运行状态下形成的最大动态包络线。还有设备接近限界和建筑限界。

思考与练习

1.城市轨道交通车辆有哪些基本种类?其结构如何?

2.城市轨道交通车辆是如何编组的?请举例说明某种编组方式的优、缺点。

3.为什么要对车辆进行标识?又如何对车辆进行标识?

4.什么是车辆的技术参数,主要有那些参数?举例说明这些参数有何用处?

5.什么是限界?有哪几种限界?它们之间的关系如何?

项目 **3**
城市轨道交通车辆车体

【项目描述】

车体是城轨车辆重要的组成部分,本项目将对城轨车辆车体的作用、分类、结构等进行分析。本项目的重点是铝合金与不锈钢车体,最后简要介绍模块化结构和车体材料选型的基本知识。

【学习目标】

通过本项目的学习要求掌握以下基本知识:
1.掌握城轨车辆车体的作用与分类。
2.熟悉城轨车辆车体的结构形式。
3.掌握城轨车辆铝合金车体的结构和特点。
4.掌握城轨车辆不锈钢车体的结构和特点。
5.熟悉城轨车辆模块化车体结构的基本知识。

【技能目标】

1.能分析城轨车辆车体的基本结构。
2.能进行车体材料的选型分析。

任务 1 城轨车辆车体的认知

【活动场景】

在城轨车辆生产厂的车体生产车间,或在城轨车辆车体的检修现场教学,或在能用多媒体技术展示城轨车辆车体的结构、材料与生产工艺的实训演练场或教室进行。

【任务要求】

掌握城轨车辆车体的基本作用、基本特征及典型车辆车体的结构特点。

【知识准备】

车体是城轨车辆的主体结构,其主要功能是运载旅客、承载和传递载荷,并装有传动机构、电气设备和其他一些设施。为使旅客的乘车环境安全舒适,车体还要安装防火、隔声、隔热材料。

(1)车体的作用与分类

1)车体的作用

城轨车辆的车体可按是否带司机室进行分类,对没有司机室的城轨车辆来说车体是为乘客提供服务的公共场所,也是安装和连接其他设备及组件的基础;对有司机驾驶设备的头车而言,除具有上述功能外,还是司机操作城轨列车和安装司机操作台的场所。

2)车体的分类

①按照车体所使用材料可分为碳素钢车体、铝合金车体和不锈钢车体3种,早期的城轨车辆车体材料基本上是碳素钢(包括普通低碳钢和耐候钢),目前新生产的城轨车辆主要使用铝合金和不锈钢车体。

②按照车体结构有无司机室可分为带司机室车体和无司机室车体两种。

③按照车体尺寸可分为3 m宽的A型车车体,2.8 m宽的B型车车体和2.6 m宽的C型车车体。如,广州地铁1,2号线、深圳地铁车辆采用了A型车;广州地铁3,4号线和天津滨海轻轨采用了B型车。

④按照车体结构工艺不同可分为一体化结构和模块化结构。如广州地铁1号线车辆采用的是一体化结构,而2号线采用的则是模块化结构。

(2)车体的基本特征、结构与要求

城轨车辆是城市内或城市近郊客运的专门交通工具,因而具有与一般轨道交通车辆所不同的特征。

1)车体的基本特征

①城轨车辆车体结构有多样性特点,目前我国的城轨车辆的车体一般为电动车组,有单节、双节、三节式等多种形式;有带司机室的头车和中间车;有动车与拖车之分。

②城轨车辆属于城市公共交通的范畴,乘客数量多,旅行时间短,上下车频繁,有高峰期、平峰期之分,针对这些特点城轨车辆在制造时车内设置的座位数量少,车门数量多而且开度大,车内服务于乘客的设备相对比较简单。

③为降低城轨线路设施建设的工程投资,城轨车辆的质量限制较为严格,特别是高架轻轨车辆,更是要求列车质量小、轴重轻。

④为减轻列车自重,车辆必须轻量化,对于车体承载结构一般采用大型中空截面挤压铝型材、高强度复合材料或不锈钢等,采用整体承载筒形车体结构,车辆的其他辅助设施也尽量采用轻型材料和轻量化结构。

⑤城轨车辆一般运营于城市人口稠密地区,并用于乘载旅客,因此,对车辆的防火要求非常严格,特别是地铁车辆。通常车体的结构采用防火设计,材料须经过阻燃处理。

⑥对车辆的隔音和降噪有严格要求,以最大限度降低噪声对乘客和沿线居民的影响。

⑦用于城市内交通、车辆外观造型和色彩必须考虑城市文化、环境美化,与城市景观相协调。

2)车体的结构形式

按照车体结构承受载荷的方式不同,车体可分为底架承载结构、侧墙和底架共同承载结构和整体承载结构 3 类。

①底架承载结构。全部载荷由底架来承担的车体结构称为底架承载结构或自由承载结构。

②侧墙和底架共同承载结构。由侧、端墙与底架共同承担载荷的车体结构称为侧墙和底架共同承载结构或侧墙承载结构,侧、端墙与底架等通过固接形成一个整体,具有较高的强度和刚度。

③整体承载结构。如图 3.1 所示为钢制车体的整体承载结构。由图可知,车体结构是板梁式、侧、端墙上固接由金属板、梁组焊而成的车顶,使车体的底架、侧墙、端墙、车顶连接成一个整体,成为开口或闭口箱形结构,这种车体结构的各部分结构均承受载荷,因而称为整体承载结构。

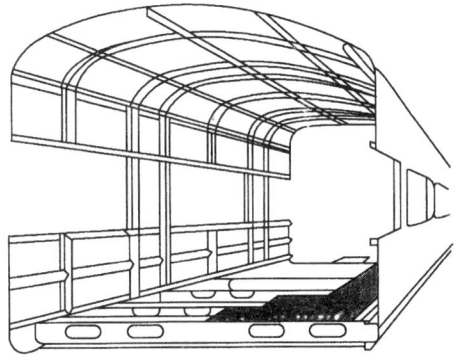

图 3.1　钢制车体整体承载结构

3)车体结构分析与基本要求

如图 3.2 所示为城轨车辆车体的一般结构形式,由图可知,城轨车辆车体底架是车体结构和设施的安装基础,承受城轨车辆的主要动、静载荷。因此,底架必须具有足够的强度和刚度,底架也是城轨车辆生产制造厂和城轨车辆检修段制造与检修作业的重点。

底架中部断面较大并沿其纵向中心线贯通全车的梁称为中梁,它是底架的骨干。底架两侧边沿的纵向梁称为侧梁,侧墙固定其上。底架两端部的横向梁称缓冲梁(或称为端梁),端墙固定其上。在转向架的支撑处设有枕梁,为横向梁中断面最大的梁。在两枕梁之间设有两根以上的大横梁。为了吊挂设备,铺设地板,底架上还设有若干小横梁和纵向辅助梁,同时达到了增强底架强度和刚度的目的,由上述梁件构成底架的一般结构,其中,中梁和枕梁承担载荷最大,因而最为重要。城轨车辆整体承载结构车体是由若干纵向、横向梁和立柱组成的钢骨架(也称钢结构),再安装内饰板、外蒙皮、地板、顶板及隔热、隔音材料、车窗、车门及采光设施等组成。一般包括底架、端墙、侧墙、车顶、车窗、车门、贯通道和车内设施等部分。侧墙由杆件、墙板和门窗组成。杆件包括立柱、上弦梁、横梁和其他辅助杆件,它们与底架的侧梁构成一体。墙板有蒙皮和内饰板,蒙皮是用钢板、不锈钢板或铝合金板制成,内饰板具有车内装饰的功能,经过阻燃处理。端墙结构与侧墙基本相同,除端梁外,还设有角柱、端立柱、上端梁和墙板等。车顶结构包括车顶弯梁、车顶横梁、车顶端弯梁及车顶板等。

为满足安全运载旅客的需要,车体钢结构必须有足够的强度;为提高乘坐舒适度,车体必须具有足够的刚度,保证车体的自振频率与转向架的自振频率不一致,避免产生共振现象而降低乘坐舒适度。试验结构表明:转向架采用空气弹簧时,车体钢结构的自振频率应达到 8 Hz 以上。

车体是城轨车辆结构的主体与基础。车体的强度、刚度关系城轨车辆运行安全的可靠性和舒适性；车体的质量则关系能耗、加减速度、载客能力以及列车编组形式。车体结构形式、性能和技术经济指标主要取决于车体材料。对于车辆设计和制造而言，减轻车体自重和降低能耗是必须解决的问题，其中的主要方法是实现车辆的轻量化。城市轨道运输事业的不断发展，给城市轨道车辆提出了越来越高的要求，轻量化、可靠性、怡静化技术、模块化设计等已成为现代化城市轨道车辆设计与制造的重要标志。

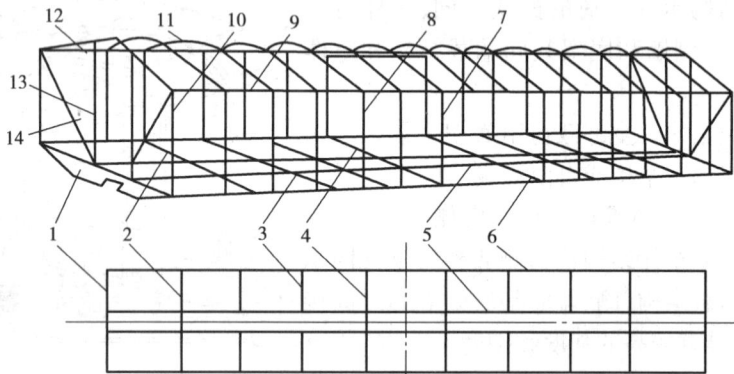

图 3.2　车体一般结构形式

1—缓冲梁（端梁）；2—枕梁；3—小横梁；4—大横梁；5—中梁；6—侧梁；7—门柱；8—侧立柱；
9—上侧梁；10—角柱；11—车顶弯梁；12—顶端弯梁；13—端立柱；14—端斜撑

（3）车体结构的发展

城轨车辆车体结构的发展与铁道车辆的车体结构的发展有许多相同之处，即由最初的全木结构，逐渐演变为钢制底架与木制车体的组合结构，到铆接全钢结构；车体材料由钢制的迅速发展为轻量化和耐腐蚀的轻型不锈钢或者铝合金车体结构；车体结构由骨架与外板构成的单壳结构，演变为以不锈钢双薄板结构和铝合金大型中空挤压型材结构为主的全双壳结构。

近代城轨车辆车体均采用整体承载的钢结构或轻金属结构，以达到满足强度和刚度要求的同时降低车辆自重。我国地铁车辆的车体结构从 20 世纪 80 年代就开始采用耐候钢无中梁整体承载结构，车体侧墙、车顶的梁柱与蒙皮结合后与底架构成封闭断面，以增强车体的强度和刚度。到 20 世纪 90 年代又生产了断面为鼓形的地铁车辆，使其能更好地利用限界。《地铁车辆通用技术条件》（GB/T 7928—2003）规定我国地铁车辆车体采用整体承载结构。

【任务实施】

下面以西安地铁 2 号线城轨车辆为例，认识城轨车辆车体的结构、特点与要求。

（1）总体概述

西安地铁 2 号线车辆为 B2 型车，车体断面呈鼓形，可适度增加车体内部的有效空间，车体两侧采用内藏式双开电动拉门结构。西安地铁 2 号线车辆的车体能够承受自重、载重及列车在牵引、制动产生的纵向载荷和运行检修中产生的斜对称载荷，而且还能够承受一列 6 辆编组的电动列车以 3 ~ 5 km/h 的速度进行车辆联挂时产生的纵向冲击力。车体的纵向静载荷为

800 kN,以配置安装合理的缓冲吸能结构系统,进而提高车辆的安全性,确保事故时对司乘人员具有更高的保护能力。

（2）车体钢结构分析

西安地铁 2 号线地铁车辆的车体钢结构采用薄壁、筒型整体承载结构,车体选用高强度不锈钢 SUS301L 系列为主要承载结构的材料。车体外表面不涂漆。车体为轻量化不锈钢结构,整车除端底架采用碳钢材料外,其余各部位均采用高强度不锈钢材料。各零部件间采用点焊连接,车体总组成也是采用点焊连接。

车顶由波纹顶板、车顶弯梁、车顶边梁、侧顶板、空调机组平台、受电弓平台等几部分组成。车顶采用波纹顶板无纵向梁结构,与车顶弯梁点焊在一起,机组平台由纵梁、弯梁、顶板点焊组成,再与车顶通过点焊与弧焊组成一体。

侧墙主要由侧立柱,窗上、下横梁,门扣铁,侧墙上、中、下墙板（其中上墙板为冷弯型钢）,门上横梁,侧墙下边梁等主要零部件组成。端墙为板梁点焊结构,主要特点是端角柱向车体外端翻边,使之与车顶、侧墙的点焊工艺性更好,提高了点焊效率和质量。

底架采用碳钢端底架与不锈钢底架塞焊连接,主横梁与边梁利用过渡连接板实现点焊连接,底架边梁采用 4 mm SUS301L-HT 材料,以提高底架的整体强度和刚度。地板厚度为 0.6 mm,材料为 SUS301L-MT 的波纹板。整体冷弯成型,滚焊搭接,以保证密封性。波纹板与主横梁、枕梁、地板梁间采用电铆焊连接,提高车辆承受纵向载荷的能力。在 Tc 车前端设计中有一撞击能量吸收区,设计和制造该撞击能量吸收区的目标为:一列 AW_0 列车以 25 km/h 的速度与另一列 AW_0 停止状态的列车相撞时,吸收列车的撞击能量,客室无损坏,并确保司机的安全。

（3）西安地铁 2 号线车辆车体的主要技术参数

西安地铁 2 号线车辆车体的主要技术参数如下:

车体长度	19 000 mm（Mp,M,T 车）
	19 500 mm（Tc 车）
车辆高度（不含受电弓）	3 800 mm
（落弓时）	3 810 mm
车体宽度	2 800 mm
客室地板面距走行轨顶面高度	1 100 mm（新轮）
车辆定距	12 600 mm
转向架轴距	2 200 mm
列车两端车钩连接面之间的长度	118 360 mm
车钩高度	660 mm
客室内净高	2 120 mm
车轮直径	
新轮时	840 mm
半磨耗时	805 mm
最大磨耗时	770 mm
轮对内侧距	$1\ 353^{+2}_{-2}$ mm

【效果评价】

评价表

项目名称	城市轨道交通车辆车体		学生姓名	
任务名称	任务 1　城轨车辆车体的认知		分　数	
项　目			分　值	考核得分
1.车体的相关知识、图片的搜集、整理			10	
2.是否有小组计划			5	
3.城轨车辆车体分类的认知情况			20	
4.城轨车辆车体常见结构形式及特点的认知情况			50	
5.编制学习汇报报告情况			10	
6.基本素养考核情况			5	
总体得分				
教师简要评语： 　　　　　　　　　　　　　　　　　　　　　教师签名：				

任务 2　城轨车辆铝合金车体的认知

【活动场景】

在城轨车辆生产车间或检修现场教学,或用多媒体展示铝合金车体的使用与生产。

【任务要求】

掌握城轨铝合金车体的结构、特点和形式。

【知识准备】

铝合金车体是一种轻型整体承载结构,主体材料是铝合金型材,通常采用模块化结构或全焊接组装,是一种新型的车体结构。铝合金材料密度小,比强大,构造的车体在满足车体强度和刚度的同时大幅度地减轻了车体的质量而备受青睐。

（1）铝合金材料特性

铝合金材料的特性主要表现在以下 5 个方面。

①质轻且柔软,更容易实现车体的轻量化。铝的密度为 2.71 g/cm³,约为钢密度(7.87 g/cm³)的 1/3;杨氏模量也约为钢的 1/3。

②强度好。纯铝的抗拉强度约为 80 MN/m²,是低碳钢的 1/5。但经过热处理强化及合金化强化,其强度会大幅增加。如铝合金车体常用的材质 6005A—T6,它的最低抗拉强度为 360 MN/m²,能达到低碳钢相应的强度值。

③耐蚀性能好。铝合金的特性之一是接触空气时表面会形成一层致密的氧化膜,这层膜能防止腐蚀,所以耐蚀性能好。若再实施"氧化铝膜处理法",就可以全面防止腐蚀。

④加工性能好。车辆用型材挤压性能好,二次机加工、弯曲加工也较容易。

⑤易于再生。铝的熔点低(660 ℃),再生简单。在废弃处理时也无公害,有利于环保,符合可持续发展战略。

根据铝合金车体结构及制造、运用情况,选择材料时应遵循以下原则:从轻量化方面考虑,要求强度、刚度好,而质量小;从寿命方面考虑,要求耐蚀性、表面处理性、维护保养性好;从制造工艺方面考虑,要求焊接性、挤压加工性、成型加工性高。根据以上原则,铝合金车体主要使用 5000 系列、6000 系列、7000 系列的铝合金。3 个系列的铝合金材料的特性及用途见表 3.1。

表 3.1 车辆常用铝合金材料的特性及用途

铝合金种类	主要成分	特 性	主要用途
5000 系	Al Mg(0.2% ~5.6%)	耐蚀性、焊接性、成型性很好,强度也较高,代表合金有:5052,5083,5056,5N01 等	建筑、船舶、车辆机械部件、饮料罐等
6000 系	Al Mg(0.45% ~1.5%) Si(0.2% ~1.2%)	耐蚀性、强度好,有的挤压加工性好,代表合金有 6005A,6061,6063,6N01 等	车辆结构材料、结构杆件、建筑用框架、螺栓、铆钉等
7000 系	Al Zn(0.5% ~6.1%) Mg(0.1% ~2.9%) Cu(0.1% ~2.0%)	焊接性、耐蚀性差,强度最高。Al-Zn-Mg 合金的焊接接头效率高,代表合金有 7005A,7005,7178,7N01,7003 等	车辆结构材料、飞机杆件、体育用品

(2)铝合金材料车体的特点

最早的铝合金车是 1952 年英国研制的伦敦地铁电动车组。铝合金车体的发展经历了板梁期、开口型材期和现在的大型中空挤压型材期 3 个发展阶段,现在逐渐走向成熟。铝合金车体具有以下优点:

①能大幅度降低车辆自重,在车辆长度相同的条件下,与碳素钢车体相比,铝合金车体的自重降低为 30% ~35%,强度质量比约为碳素钢车体的 2 倍。碳素钢车体、不锈钢车体、铝合金车体的质量之比为 10∶8∶6。

②具有较小的密度及杨氏模量,因此,铝合金对冲击载荷有较高能量吸收能力,可降低振动,减少噪声。

③可运用大型中空挤压型材进行气密性设计,提高车辆密封性能和乘坐舒适性。

④采用大型中空挤压型材制造的板块式结构,可减少连接件的数量和质量。

⑤减少维修费用,延长使用寿命。

(3)铝合金车体形式

1)纯铝合金车体

城轨车辆纯铝合金车可分为以下4种形式:

①车体由铝板和实心型材制成,铝板和型材通过铝制铆钉、连续焊接和金属惰性气体点焊等进行连接。除了车钩部分及车体内的螺钉座使用碳素钢外,其他部位都使用密度仅为碳素钢1/3的铝合金,实现了车体的轻量化。这些铝板和型材等多为拉延材料(板材、挤压型材、锻造材料)。最近,很多地方使用大型挤压型材,进行热处理后,其机械性能有很大的提高。大型挤压型材的组合使车辆制造时焊接大量减少,但制造成本增大。

②车体结构是板条骨架结构,用气体保护的熔焊作为连接方法。

③在车体结构中应用整体结构,板皮和纵向加固件构成高强度大型开口型材。

④车体采用空心截面的大型整体型材,结构更加简单。型材平行放置并总是在车体的全部长度上延伸,通过自动连续焊接进行连接。该车体结构以具有多种多样截面的型材为基础,并充分利用铝合金良好的机械性能。

2)混合结构铝合金车体

城轨车辆除纯铝合金车体外,还有钢底架的混合结构铝合金车体。这种车体侧墙与底架的连接基本都采用铆接或螺栓连接的方式。其作用有两点:一是可避免热胀冷缩带来的问题;二是取消了成本很高的车体校正工序。

采用铝合金材料制造车体可最大限度地减轻车体自重,从而带来提高车辆的加速度,降低运能消耗,牵引及制动能耗低,减轻了对线路的磨耗及冲击,扩大了输送能力等诸多好处。此外铝合金车体还具有以下优点:耐腐蚀性好(但在有湿气的潮湿地方更容易腐蚀,所以应特别注意排水和密封),外墙板可不涂漆,不仅节能,还节省涂装费,而且不需设置油漆场地,缩短制造周期,并可延长检修周期;可采用长大宽幅挤压型材,与一般钢结构相比,人工费节省约40%,车辆质量减少约30%。

(4)铝合金车体结构

如图3.3所示是深圳地铁1号线一期车辆车体断面图,其形状类似鼓形,采用大型中空铝型材模块结构,紧固件机械连接,整体承载,具有质量小,承载量大,外形美观等优点。车体分为A车、B车、C车3种车型,其中A车为带有司机室的拖车,B车为带受电弓的动车,C车为不带受电弓的动车。

【注意】车体的A车、B车和C车和前面所说的A型车、B型车、C型车的概念不同。

车体由底架、侧墙、车顶、端墙等预先装配好的模块组成,车体总装配时,用螺栓将这些预装配好的模块按顺序联结在一起。

车体模块是用铝型材(约占车体质量90%)焊接而成,几乎所有的挤压型材是由合金ENAW 6005A制成,它们是空心的。由于强度要求,底架的牵引梁用铝合金 ENAW 7020(铝合金板和一块铝合金挤压材)制成。某些低应力区域由合金板 ENAW 5083制成。每车模块

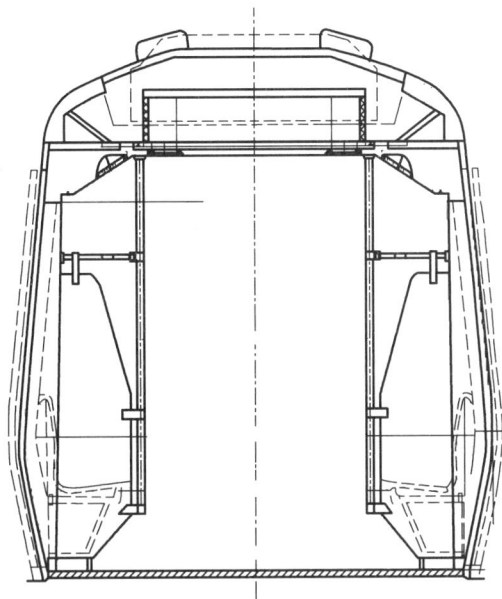

图 3.3　车体断面图

的每侧有 5 对客室门结构和 4 个车窗结构,带司机室的拖车模块每侧还包括 1 个司机室门框架和一个前端门框架,中间端宽度与贯通道宽度几乎相同。

1)底架

底架是车体的基础结构,底架结构模块包括地板、边梁(左和右)、枕梁(2 根)、牵引梁(2 个)组件。边梁、枕梁、牵引梁采用连续焊接组合在一起,将地板、隔热隔声材料、底架下管路和电线槽预先与底架组成一体,然后与侧墙和端部模块连接,底架边梁在整个长度上与侧墙模块进行机械连接,在底架的架车位置进行局部加强。

①地板。地板包括 9 块几乎与车辆长度相同的 70 mm 高的挤压型材,C 形挤压型材的顶部与地板安装在一起。

②边梁。边梁由两块与车辆长度相同的挤压型材组成,下部挤压型材是安装底架设备的底座,上部挤压件包括地板和侧墙的接口,侧墙接口位于地板以上约 150 mm 处,在门口区域,挤压型材的上部切口有平滑的曲线边缘以减少那一区域的应力。

在司机室区域,边梁经由特殊的挤压型材延伸用作安装司机室模块的底座。

③枕梁。枕梁主要由两个与车辆宽度相同的挤压型材组成、包括一些固定电缆和管的各种加强及固定件组成。B 车中的枕梁较特殊,它为安装高压电缆开有安装槽,其他车的所有枕梁是相同的。为安装中心销、空气弹簧和防侧滚杆,枕梁做了某些特殊加工使安装表面平滑。

④牵引梁。牵引梁有两根纵梁和一根横梁,纵梁沿车体纵向布置,其作用是把车钩力分布到地板和枕梁上,一根横梁的作用是承载、提升和牵引力,司机室下面(A 车的前端)的牵引梁较长且宽,发生列车冲撞,被压溃的车钩向后运动,牵引梁能够向后微量压缩,避免车体受损坏。

2)侧墙

侧墙由上墙板、下墙板、窗间墙板 3 部分组成,侧墙由普通铝型材和中空铝型材焊接而成,在侧墙内侧预装有隔热隔声材料、车窗和内墙板。侧墙模块与底架和车顶模块间用拉铆紧固联结。除了第一个客室门和司机室模块之间的小侧墙模块外，所有侧墙模块由6个焊接挤压型材组成，纵向布置，并加上采光设计。C型槽与车内装饰安装件安装在一起，门和窗户支柱均有加强筋，也由挤压型材制成，为了减少扭曲变形，用铆钉把这些支柱安装在6个焊接的挤压型材上。有8个带窗户的大侧墙模块，安装在车辆相应的位置，有2个（左和右）小模块，安装于所有车辆的端墙模块和末端客室门之间。

3）车顶

车顶结构由车顶侧梁（左和右）、车顶板（3块）和空调机组安装槽（2块）组成，B车车顶结构还包括受电弓安装槽（2块）。车顶侧梁由3部分组成，下部挤压型材件有侧墙模块的接口，并包括门口，其特点与底架上边梁相同。中间挤压型材件具有侧墙和车顶的弯曲形状，上部挤压型材件包括车顶板插槽和内部安装c-槽的接口。车顶板与车顶侧梁和风道一起形成封闭的车顶，它包括6个纵向布置的小型挤压型材件。安装槽有一些纵向的小挤压型材（根据车辆长度）和安装空调机组及受电弓的支架，空调机组安装槽也包括与内部（由板制成的）空调机组安装槽连接的接口槽。

4）端墙（中间端）

端墙安装在客室的两端头，其作用是联结客室车体与贯通（或司机室）的联结体，其结构包括地板、贯通道框架、侧墙部件。端墙上有许多结构部件和孔用于内部和外部设备的安装联结。

(5)铝合金材料使用中应注意的问题

铝合金车体有许多优点，但在设计、制造中尚需注意许多问题。如铝合金选材、大型铝型材料成型技术、铝合金结构焊接工艺的研究、铝合金材料疲劳特性和寿命试验、结构优化设计、刚度问题、防腐问题等。

1）铝合金材料的合理选择

使用铝合金材料的车体多为焊接结构，且在大气条件下工作，因此，要求铝合金材料不仅应具有适当的强度和刚度，而且需具有良好的焊接性能，特别是焊缝性能要接近母材性能水平。最好在焊后的自然时效状态即能达到固熔处理加人工时效状态的性能水平。此外还要求材料的抗腐能力和抗应力腐蚀能力强、应力集中敏感性低、焊接接头处的抗脆断能力和抗疲劳能力高。

参照国外成熟的应用经验，对于大型挤压型材的车体建议选用如下铝合金材料：受力结构件的材质应考虑选用6005A，主要是该种铝合金焊接后，焊缝强度恢复较大。该种材料虽然国内无相应牌号，但西南铝加工厂已研制出该铝合金，板材建议采用5083（国内牌号为LF4）。

2）铝合金车体的组装

铝合金的密度只相当于钢的1/3，弹性模量也只有钢的1/3。材料的刚度与弹性模量有关，因此，铝合金车体的设计不能采用钢质车体的结构形式，而应充分利用新型铝合金的性能特点，采用大型中空挤压型材。采用长大挤压型材使大多数焊缝接头位于长度方向上，因此，可集中焊接；与板梁结构相比较变形大量减少，且机械化程度高，大大减少了人工，从而提高了劳动效率。

整体结构的铝合金车体有非常好的耐冲击性能,因为其工作断面面积增大 2~3 倍,零件的长细比也明显减小。

车体基本由地板、车顶、两个侧墙及两个端墙 6 大部件装配而成。而铝型材的边缘设有通长的成型槽,即可供组合整个车体用。当型材沿边缘连接时,能自动形成适宜的焊接坡。端墙完全采用板材,梁采用焊接结构,四角立柱及端顶弯梁采用弯曲型材,端顶横梁采用矩形铝合金型材,外端板选厚 5 mm 的铝合金,并考虑大小风挡结构的需要。

底架各梁应设置座椅安装滑槽,侧门滑槽及底架吊挂滑槽,滑槽为 T 形。底架与转向架的连接件、车钩安装座使用铝合金锻件,锻件与底架型材开坡口焊接。

车顶边梁拟采用大型挤压型材,中间部分采用两种开口铝合金挤压型材,车顶上边梁与侧墙共用,并考虑边梁自带雨檐。组焊时,边梁焊在侧墙上,并由矩形横梁将两边梁连接,保证车顶有足够的刚度。车顶开口型材在总装时,组焊即可。

【任务实施】

本任务以南京地铁 2 号线的铝合金车辆为例,学习铝合金车体的结构。

(1)南京地铁 2 号线车辆车体的主要技术参数

车辆长度(车钩连接面之间的长度)	
A 车	24 400 mm
B/C 车	22 800 mm
6 辆编组列车长度	140 000 mm
车辆外侧最大宽度	3 000 mm
轨顶面至车顶之间的高度(新轮,不包括受电弓和空调)	3 800 mm
新轮状况下,车顶距轨面高度(包括受电弓)	3 850 mm
新轮状况下,受电弓距轨顶面高度(包括空调)	3 860 mm
客室内部高度(从地板面至内部车顶中心线)	2 100 mm
客室内乘客站立区高度	1 900 mm
从轨顶面至地板面高度(新轮、空载、空气簧充气)	1 130 mm
转向架中心距	15 700 mm
车辆固定轴距	2 500 mm
轮对内侧距	1 353 mm
整体辗钢车轮直径	
新轮	ϕ840 mm
半磨耗轮径	ϕ805 mm
最大磨耗轮径	ϕ770 mm
转向架及车体下安装设备最低点距轨面(车轮磨耗到限时)	≥60 mm
车钩水平中心线距轨顶面高度	720 mm
客室侧门数(对开)5 扇(每侧)、10 扇(每辆车)	
客室门开度	1 400 mm

客室门开启时高度	1 950 mm
司机室侧门开启宽度	560 mm
司机室侧门开启高度	1 900 mm
车辆之间的贯通道宽度	1 500 mm
车辆之间的贯通道高度	1 900 mm

（2）南京地铁 2 号线地铁车辆主要结构特点

南京地铁 2 号线地铁车辆的车体整体上采用铝合金材料制造，只有车体底架上的枕梁和端梁是采用高弹性极限钢材制造的，车体外壳采用由铝型材和机械焊接金属板制成的预装组件构成。车体结构主要由底架、侧墙、端墙、车顶组成。

①底架。底架主要由两个边梁、5 块底板、两个端梁、两个枕梁（见图 3.4）组成。两个枕梁安装于底架之下，用于与转向架相连。

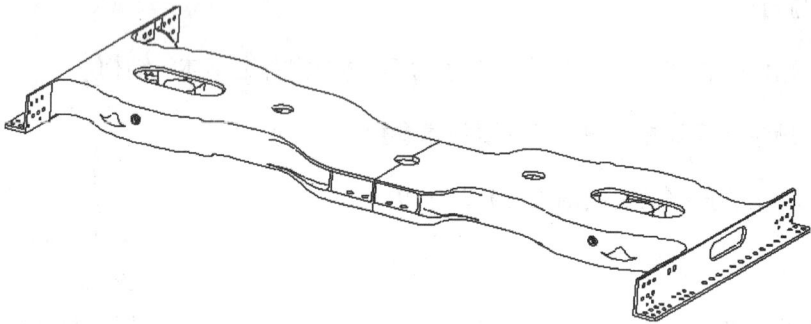

图 3.4　枕梁

②侧墙（见图 3.5）。每面侧墙主要由侧墙下边梁型材、侧墙上边梁型材、小立柱、大立柱组成。通过主要部件中的大立柱和末端处的小立柱将侧墙下边梁型材侧墙上边梁型材连接起来。

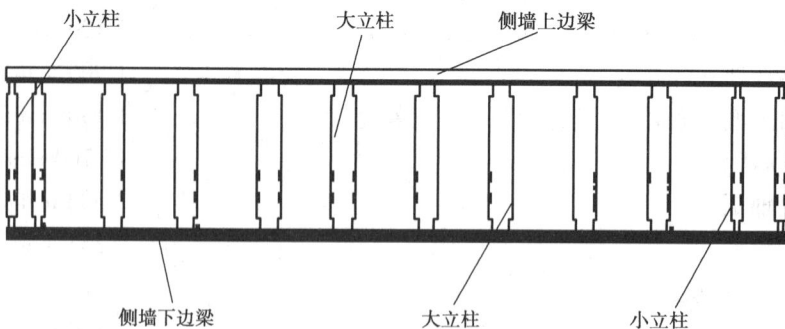

图 3.5　侧墙示意图

③端墙。每个车的两端都采用被称为端板的金属板封闭。只有 A 车在端部 1 处被驾驶室封闭。端部采用由铝型材和铝板制成的机械焊接组件构成。端部的另一个作用是支承贯通道。

④车顶。车顶采用由大型中空挤压铝型材组焊而成，主要由 7 块顶板（2 个上侧梁、2 个侧板、2 个中间板、1 个中顶板）、2 种支撑件组成，车顶安装在两侧墙上边梁上。

【效果评价】

评价表

项目名称	城市轨道交通车辆车体	学生姓名	
任务名称	任务2 城轨车辆铝合金车体的认知	分数	
项 目		分值	考核得分
1. 铝合金车体相关知识、图片的搜集、整理		10	
2. 是否有小组计划		5	
3. 铝合金车体特点、形式、结构的掌握情况		50	
4. 铝合金材料使用中应注意的问题的认知情况		20	
5. 编制学习汇报报告情况		10	
6. 基本素养考核情况		5	
总体得分			
教师简要评语:			
			教师签名:

任务3 城轨车辆不锈钢车体的认知

【活动场景】

在城轨车辆生产车间或检修现场教学,或用多媒体展示不锈钢车体的使用与生产。

【任务要求】

掌握城轨不锈钢车体的结构、特征。

【知识准备】

(1)轻量化不锈钢车辆的发展概况

1)日本轻量化不锈钢车体的开发过程

为使城轨车辆达到轻量化和免维修,日本对用不锈钢材料制造城轨车辆的技术进行了深入的研究与试验。1959 年,日本东急车辆公司与美国巴德公司进行技术合作,进行了高抗拉强度不锈钢(SUS301L)的开发、试制和加工技术的研究,如图 3.6 所示为日本 1962 年用点焊的方法制造的世界首列全不锈钢车体,东急电铁 7000 系,这种车体与钢制车相比质量小 2 t 且几乎不需要补修。

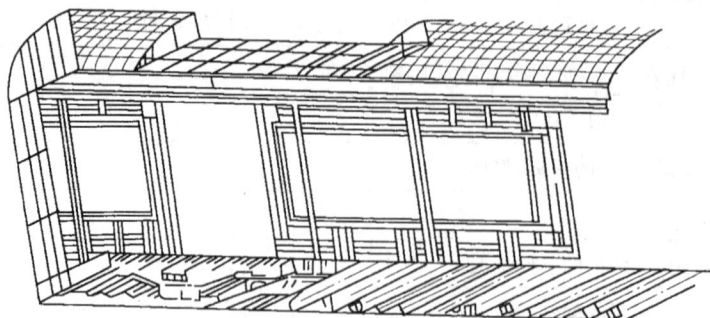

图 3.6　天津滨海路不锈钢车体

1973 年,受石油危机影响,日本设计制造了更节能和轻量化的不锈钢车体;采用有限元法对车辆车体结构进行强度分析;1975 年采用美国波音公司开发的三维解析程序有限元法进行设计,成立轻型不锈钢车辆开发设计组开发轻型不锈钢车体;1977 年 2 月完成了第一阶段的试制车车体结构,1977 年 11 月,试制出达标的车体结构;1978 年制造东急电铁 8400 型,车体比普通碳钢车轻 4 t、比原有不锈钢车轻 2 t,是首批不锈钢节能车;1979 年生产东急电铁 8090 系,设备虽与 8000 系相同,但车体结构减轻 2 t;1980 年,制造了如图 3.7 所示定型生产的轻型不锈钢车辆,车体结构设计则采用新型骨架或接头,并将原有波纹外板改成由加长刚性肋(压筋)加工的平外板。1992 年制造了如图 3.8 所示新一代不锈钢车辆,其底架及车体仍以原有轻型不锈钢车体结构为基础,但其外墙板为自动点焊,或对外板补强后的形状与布置加以改进,避免了补强筋突出,改为平板外表面,车体结构骨架更易于作业,部件件数大大减少,提高了精度。

2)我国长客厂不锈钢车体的发展概况

我国北车集团长春轨道客车车辆制造厂从 1995 年开始进行铁道车辆和城轨车辆不锈钢车体的研制,第一阶段,与韩进公司联合开发轻量化不锈钢车 30 辆,运行于我国南方衡广铁路,经过 6~7 年的实际运营考核,证明该不锈钢车比碳钢车具有质量小、耐腐蚀等明显的优势;2000 年开始进行第二阶段的研制,对日本的 SUS301L 系列不锈钢和点焊结构进行更透彻的消化、吸收,先后对日本、韩国的不锈钢车进行剖析,聘请日本专家进行全程指导、讲课;在 2002 年初,吸收日本技术制造出了全新的点焊结构轻量化不锈钢车体。在此基础上,又生产出 4 辆北京城铁不锈钢车辆,从而使不锈钢车辆的研制进入一个全新阶段。在以上不锈钢车的研制基础上,长春客车厂又设计、生产了天津滨海快速轨道交通工程车辆(轻量化点焊结构不锈钢车体)。该车也是鼓形车体整体点焊结构,除端底架用碳钢外,其余主要承载部分都是采用 SUS301L 系列的 HT、MT、DLT、LT 钢材。

(2)不锈钢车体的结构

如图 3.7 所示为我国生产的比较典型的不锈钢车体——大连金州线不锈钢车体,这种车主要由底架、侧墙、车顶、端墙等组成六面体整体承载结构,底架端部采用耐候结构钢材料,其余部分均采用高强度 SUS301L 系列不锈钢材料。梁、柱间通过连接板相连接,模块构件结合及整体组成主要采用电阻焊接(点焊),形成不锈钢骨架结构,整个钢结构外观为不涂漆装饰。

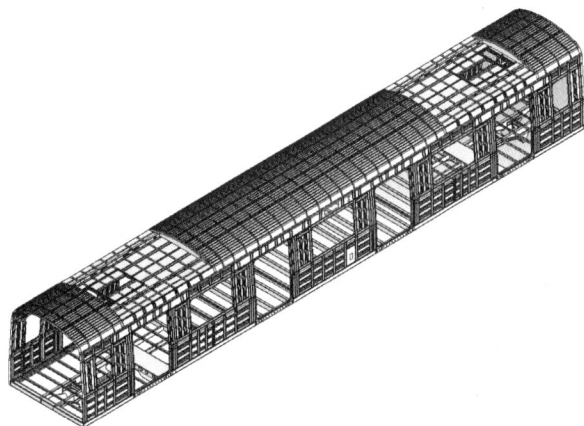

图 3.7　大连金州线不锈钢车体模型

①底架。底架为无中梁结构,主要由侧梁、牵引梁、枕梁、横梁及波纹地板组成,枕梁和牵引梁部位采用耐候钢材料。波纹地板选用标准的型材断面,材料为 SUS304,底架两侧边梁 SUS301L(HT)级不锈钢型材,在底架前后部,与枕梁和端梁碳钢梁采用塞焊焊接为一体。底架的端梁采用 SUS301L(LT)级型材,底架横梁采用 SUS301L(HT)级型材。

②侧墙。侧墙结构全部由不锈钢构成,由侧板、立柱、顶部横梁和门框等焊接成为整体。侧墙结构设计时由门开口隔开,各部分模块化设计。窗上纵梁、窗下纵梁及侧墙下边梁材料均采用 SUS301L(HT)级型材,厚度为 1.5 mm。窗上外板、窗中板、窗下外板材料采用 SUS301L(DLT)级板材,板厚为 1.5 mm,表面质量标准为#80BG。侧墙的外板加强板采用 SUS301L(HT)级型材,板厚为 0.6 mm。

③车顶。车顶棚骨架结构由两个上弦梁和纵向梁、横梁一起焊接组成,骨架上面铺设不锈钢波纹板。上弦梁采用 SUS301L(HT)级型材,型材厚度为 1.5 mm;顶棚横梁及纵向梁采用 SUS301L(ST)级型材;顶棚波纹板采用厚度为 0.6 mm 的纵向波纹地板,材料选用 SUS301L(MT)级。空调安装梁及受电弓安装梁采用模块化设计,结构强度满足支撑空调机组、管道、照明系统托架、顶板、立柱和其他设备。

④端墙。非司机室的端墙由不锈钢蒙皮、横梁和贯通道加强梁组成。端墙立柱采用 SUS301L(ST)级型材,型材厚度为 2 mm;端墙外板采用 SUS304 板材,板厚为 1.5 mm。

(3)城轨轻型不锈钢车辆的特征

①外板。由于不锈钢材料的导热率极小,发生热应变较大,因此传统制造的不锈钢车辆车体,为使其热应变不致太明显,多将侧墙外板做成波纹结构,但波纹结构存在清扫困难的问题;另外,强度方面,波纹结构板在纵向和横向虽有刚性,但在剪切方向则较弱,因此在需要传递剪切力的地方必须另设剪切板。可见,在强度方面,平板结构较好,在质量方面也有利。加工平板时的问题是如何改善热应变后的美观,可采用在一定间隔内设刚性肋的外板。

②骨架结构。不锈钢车体在试制之初,只是把钢制车的骨架换成不锈钢的结构,根据部位不同,使用不同高度的乙型材或帽型材,因此骨架的接头接合很复杂。制造轻型不锈钢车辆

时,最困难的就是骨架构成。在反复进行强度分析后得知,乙型材由于是开口截面,加载后易产生扭曲,难以充分传递载荷。因此,考虑以箱型截面与外板组合,箱型截面对于横向载荷非常有效,骨架的板材厚度可降低为 1.2 mm。结构体的组装以点焊为基础,结构上难以处理的地方则应采用以环形焊或塞焊,以考虑热影响。

③不锈钢材料的特性。城轨车辆使用的不锈钢,从耐腐蚀性、加工性、机械强度等方面考虑主要采用奥氏体系的 SUS301 系不锈钢,这种材料冷轧加工后能提高抗拉强度,且压制加工性好。抗拉强度为 LT,DLT,ST,MT,HT 这 5 个等级,按照所需强度分别使用。不锈钢的化学成分也影响其性能,为改进不锈钢的焊接性,需大幅度降低钢的含碳量。SUS301L 标准的出现,是轻型不锈钢车辆成功的主要原因,在机械性能方面,分析了加工性与强度之间的均衡情况,修改了抗拉强度的规定范围,即 HT 材质标准;对影响车辆美观的外板平面度,通过对表面处理的反复试验,修改了 DLT 材质标准。

(4)轻量化不锈钢车体材料的特点

1)车辆用不锈钢材料的化学成分及力学性能

轻量化不锈钢车体主要采用车辆专用不锈钢,材质为 SUS301L 和 SUS304,SUS301L 中 Ni 和 Cr 的含量比 SUS304 的少因而具有更加良好的冲压加工性能,且能通过冷冲压加工提高其抗拉强度。SUS301L 材质抗拉强度分为 5 个等级。表 3.2 为车辆专用不锈钢的化学成分,表 3.3 为车辆专用不锈钢的机械性能。

表 3.2　车辆专用不锈钢材料化学成分的质量分数/%

牌　号	C	Si	Mn	P	S	Ni	Cr	N
SUS301L	<0.03	<1.00	<2.00	<0.045	<0.03	6~8	16~18	<0.20
SUS304	<0.08	<1.00	<2.00	<0.045	<0.03	8~10.5	18~20	—

表 3.3　车辆专用不锈钢的机械性能

牌　号	屈服强度/($N \cdot mm^{-2}$)	抗拉强度/($N \cdot mm^{-2}$)	延伸率/%
SUS301L-LT	≥215	≥550	≥45
SUS301L-DLT	≥345	≥690	≥40
SUS301L-ST	≥410	≥760	≥35
SUS301L-MT	≥480	≥820	≥25
SUS301L-HT	≥685	≥930	≥20
SUS304	≥205	≥520	≥40

2)车辆用不锈钢材料的物理性能

车辆用不锈钢材料具有较低的热传导率和较高的热膨胀系数。奥氏体不锈钢的热传导率仅为钢的 1/3,因此,焊接产生的热量不能很快被分散,大量的热量聚集在焊缝区域,而不锈钢中的奥氏体组织在高温下具有不稳定性,在 500~800 ℃时,钢材中 Cr 的碳化物会沿晶界析出,使得晶界附近因含 Cr 量下降而出现晶界腐蚀,同时屈服强度和抗拉强度会急剧下降。另外,不锈钢材料的热膨胀系数约为钢的 115 倍,使得同样的热量其变形比普通钢材变形要大很多。因此,不锈钢车体制造工艺中一般避免采用电弧满焊,多采用电阻点焊工艺。

(5)不锈钢材料使用中应注意的问题

不锈钢车体由于具有耐腐蚀性较好、不用修补、使用寿命长等优点,因此,使用不锈钢材料作车体在保证强度、刚度的条件下,板厚可以大大减少,从而实现车体的轻量化。但在设计、制造中尚需注意许多问题,如,不锈钢选材、不锈钢制造技术、不锈钢结构焊接工艺的研究、不锈钢材料疲劳特性和寿命的实验、结构优化设计、刚度的问题、防腐的问题等。

1)**不锈钢材料的合理选择**

根据城轨车辆的结构特点、制造工艺以及使用环境,同时考虑制造成本,要求车体所使用的不锈钢材料必须具有价格便宜、通用性高,容易购买;耐腐蚀性好;具有足够的强度;加工性好,进行剪切、弯曲、拉延、焊接等加工时,不会产生缺陷等特点。能满足以上条件的不锈钢材料有 30~40 种,其中具有代表性的是 SUS304(S30400)和 SUS301。1983 年开发出的低碳不锈钢 SUS301L(L 表示低碳),其碳的质量分数在 0.03% 以下,目前,城轨车辆均使用这种强度高、耐腐蚀性好的不锈钢材料。

SUS301L 这种不锈钢材料在进行冷压延加工时,如将加工量(也称压延率)在 5%~20% 的范围内进行控制的话,可得到不同强度级的材料,SUS301L 一般分为 5 个强度等级:

①SUS301L-LT:不进行冷压加工,其特点是强度较低,与 SUS304 基本相同,多用于强度要求不高处,拉伸加工料件。

②SUS301L-DLT(1/4H):其特点是压延加工度低,板的平面度在几种调质材料中最好,多用于外板。

③SUS301L-ST(1/2H):其特点是具有较高强度,同时拉伸性良好。多用于车顶弯梁、侧立柱、端立柱等处。

④SUS301L-MT(3/4H):其特点是强度很高,但不易进行弧焊加工,加热至 600 ℃ 以上时,强度会大幅降低,系为冷弯型钢用料。

⑤SUS301L-HT(H):其特点是屈服强度和强度极限在几种调质材料中都是最大的,与 MT 相同,加热至 600 ℃ 以上时,强度会大幅下降,多用于底架边梁、主横梁、侧立柱等对强度要求很高的部位。

2)**不锈钢材料的焊接**

碳素钢车体采用弧焊组装钢结构,靠点焊产生的热量熔化填充金属,使两个构件熔敷接合。弧焊所产生的热量很大,对构件的热输入量也很大,这种焊接方法对于焊接不锈钢材料是很不利的。

不锈钢导热系数只是碳素钢的 1/3,而热膨胀系数是碳素钢的 1.5 倍,热量输入后散热慢而变形大,不利于对构件尺寸及形状的控制,但由于不锈钢材料的电阻较大,因此,对不锈钢材料的焊接一般都采用电阻焊(即点焊)。点焊就是将两个或两个以上相叠加的金属用电极加压,通过大电流利用金属的电阻,产生高热,使叠加的金属在加压区产生熔合,使金属连接到一起。点焊的特点是对构件的热输入量少,容易实现自动控制,焊接时不需要技能很高、很熟练的操作者也可保证焊接质量。

不锈钢车体采用点焊,这就决定了不锈钢车体必须采用很多与以往碳素钢车体不同的特殊结构,以实现点焊连接的目的。不锈钢车体在组合外板、梁、柱时为了减少热量的输入,采用点焊代替弧焊,梁、柱的结合部位采用连接板传递载荷。但由于受到设备、工装、工序等各方面的限制,有些部位无法实现点焊,可采用塞焊来减少热影响区。

轻量化不锈钢车体中几乎所有的零、部件都是通过点焊连接的,所以焊点的质量将直接影响车体钢结构的质量和强度。为保证车体质量,在日常生产中,控制焊点质量是必需的。现在采取的方法是在每次作业前进行点焊拉伸试验和切片实验,检验合格后再按照实验的焊接规范进行作业。

【任务实施】

以西安地铁 1 号线车辆为例,学习不锈钢车体的结构。

(1)西安地铁 1 号线地铁车辆的主要参数

车体长度	19 000 mm 或 19 500 mm(Tc)
车体高度	3 700 mm
车体宽度	2 800 mm
客室地板面距走行轨顶面高度	1 100 mm
车钩高度	660^{+10}_{0} mm
客室内净高	2 100 mm
贯通道内部宽度	1 300 mm

(2)西安地铁 1 号线不锈钢车体的结构

西安地铁 1 号线车体结构为薄壁筒形整体承载焊接结构,虽然有 Tc,Mp,M,T 等 4 种车型,但在结构上均由顶棚、侧墙、端墙、底架等部分组成。

1)顶棚装配

如图 3.8 所示是西安地铁,顶棚装配主要由波纹顶板、侧顶板、顶棚弯梁、上弦梁、空调机组平台等组成。如图 3.9 所示为空调平台示意图,采用模块化设计,组焊后的空调机组平台整体与顶棚弯梁、波纹顶板及车顶上弦梁组焊为一体;设计时充分考虑整个平台的强度和刚度。整个平台由横梁、纵梁等几部分组成,装配各梁之间使用点焊形成框架结构。

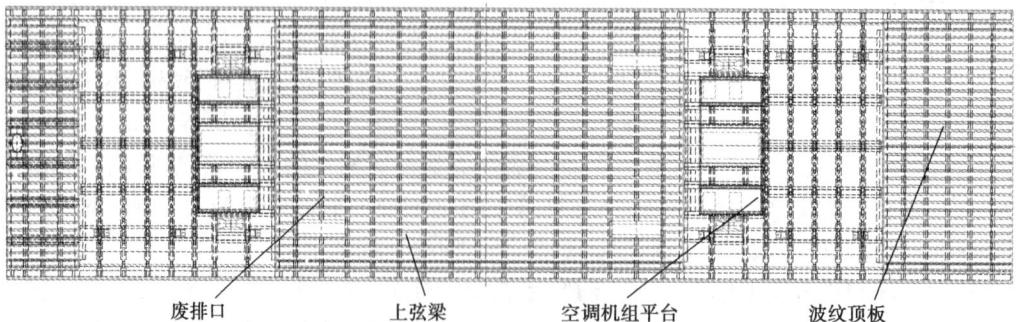

废排口　　　　　　上弦梁　　　　　空调机组平台　　　　波纹顶板

图 3.8　车顶棚示意图

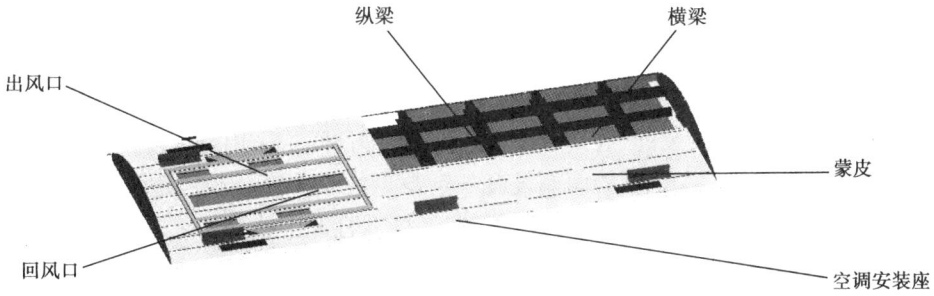

图 3.9　空调机组平台示意图

如图 3.10 所示是弯梁上波纹顶板组成。波纹顶板两端增加补强板以保证车顶的强度及刚度。波纹顶板与弯梁之间使用点焊连接,在每个"波谷"位置均与弯梁焊两点,端部补强板与波纹顶板也使用点焊连接。为保证空调机组上空调冷凝水的排放,在空调机组平台上设有专门的冷凝水排水管道,通过侧墙底架排到车下。如图 3.11 所示是车顶两侧的雨檐,雨水可通过雨檐经端部排水管排出,保持侧墙清洁。如图 3.12 所示是车顶内部的吊座,吊座与顶棚钢结构刚性连接,用来安装二次骨架等。为了减轻钢结构质量,吊座采用分段式分体吊座,每个吊座作为一个独立的单元。

图 3.10　波纹顶板点焊示意图

图 3.11　雨檐示意图

2)侧墙装配

如图 3.13 所示为 Tc 车侧墙装配图,侧墙装配主要由连接板、分块侧墙组成、客室(司机室)门上梁装配、窗上板、客室(司机室)门框装配等组成。分块侧墙组成由门立柱装配、窗立柱装配、窗上梁装配、窗下梁装配、底部横梁等组成,各部件间均采用点焊连接。分块侧墙组成框架结构如图 3.14 所示。车体侧墙两侧设有一定数量的安装座、安装梁及走线架,与侧墙钢结构刚性连接,用来安装门系统、客室座椅、内墙板、门立柱及走线等。

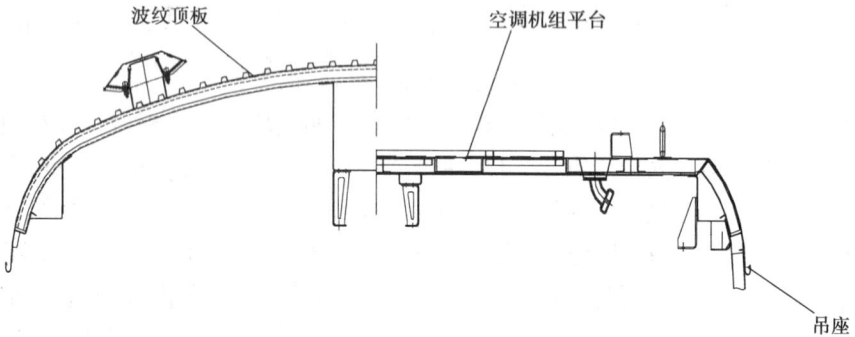

图 3.12　车顶内部示意图

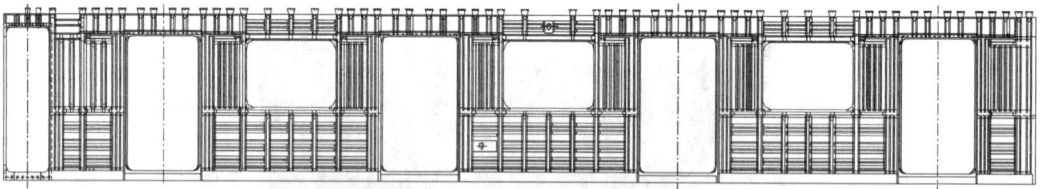

图 3.13　Tc 车侧墙示意图

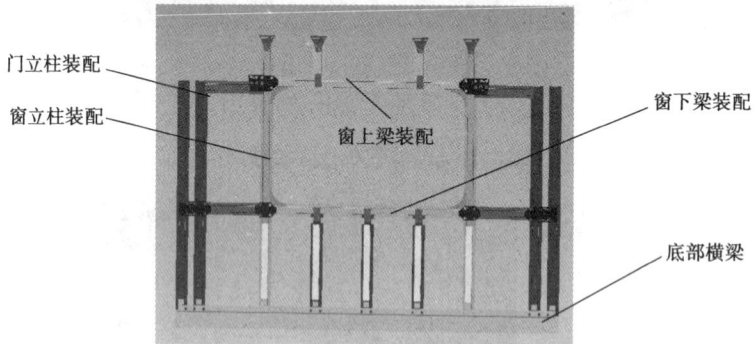

图 3.14　分块侧墙组成框架结构

3)端墙装配

端墙装配主要由端墙骨架和蒙皮组焊组成,如图 3.15 所示。

4)底架装配

如图 3.16 所示,底架装配主要由端底架组成、不锈钢横梁、波纹地板、不锈钢底架边梁等组成。Tc 车 I 位端底架主要由吸能结构、牵缓组成、枕梁组成等组成。吸能结构具有:一列 AW_0 列车以 25 km/h 的速度与另一列 AW_0 停止状态的列车相撞时,吸收列车的撞击能量,确保客室无损坏,保证司机的安全。防爬组成防止列车相撞时,由于惯性过大,一辆列车攀爬另

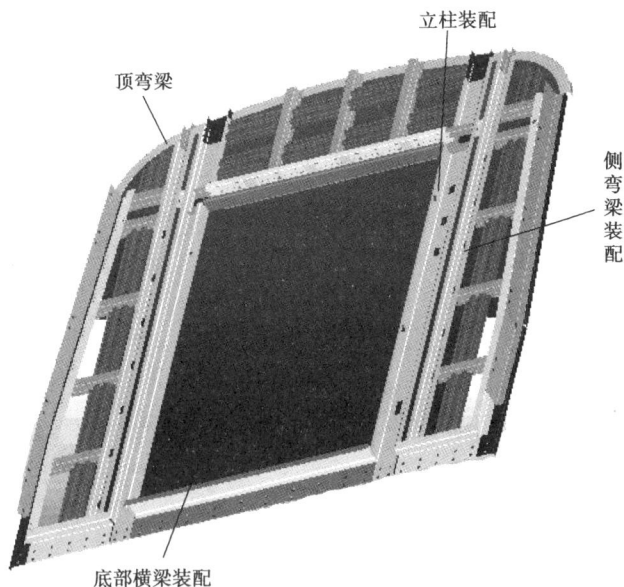

图 3.15　端墙骨架组成

一辆列车之上。如图 3.17 所示,牵缓组成是由上下盖板、牵引梁、缓冲梁、车钩座及补强梁等构成。是连接车钩系统的承载,起牵引车体的作用。为了安装车钩及减小质量,在下盖板上开有减重孔。如图 3.18 所示,枕梁组成是连接车体和转向架的载体,由枕梁上(下)盖板、中心销垫板、空气弹簧座、空气弹簧垫板、加强梁等组成。(图 3.19 中为了更清晰的表达结构,仅表示部分枕梁下盖板。)Ⅱ位牵引梁组成是由牵引梁、下盖板、冲击座、补强板等组成。由于与Tc 车前端安装的车钩及作用有所不同,Ⅱ位端采用的是冲击座结构的牵引梁组成。如图 3.20所示,除了 Tc 车底架Ⅰ位端外,其他车型底架端部均采用Ⅱ位端底架组成结构(见图 3.21)。底架装配上铺有波纹地板,相互缝焊好的波纹地板,通过电铆焊与连接梁装配焊接在一起。连接梁装配的另一端与边梁焊接后用密封胶密封。

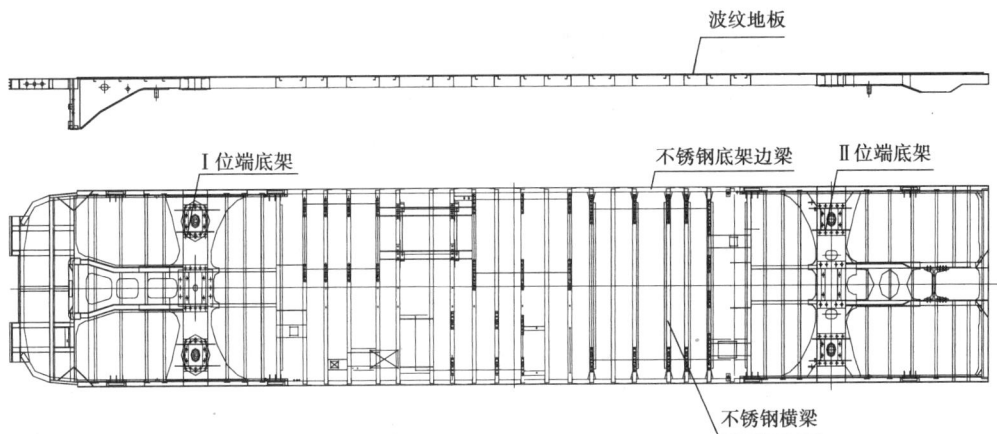

图 3.16　Tc 车底架装配

5)玻璃钢司机室

如图 3.22 所示,玻璃钢司机室主要由玻璃钢外罩组成(含钢结构骨架)、裙板、挡板、脚蹬

71

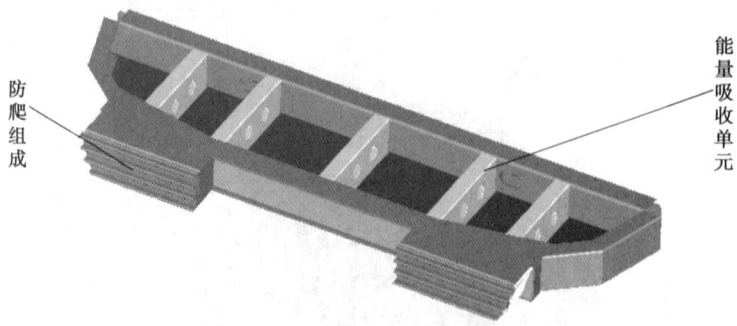

图 3.17 吸能结构

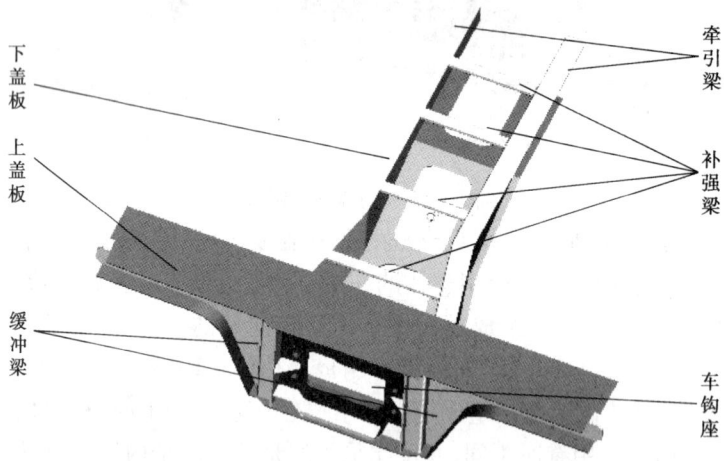

图 3.18 牵缓组成

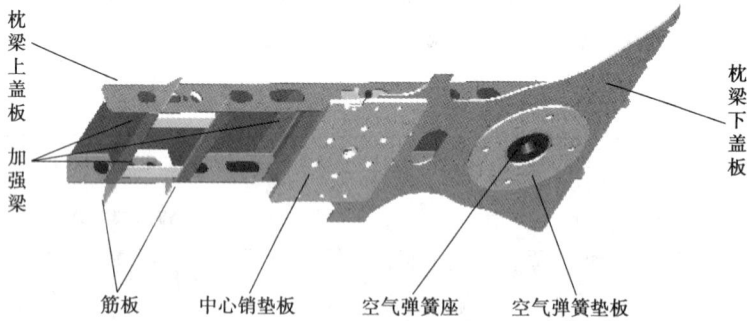

图 3.19 枕梁组成

等组成。玻璃钢外罩钢结构骨架与玻璃钢外罩间的螺栓连接方式,可进行上下和前后的调节。为保证密封,司机室玻璃钢在装配前,在玻璃钢与底架接合处预先涂抹密封胶之后再将玻璃钢与底架用螺栓进行连接,玻璃钢骨架与顶棚装配、侧墙装配进行塞焊,中间缝隙用密封胶进行密封。

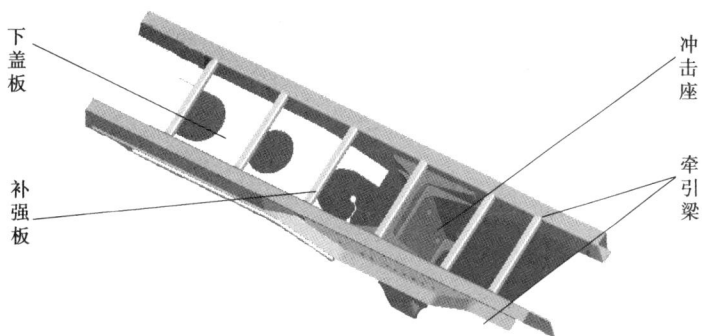

图 3.20　Ⅱ位牵引梁组成

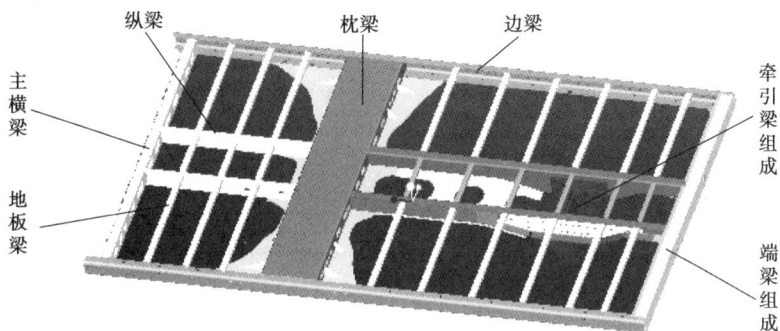

图 3.21　Ⅱ位端底架组成

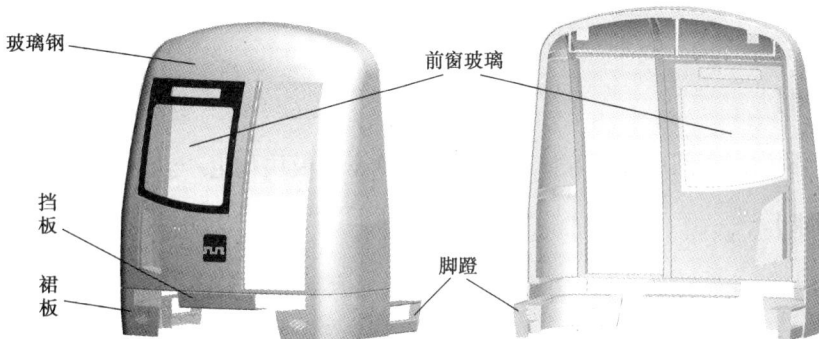

图 3.22　玻璃钢司机室

【效果评价】

评价表

项目名称	城市轨道交通车辆车体		学生姓名	
任务名称	任务 3　城轨车辆不锈钢车体的认知		分数	
项　　目			分值	考核得分
1. 不锈钢车体的相关知识、图片的搜集、整理			10	
2. 是否有小组计划			5	

续表

项目名称	城市轨道交通车辆车体		学生姓名	
任务名称	任务3 城轨车辆不锈钢车体的认知		分数	
项 目			分值	考核得分
3.不锈钢车体结构、特征的掌握情况			50	
4.不锈钢材料使用中应注意的问题的认知情况			20	
5.编制学习汇报报告情况			10	
6.基本素养考核情况			5	
总体得分				
教师简要评语：				
			教师签名：	

任务4 车体的模块化结构研究

【活动场景】

在城轨车辆生产车间或用多媒体展示城轨车辆车体模块化生产。

【任务要求】

掌握车体模块化结构的优缺点。

【知识准备】

(1)模块化结构的概念

近几十年来,传统城市轨道交通车辆的车体结构基本上是大家比较熟悉的全组焊接结构,即由底架、侧墙、车顶和端墙组装焊接而成,这种车体结构称为整体焊接结构,也称为一体化结构。随着技术的发展,近几年来,国外研制出了一种称为模块化的结构,目前,我国深圳地铁、广州地铁2号线、南京地铁1、2号线车辆也采用了模块化结构。

模块化车体结构与整体焊接结构车体相比,最显著的特点就在于将模块化的概念引入车体设计、制造与生产管理的各个环节之中。整体焊接结构车体是先制造车体结构的车顶、侧墙、底架、端墙、司机室等部件,然后进行整个车体总成焊接,车体总成后再进行内装、布管、布线。模块化车体设计是将整个车体分为若干个模块,如图3.23所示,在每个模块化的制造过程中完成整车需要的内装、布管与布线的预组装,如图 3.24 所示,并解决相互之间的接口问题。如图 3.25 所示,各模块完成后即可进行整车组装。每一模块的结构部分采用焊接,而各模块间的总成则采用机械连接。

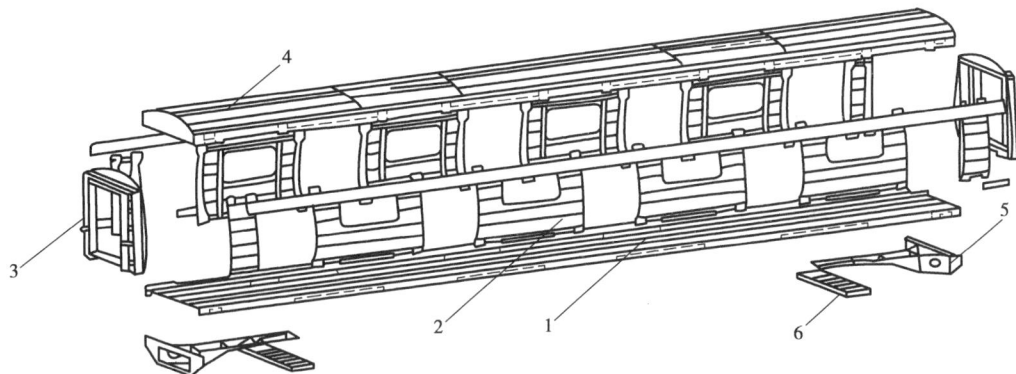

图 3.23　车体模块化组成

1—底架模块;2—侧墙模块;3—端部模块;4—车顶模块;5—牵引梁模块;6—整梁模块

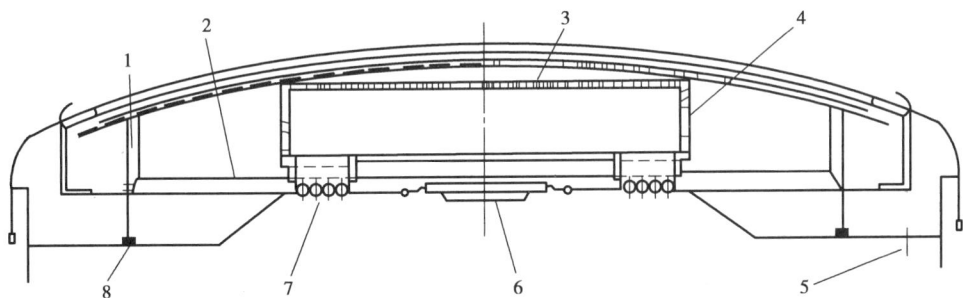

图 3.24　车顶模块

1—顶板吊梁;2—顶板横梁;3—空调风道;4—隔音、隔热材料;5—内部装饰;

6—灯带;7—出风口;8—顶板悬挂

(2)模块化结构的优点

模块化结构的优点如下:

①在每个模块的制造过程中均注意验证质量。模块制成后均需进行实验,从而保证整车总装后实验比较简单,整车质量也容易保证。

②由于每个模块的制造可独立进行,并解决了模块之间的接口问题,因此,各模块和部件可以由不同的工厂同时生产。而且,模块化生产对总装生产线要求不高。

③可改善劳动条件、降低施工难度、提高劳动效率、保证整车质量。

④可减少工装设备、简化施工程序、降低生产成本。

⑤在车辆检修中,可采用更换模块的方式进行,方便维修。目前,国内地铁车辆生产企业在模块化车体的设计、制造、实验与生产管理过程中已形成了整套的经验,从而保证了批量生产的质量。

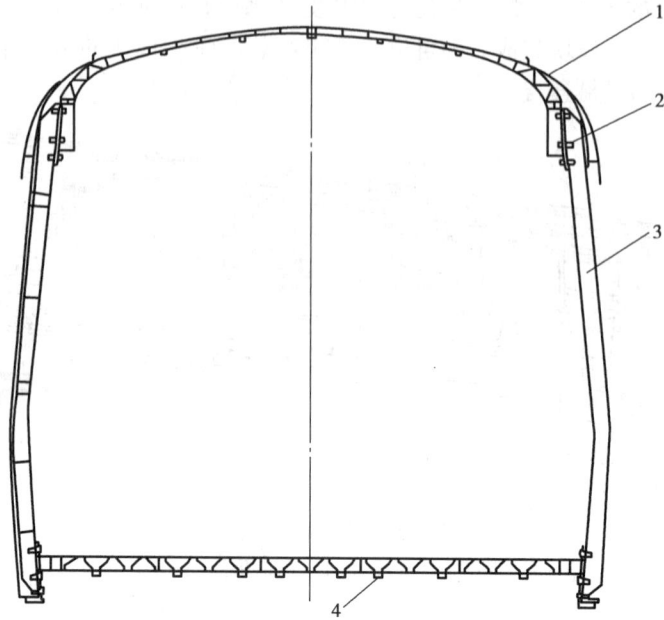

图 3.25　模块化车体组成
1—车顶模块;2—螺栓;3—侧墙模块;4—底架模块

(3)模块化结构的缺点

从车体结构局部来分析,存在如下缺点:模块化结构的个别部件(如驾驶室框架)有的采用了部分钢材制造,各部件之间又采用了钢制螺栓连接,所以车体自重要比全焊结构稍重。

由于车体是容纳旅客的场所,就车辆结构而言,其强度是保证旅客安全的关键特性,因此在设计过程中必须进行详细的强度、刚度计算,在此理论的指导下进行设计。试制完成后,必须进行相应的实验,证实确实满足要求,才能投入批量生产。

为保证隔热、隔音性能,在车体组装后,在内部需喷涂隔音阻尼浆和安装玻璃棉或其他隔热、隔音材料。

车体结构在使用中一般仅对表面涂装进行必要的维修,就结构自身而言,在正常工况下可满足使用寿命 30 年的要求。如果由于事故和大修中需对车体某部件进行检修时,可采用更换模块的方式进行,以减少维修工作量。

【任务实施】

以广州地铁 2 号线车辆为例,认知模块化车体结构。

(1)广州地铁 2 号线车辆车体的主要技术参数

广州地铁 2 号线采用模块化结构制造,广州地铁 2 号线车辆的车体结构设计是整体承载的轻量化结构,采用大断面铝合金挤压型材、模块化设计制造而成,挤压型材是由两块铝板通过中间夹层连接,且中间没有基板,因此也被称为"中空型材"。底架、侧墙、车顶、端墙被焊接成车辆壳体,形成一个整体承载结构,各模块化部件之间通过螺栓、垫圈、螺母连接成一体构成车体合件。充分发挥车体各个构件的强度,并大大提高了车体的整体刚度。此外,由于是由强度质量比较大的大型铝合金挤压型材焊接而成,大大降低了车辆自重,不仅提高了车体的承载能力,对于降低能量消耗、节约运营成本和延长线路钢轨的使用寿命等也具有重要的意义。表3.4 是广州地铁 2 号线地铁车辆的主要技术参数。

表 3.4　广州地铁 2 号线地铁车辆的主要技术参数

车体静态压缩载荷	120 t
A 车车辆长度(车钩连接面之间长度)	≤24 390 mm
B,C 车车辆长度(车钩连接面之间的长度)	22 800 mm
列车长度	≤140 000 mm
车辆最宽部分宽度	$3\ 070^{+0}_{-8}$ mm
车体内部宽度	3 000 mm
在两内墙之间的地板面测量	$2\ 720^{+4}_{-11}$ mm
在客室两边门之间高于地板面 10 mm 处测量	≥2 800 mm
A 车车体长度	$23\ 690^{+15}_{-10}$ mm
B,C 车车体长度	$22\ 100^{+15}_{-10}$ mm
车辆高度(轨面到车顶高度,新轮,不含受电弓)不含排气口	3 800 mm
车辆高度(轨面到车顶高度,新轮,不含受电弓)含排气口	≤3 855 mm
受电弓落弓时高度	≤3 810 mm
受电弓工作范围	175 ~ 1 600 mm
受电弓最大升起高度	1 700 mm
地板面到天花板中心最小高度	2 100 mm
室内乘客站立区最小高度	1 900 mm
轨面到地板面高度(空气弹簧充分充气,新轮,空载)	$1\ 130^{+15}_{-5}$ mm

(2)广州地铁 2 号线地铁车辆结构特点简介

广州地铁 2 号线电动客车的车体主要由以下几部分组成:

①底架。底架的主要作用是承受车体上部载荷并传递给整个车体,承受因各种原因而引起的横向力和走行部传来的各种振动和冲击。底架由以下部分构成:侧梁、底架、挤压板、底架端部附属部件。底架设备包括转向架、轮对、驱动装置、空气压缩机、空气干燥器、空气控制屏(包括制动控制单元)、供风缸、辅助逆变器、DC/DC 逆变器。

②侧墙。侧墙也是由多个空腔结构按纵向分布组成,由中空截面的铝合金挤压型材焊接而成。侧墙内安装有窗玻璃、照明灯、5 对内藏式对开门、乘务员锁开关,此外 A 车侧墙还装有两扇单开的司机室侧门。

③端墙。车辆端部为简单的焊接结构,过渡设备用框架固定。

④车顶。车顶由几个空腔部分按照纵向排列组成,包括拱形顶梁。每节车顶主要装有 8

个静通风口、两个空调设备及其换气连接、电力供应、排水装置,此外 A 车车顶装有受电弓及其连接装置、车辆无线电天线等。

【效果评价】

评价表

项目名称	城市轨道交通车辆车体		学生姓名	
任务名称	任务4　车体的模块化结构研究		分数	
项　目			分值	考核得分
1. 车体模块化相关知识、图片的搜集、整理			10	
2. 是否有小组计划			5	
3. 模块化结构的认知情况			20	
4. 模块化结构优缺点的掌握情况			50	
5. 编制学习汇报报告情况			10	
6. 基本素养考核情况			5	
总体得分				
教师简要评语:				
				教师签名:

任务5　车体材料的探讨

【活动场景】

采用课堂授课形式,讲解车体材料的选型。

【任务要求】

掌握普通钢、不锈钢、铝合金 3 种车体材料的综合分析。

【知识准备】

　　城轨车辆车体选用何种材料不但影响车体的强度和刚度,直接关系车辆运行的安全性和乘客的舒适性,而且关系车辆的载客能力和能耗大小,也关系车辆检修工作量和使用寿命,还会影响车辆采购费和运营维修费的高低。因此,选择地铁车辆车体材料时,不但要考虑车辆采购价格,还要考虑车辆长期运行时的运营和维修费用。

（1）国内外地铁车辆车体材料的状况

目前,城市地铁车辆车体材料有普通钢(含耐候钢)、不锈钢和铝合金 3 种材料。自 1863 年英国伦敦建成世界上第一条地铁线以来,地铁车辆长期采用普通钢车体。因为普通钢车体强度低、质量大、能耗高、腐蚀重、维修量大、使用寿命短,自 20 世纪 50 年代开始,人们开始用不锈钢和铝合金取代普通钢车体。

不锈钢是一种含镍铬的高强度合金钢,其强度是普通钢的 1 倍以上,特别是轻量化不锈钢的强度可达到普通钢的 3 倍,可使车体轻量化。不锈钢车体的耐腐蚀性优越,不但减少了维修工作量和维修费用,而且延长了车辆的使用寿命。因此,美国最早于 20 世纪 50 年代由巴德公司生产了不锈钢车。日本东急车辆公司于 1959 年末从美国引进不锈钢车体技术,1962 年生产了日本最早的 7000 系全不锈钢车,到 2000 年累计生产不锈钢车约 12 000 辆。加拿大庞巴迪拉柏卡尔夫工厂 1982—1992 年累计生产 1 546 辆客车中,不锈钢车占 89% 。韩国韩进重工业公司 1995 年生产了 250 辆客车,不锈钢车占 80% 。韩国汉城地铁 5 号线和釜山地铁也采用了不锈钢车体。莫斯科地铁也采用了不锈钢车体。我国长客厂 1987 年生产两辆 RW_2 型不锈钢客车,1998 年又与韩国合作生产了 30 辆不锈钢客车,2002 年长客厂又中标承接了天津滨海快速轨道 116 辆不锈钢车的生产任务。

铝合金的密度只相当于普通钢的 1/3,弹性模量也只有钢的 1/3,在保证车体同等强度下,车体自重最大可减轻 50% ;且铝合金的耐腐蚀性好,可延长车辆的使用寿命。因此,许多国家都在积极开发和生产铝合金车体。法国于 1896 年将铝金用于铁道客车车窗上。1905 年英国铁路电动车的外墙板采用了铝合金。美国在 1923—1932 年间有 700 辆电动车和客车的侧墙和车顶采用铝合金。1952 年伦敦地铁、1954 年加拿大多伦多地铁车辆均采用了铝合金车体。20 世纪 60 年代以来,德国科隆、波恩铁路的市郊电动车组也相继实现了车体铝合金化。日本从 1962 年的山阳地铁 2000 系开始采用铝合金车体,至 1999 年累计约 1 万辆。法国、德国、英国和俄罗斯等国在高速铁路车辆上都采用了铝合金车体。20 世纪 90 年代以来,意大利米兰地铁、奥地利维也纳地铁以及新加坡地铁都采用了铝合金车体。近年来,我国地铁车辆车体也采用了铝合金材料,上海地铁 1 号、2 号线及明珠线,广州地铁 1 号、2 号及 3 号线,深圳地铁 1 号、4 号线,南京地铁 1 号线等都采购了铝合金车体车辆。

（2）不锈钢车体和铝合金车体技术性能

不锈钢车体和铝合金车体各有优点和缺点,应在确保安全可靠的前提下,结合地铁的特点和实际情况,进行比较分析,再选择是采用不锈钢车体还是铝合金车体。

1）**安全性**

不锈钢的熔点为 1 500 ℃,铝合金的熔点为 660 ℃,铝合金的耐热性仅是不锈钢的 44% 。在发生严重火灾的情况下,铝合金车体将会很快熔化掉,会带来可怕的灾难性后果。相比较而言,不锈钢车体骨架难以熔化。2003 年 9 月莫斯科地铁火灾事故中,车体钢骨架虽然变形,但没有熔化掉。莫斯科地铁和纽约地铁车辆至今不用铝合金车体。因此,从乘客和设备安全性出发,为减少人员的伤亡和火灾事故的损失,应选用不锈钢车体。

2）**轻量化**

铝合金的密度为 2.71 g/cm^3,仅是不锈钢(7.85 g/cm^3)的 1/3,从理论上讲,铝合金材料更能使车体轻量化。但是,铝合金的抗拉强度不如不锈钢,铝合金抗拉强度为 274 ~ 352 N/mm^2,而一般不锈钢抗拉强度为 520 ~ 685 N/mm^2,采用超低碳(C < 0.03%)轻量化不锈钢的抗拉强度达到 960 ~ 1 200 N/mm^2,是铝合金的 2 ~ 5 倍。而且,铝合金刚度低,其弹性模量为 0.71 × 105 N/mm^2,是不锈钢(2.06 × 105 N/mm^2)的约 1/3。因此,为保证地铁车辆有足够的承载强度和刚度,铝合金车辆必须采用大型中空型材及其组合件。为了提高铝合金车体断面系数,增大抗弯刚度,防止板材产生失稳,必须加大板厚,一般取钢板的 1.4 倍,最小 2 mm,最大壁厚达 6.5 mm。而不锈钢车体可采用板梁组合整体承载全焊结构,车体的梁柱板厚 0.8 ~ 3 mm,车体外板厚 0.4 ~ 1.2 mm,能有效地减轻车体自重,到实现车体轻量化的目的。为充分保证地铁车辆不锈钢和铝合金车体的强度和刚度,根据国内外地铁车辆车体采用不锈钢和铝合金的实践经验,地铁车辆耐候钢车体自重为 9 ~ 10 t,不锈钢车体自重为 6 ~ 7 t,铝合金车体自重为 4 ~ 5 t。如果以耐候钢车体自重为基准,则不锈钢车体可减轻自重 30% 左右,铝合金车体可减轻自重 50% 左右。因此,铝合金车体轻量化效果比不锈钢车体更明显些。

3)耐腐蚀性

不锈钢和铝合金车体都具有较好的耐腐蚀性,但不锈钢车体比铝合金车体更优越,由于不锈钢含铬高于 12%,使铁的电极电位由 −0.56 V 突升至 +0.2 V,使原电池腐蚀不易发生,这就显著提高了不锈钢车体的耐腐蚀性,在制造过程中不用进行防腐保护,完工后也不需涂漆。为提高车辆装饰性,可用彩色胶膜装修。铝合金车体的耐腐蚀性是由于在空气中铝合金表面形成一层致密的三氧化二铝保护膜而具有很好的防腐蚀能力。但铝合金车体在长期运用中,特别是在潮湿的环境下,遇到空气介质中的阴离子(如 Cl$^-$),就会产生局部原电池,发生点蚀、面蚀和变色,影响车体强度和美观。所以大部分铝合金车体都要涂漆。因此不锈钢车体的耐腐蚀性比铝合金车体要好些。

4)工艺性

地铁车辆用的是铬镍型奥氏体不锈钢,强度高,冷加工性能好,但不能用热处理强化。奥氏体不锈钢热膨胀系数是钢的 1.5 倍,热传导率仅为钢的 1/3,电阻率大。这些就决定了不锈钢车体从设计到制造比钢结构车更复杂,多采用搭接方式,使用过渡件。不锈钢车体的焊接不能用电弧焊,为减少热量的输入避免晶界腐蚀及热变形,需用水冷却在 2 min 内降至室温,这就需要特殊的点焊机。由于不锈钢车体使用点焊工艺,车体的气密性较差,因而在高速车辆上使用受到限制。但对于低速的地铁、轻轨车辆是适用的铝合金的焊接工艺复杂,手工操作难,容易产生较大的热应力变形、裂纹和气孔,焊缝区域机械强度低于母材。但铝合金具有良好的塑性,采用现代铝挤压成型技术,大型中空铝合金型材组成的铝合金车体得到了较快发展。目前大型中空铝合金型材的铝合金车体可以是整体焊接结构,利用自动焊机连续焊接;也可用模块化结构采用特殊螺栓连接方式组合成铝合金车体。因此,铝合金车体和不锈钢车体虽具有不同的工艺性能,但通过采用不同的工艺手段,都能实现批量化生产。

【任务实施】

不锈钢车体和铝合金车体的经济性分析

用户对城轨车辆的总体要求是:在车辆使用期内安全可靠、低运营费和易于维修。用户采用何种车辆,不仅受到车辆采购费的影响,而且还受到车辆使用期内用户承担的运用费用和维修费用的影响。车辆采购费和运用维修费之和称为车辆寿命周期费用。下面通过几个方面对普通钢车体、不锈钢车体和铝合金车体进行经济性分析。

（1）采购费计算依据

目前，国内城市轨道车辆进行招投标，车辆采购费一般由车辆制造价格、备品备件、特殊工具、技术文件、设计联络、检验验收、培训、运输税费和保险等费用构成。根据近年来北京、上海、广州、深圳、南京、天津等城市地铁车辆和城轨车辆采购价格的分析（见表3.5）。

表 3.5　各城市轨道交通车辆费用比较

项目名称	上海地铁 1号、2号线	广州地铁 1号、2号线	深圳1号和 4号线	南京1号线	天津快轨线	北京 复八线
车体材料	铝合金	铝合金	铝合金	铝合金	不锈钢	耐候钢
传动方式	斩波调压	交流传动	交流传动	交流传动	交流传动	交流传动
车辆总数/辆	96/210	126/156	114	102	116	174
每辆车费用/万美元	115/105	180/116	129	100	70	60

从表3.5可知，铝合金的平均采购价格约是普通钢车的1.8倍，不锈钢车的采购价格约是普通钢车的1.2倍。日本是生产和运用不锈钢车和铝合金车数量多和时间长的国家，根据统计分析（见表3.6）。

表 3.6　日本 3 种车体的制造价格

种　类	钢车体/美元	不锈钢车体/美元	铝合金车体/美元
钢材	6 248	1 699	88
不锈钢	4 301	21 045	0
铝合金	0	0	34 963
焊接费用	1 464	486	2 143
油漆	12 679	3 486	14 500
工时费	54 643	58 286	80 143
其他费用	6 347	6 800	10 547
总费用	85 682	91 802	142 384

铝合金车的采购价格是普通钢车的1.6倍，不锈钢车的采购价格是普通钢车的1.1倍。参照国内外的情况，在分析中采用铝合金车的采购价格是普通钢车的1.8倍，不锈钢车的采购价格是普通钢车的1.2倍。

（2）能耗费计算依据

普通钢车以北京地铁复八线耐候钢车为例，从2000年6月28日正式开通投入运营以来，每年运营里程为12万km。根据每辆车的电能表记录，每辆车百千米平均耗电175 kW·h。北京地铁复八线采用不锈钢电动车组的总重为249.2 t，比耐候钢电动车组轻16.2 t。采用铝合金电动车组的总重为238.4 t，比耐候钢电动车组总重轻27 t。

（3）维修费用计算依据

1）日本 3 种车体维修费用

维修费用的多少与车辆的性能、维修量、修程和维修效率以及物价水平有关。据统计日本碳钢车体、铝合金车体与不锈钢车体的维修费用：在 20 年使用期内，不锈钢车体的维修费用最低，铝合金车体的维修费高于不锈钢车体，小于碳钢车体，碳钢车体的维修费最高；特别是超过 12 年后，碳钢车体和铝合金车体的维修费显著增加，在第 20 年，不锈钢车体的维修费不到 1 万美元，铝合金车体超过 2 万美元，碳钢车体达到 10 万美元以上。

2）北京地铁车辆维修费用定额

北京地铁车辆现行检修规程可分为列检、月修、定修、架修和厂修。列检是指值列车运行 4 d 进行一次检查；月修是指列车运行 1 个月或 1 万 km；定修是指列车运行 1.5 年或 13 万 ~ 15 万 km；架修是指列车运行 3 年或 27 万 ~ 30 万 km；厂修是指列车运行 7 ~ 9 年或 72 万 ~ 90 万 km。在定修、架修和厂修中需要检修车体。根据地铁车辆的性能和运用状态，北京地铁公司制定了地铁车辆在不同修程中的维修费用定额。列检：每车百千米 8 元；月修：每辆车平均 240 元；定修：每辆车平均 1.4 万元；架修：每辆车平均 3.8 万元；厂修：每辆车平均 50 万元。

（4）地铁车辆寿命周期费用计算

按地铁车辆的使用寿命为 20 年计算，则得到普通钢车体、铝合金车体和不锈钢车体寿命周期费用结果（见表 3.7）。

表 3.7　地铁车辆寿命周期费用

项目名称	普通钢车/（万元·辆$^{-1}$）	铝合金车/（万元·辆$^{-1}$）	不锈钢车/（万元·辆$^{-1}$）
采购费用	496	893	595
能耗费用	210	179	192
维修费用	416	396	386
寿命周期费用	1 122	1 468	1 173

其结果表明：铝合金车辆寿命周期费用是普通钢车辆寿命周期费用的 1.31 倍，是不锈钢车辆寿命周期费用的 1.25 倍。如果按复八线需要 174 辆车辆估算，铝合金车辆寿命周期费用达到 25.54 亿元，比不锈钢车增加 5.13 亿元。因此，从车辆寿命周期费用分析看，复八线采用铝合金车辆是不经济的，主要原因是铝合金车辆的采购费用高，占该车辆寿命周期费用的 60% 以上。不锈钢车辆的寿命周期费用与普通钢车辆的寿命周期费用相差不多。

【效果评价】

评价表

项目名称	城市轨道交通车辆车体		学生姓名	
任务名称	任务5　车体材料的探讨		分数	
项目			分值	考核得分
1. 车体材料相关知识的搜集、整理			10	
2. 是否有小组计划			5	
3. 不锈钢车体和铝合金车体技术性能的认知情况			20	
4. 不锈钢车体和铝合金车体经济性分析的认知情况			50	
5. 编制学习汇报报告情况			10	
6. 基本素养考核情况			5	
总体得分				
教师简要评语：				
			教师签名：	

项目小结

城轨车辆车体是容纳乘客和司机驾驶的部分，是安装和连接其他设备及组件的基础。按照车体所使用的材料可分为碳素钢车体、铝合金车体和不锈钢车体 3 种。车体结构分为底架承载结构、侧墙和底架共同承载结构和整体承载结构三类。城轨车辆整体承载结构包括：底架、端墙、侧墙、车顶、车窗、车门、贯通道和车内设施等部分。

铝合金车体是一种轻型整体承载结构，主体材料是铝合金型材，采用模块化结构或全焊接组装。铝合金材料密度小，比强大，这种车体在满足车体强度和刚度的同时大幅度地减轻了车体的质量，但使用铝合金材料应注意相关问题。

轻量化不锈钢车体使车体钢结构的质量降为碳素钢车体的 1/2，在节能和降低维修费用方面的优越性，使用不锈钢材料也应注意相关问题。

模块化车体结构最显著的特点就在于将模块化的概念引入车体设计、制造与生产管理的各个环节之中。将整个车体分为若干个模块，在每个模块的制造过程中完成整车需要的内装、布管与布线的预组装并解决相互之间的接口问题。各模块完成后即可进行整车组装。每一模块的结构部分本身采用焊接，而各模块之间的总成采用机械连接。

城轨车辆车体材料的选择，对整个车辆的结构、性能、制造、使用、维修，以及经济性等将产生重要的影响。

思考与练习

1. 简述车体的作用与分类。
2. 简述车体基本结构的组成。
3. 按车体承载特点，车体结构形式有哪几类？各有什么特点？
4. 简述车体的基本特征。
5. 试述铝合金车体的结构组成和各组成部分的结构特点。
6. 试述铝合金材料使用中应注意的问题。
7. 试述不锈钢车体的结构组成和各组成部分的结构特点。
8. 试述不锈钢材料使用中应注意的问题。
9. 什么是车体模块化结构？有何优缺点？
10. 分析和比较碳钢、铝合金和不锈钢 3 种车体的综合性能。

项目 4 车 门

【项目描述】

城轨车辆运用于城市中的公共交通系统,为方便乘客上下车方便、迅速,城轨车辆的车门比其他轨道交通车辆的数量都多,而且不同城市的不同轨道交通车辆的车门形式也各不相同,车门系统也是城轨车辆中使用最频繁的设备,车门使用是否正常直接影响城轨车辆的运用。

【学习目标】

通过本模块的学习要求掌握以下基本知识:
1. 掌握城轨车门的作用与形式分类。
2. 熟悉城轨车门的结构形式。
3. 掌握城轨车辆外挂门、内藏门、塞拉门的结构和特点。
4. 掌握城轨车辆紧急疏散门的结构和特点。

【技能目标】

1. 能分析城市轨道交通车辆车门的基本结构、作用原理。
2. 能分析并简单处理城轨车辆车门常见故障。

任务 1 车门类型及结构原理认知 1

【活动场景】

在城市轨道交通车辆生产车间或检修现场教学,或用多媒体展示城市轨道交通车辆车门的使用与生产。

【任务要求】

掌握城市轨道交通车辆车门的基本组成、结构特征及典型车门的结构。

【知识准备】

车门是城市轨道交通车辆中的一个重要的组成部分,与运营安全有着密切的关系,车门有多种不同的分类方法,对于车门分类、结构和控制我们将分为 3 次任务完成。

(1)按用途分类

城轨车辆作为城市中主要的公共交通系统和一般的轨道交通系统在车门的使用上有许多独特之处,具有载客量大、客流上、下车频繁等特点,因此城轨列车的车门的种类按用途可分为客室侧门、司机室侧门、司机室和客室之间的间隔门、紧急疏散门 4 种,其中客室侧门和司机室侧门的使用频率最高。乘客的上、下车以及司机的登、降乘需要使用;而间隔门只有在司机换端操作时才用到,紧急疏散门在紧急情况下客室车门无法打开或列车在区间进行疏散逃生时才会使用,其使用频率很低。

1)客室侧门

目前,虽然世界各国的城市轨道交通系统列车的客室侧门的结构和类型多种多样,但根据城市轨道交通服务于的特点,客室门均应具有以下基本要求:

①有足够的有效宽度,一般城轨车辆客室车门的有效开度均在 1.3 m 左右;均匀分布,以便乘客上、下车。

②数量足够,均匀分布,以便乘客上下车时满足密度的要求,一般城轨车辆每侧均匀分布有 4 套到 5 套门。

③车门附近要有足够的空间,方便乘客上下车时间周转。

④要具有较高的可靠性,以确保乘客的安全。

2)客室车门的结构形式

根据车门的运动轨迹以及与车体的安装方式,客室车门可分为内藏嵌入式移门、外挂式移门、塞拉门及外摆式车门等,在此,我们以车门的安装方式为例进行分析。

①内藏嵌入式移门。内藏嵌入式移门简称内藏门,在车门开/关时,门页在车辆侧墙的外墙板与内饰板之间的夹层里移动。传动机构设于车厢内侧车门的顶部,装有导轨的门页可在导轨上移动。双扇电动内藏门的驱动机构组成包括机械控制及电气控制两部分。机械控制部分由传动导向装置、内外侧紧急解锁装置、故障隔离锁等设备共同组成。电气控制部分由门控器、驱动电机及实现自动门功能的其他附件构成传动导向装置。传动导向装置由安装底板、门扇吊挂部件、传动装置、中央锁等部件组成。客室门主要零部件如图 4.1 所示,客室门顶部机构如图 4.2 所示。

②外挂式移门。外挂式移门与内藏式移门的主要区别在于门页和悬挂机构始终位于侧墙的外侧,车门传动机构的工作原理与内藏式移门原理相同。

③塞拉门。

A.结构。塞拉门是车门在开启状态时,门页贴靠在侧墙的外侧,车门在关闭状态时门页外表面与车体外墙成一平面。这不仅使车体外观美丽,而且也有利于在高速行驶时减少空气

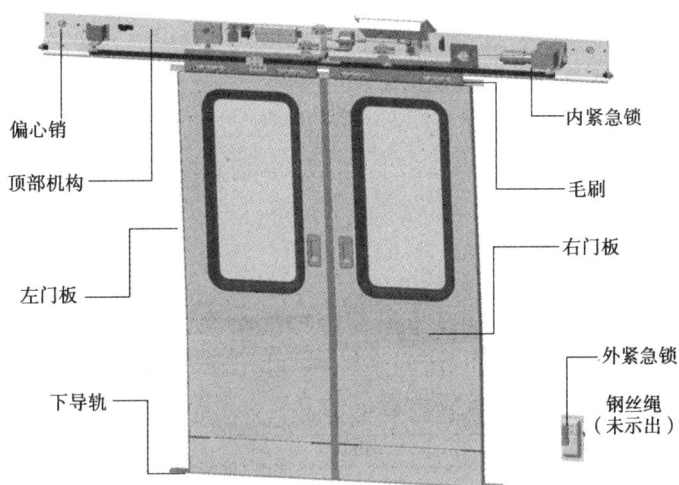

图 4.1　客室门主要零部件

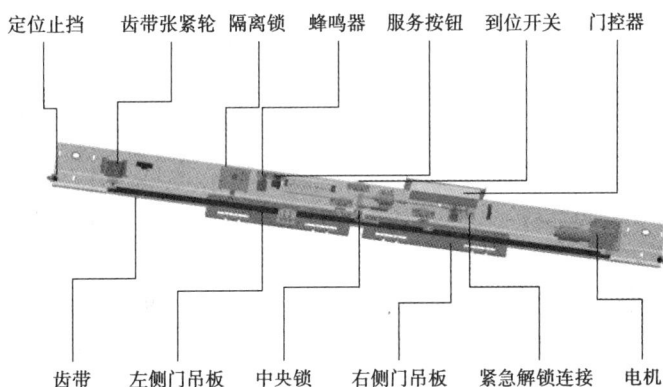

图 4.2　客室门顶部机构

阻力,车门不会因空气涡流产生噪声,也便于自动洗车装置对车体的清洗。塞拉门的开关动作是门页借助于车门上方安装的悬挂机构和导轨导向作用,由电机驱动机械传动机构使门页沿着导轨滑移,其结构如图 4.3 所示。

B.性能要求。城轨车辆塞拉门的各种特性比较见表 4.1。

表 4.1　城轨车辆塞拉门的特性要求

项　别	性能要求
门体抗压强度/kPa	均匀载荷 2.5(门中心集中载荷 800 N)
隔音量/[dB(A)]	≥20
传热系数/[W·(M²·K)]⁻¹	≤4.5
密封性	门装车在有气源的情况下,按规范要求检查,不得渗漏
防火性	非金属材料符合规范的规定
耐久性	满足 10 万次循环试验要求
手动开门用力/N	≤150
门自动强行关闭时车速/(km·h⁻¹)	≤5

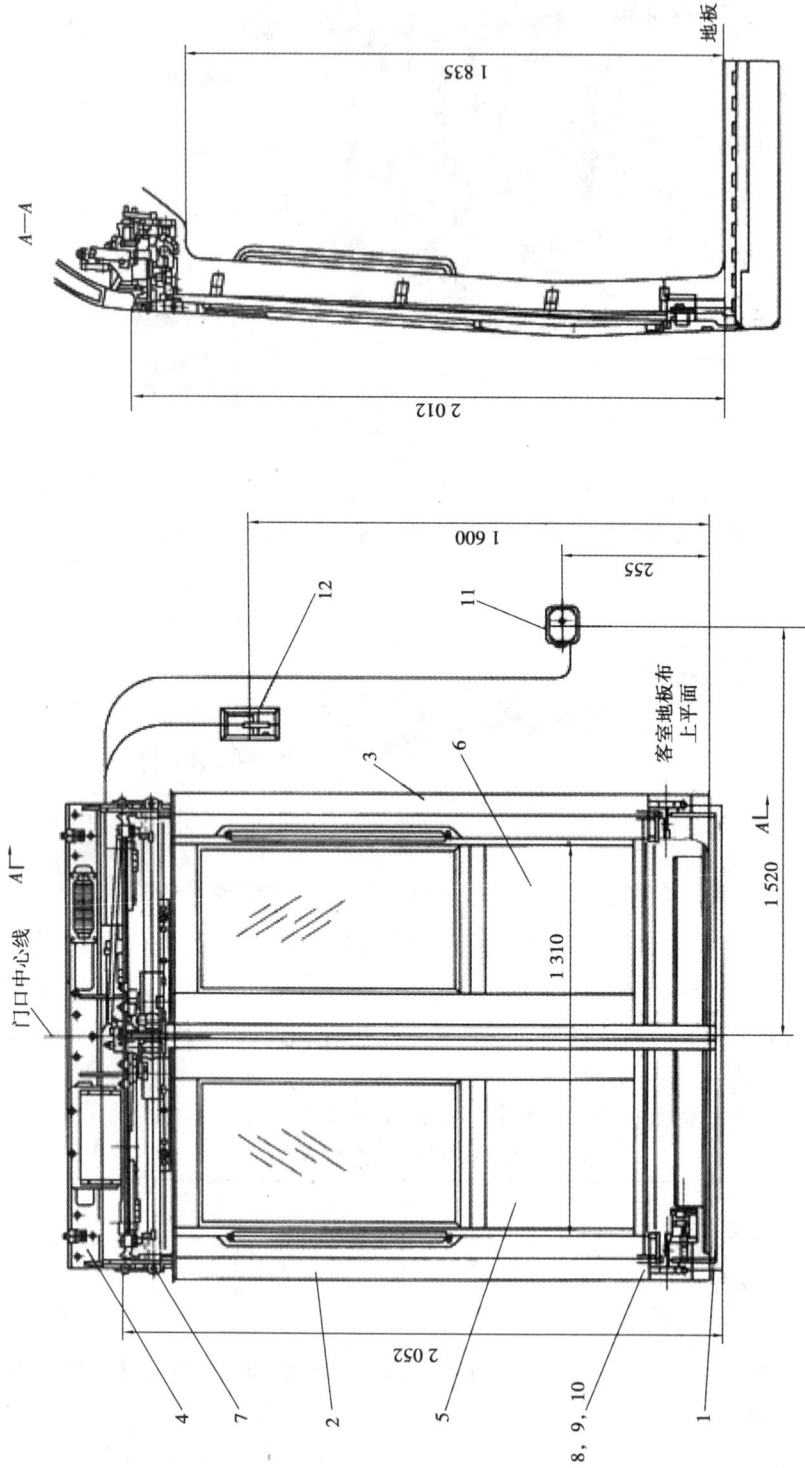

图 4.3 BODE 公司外开电控气动塞拉门结构图

1—门槛；2—左立罩板；3—右立罩板；4—顶部机构；5—左门扇；6—右门扇；7—偏心轮；8—隔离锁门开关；9—右滚轮摆臂；
10—左滚轮摆臂；11—外部解锁机构；12—内部解锁机构

④外摆式车门。开门时通过转轴和摆杆使门页向外摆出并贴靠在车体的外墙上,门关闭后门页外表面与车体成一平面,这种车门的结构特点是当门在开启的过程中,门页需要较大的摆动空间。

⑤几种客室门的性能比较,见表4.2。

表 4.2　城轨车辆典型客室门的比较

标　准	塞拉门	外挂门	内藏门	外摆门
乘客舒适度				
隔声	很好	很差	差	好
隔热	好	差	差	好
隔空气压差	很好	差	差	一般
乘客候车区无障碍	差	一般	一般	很差
气流噪声的影响	很低	高	高	很低
开门速度（开/关门时间）	好	很好	很好	差
抖动的可能性	低	高	高	一般
客室死角	一般	一般	差	一般
乘客可用车厢空间	很好	差	很差	很好
夹手	门页和侧墙之间以及门框和下边框之间装有护指橡胶	门页和侧墙之间装有护指橡胶	门页和侧墙之间以及门框和下边框之间装有护指橡胶	门页和侧墙之间以及门框和下边框之间装有护指橡胶
事故中掉落门叶的风险系数	低	高	低	高
门系统和门框的首次费用	高	一般	很高	高
门系统的有效性	一般	高	很高	一般
运动曲线	复杂	简单	简单	复杂
门系统和门框的质量	高	一般	很高	一般
车体内测的有效宽度	一般	差	很差	一般
可维修性	一般	差	很差	一般
车辆的弯曲刚度	高	一般	一般	高
车辆的扭曲刚度	低	高	高	一般
设计	流线型	凸出车体	凹进车体	流线型

(2)司机室门

对轨道交通车辆而言,司机室侧门一般采用折页门或手动塞拉门,塞拉门具有良好的密封性、隔热性和隔声性。塞拉门可分为内塞拉门和外塞拉门。城市轨道交通车辆一般采用外塞拉门即车门由外塞入车门口处,使之关门密封。单扇手动塞拉门系统适用于最高时速不高于100 km 的地铁轻轨客车。

1)结构形式

对于单个门系统由基础安装部分、驱动装置、门板、门板附件、锁闭装置等组成。基础安装部分主要包括门框密封角铝、C 形嵌条、门框密封胶条、下摆臂、碰接座等。其主要作用是用于门板与车体的安装过渡和密封。基础部分密封装置由门框密封角铝、C 形嵌条、门框密封胶条等组成。在门关闭时,门框密封角铝和门框密封胶条与门板密封胶条贴合,起到密封作用。具体示意图如图4.4 所示。

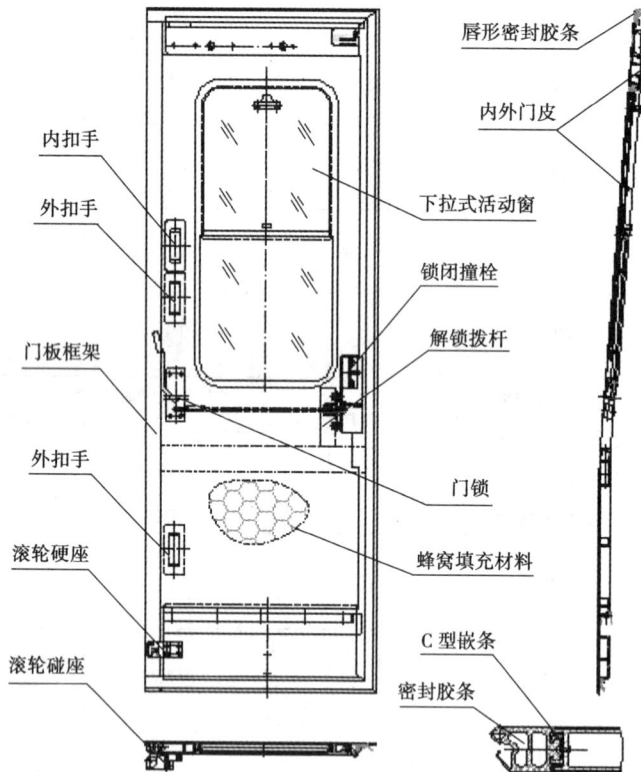

图 4.4 司机室侧门

2)司机室门主要技术参数

以北京博得的 B 型车司机室门为例。

入口宽度	725^{+2}_{0} mm
入口高度	$1\ 995^{+4}_{0}$ mm
水平净通过尺寸(宽度)	560 mm
垂直净通过尺寸(高度)	1 760 mm

质量(每套门)　　　　　　　≤101 kg + 10%

应用温度　　　　　　　　　– 35 ~ + 42 ℃

应用湿度　　　　　　　　　≤ 95 %

单扇手动塞拉门系统适用于最高时速不高于 100 km 的地铁轻轨客车。对于单个门系统由基础安装部分、驱动装置、门板、门板附件、锁闭装置等组成。基础安装部分主要包括门框密封角铝、C 形嵌条、门框密封胶条、下摆臂、碰接座等。其主要作用是用于门板与车体的安装过渡和密封。基础部分密封装置由门框密封角铝、C 形嵌条、门框密封胶条等组成。在门关闭时,门框密封角铝和门框密封胶条与门板密封胶条贴合,起到密封作用。在每个门框架的侧面安装一下摆臂,下摆臂的 3 个导向轮在门板下导轨的内、外运动(一个在导轨内、两个在导轨外)。在每个门框的下部安装一碰接座,其作用是在关门动作中通过安装在门板上的滚轮碰座借助关门力给门板一横向(相对客室)的机械保持力,防止门向外脱开。驱动装置安装在车厢门口上部,主要由辊式滑车、机构吊架、上部导轨等组成。滑车在一根导向光轴上运行,并通过一组平行四连杆机构与门扇连接,平行四连杆机构使门扇向外摆动,同时这一运动又受到导向轨的控制,在外摆运动中导向轮的运动范围是导轨的弯曲段。当导向轮到达导轨的直段时,外摆运动过程结束。此时门扇开始与列车外壁平行运动。滑车在导向光轴上作推移运动。辊式滑车是驱动装置中动力传递的主要部件,安装在机构吊架光轴上。它通过连接板与门板固定。辊式滑车沿光轴作直线运动,并将重力负荷传递给机构吊架。此外,辊式滑车上的平行四连杆机构,通过装在其上的导向滚轮与上部导轨配合,实现门板直线、曲线运动的转换。

(3)间隔门

每列车安装两个间隔门,用于分隔驾驶室和客室,在紧急情况时,乘客可通过该门进入驾驶室,再通过紧急疏散门从逃生梯进入隧道,离开列车,具体如图 4.5 所示。

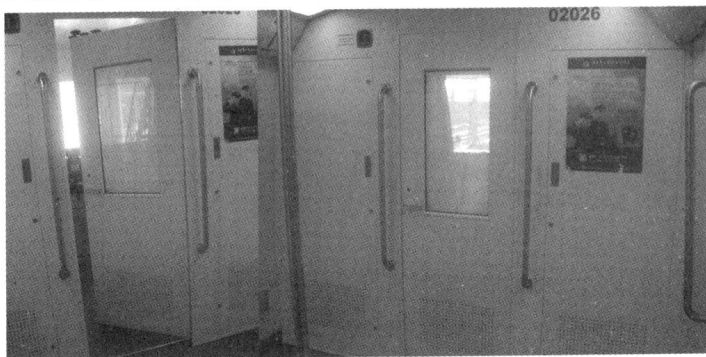

图 4.5　西安地铁 2 号线车辆间隔门

驾驶室侧门技术参数见表 4.3。

表 4.3　驾驶室侧门技术参数

高度/m	1.900
宽度/m	0.613
门密封性/m	0.035
质量/kg	30

（4）逃生门

根据车辆受流方式的不同,针对接触网受电牵引方式,车辆驾驶室设置了紧急疏散门。A型车驾驶室在中间位置设置了紧急逃生门,B型车在驾驶室偏左侧设置了紧急疏散门。当遇到紧急情况时,打开紧急疏散门,通过逃生梯安全离开列车。

逃生门系统设置在司机室前端,是保证紧急情况下能及时疏散旅客的逃生系统。在正常状况下,逃生门处于锁闭状态,逃生门起到隔音、隔热、密封等功能,保证司机室正常工作环境。在紧急情况下,可手动将紧急前门向上打开,并配合紧急疏散梯,用于疏散人群。一套逃生门系统包括1个铝合金门框、1个门扇部件、门锁、空气弹簧组件、增力机构等,门板采用铝型材焊接框架结构。具体以目前常用的两类疏散门(见图4.6、图4.7)为例进行说明。

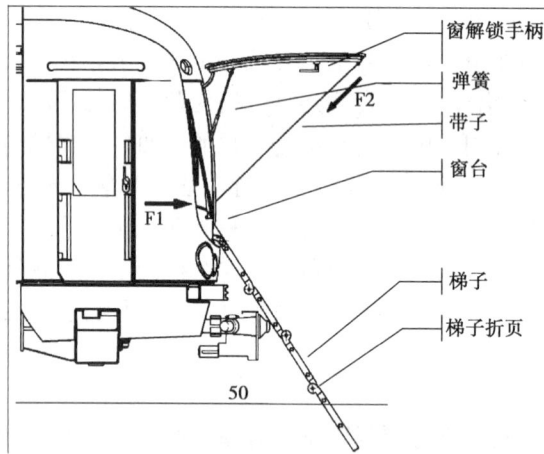

图4.6 不带扶手逃生门结构

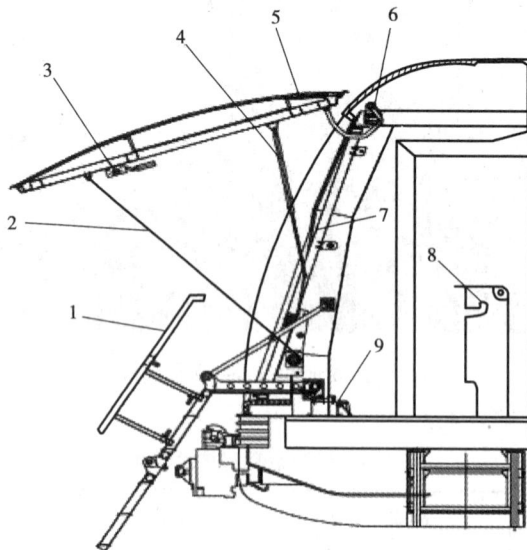

图4.7 带扶手紧急疏散门展开结构

1—门梯;2—卷收带;3—门锁;4—空气弹簧;5—门扇;6—铰链;

7—密封骨架;8—防护罩;9—门梯固定装置

逃生门的主要结构尺寸及技术要求:

入口宽度	744^{+2}_{0} mm
入口高度	$2\,145^{+4}_{0}$ mm
水平净通过尺寸(宽度)	560 mm
垂直净通过尺寸(高度)	1 760 mm
质量(每套门)	$\leqslant 101$ kg $+10\%$
环境温度	$-35 \sim +42$ ℃
相对湿度	$\leqslant 95\%$

疏散梯主要由不锈钢和耐候钢材料制作而成,结构形式为三层折叠形式,回收到位后有一固定装置。

1)疏散梯的开启(见图4.8、图4.9)

使用时,首先打开手动铰链门,然后由车内向车外逐一手动打开折叠的疏散梯,便于乘客安全、方便的通行。在疏散梯展开后,两侧设有安全扶手,可保证乘客疏散时的安全。

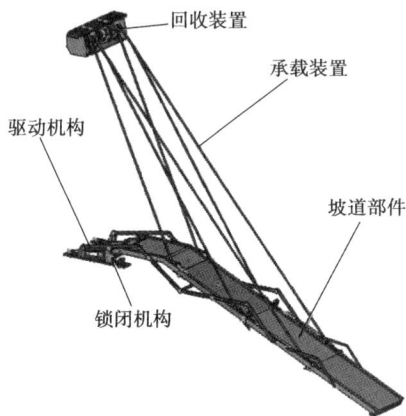

图4.8　逃生门疏散梯　　　　　　图4.9　逃生门疏散梯实物图

2)疏散梯的回收和固定

不使用时,该梯子被折叠放置在门扇后规定的位置。由一个固定装置固定,保证在车辆运行时不发生振动。回收时,操作人员在车下手动逐节折起疏散梯,并初步推放到位;操作人员回到驾驶室内,操作固定装置将已折叠好的疏散梯固定。

3)脚踏板

脚踏板安装在紧急前门的出口处,紧急情况下方便乘客从紧急前门撤离。

【任务实施】

应用计算机多媒体和网络技术搜集整理目前我国地铁车辆中使用的各种车门的基本工作原理、基本结构特点。

城轨列车的客室侧门每辆车采用每侧 4 套或 5 套双扇电控电动内藏式拉门或外挂塞拉门。地铁车门系统是已经被世界上轨道交通系统成功运营验证的成熟产品。车门的电控电动装置采用微处理器控制的电动机驱动装置,并具有自诊断功能和故障记录功能,具有与列车监控系统的接口。传动装置采用齿带传动方式,导向装置、驱动装置和锁闭装置集中为一个紧凑的功能单元,便于安装和维修。车门设置可靠的机械锁闭机构、故障隔离装置、紧急解锁、重开门等安全设施。在车辆长期超载,车体产生最大挠度(一般为 6 ~ 10 mm)条件下,车门系统能够正常使用。车门的开闭功能不会因车辆挠度和乘客载荷的变化而受影响。车门关闭时,通过车门的密封系统和合理的门板结构保证车门系统具有良好的隔热、隔音性能,并能有效地消除振动。车门系统的设计保证高度可靠,门机构在车内即可进行维修。所有部件易于接近,便于维护、调整,门系统设计时充分考虑门扇的高度及平行度的调整功能,保证每一门扇、相关门扇之间以及门扇与车体之间的正确位置及间隙。

【效果评价】

评价表

项目名称	车 门		学生姓名	
任务名称	任务 1　车门类型及结构原理认识 1		分数	
项 目			分值	考核得分
1. 车门相关知识、图片的搜集、整理			10	
2. 是否有小组计划			5	
3. 车门特点、形式、结构的掌握情况			50	
4. 车门检修时应注意的问题以及认知情况			20	
5. 熟练掌握车门的开关操作			10	
6. 基本素养考核情况			5	
总体得分				
教师简要评语:				
			教师签名:	

任务 2　车门类型及结构原理认知 2

【活动场景】

在城市轨道交通车辆生产车间或检修现场教学,或用多媒体展示城市轨道交通车辆客室车门的控制电路以及电气原理。

【任务要求】

掌握城市轨道交通车辆客室车门的控制方式。

【知识准备】

城市轨道交通车辆的客室车门,按驱动系统的动力源可分为电动式车门和气动式车门两种。电动式车门的动力来源是直流或交流电机,气动式车门的动力来源是驱动汽缸。

电控气动门是由压缩空气驱动传动汽缸,再通过机械传动系统和电气控制系统完成车门的开关动作。机械传动系统的作用是将传动汽缸活塞杆的运动传递至车门,使车门动作。电气控制系统包括气动门控制、再开门控制、车门动作监视和列车控制电路联锁等内容。其作用是为了保证车门动作可靠和行车安全。车门的电气控制系统一般采用电子控制技术,可根据乘客和司机的不同要求编制程序,修改操作过程,自动监控装置具有全方位监控车门系统、自动故障报警和记录等功能。为了防止车门夹伤乘客,现代自动车门还具有防夹功能。根据欧洲标准规定,在关门时最大挤夹力小于 200 N,在开门时最大挤夹力应小于 250 N。

电控电动门是由电动机、传动装置(轴、磁性离合器、皮带轮和齿形皮带)、控制器、闭锁装置和紧急开门装置组成。齿形皮带与两个门翼相固定,闭锁和解锁所需的扭矩由电动机提供。另一种电气驱动装置为电动机通过一根左右同步的螺杆和球面支撑螺母驱动滚珠摆动导向件和与其固定的门翼。

(1)**客室电控气动门的认知**

1)**客室车门结构**

以广州地铁 1 号线车辆客室车门为例,车门系统主要由电气控制系统、空气驱动系统、机械传动系统、门机械锁闭机构、门页、导轨、紧急解锁机构、门状态检测及信号指示等组成。其结构如图 4.10 所示。

2)**客室车门的空气驱动系统及工作原理**

广州地铁 1 号线客室车门为电控气动门,车门的控制是通过电控制压缩空气,再由压缩空气驱动车门的驱动风缸,通过机械传动系统完成车门的开、关动作。每个车门的气动控制原理如图 4.11 所示。

①组成部件。

A. 中央控制阀。中央控制阀装置(见图 4.12)是控制车门动作的重要部件,其上集成安装了 MV1,MV2,MV3 这 3 个电磁阀及车门开关门速度、开关门缓冲节流阀和快速排气阀等部件,它位于车门传动装置上。

a."关门"电磁阀 MV2:在"关门"电磁阀的通常状态下(即失电),车门驱动风缸排气。

b."开门"电磁阀 MV1:在"开门"电磁阀的通常状态下(即失电),车门驱动风缸及解锁风缸都处于排气状态(通向大气)。

c."门解锁"电磁阀 MV3:解锁电磁阀得电时,解锁风缸与气路相连接,当有空气进入,锁钩就会被顶开。当该电磁阀处于通常状态下(即失电),解锁风缸排气,活塞缩回,锁钩在扭簧作用下复位。

d. 节流阀:在中央控制阀中共有 4 个节流阀,其功能分别为开门速度、关门速度、开门缓冲、关门缓冲调节节流阀。向"+"方向旋转,表示供气量增大;反之,表示供气量减小。

e. 快速排气阀:在中央控制阀中共有两个快速排气阀,驱动风缸两端是通过快速排气阀排向大气的。它的排气口是常开的,当驱动风缸通过它充气时,其阀芯将排气口关闭。

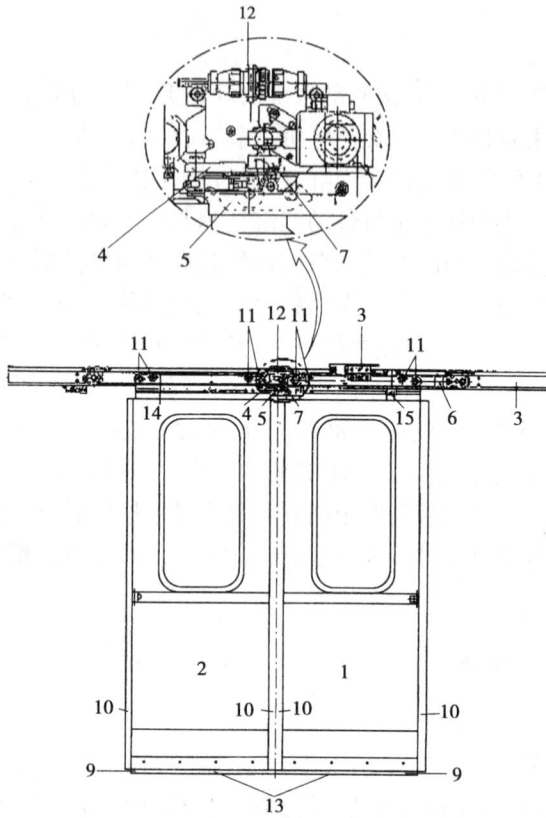

图 4.10 广州地铁 1 号线车辆客室车门结构

1—右门页;2—左门页;3—导轨;4—锁钩/紧急手柄;5—左门驱动连杆;6—驱动风机;
7—解锁风缸;8—中央控制阀;9—导向衬块;10—橡胶密封条;11—防跳轮/支撑滚轮;
12—锁闭行程开关 S1;13—密封毛刷;14—钢丝绳;15—关闭行程开关 S2

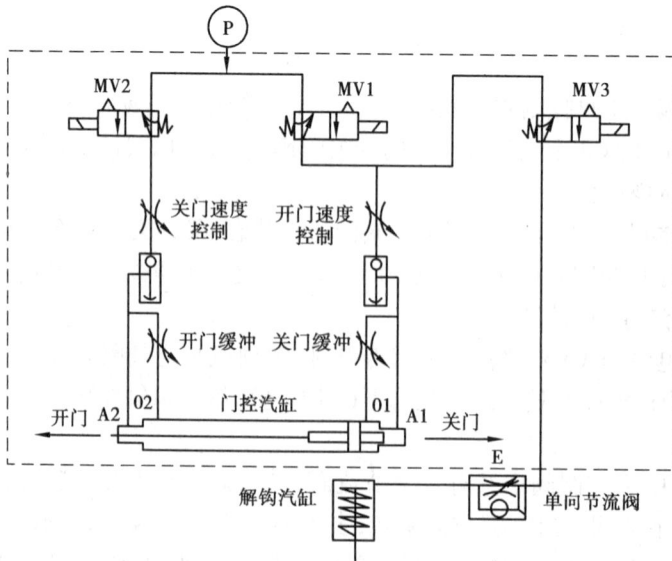

图 4.11 车门的气动控制原理图

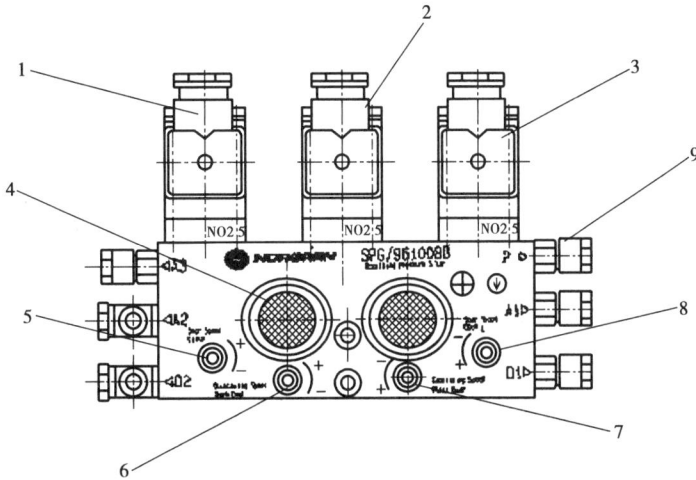

图 4.12　中央控制阀

1—关门电磁阀 MV2;2—解锁电磁阀 MV3;3—开门电磁阀 MV1;4—排气孔消音片;
5—关门速度节流阀;6—开门缓冲节流阀;7—关门缓冲节流阀;8—开门速度节流阀;9—气路连接头

B. 驱动风缸。每个车门都设有一个单向作用的驱动风缸,用于实现门页的开、关动作。该风缸在一个行程末端有缓冲作用。驱动风缸活塞杆用活塞杆托架连接在左门页上。开门行程受安装在导轨上的止挡限制。风缸和中央控制阀之间用尼龙管连接。

C. 解钩汽缸。它是执行门锁解钩动作的。

D. 车门行程开关。

a. 锁闭行程开关 S1。该行程开关用于检测车门是否正确锁闭。其组成结构如图 4.13 所示。S1 位于车门控制机构的中央,从车内观察,该开关位于紧急开门手柄的后面,通过锁钩上的凸轮操纵。当车门锁钩被顶开时,凸轮旋转使 S1 动作。

b. 车门关闭行程开关 S2。该行程开关主要用于检测车门门页是否关闭到位,通过安装在右门页上的碰块触发该行程开关的动作。其组成结构如图 4.14 所示。

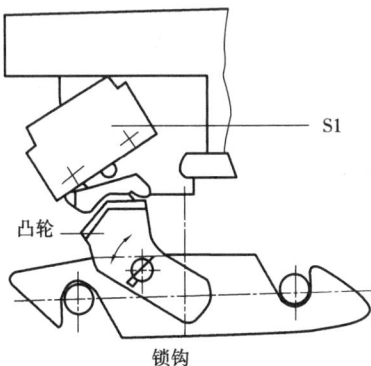

图 4.13　锁闭行程开关

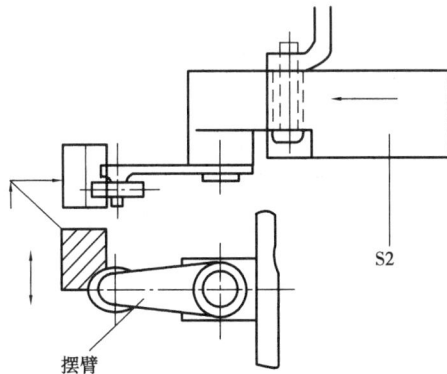

图 4.14　车门关闭行程开关

c. 门切除行程开关 S3。该行程开关用于检测车门是否切除。当单个车门发生电路检测故障时(通常是 S1,S2 接触不良造成的),可通过方孔钥匙切除该车门,S3 行程开关的触点接通将旁路该门的 S1,S2 行程开关。其组成结构如图 4.15 所示。

97

d.门解锁行程开关 S4。该行程开关安装在车门控制机构中央的紧急开门手柄上方,由紧急开门手柄上的凸轮操纵。其组成结构如图 4.16 所示。紧急情况下拉下紧急解锁手柄后,S4 的触点断开,使中央控制阀的 MV2 电磁阀失电,驱动风缸左腔的压力空气排往大气,这时可通过双手把门页打开。

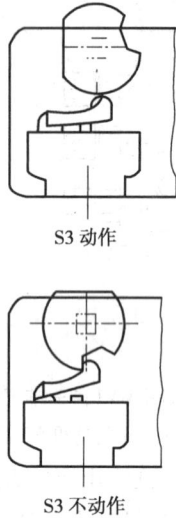

S3 动作

S3 不动作

图 4.15　门切除行程开关

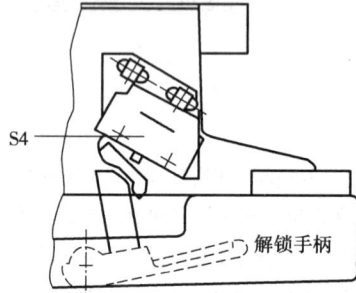

S4

解锁手柄

图 4.16　门解锁行程开关

②工作原理。

以图 4.11 所示的气动控制原理图为例,假设压缩空气从 P 口进入,下面分别介绍车门的开、关动作过程:

A.开门:MV1,MV3 得电,而 MV2 失电。气路的动作过程如下:

进气:

压缩空气→MV1(得电)→MV3(得电)→节流阀→解钩汽缸→顶开锁钩

　　　↳ 开门节流阀→门控汽缸进气口 A1→活塞杆外伸

排气:

活塞左移→门控汽缸排气 A2→开门缓冲节流阀→快速排气阀→大气

当活塞的左端头进入汽缸左端的小直径处则 A2 出口被封堵,大汽缸内的气体只能从 A2 一个出气口并经过开门缓冲节流阀到快速排气阀最终排至大气。由于 A2 出口被堵,使得整个排气速度大大降低,从而使开门的速度有了一个极大的缓冲。

B.关门:MV2 得电,而 MV1,MV3 失电。气路的动作过程如下:

MV3(失电)→解钩汽缸排气活塞缩回→锁钩落锁复位

进气:

压缩空气→MV2(得电)→关门速度控制节流阀→门控汽缸进气口 A2→活塞杆缩回

排气:

活塞杆右移→门控汽缸排气 A1→关门缓冲节流阀→快速排气阀→大气

关门缓冲的原理与开门缓冲的原理相同。由于活塞杆的端头与左门门页及钢丝绳的一端相连接,而右门页与成环形绕接的下层钢丝绳相连接,故左、右门页在活塞杆运动时能同步反向移动。而运动的速度则是先快后慢,最后使门页完全关闭或打开。

3）客室车门的电气控制

广州地铁1号线车辆的车门为电控气动门,其控制电路为110 V有节点电路。车门作为关系行车安全的重要部件,采取必要的保护措施确保当车门没有关闭到位时,列车无法启动。

车门既可在ATO模式下自动打开也可由司机进行手动开关。从安全角度考虑,有以下两种不同的门控信号:

- 门开使能。
- "开门"指令和"重开门"指令。

在通常操作中,车门打开可由ATP系统来控制。门的电气控制命令操纵一个单向作用的汽缸使锁钩打开。这些操作都是在开门过程中通过中央控制阀来进行控制的。

只有当列车静止且在站台正确的位置时,ATP系统才能给出门使能信号。在URM模式下操作,可通过司机室的按钮来实现开门使能。在这种情况下,车门使能与牵引控制单元的0 km/h信号互锁。用乘务员钥匙也可单独打开某扇门。

门只有在司机操纵台启动下才能打开。当列车控制只连接ATP系统时,中央开门及关门是不可能的。

①车门控制的主要电路。

A. 开关门控制电路。当满足司机台激活、列车速度为"0"、ATP系统给出门使能信号后,按下"开门"按钮,经过整列车、单节车、单个门的相关继电器使单个门的中央控制阀控制车门打开。开车前,按下"关门"按钮,时间继电器延时结束后,中央控制阀控制(详见车门气动控制部分)使车门关闭。

B. 车门的监测电路。由于车门状态关系乘客及运行安全,为确保列车运行过程中车门正确锁闭。只要检测到有一个车门没有正确锁闭,列车将无法启动;而在运行过程中,如果有乘客将紧急解锁手柄拉下,列车将触发紧急制动并停车。

C. 重开门。当单个或多个车门没有完全关好时,可以按下"重开门"按钮重新把门打开并关闭(司机操纵台:8S06是重开右侧门;副司机操纵台:8S05是重开左侧门)。若按钮一直按下,车门将一直打开直至松开按钮。已锁闭的车门将不会被打开。

D. 自动折返。如果司机操纵台在自动折返线时已锁,在ATP系统控制启动之前,开门命令一直保持有效。如果指令输出"列车控制已开"从列车前端转到尾端,则开门指令被尾端司机室控制取代。打开司机操纵台后,门就可从该操纵台打开。

E. 用乘务员钥匙开门。每节车的19/17门和20/18门可局部打开。主要依赖于列车是否启动(蓄电池连接上)及压缩空气是否可以利用。开门指令是由门上的乘务员可旋转钥匙开关(车内及车外)两个中的一个给出。开门命令存储下来,门会一直开着,直到发生以下情况:①门上的一个旋转钥匙开关给出局部关门命令;②列车该侧给出"开门/关门"指令;列车该侧给出了"重开门"命令。

用乘务员钥匙进行局部开门不依赖ATP系统的释放(或在URM操作模式下速度为0 km/h),即使列车在驾驶时也可进行局部开门。当门被切除时,不可用乘务员钥匙来开门。

②参与门控的继电器。

A. 整列车控制所使用的继电器。

a. 8K01,8K02:左右侧门的门使能继电器。

b. 8K03,8K04:开门继电器。

c.8K05,8K06:延时断开继电器。

d.8K07,8K08:门未锁继电器。

e.8K09,8K10:整列车所有门关好继电器。

f.8K41:关门报警启动继电器。

g.8K42:关门报警电闪继电器。

h.8K43:关门报警继电器。

i.8K47:左边门开继电器。

j.8K48:右边门开继电器。

k.8K49:门关好监测继电器。

B. 单节车继电器。

a.8K21,8K22:解锁继电器。

b.8K23,8K24:开门继电器。

c.8K25,8K26:重开门继电器。

d.8K27,8K28:关门监测继电器。

e.8K29:17/19 门乘务员钥匙开门继电器。

f.8K30:18/20 门乘务员钥匙开门继电器。

g.8K45,8K46:关门报警继电器。

C. 每个门的控制继电器。

a.8K31,8K33,8K35,8K37,8K39:左边门门未切除继电器。

b.8K11,8K13,8K15,8K17,8K19:左边门开、关门继电器。

c.8K32,8K34,8K36,8K38,8K40:右边门门未切除继电器。

d.8K12,8K14,8K16,8K18,8K20:右边门开、关门继电器。

除此以外,每个车门均安装有 S1,S2,S3,S4 这 4 个行程开关以检测车门的状态。

③车门状态显示。

A. 车门状态。列车每个车门(包括紧急逃生门)的车门状态以司机室运行屏中的彩色符号显示,圆圈的颜色代表车门状态。

a. 灰蓝色的符号:车门关闭状态。

b. 黄色符号:车门打开状态。

c. 黑色符号:紧急打开。

d. 红色闪烁符号:故障。

e. 一直红色符号:手动解锁。

B. 车门状态显示:

a. 位于司机室左侧墙上的及操纵台上的"左开门"指示灯亮:满足车载 ATP 系统允许的条件或操作 4S04(非正常情况)或列车停车后(URM 模式),且已给出左门开解锁信号,列车左侧门允许打开;"左门关"指示灯亮:列车左边所有车门已经关好且该端司机台已经激活。

b. 位于司机室右侧墙上的及操纵台上的"右开门"指示灯亮:满足车载 ATP 系统允许的条件或操作 4S04(非正常情况)或列车停车后(URM 模式),且已给出右门开解锁信号,列车右侧门允许打开;"右门关"指示灯亮:列车右边所有车门已经关好且该端司机台已经激活。

c. 位于司机室右侧墙上紧急疏散门指示灯亮:至少有一端的疏散门已经解锁或检测出电

路故障。

d. 每个客室车门上方的内外侧均有一个橙色指示灯:车门未锁时亮;内侧均有一个红色指示灯:车门切除时亮。

e. 位于每节车后端左、右外侧墙上的橙色指示灯:每节车每侧有一个以上车门未锁时亮。

f. 位于司机操纵台上的"TFT"彩色显示屏:显示车门被紧急解锁的位置及车载 ATP 系统对车门的控制状态。

④控制车门开关按钮的作用及使用。

a. 左门开按钮:用于指示列车左边门是否有开门信号和开启列车的左边门,有门开使能信号时,按 8S01 按钮。

b. 左门关按钮:用于指示列车左边门是否"关好"和关闭列车的左边门,按 8S03 按钮。

c. 右门开按钮:用于指示列车右边门是否有开门信号和开启列车的右边门,有门开使能信号时,按 8S02 按钮。

d. 右门关按钮:用于指示列车右边门是否"关好"和关闭列车的右边门,按 8S04 按钮。

e. 左门重开按钮:用于重新开启列车左边未完全关闭的客室门,列车左边有开门使能信号和左边门至少有一个门未关好。

f. 右门重开按钮:用于重新开启列车右边未完全关闭的客室门,列车右边有开门使能信号和右边门至少有一个门未关好。

g. 强行开门按钮:在 ATP 系统保护下,无开门使能信号时(开门指示灯不亮),司机按压一次"强行开门"给出开门使能信号。按压两次"强行开门"按钮时,可起旁路车门的作用(车门检测故障时才能使用)。

⑤TMS 列车管理系统的开门连锁功能。

a. 只有列车静止时,开关门指令才有效。

b. 当列车上任一与外界联系的车门处于开启或非正常关闭的状态时,列车将不能启动,列车车门没有全部关好,列车则无法启动。

c. 当列车速度高于 5 km/h 时,列车上任何与外界联系的车门都不允许正常打开,一旦被强行打开(如启动紧急开门按钮),列车将紧急制动。

d. 当列车牵引时,如果车门被强行打开,列车将在 ATP 系统保护下,停止行驶中的车辆;在没有 ATP 系统的保护下,VTCU 仅使车辆由牵引转至惰行。

e. VTCU 接受司机发出/ATP,发出/ATO,发出的开关门指令,并考虑联锁条件后,发送到 EDCU(其中,EDCU 为车门电子控制单元;VTCU 为车辆列车控制单元)。

⑥开、关门控制原理。

以广州地铁 1 号线车辆某一车门(如 A 车 1/3 门)开门、关门控制为例,其控制原理如图 4.17 所示。

当开门指令发出后,中间继电器 8K11 得电,控制电磁阀 MV1,MV3 得电使车门得以打开;当关门指令发出后,中间继电器 8K21 触点断开,8K11 失电,控制电磁阀 MV1,MV2 使车门关闭。为了行车安全,车门监控回路的 8K09,8K10 继电器,S1,S2,S3 行程开关还直接或间接地影响车辆的牵引、制动及紧急制动状态,起到安全监控和保护作用。

列车激活开司机台 ——→ 2K04 闭合

列车激活合 3S01 ——→ 3K11 得电 ——→ & ——→ 2K11 得电

DCU 检测到列车处于静止状态

& ——→ ≥1 ——→ 8K01 闭合 ——→ 开门按钮指示灯亮

ATP 设备给出门使能信号

ATO 设备给出开门触发信号 ——→ ≥1 ——→ 8K03 闭合 ——→ 8K05 闭合

按下开左边门按钮

& ——→ 8K07 闭合

A 车 8K23 闭合并自锁 ——→ A 车 8K21 闭合控制电磁阀实现锁钩解构动作 ←—— & ←—— 8K01

左边门未切除,以 1/3 门为例,8K31 得电 ——→ & ——→ 8K11 合 ——————————→ 开 1/3 门

车门处于开门状态 ——→ 8K09 不得电 ——→ & ——→ 送入 SIBAS 单元 ——→ 关门报警

8K03 失电断开

按下关门按钮 ——→ 8K05 延时断开

8K41 得电并自锁 ——→ 电闪继电器 8K42 ——→ 8K43 开关动作 ——→ 8K45 开关动作
得电定时开关动作

所有门未关好,S01,S02 均不到位 ——→ &

8K07 延时断开 ——→ 8K21 断开 ——→ MV3 电磁阀失电,锁钩在弹簧力作用下复位

8K23 断开 ——→ &

未按重开门 ——→ 8K25 不得电 ——→ 1/3 门 8K11 失电 ——→ 控制 Y02,Y01 电磁阀关门

1/3 门内外指示灯闪烁

A 车侧墙指示灯灭 ←—— A 车 8K27 得电 ←—— 五个门的 S1,S2 均到位 ←—— 1/3 门 S1,S2 行程开关到位

另一端 A 车 8K27 得电

熄灭门上方内、外侧指示灯

8K09 得电 ——→ 8K41 分 ——→ 8K42 分 ——→ 8K43 分 ——→ 8K45 分

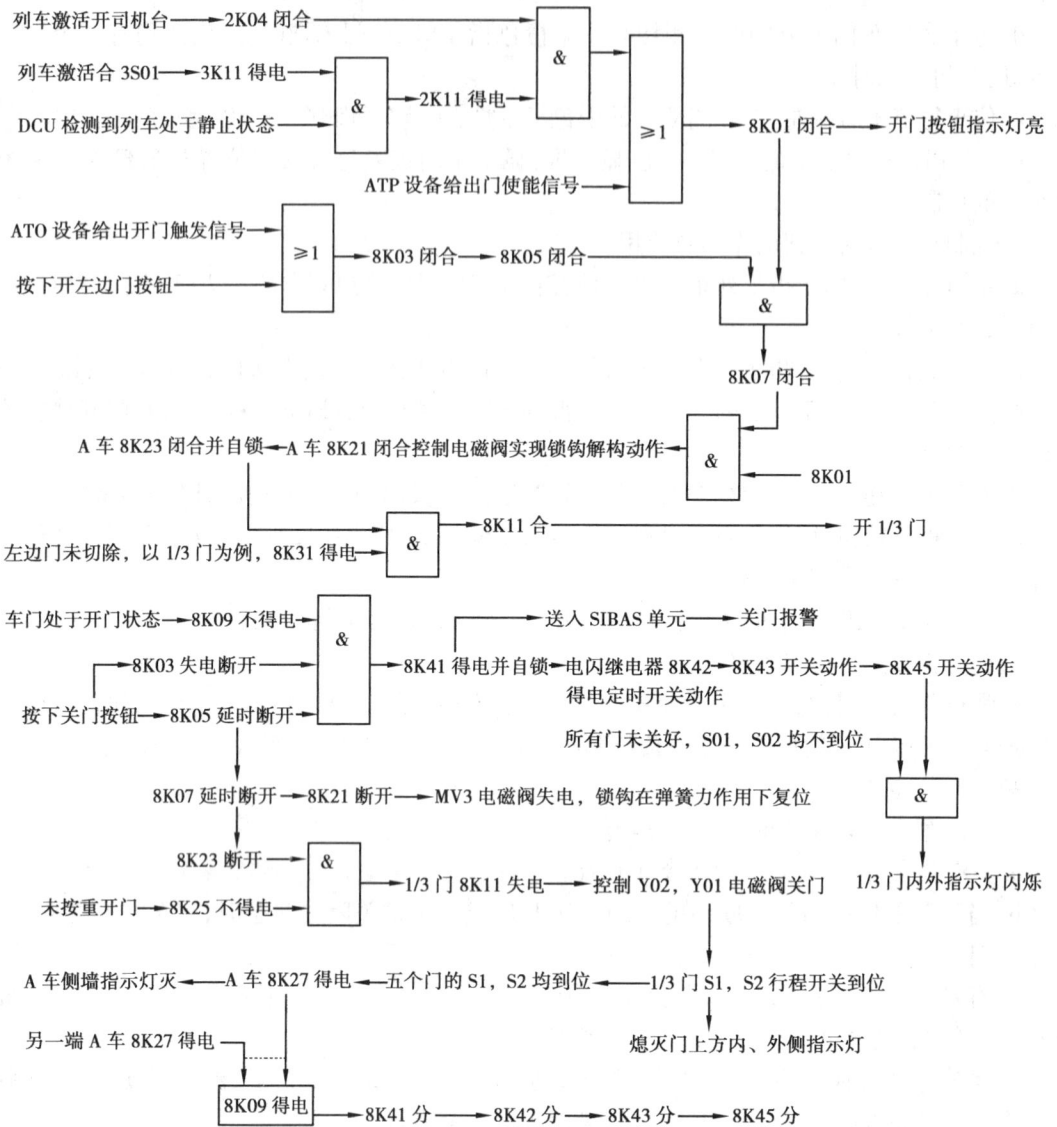

图 4.17　车门、开关控制原理流程图

(2)电控电动客室车门

广州地铁 3 号线客室车门是电动双页塞拉门。在客室车厢的每一侧有 4 个车门。每个车门配有两个电动塞拉门页。由于塞拉门与车体在同一平面内,能保持列车较好的流线型,所以具有密封性好,空气阻力小等特点。但塞拉门的结构复杂,且造价较高。车门的布置如图4.18所示。

1)客室车门结构

广州地铁 3 号线客室塞拉门主要由车门电控单元 EDCU、车门驱动单元、门页、紧急解锁装置、切除装置、支撑杆、托架组件、车门导轨、车门门槛及嵌块等组成,如图 4.19 所示。

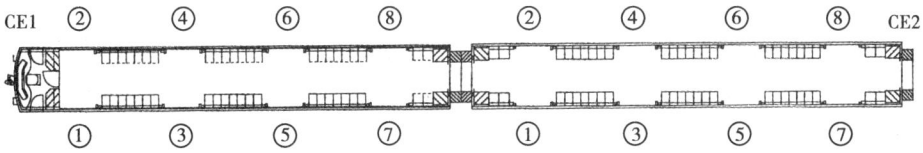

图 4.18 车门布置示意图

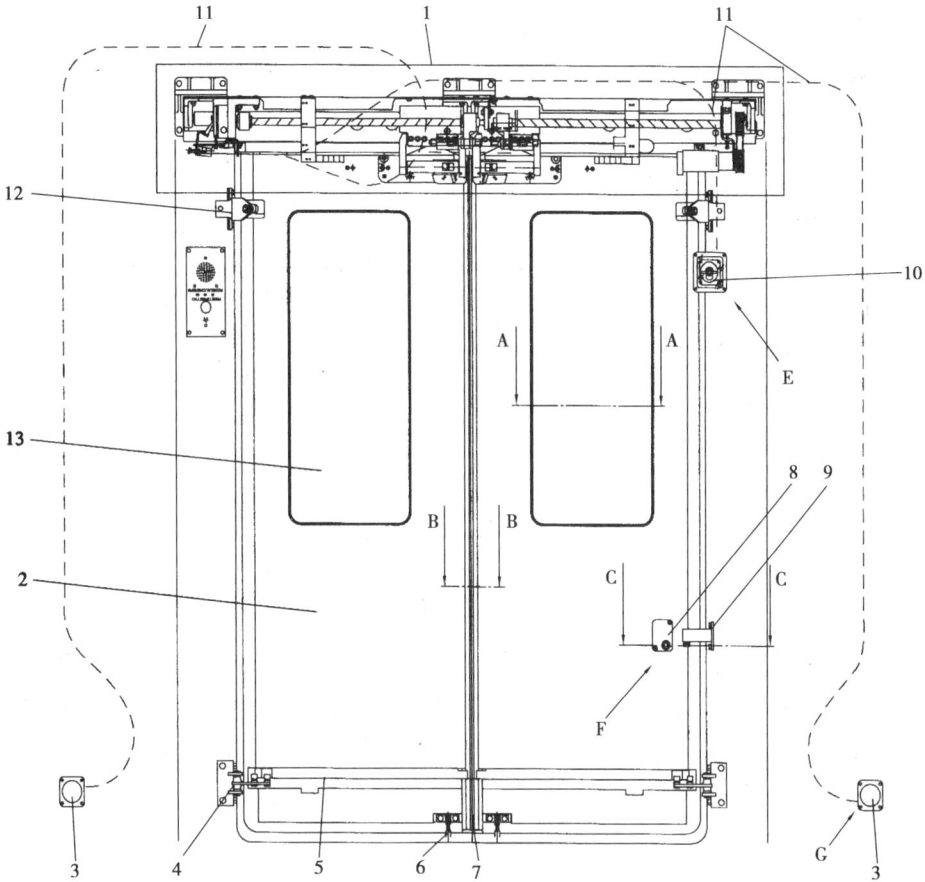

图 4.19 广州地铁 3 号线车辆客室塞拉门结构

1—车门驱动单元;2—门页;3—紧急上车装置(EAD 设在外部,仅 7,8 号有);4—滚子摇臂;

5—下部导轨;6—止动销;7—手指保护橡胶;8—车门隔离装置;9—下部导轨;

10—紧急下车装置(EED);11—电缆;12—支撑滚子;13—玻璃

①内紧急解锁装置 EED。每个客室门在车内门柱盖板的右侧均配有紧急解锁装置,用于紧急情况下,开启客室车门,其结构如图4.20所示。紧急下车装置时一个带有锁定点的扭转手柄,可手动操作。要操作此扭转手柄,必须首先手动取下透明塑料盖,然后将扭转手柄转动至其锁定点(垂直位置)。在紧急情况下,使用扭转手柄启动相应紧急出口装置后,车门会被解锁。只有列车完全停稳后,车门即可被手动推开。

②外紧急解锁装置 EAD。每节车厢在外部配有两个紧急解锁装置,分别位于车厢的左右两侧,以便在紧急情况下可以使用方孔钥匙从车厢外部开启后边的两个客室车门(7 和 8 号),进入列车内部。

③其他装置。每个客室门上均安装有一套手动紧急解锁系统。此外,每个客室门还包含一个用方孔钥匙操作的手动隔离装置,用来将相应的客室门锁定在关闭位置,并将其 EDCU 与车厢电源断开。

在车门的盖板和门页上分别设置有锁闭行程开关 S1、紧急解锁开关 S2、EDCU 电源复位开关 S3 和切除开关 S4。

④广州地铁 3 号线车辆客室车门系统的特点。

a. 采用自润滑的丝杠、螺母传动方式,具有阻力小、无噪声和维护工作简单的特点。

b. 每个车门均采用独立的 EDCU 门控单元控制,减少了使用中间继电器引起的故障。

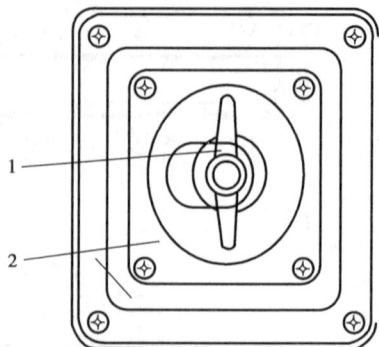

图 4.20 紧急解锁装置
1—扭转手柄;2—透明盖板

c. 每节车 1,2 号门采用 MDCU(车门主控制单元)进行控制,MDCU 通过 MVB 总线与 VCU(列车控制单元)进行通信,并通过 RS485 接口与 3,4,5,6,7,8 号门的 LDCU(车门本地控制单元)进行通信和储存故障信息。

d. 具有障碍物探测功能,在行车时可防止发生夹人、夹物现象。

2)塞拉门工作原理

塞拉门借助于车门上端的传动机构和导轨,车门开启状态时门页贴靠在侧墙的外侧,车门处于关闭状态时,门页外表面与车体外墙成一平面。车门机构工作示意图如图 4.21 所示。

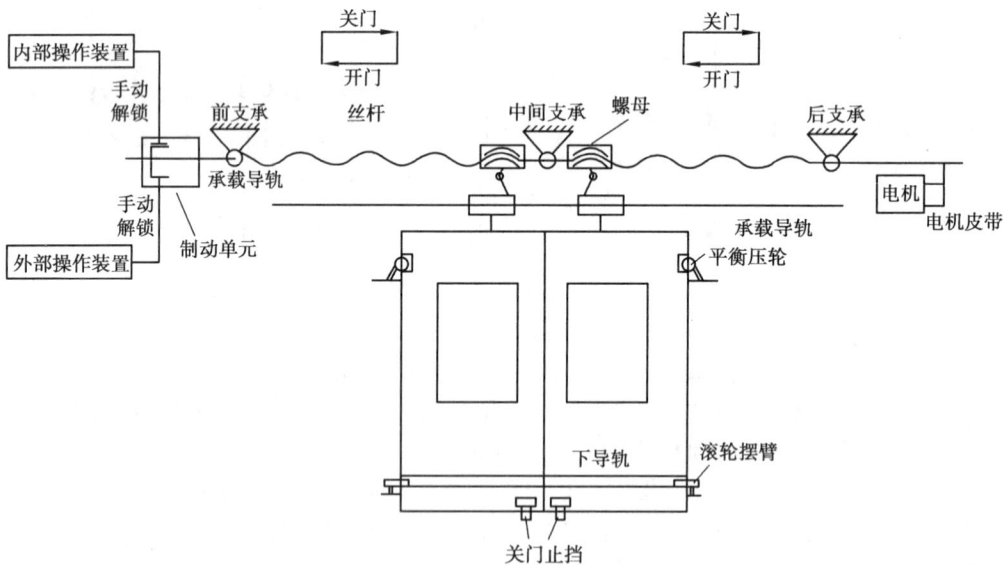

图 4.21 车门结构示意图

①车门开、关过程。

a. 开门:当车门 EDCU(车门控制单元)接收到开门信号时,EDCU 会输出电信号驱动电机往开门方向工作,电机通过皮带把转动力矩传送给丝杠(一半为左旋,另一半为右旋),丝杠运动将会带动与之啮合的螺母运动,螺母通过携门架与门页连接,从而带动门页同步运动。当车门打开到最大开度时,EDCU 将会输出车门制动信号给制动单元,制动单元将会对车门丝杠进行制动,使丝杠停止转动。

b.关门:当车门 EDCU 接收到关门信号时,输出电信号驱动电机往关门方向工作,电机通过皮带把转动力矩传送给丝杠,丝杠运动将会带动与之啮合的螺母运动,螺母通过携门架与门页连接,从而带动门页同步运动。当车门关好并触动锁闭行程开关 S1 时,EDCU 接收到车门已关闭信号后,EDCU 将会输出车门制动信号给制动单元,制动单元将会对车门丝杠进行制动,使丝杠不能运动。同时关门止挡进入了嵌块的导槽里,以防止门页在纵向和横向上的运动,平衡压轮也会把门页压紧在加强点上,以保证门页在运行过程中不会因负压太大而产生抖动。

②车门控制原理。电子门控单元 EDCU 是车辆电源和车门机械操纵机构之间的接口,其控制原理如图 4.22 所示。车门具有零速保护和安全联锁电路,开关门具有报警装置。

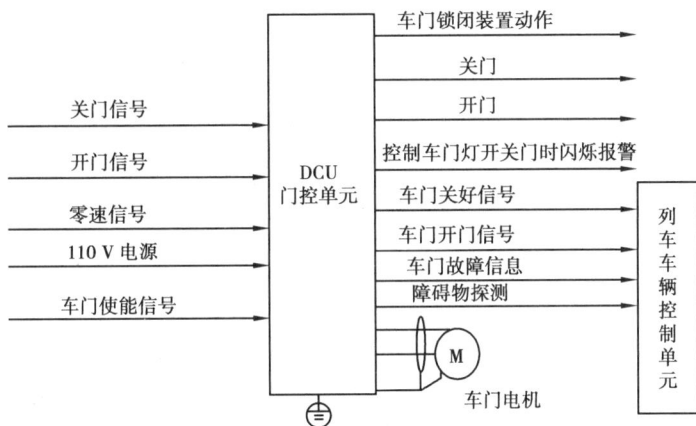

图 4.22 车门控制原理框图

广州地铁 3 号线车门控制单元有两种:一种是 MDCU(车门主控制器);另一种是 LDCU(车门本地控制器),如图 4.23 所示。

每个客室门均由一个独立的 EDCU 控制。客室门 1 和 2 的 EDCU 配有主控卡。通过多功能车辆纵向(MVB)实现与其他车厢的信息交换。其中一个带有主控卡的 EDCU(MDCU)用来执行与 VCU 的通信任务。另一个 MDCU 则作为主控冗余,在前一个 MDCU 出现故障的情况下接管主控功能。其他客室门(3～8)则由不带主控卡的本地控制单元(LDCU)控制,可通过一个 RS485 接口与 MDCU 进行单独通信。

EDCU 包括内部电源、微控制器和程序存储器。微控制器驱动车门电机并控制电机转矩以及电机电流和速度。EDCU 提供每种车门组件(如电机、制动单元、车门锁闭限位开关 S1、车门停用限位开关 S4、紧急装置限位开关 S2)所需的所有电源。

EDCU 的输入和输出信号由软件控制,并可通过更新软件来实现车门功能的更改。

③开、关门的电气控制。车门的开、关是通过安装在司机室内的开、关门按钮来实现的,司机室内每侧设一套开、关门按钮,共有 4 个按钮:强行开门按钮、开门按钮、关门按钮和重开门按钮。其中强行开门信号、开门信号和关门信号都分别能通过硬件和软件传送至各车门控制单元,只有重开门功能是通过软件实现的,通过按压"重开门"按钮把重开门信号传送至 VCU(列车控制单元),再由 VCU 向各 EDCU 触发该功能。当司机用主控钥匙启动司机台时,开关门按钮得电,可操作车门开关动作。当所有车门被关闭和锁闭时,关门按钮灯亮。如果有任何

A 车

| 2 | 4 | 6 | 8 |

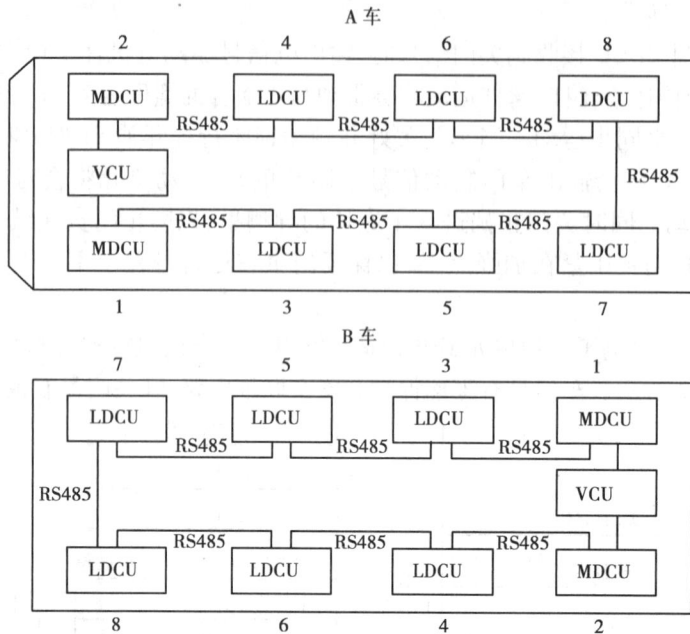

图 4.23　车门控制单元

一个车门保持在打开状态,所有车门按钮灯都不会亮。

　　3 号线车门存在两种操作模式:一种是自动模式;另一种是手动模式。在 ATO 模式下,当车门处于手动模式时,列车到站后可实现自动开门,但必须手动关门;如果车门在自动模式下,列车到站后可实现自动开、关门控制。

　　车门既可在 ATO 模式下自动打开,也可由司机进行手动开关。实现开门需要具备以下 3 个条件才能实现开门。a. 开门使能;b. 开门指令;c. 零速信号。

　　当司机按下关门按钮,关门吸纳后通过列车线向每个车门发出。每个车门的车门控制单元收到关门信号后将控制电机驱动丝杠从而使门页关闭并锁好。

　　④车门状态显示。

　　a. 当列车所有车门均已关闭,司机操纵台上所有车门关闭绿色指示灯将会点亮。

　　b. 车门状态红色指示灯功能:如果相应客室门被停用(切除),则红灯稳定点亮。

　　c. 车门模式橙色指示灯功能:如果车门开启,则稳定点亮;从发出关门命令到客室门关闭期间以 1 Hz 的频率闪烁,同时蜂鸣器报警,直至客室车门完全关闭为止。

　　车门状态显示在司机室内的司机显示屏上。如果某个客室门故障或已被隔离,则相关信息会被保存在相应的 EDCU 中。同时,该信息也会被传输至 VCU 并呈现在司机显示屏上。

　　⑤障碍物检测。3 号线车门是通过检测电机电流和车门的移动位置来实现防夹功能的。在车门的关闭过程中,可能有障碍物阻碍其完全关闭并锁定。在这种情况下,车门会启动自动防夹功能,并进行三次连续的关门尝试。如果车门在关闭过程中遇到障碍物且在连续三次尝试关门之后仍然不能关闭,车门将会完全打开,并保持此状态指导再次收到关门指令。车门的状态和位置在司机显示屏上显示车门开启且故障。

　　此时,应检查车门工作不正常的原因,并清除障碍物,然后按"关门"按钮。如果无效,则应手动关闭车门,且将该车门切除。

（3）操作车门的主要设施

操作车门的主要设施如下：

①司机室左侧墙上有左开门、左关门、重开门 3 个按钮。

②司机室右侧墙上有右开门、右关门、重开门 3 个按钮。

③位于司机操作台的"强行开门"开关、"开门"开关。

④位于司机操作台上的车门开门操作选择开关，有"自动"和"手动"挡。

⑤车载 ATP 列车自动保护系统。具有停车保护、速度监督和超速防护、列车间隔控制、测速与测距、车门监督控制、紧急停车、给发车信号和列车倒退控制。

⑥车载 ATO 自动驾驶系统。具有停车点目标控制、打开车门。从车站发车、列车加速、区间临时停车、限速区间、手动驾驶与 ATO 随时转换和记录运行信息。

⑦RM-受限制人工驾驶模式。列车运行由司机驾驶，列车的运行速度不能高于 25 km/h。如果列车的速度超过极限速度，则列车产生紧急制动而停车。

⑧SM-ATP 监督下的人工驾驶模式。列车运行由司机驾驶，列车的运行速度受 ATP 监督，如果列车的极限速度超过了 ATP 允许的速度，则列车会产生紧急制动而停车。

⑨URM-非限制人工驾驶模式。用 ATP 钥匙开关后才起作用，使用时必须经过批准和登记。列车运行由司机控制，无限制速度监督。

（4）车门状态显示

车门状态指的是列车每个车门的车门状态以司机室运行屏的彩色符号显示。用如下符号进行表示：

①灰蓝色符号：车门关闭状态。

②黄色符号：车门打开状态。

③黑色符号：紧急打开。

④红色闪烁符号：故障。

⑤一直红色符号：手动解闭。

【任务实施】

以 BODE 公司生产的车门为例进行客室门的控制分析。

（1）"零速"列车线

只有当"零速"出现，即列车的运行速度低于 1.8 km/h 或 3 km/h 时，"开门"列车线才能激活。在这种情况下，安全继电器直接由"零速"激活，才允许开门。如果"零速"列车线一旦失电，即列车运行速度高于 1.8 km/h 或 3 km/h 时，开启的车门将会自动关闭。

（2）开门/关门

客室车门的开关是由车门控制单元根据列车控制（开门列车线、关门列车线、零速列车线）电平信号和车门驱动机构上的元件（限位开关、车门位置传感器）电平信号来控制的。客室车门的开关电平信号见表4.4。

表 4.4 客室车门的电平信号

"零速"列车线	"开门"列车线	"关门"列车线	车门状态
0	0	0	关闭
0	0	1	关闭
0	1	1	关闭
0	1	0	关闭
1	0	0	关闭
1	0	1	关闭
1	1	1	关闭
1	1	0	打开

1）开门

通过激活"车门"列车线来执行车门。如果在开门过程中,"开门"列车线断电,车门仍将开启到最大开启位。另外,还可通过按下 EDCU 上的维护按钮来执行开门。

2）关门

通过激活"关门"列车线来执行关门。"关门"列车线激活 3 s 后,车门开始关闭。如果在关门过程中,"关门"列车线断电,车门仍将关闭到最终关闭位。如果在关门过程中,"关门"列车线断电,同时,"开门"列车线断电,车门关闭程序停止,1 s 后车门重新开启到最大开启位。

3）警告灯/蜂鸣器

在每扇客室车门的上方车体内外部各装有一个警告灯,开关门时警告灯将会亮并闪烁。当车门被切除时或遇障碍物六次激活后,警告灯将常亮。

同时在开关门时光电感式的蜂鸣器将会发出蜂鸣声音,并持续 3 s,以警告乘客车门将要打开或关闭。

4）障碍物探测

①关门防夹。车门在关闭的过程中,如果遇到障碍物,车门的防夹功能将会被激活,将施加一定的关门力(<300 N),持续时间为 0.5 s。然后车门驱动电机将会被处于解锁状态(在电机上短路)2 s,以便可以手动移动车门并移开障碍物。

这样的循环能进行 3 次,如果防夹功能在第三次关闭的过程中仍被激活,此时列车车门将反向运动,打开并停留在开启位。车内外的两个指示灯将亮,以引起驾驶员的注意。驾驶员可再次启动关门指令来关闭车门。

②开启门时障碍物探测。开门时障碍物探测也能被激活 3 次。在开门方向上检测到障碍物时 EDCU 将中断开门程序,中断时间为 2 s。在进行第六次尝试开门被激活后,车门将停留在这个位置上,同时车门控制单元(EDCU)认为这个位置就是车门可达到的最大开门位,然后只有通过关门指令将会关闭后再开启。

5）车门切除

一旦运营中有车门关闭故障时,驾驶员可通过用方孔钥匙将故障车门切除。转动方孔钥匙时必须将车门拉到关闭并锁紧位。转动方孔钥匙时会激活车门切除限位开关并机械锁紧这扇车门。车门切除限位开关 S2 的触点将向车门控制单元发送该扇车门被切除的信号。这时车门控制单元将切除这扇门所有的功能,同时警示灯常亮。

6)主隔离开关

在驱动机构上安装有一个主隔离开关。可通过该主隔离开关切断车门的供电电源,以便对车门做维护检修工作。

7)紧急解锁

①在速度低于 1.8 km/h 或 3 km/h 时操作紧急解锁装置将导致:

A. 传给门控单元的信号将使门控单元切断其所有的门控功能。

B. 通过弓形钢缆手动解锁锁钩,使车门处于解锁位。

C. 触发门驱动件上制动装置处的限位开关。

D. 将中断车门关闭和锁闭环路。

E. 门控单元发出信号。

F. 门可以通过手动在开门和关门方向上移动。

②当速度高于 1.8 km/h 时操作紧急解锁装置将导致:

A. 产生一个持续 1 s 的 8 A 的脉冲发给电动机(完全关闭),在这个短暂的脉冲之后,将会给电动机施加连续的大约为电动机正常工作电流的 50%(1.5 A)电流以使车门保持在关闭位。而且这个连续电流施加的时间不限。

B. “紧急解锁”限位开关上的常闭触点断开,这时“门关闭和锁闭回路”中断。

C. 如果乘客企图打开门,“门关闭并锁闭”限位开关将监控到车门正在被打开,这将引起:

a. 持续时间为 1 s 的 8 A 的脉冲电流,以较大的关闭力关门。

b. 脉冲电流过后,将以 150%(4.5 A)的电流关紧车门,持续时间为 3 s。

c. 持续 3 s 后,再次产生持续时间为 1 s 的 8 A 脉冲电流。

d. 脉冲电流过后,将以 150%(150 A)的电流关紧车门,持续时间为 5 s。

e. 持续 5 s,再次持续时间为 1 s 的脉冲电流。

f. 脉冲电流过后,将以 150%(150 A)的电流关紧车门,持续时间为 5 s。

g. 一直如此循环下去……在这一期间,加在车门门板上的推力降大于 300 N。

h. 60 s 后,由于发电机发热的原因,以上所说的过程又将开始,但是两脉冲电流之间的电流将降为电动机电流的 100%(3 A)。

i. 180 s 后,这个功能将下降到 50% 的持续电流,且无脉冲。

当乘客停止开门,门会自动回到关紧位。

③当速度高于 5 km/h 时操作紧急解锁装置还将导致列车产生紧急制动。

(3)与其他专业的接口

每扇门上均装有 1 个车门控制单元,所有的 EDCU 连接到 RS485 车辆母线上,并通过 RS485 车辆母线与列车综合管理系统(TIMS)进行通信。TIMS 发送请求指令并询问 EDCU,EDCU 通过应答请求来进行相应,上传不同的门状态和诊断信号(见图 4.24)。

EDCU 根据列车控制系统的电平信号和车门驱动机构上的元件(限位开关、车门位置传感器)的电平信号来控制门的开关。

使用笔记本电脑,通过 EDCU 上的 RS485 服务接口可以安装软件和更新软件。

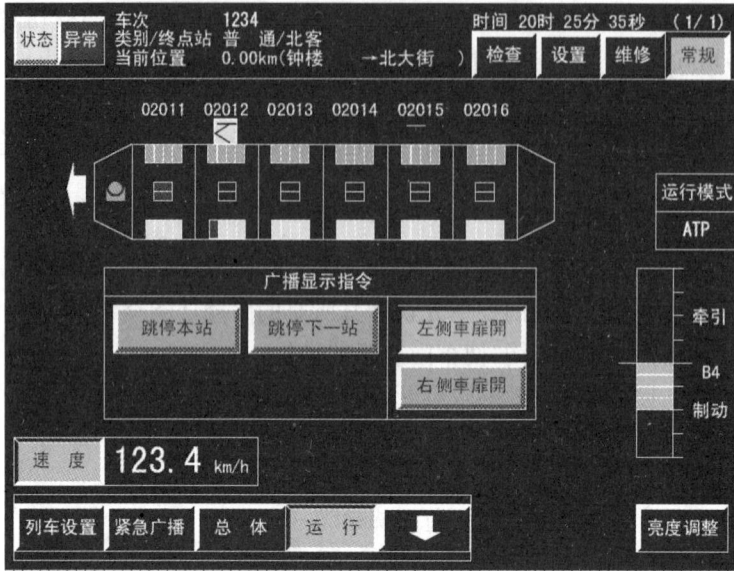

图 4.24　ATI 显示车门状态

（4）车门常见故障的处理

车门常见的故障主要包括机械故障和电气故障。

1）机械故障及处理

①机械尺寸变化引起的故障。在客流量大且集中时，由于车体挠度等因素影响，造成车门相关部件与车体等部位干涉，从而引起车门故障。

出现此故障时应检查车门尺寸调整是否在规定的范围内，如 V 型尺寸、车门对中尺寸等；同时还应检查车门的各部件是否存在相互干涉的情况。

②零部件损坏。零部件损坏可通过更换新件解决，如果同一类零部件损坏率较大，则应当检查是否存在系统设计问题或调整方面的失误。

2）电气故障及处理

①关门位置检测开关故障。故障现象为车门打开按下关门按钮后，单个车门无法关闭，车辆显示屏显示该车门故障。该故障的主要原因是关门行程开关 DCS 在车门打开过程中出现故障及误动作，在关门过程中，EDCU 收不到"门关好"信息，EDCU 将向列车诊断发出"车门故障"信息。

解决办法：

检查该行程开关是否存在故障，若有故障，将其更换；检查该行程开关额安装是否过紧，并检查其调整是否满足要求，不符合要求则重新调整。

②EDCU 电子门控单元故障。可能出现的问题包括电子门控单元 EDCU 硬件故障、突然死机等。

解决办法：

检查 EDCU 中软件版本是否为新版本，若不是，则更新软件后重新开关门试验，检查是否正常；检查 EDCU 的接线端子等是否异常，若不异常，则重新安装接线端子；若为 EDCU 本身故障，则更换该 EDCU 单元。

③车门电机故障。可能出现的现象有车门不动作、车门动作一段距离后停止运动等。

解决办法：

检查车门电机各接线是否有松动或断裂的情况；若松动，则重新紧固或更换断裂部件；检查车门电动机的连接件包括电动机皮带、联轴器等是否出现异常；若皮带出现断裂则更换；以上故障都排除后仍然不能解决该故障时，则可能是车门电动机本身的故障，可考虑更换车门电机。

【效果评价】

评价表

项目名称	车 门	学生姓名	
任务名称	任务2 车门类型及结构原理认识2	分数	
项 目		分值	考核得分
1.车门电气相关知识、图片的搜集、整理		10	
2.是否有小组计划		5	
3.车门电气控制的特点		50	
4.车门常见故障处理		20	
5.熟悉电气开关车门		10	
6.基本素养考核情况		5	
总体得分			
教师简要评语：			
			教师签名：

项目小结

随着世界城市轨道交通的发展，各个国家的轨道交通车辆的车门类型多种多样。按照车门功能分类可分为客室侧门、司机室侧门、间隔门、紧急逃生门。客室侧门形式有：外挂门、内藏门、塞拉门。按照车门驱动系统的动力源可分为电动式车门和气动式车门。

根据城市轨道交通车辆自身的特点，车门需具备以下特点：足够的宽度；车门要分布均匀，方便乘客上下；车门数量足够，满足地铁运行密度要求；车门附近有足够的空间，方便乘客上下车时周转；保证乘客的安全；具有较高的可靠性。

思考与练习

1. 简述车门的分类。
2. 简述车门基本结构的组成。
3. 按车门结构形式有哪几类？各有什么特点？
4. 简述车门控制原理。
5. 简述车门与各系统之间的接口关系。

项目 **5**
城市轨道交通车辆转向架

【项目描述】

转向架是支撑车体及其载荷并引导车辆沿着轨道运行的走行装置。为了便于通过曲线，在车体和转向架之间设有心盘或中心回转装置，使转向架可以实现相对于车体的转动。为了改善车辆运行品质和满足运行要求，在转向架上设有弹簧减振器装置和制动装置。对于动车转向架上装有牵引电机和驱动装置，以驱动车辆运行。

【学习目标】

通过本模块的学习要求掌握以下基本知识：
1. 掌握转向架作用及分类组成。
2. 掌握转向架各部件的结构及工作原理。

【技能目标】

1. 能认识城轨车辆转向架的各组成部分的基本结构、作用原理。
2. 能说明典型城轨车辆转向架的结构特点。
3. 能判断城轨车辆转向架的各种运用故障并能进行处理。

任务1 城市轨道交通车辆转向架的整体认知

【活动场景】

在城市轨道交通车辆转向架生产车间或检修现场教学，或用多媒体展示介绍城市轨道交通车辆转向架使用与检修。

【任务要求】

掌握转向架的作用、分类及组成。城市轨道交通车辆转向架结构组成的初步认识。

【知识准备】

转向架又称为台车,是城轨车辆的走行部,它位于车体底架和钢轨之间,主要支撑车体的垂直载荷,产生并传递牵引力和制动力,引导车辆沿着轨道运行的走行装置。为了便于通过曲线,在车体和转向架之间设有心盘或回转轴,转向架可绕中心轴相对车体转动。每一辆车的两端各设一台两轴转向架,其结构是否合理将直接影响车辆的运行品质、动力性能和行车安全,因此,转向架是车辆的重要组成部分。客观地说,转向架是轮轨系统车辆安全运行和发展的核心技术。

由于各国铁路的铁道车辆及城轨车辆的发展历史和背景不同及技术条件上的差异,致使各国研制的城市轨道交通车辆转向架结构类型差异较大,同时由于在设计原则上的共识和实践经验促使城市轨道交通车辆的转向架形式上有许多相同之处:无磨耗轴箱弹性定位、复合制动系统。城轨车辆的转向架一般包括轮对轴箱装置、弹性悬挂装置、构架、制动装置、牵引电机与齿轮传动轴传动装置和转向架支撑车体装置。

(1)转向架的作用和组成

1)转向架的基本作用

①采用转向架可增加车辆的载重、长度和容积,提高列车运行速度。

②保证在正常运行条件下,车体都能可靠的坐落在转向架上。并通过轴承装置使车轮沿着钢轨的滚动转化为车体沿线路运动的平动。

③支撑车体,承受并传递来自车体与轮对之间或钢轨与车体之间的各种载荷及作用力,并使轴重均匀分配。

④适应轮轨接触状态的变化,充分利用轮轨之间的黏着,传递牵引力和制动力。

⑤保证车辆安全运行,能灵活的沿线路运行及顺利通过曲线。

⑥悬挂装置可根据客流的变化调整其刚度,以保证车辆客室地板面与站台面的高度相协调,方便旅客的乘降,这对城市轨道交通车辆尤为重要。

⑦转向架的结构便于弹簧减振装置的安装。以使其具有良好的减振特性,缓和车辆和线路之间的相互作用,减小振动和冲击,提高车辆运行的平稳性和安全性。

⑧对动力转向架来说,还要便于安装牵引电机及传动装置,以提供驱动车辆的动力。

⑨转向架是车辆的一个独立部件。在转向架与车体之间的连接件要少,结构简单,装拆方便,便于转向架独立制造和维修。

2)转向架的组成

一般地,城市轨道交通车辆的转向架采用二轴构架式转向架,并普遍采用无摇枕结构。主要特点:一系悬挂主要有金属螺旋弹簧、"人"字形(或称"八"字形)和锥型金属橡胶弹簧3种结构;二系悬挂主要有空气囊加橡胶金属叠层弹簧构成。无论何种形式的转向架,它们的基本组成部分和主要功能是相同的。西安地铁2号线车辆动车转向架结构如图5.1所示。

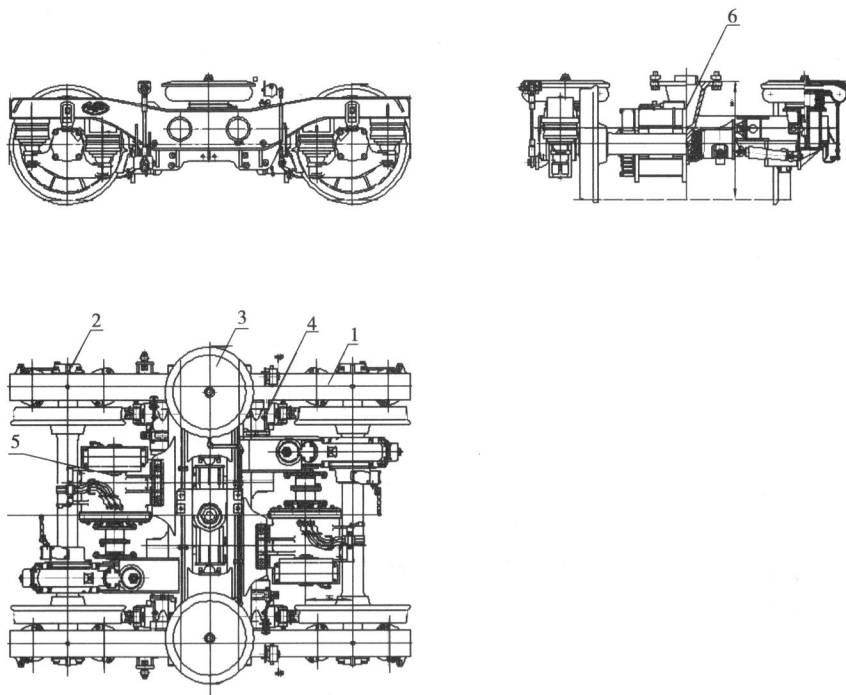

图 5.1　动车转向架组成

1—构架组成;2—轮对轴箱装置;3—二系悬挂装置;4—基础制动装置;5—驱动装置;6—中央牵引

①轮对轴箱装置。轮对直接向钢轨传递质量,通过轮轨之间的黏着产生牵引力和制动力,并通过车轮的回转实现对车辆在钢轨上的运行(平移)。轴箱与轴承装置是连接构架和轮对的活动关节,它除了保证轮对进行回转外,还能通过轮对适应线路不平顺条件,相对于构架上下、左右和前后运动。轮对除传递车辆的质量外,还传递轮轨之间的各种作用力。

②弹性悬挂装置。为减少线路不平顺和轮对运动对车体产生的各种动态的影响,转向架在轮对与架构或构架与车体(摇枕)之间,设有弹性悬挂装置。前者称轴箱悬挂装置,后者称摇枕(或中央)悬挂装置,也称为一系悬挂装置和二系悬挂装置,一系悬挂装置用来保证一定的轴重分配,缓和线路不平顺对车辆的冲击,并保证车辆运行的平稳性,主要包括轴箱弹簧、垂向减振器和轴箱定位装置等。二系悬挂装置用以传递车体与转向架间的垂向力和水平力,使转向架在车辆通过曲线时能相对于车体回转,并进一步减缓车体与转向架间的冲击与振动,同时必须保证转向架安全平稳,主要包括二系弹簧、各方向减振器、抗侧滚装置和牵引装置。

③构架。构架是转向架的基础,主要包括侧梁、横梁和案卷其他零部件的安装或悬挂座,构架将转向架的各个零、部件组成一逐步形成整体,因此不仅要承受、传递各种载荷和作用力,而且其结构、形状和尺寸都应满足基础制动、弹性减振、轴箱定位等零部件组装的要求。

④制动装置。这里的制动装置指的是安装在转向架上的基础制动装置,主要包括制动缸、放大系统、制动闸片和制动盘,其作用是传递并放大制动缸的制动力,并将其传递给闸瓦或闸片,使其车轮或制动盘摩擦而产生制动力。

⑤驱动装置。驱动装置只安装在动车的转向架上,驱动装置主要包括牵引电机、车轴齿轮箱、联轴节或万向轮和各种悬吊机构等,主要是使牵引电机的扭矩转化为轮对或车轮上的转

矩,利用轮轨间的黏着作用,驱动车辆沿钢轨运行,牵引电机在列车运行中还起着产生牵引力和电制动力的作用。

⑥转向架中心牵引装置。转向架中心牵引装置由中心销系统和牵引拉杆组成,包括中心销、牵引拉杆系统;主要作用是传递牵引力和制动力,完成转向架相对于车体的回转运动,架车作业时悬吊转向架。

(2)转向架的主要技术要求和设计原则

1)主要技术要求

城轨车辆转向架的主要技术要求,主要体现在以下5个方面:

①保证最佳的黏着条件。轴重转移应尽量少,且轮轨间不产生黏-滑振动。

②良好的力学性能。尽量减少轮轨间的动作用力,减少轮轨间的应力和磨耗。

③质量小且工艺简单。尽量能减轻自重,且制造和修理工艺简单容易。

④良好的可接近性。易于接近,便于检修。

⑤零部件标准化和统一化。结构和材质尽可能统一化。

2)设计的基本原则

城轨车辆转向架在设计时,要遵循以下基本原则:

①采用高柔性性空气弹簧悬挂系统,以获得良好的振动性能。

②采用高强度、轻量化的转向架结构,以降低轮轨间的动力作用。

③采用有效抑制蛇行运动的措施,提高转向架的动力学性能。

④采用复合制动模式,除采用空气制动装置外,还应考虑采用黏着和非黏着制动方式。

(3)转向架的分类

由于轨道交通车辆的转向架的用途不同,运行条件各异,加之各城市对轨道交通车辆的转向架的性能、结构、参数和采用的材料、工艺等有不同的要求,因此,出现了不同类型的转向架。归纳起来各种不同类型的转向架的主要区别在于:轴数和类型、轴箱的定位方式、弹性减振装置的形式、载荷的传递方式等。

1)轴数和类型

按轨道交通车辆的轴数分主要有2轴、3轴和多轴转向架,城轨车辆一般均是2轴转向架,也有个别采用单轮对(轮组)的转向架,铁路客、货车一般也是2轴,特殊情况下有3轴和多轴转向架。

按轨道交通车辆的轴重分,我国轨道交通车辆主要有B,C,D,E,F等类型,城轨车辆由于受线路和桥梁标准的限制,一般选用轴重较轻的B,C,D轴,我国铁路客、货车由于载重较大,因此一般采用D,E,F轴。

2)轴箱的定位方式

①拉板式轴箱定位的转向架。如图5.2(a)所示,用特种弹簧钢材制成的薄片形式定位拉板,其一端与轴箱连接;另一端通过橡胶节点与构架相连。利用拉板在纵、横向的不同刚度来约束构架与轴箱的相对运动,以实现弹性定位。拉板上下弯曲刚度小,对轴箱构架上下方向的相对位移就小。

箱与构架在上下方向有较大的相对位移。

②拉杆式定位的转向架。如图 5.2（b）所示，拉杆的两端的橡胶垫，套分别限制轴箱与构架之间的横向与纵向的相对位移，实现弹性定位。拉杆两端的橡胶弹簧分别与轴箱销接，拉杆允许轴箱与构架在上下方向有较大的相对位移。

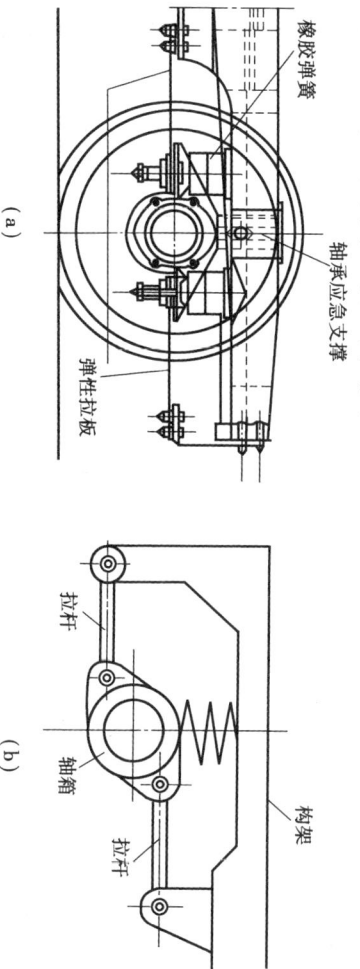

图 5.2　轴箱拉板式定位和拉杆式定位方式

③转臂式定位的转向架。如图 5.3 所示，这种定位方式又称弹性铰定位。转臂的一端与圆筒形轴箱体固接，另一端以橡胶弹性节点与构架上的安装座相连接。弹性节点有一个轴，与构架在上下方向有较大的位移，弹性节点内的橡胶伴设计成使轴箱在纵向和横向具有适宜的不同刚度的定位。

④层叠式橡胶弹簧定位。如图 5.3（b）所示，在构架与轴箱间装设压剪型层叠式橡胶弹簧，其垂向刚度较小，使轴箱相对构架有较大的上下方向位移，而它的纵、横向有适宜的刚度，以实现良好的弹性定位。

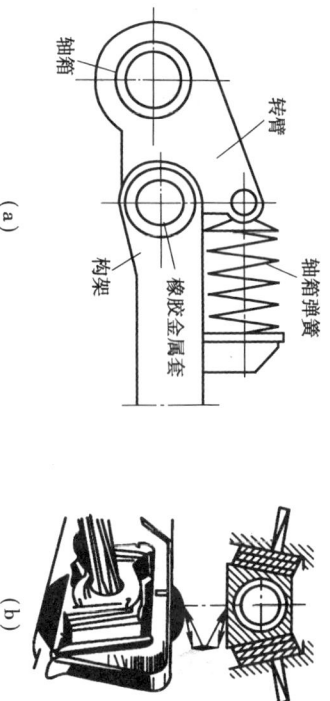

图 5.3　转臂式定位和层叠式橡胶弹簧定位

【小贴士】目前，城轨车辆的定位方式主要有转臂式定位、"八"字形橡胶堆轴箱定位和层叠圆锥橡胶轴箱定位 3 种。我国天津轻轨车辆和北京地铁车辆 DK3 型采用转臂式定位方式，上海地铁车辆（SMC）和广州地铁车辆采用了"八"字形（也称"人"字形）橡胶堆轴箱定位方式，其具有良好的三向弹性特性。西安地铁 2 号线车辆则采用了层叠圆锥橡胶轴箱定位方式。

具体的结构将在任务 3 中作详细分析。

以上所述的定位方式，均为无磨耗的轴箱弹性定位的装置，通过对橡胶金属弹性铰或层叠橡胶弹性节点的设计，可实现轴纵、横向不同定位刚度的要求，从而达到较为理想的定位性能。

⑤干摩擦导柱式定位。干摩擦导柱式定位方式是利用安装在构架上的导柱及坐落在轴箱弹簧托盘上的支持环之间的磨耗套产生摩擦而定位，城轨车基本上不使用这种定位方式，它最早使用于铁路旧型客车转向架。

3）弹簧减振装置的形式（悬挂方式）

①一系弹簧悬挂。如图5.4（a）所示，在车体与轮对之间，只设有一系弹簧振装置。它可设在车体与构架之间，也可设在构架与轮对之间。

②二系弹簧悬挂。如图5.4（b）所示，在车体与轮对之间设有二系弹簧减振装置，即在车体与构架间设弹簧减振装置，在构架与轮对间设轴箱弹簧减振装置，两者相互串联，使车体的振动经历两次弹簧振动的衰减。

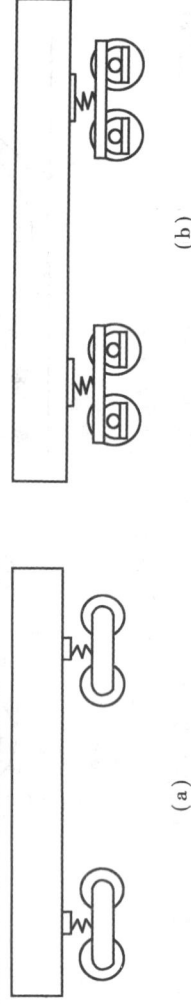

(a)

(b)

图5.4 弹簧悬挂装置图

4）摇枕弹簧的横向跨距

①内侧悬挂。如图5.5（a）所示，摇枕弹簧向跨距小于构架两侧梁纵向中心线距离。

②内侧悬挂。如图5.5（b）所示，转向架摇枕弹簧向跨距大于构架两侧梁纵向中心线距离。

③内侧悬挂。如图5.5（c）所示，摇枕弹簧向跨距与构架两侧梁纵向中心线距离相等。

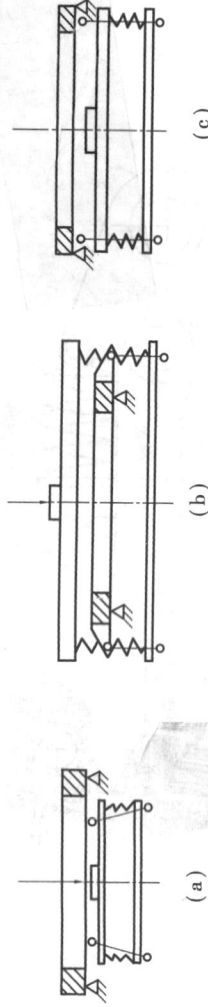

(a)

(b)

(c)

图5.5 弹簧减振装置的横向跨距

5）车体与转向架之间载荷传递方式

①心盘集中承载。如图5.6（a）所示车体的全部质量通过前后两个心盘分别传递给转向架的两个下心盘。

②非心盘承载。如图5.6（b）所示车体的全部质量通过弹簧减振装置直接传递给转向架的构架，或通过弹簧悬挂装置与构架之间设置的旁承传递，这种转向架虽然设有心盘回转装置，但它的作用是牵引和转动。

③心盘部分承载。如图5.6（c）所示车体部分质量按一定比例，分别传递给心盘和旁承，使它们共同承载。

6）车体与转向架之间的连接方式

按城轨机车车辆车体与转向架之间的连接方式的不同，可将转向架分为有心盘转向架（或有牵引销）转向架和无心盘转向架（又称雅克比转向架）。转向架无心盘（或无牵引销）转向架和铰接式转向架。城轨地铁转向架通常采用有心盘（或有牵引销）转向架，而轻轨车辆常采用铰接式

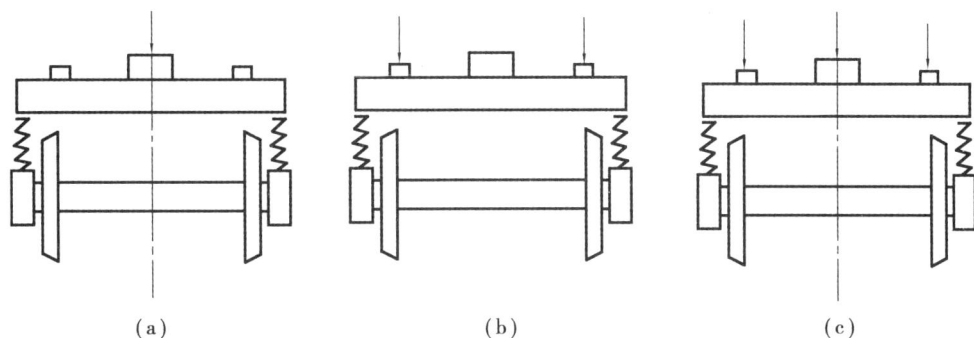

图 5.6　车体载荷的传递方式

转向架。铰接式转向架与车体的连接,即要保证相邻两车体端部彼此连接传递垂直、纵向和横向载荷,又能保证车体两端在通过曲线时能彼此相对转动(垂向和横向)。其连接结构原理如图 5.7 所示。

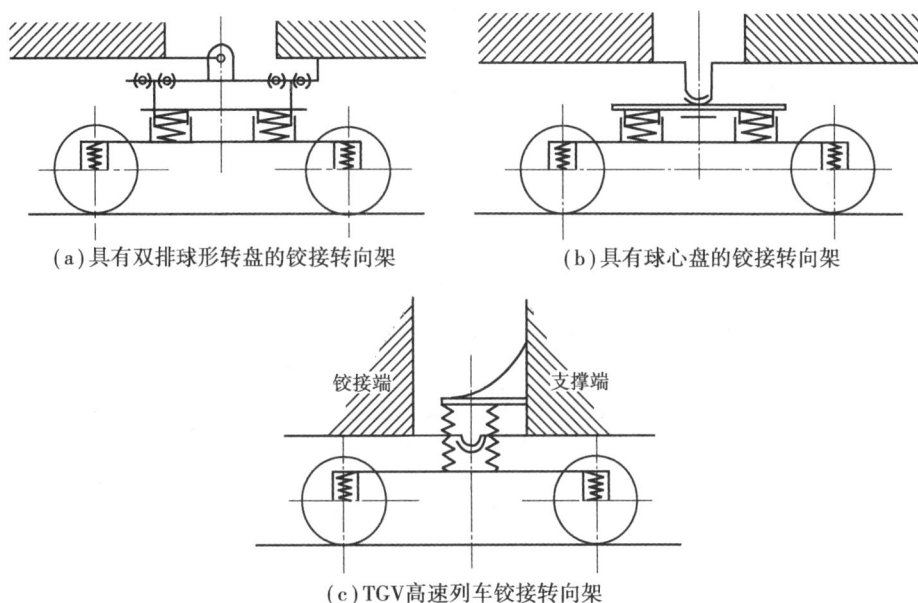

(a)具有双排球形转盘的铰接转向架　　(b)具有球心盘的铰接转向架

(c)TGV高速列车铰接转向架

图 5.7　铰接式转向架的车体与转向架的连接方式

①具有双排球形转盘的铰接转向架。两相邻车体一端支于内盘,另一端支于外盘,转动盘通过摇枕弹簧与构架相连,构架坐落在轮对的两轴箱弹簧上。垂直载荷由转盘经摇枕→摇枕弹簧→构架→轴箱簧→轮对。纵向牵引与冲击力通过内外转盘传递。通过曲线时,相邻两车体可绕转动盘彼此回转。

②具有球心盘的铰接转向架。两相邻车体端部通过球心盘相互搭接,球心盘座固接于摇枕梁上,摇枕梁坐落在构架上,构架通过轴箱弹簧与轮对连接。

③TGV 高速列车的雅克比铰接转向架。列车的中间车一端为支承端;另一端为铰接端。支撑端车体端墙的两侧设空气弹簧承台,中央设有下球心盘座,车体的载荷经弹簧台至空气弹簧,再到构架。相邻铰接端车体端墙的中央设有上球心盘,搭接于相邻车体支撑端的中央下心盘上,车体的一半质量经心盘传至支撑端,两车之间的纵向力也通过心盘传递。因此,中间车体呈三点支撑。

【任务实施】

本次任务的实施以我国北京和上海地铁典型的转向架为例,认识城轨车辆转向架的主要结构和特点。

(1)北京地铁典型转向架简介

1)北京地铁有摇枕转向架

如图5.8所示为我国北京地铁有摇枕转向架(DK3型转向架)的立体图,DK3型转向架是我国自行设计制造的,用于北京地铁车辆的转向架,它是无摇枕台空气弹簧式转向架。属于该系列的有DK1型、DK2型、DK3型、DK4型、DK8型以及DK16型等。该转向架主要由轮对轴箱装置、构架、摇枕弹簧装置、纵向拉杆和基础制动装置、牵引电动机及传动装置等组成。其基本特点如下:

①轴箱的定位方式采用转臂式中的轴箱弹簧水平放置、金属橡胶弹性铰销定位方式。

②采用心盘承载方式。

③采用爪形轴承固定牵引电动机的形式。

总而言之,这种转向架属于比较落后的,目前已停产。

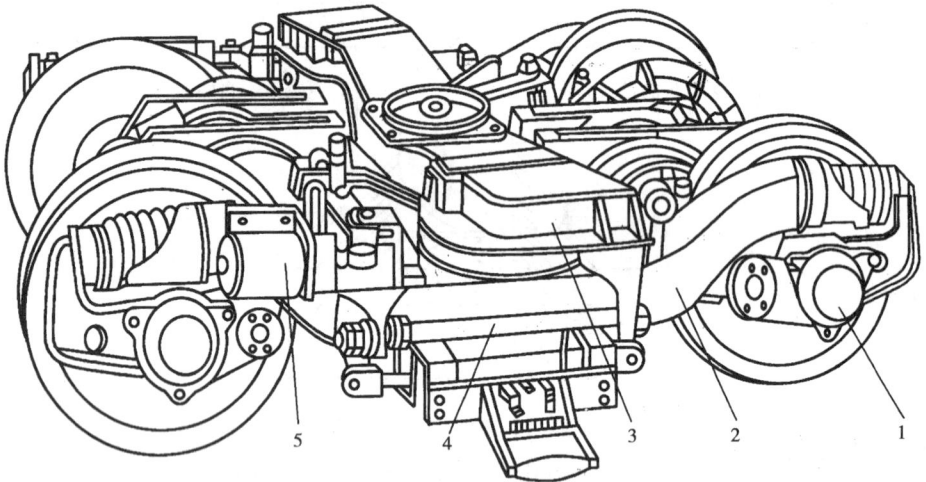

图5.8 北京地铁有摇枕转向架(DK3型转向架)

1—轴箱弹簧;2—构架;3—摇枕弹簧;4—纵向拉杆;5—基础制动装置

2)北京无摇枕转向架

如图5.9所示为北京地铁无摇枕转向架的平面设计图。目前城市轨道交通的电动客车车辆普遍采用空气弹簧支撑无摇枕转向架。北京地铁无摇枕转向架是由长春客车厂于1994年研制设计的,其主要特点是:一系悬挂采用圆锥叠层橡胶弹簧,兼作轴箱定位装置;二系悬挂采用无摇枕空气弹簧,使转向架具有良好的运行性能、最低的振动噪声、最少的检修费用。

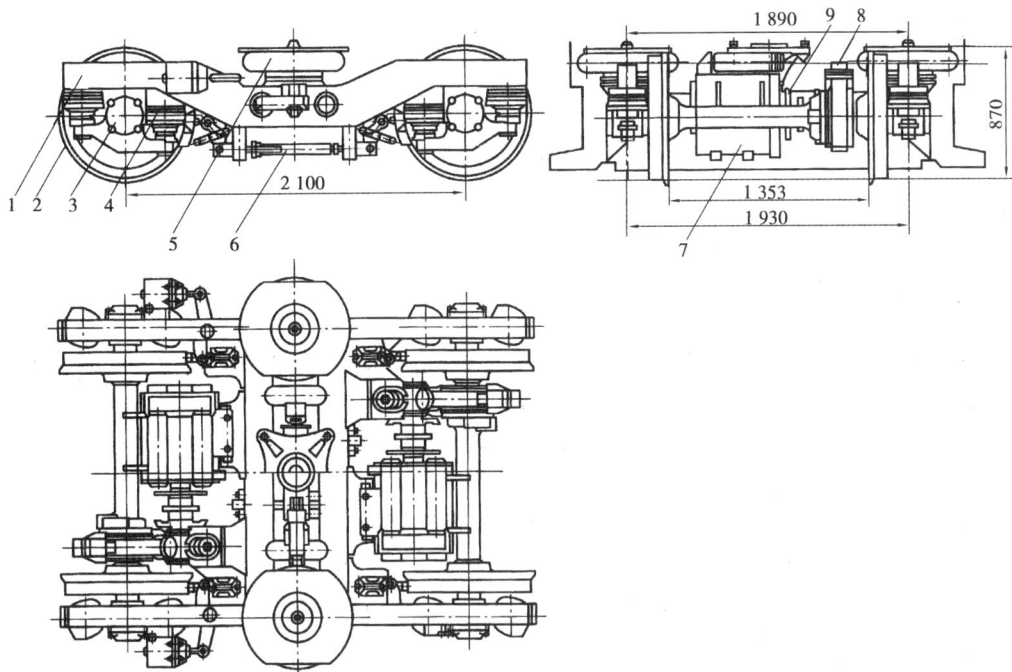

图 5.9　北京地铁无摇枕转向架

1—构架组成;2—轮对组成;3—轴箱组成;4—轴箱定位装置;5—中央悬挂;
6——基础制动装置;7—牵引电动机;8—齿轮减速箱;9—齿轮联轴器

（2）上海地铁转向架

1）上海地铁第一类转向架

如图 5.10 所示为上海地铁第一类转向架,主要用于上海地铁 1,2,4 号线。其特点如下:

①1 号线采用直流电动机牵引,其余采用交流电动机牵引。

②一系采用人字弹簧定位;二系采用空气弹簧定位,每个转向架设两个垂向减振器、一个横向减振器、一套抗侧滚扭杆,横向减振器在机构下侧,便于检修。

③抗侧滚扭杆的扭臂、连杆置于构架外侧,扭杆工作长度大,对车体侧滚运动反应灵敏且有效。

④轴箱部位呈拱形以适应人字弹簧定位要求。

⑤横梁两侧设悬臂式电动机座和齿轮箱吊座。

⑥中央牵引装置采用中心销、复合弹簧、心盘座、"Z"形牵引拉杆结构,均匀分配牵引力和制动力,中心销两侧设横向止挡。

⑦齿轮箱为一级减速,直流车齿轮箱箱体为卧式水平分型面,易于检修;交流车位横向垂直分型面,不便于检修;两种齿轮箱的大、小齿轮齿数及减速比也不同。

⑧直流车采用橡胶联轴节,电动机中心与小齿轮轴中心的同轴度要求高,齿轮箱吊杆长度可调;交流车采用机械联轴节,齿轮箱吊杆长度不可调,只需转向架进行台架试验时加垫片调整。

⑨直流车每辆车的两个转向架分别设一个和两个高度阀,即车体三点定位,易调整地板面

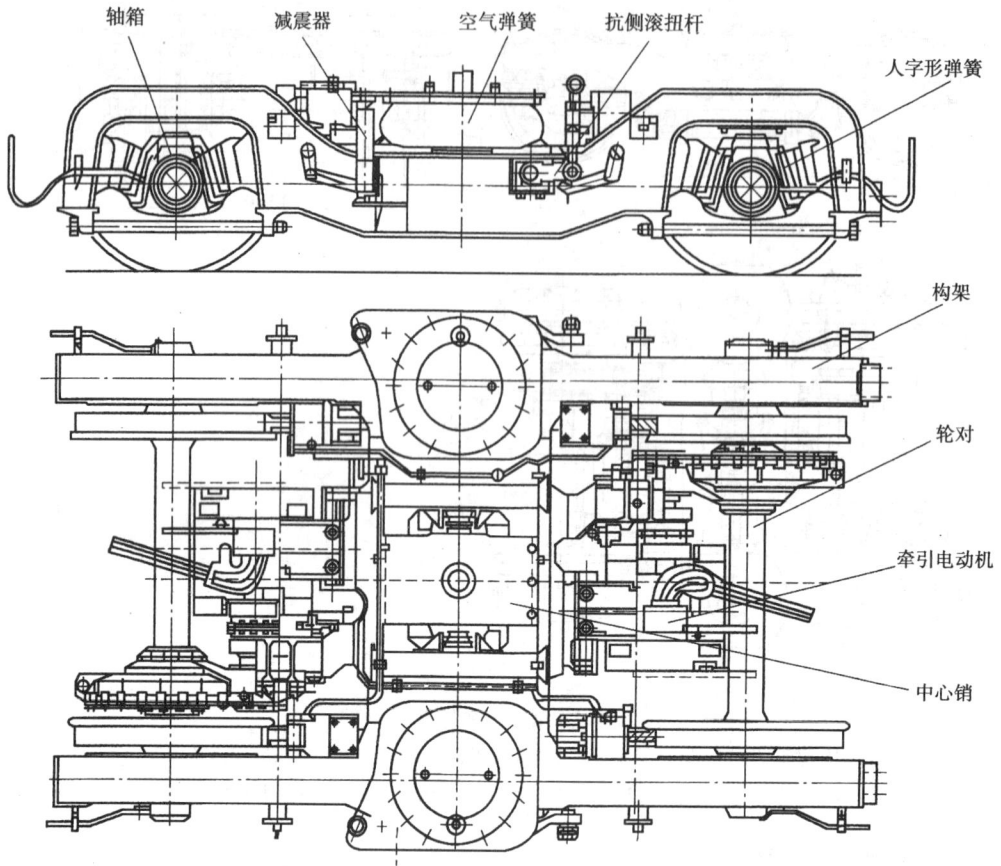

图 5.10 上海地铁 1,2,4 号线转向架

高度,也易满足转向架均衡性要求;交流车每辆车的两个转向架均只有一个高度阀,即车体两点定位,易满足转向架均衡性要求,但调整地板面高度难度大。

2)上海地铁第二类转向架

如图 5.11 所示为上海地铁第二类转向架,主要用于上海地铁 3 号线地铁车辆。其特点如下:

①一系采用转臂式轴箱定位,二系采用空气弹簧定位,每个转向架设两个垂向减振器、一个横向减振器、一套抗侧滚扭杆,区别在于横向减振器设在构架上方,不便检修。

②抗侧滚扭杆的扭臂、连杆置于构架内侧,扭杆工作长度小,对车体侧滚运动反应不够灵敏,效果较差。

③动车、拖车转向架构架不能互换。

④中央牵引装置采用中心销和橡胶堆结构,结构简单,易于检修,中心销两侧设横向止挡。

⑤牵引电动机为交流驱动电动机,齿轮箱为两级减速,结构较复杂。

⑥采用机械联轴节,齿轮箱吊杆长度不可调,台架试验时加垫片调整。

⑦每辆车的两个转向架分别设两个高度阀,即车体四点定位,易调整地板面高度,不易满足转向架均衡性要求。

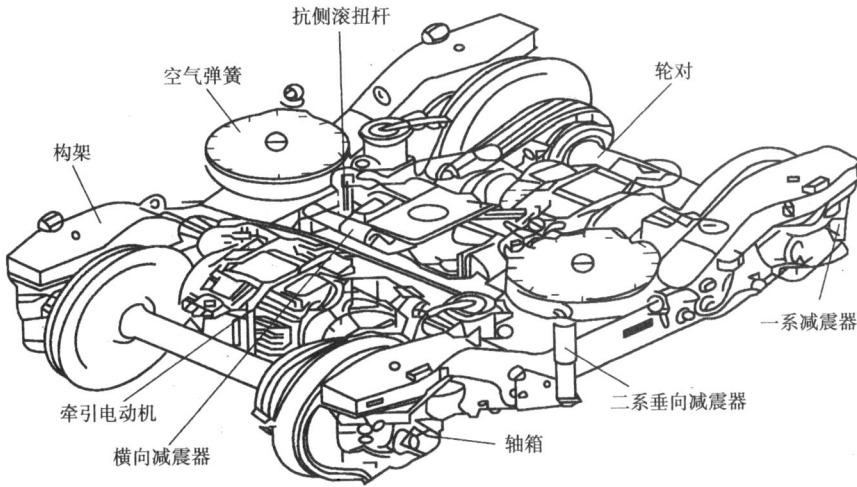

图 5.11　上海地铁 3 号线转向架(第二类转向架)

3)上海地铁第三类转向架

如图 5.12 所示为上海地铁第三类转向架,主要用于上海地铁 1 号线地铁车辆。其特点如下:

①采用锥形橡胶套定位,一系为锥形橡胶套。

②二系采用空气弹簧,每个转向架设两个垂向减振器、一个横向减振器、一套抗侧滚扭杆。横向减振器设在构架上方;抗侧滚扭杆的扭臂、连杆置于构架外侧,扭杆工作长度大,对车体侧滚运动反应灵敏且有效。

③中央牵引装置采用中心销和单牵引杆结构,其结构简单,易于检修,中心销两侧设横向止挡。

④牵引电动机为交流驱动电动机,齿轮箱为一级减速,齿轮箱箱体为卧式水平分型面。

⑤采用机械联轴节,齿轮箱吊杆长度不可调,台架试验时加垫片调整。

⑥每辆车的两个转向架分别设两个高度阀,即车体四点定位,易调整地板面高度,不易满足转向架均衡要求。

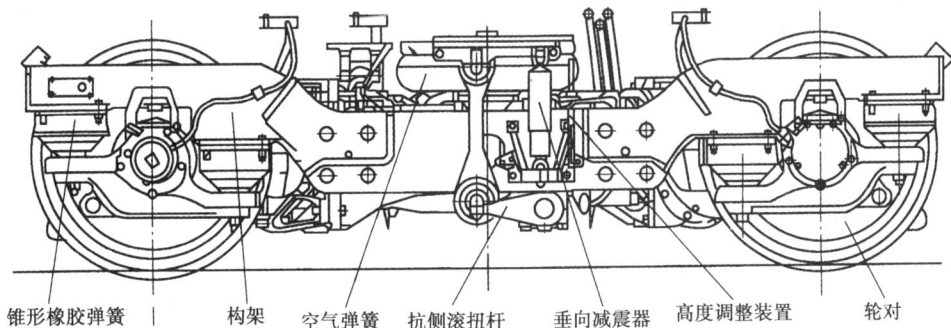

图 5.12　上海地铁 1 号线北延伸列车转向架(第三类转向架)

【效果评价】

评价表

项目名称	城市轨道交通车辆转向架		学生姓名	
任务名称	任务1　城市轨道交通车辆转向架的整体认知		分数	
项　目			分值	考核得分
1.转向架定义、特点、要求的理解			20	
2.转向架的分类			30	
3.典型城市轨道交通车辆转向架主要结构及特点的认知情况			30	
4.编制学习汇报报告情况			10	
5.基本素养考核情况			10	
总体得分				
教师简要评语：				
				教师签名：

任务2　转向架构架的认知

【活动场景】

在城市轨道交通车辆转向架生产车间或检修现场教学,或用多媒体展示介绍城市轨道交通车辆转向架的使用与检修。

【任务要求】

掌握转向架的作用、分类及组成。

【知识准备】

转向架构架的结构组成及功用。

(1)城轨车辆转向架构架的作用

转向架的构架是转向架的骨架,主要功能用于联系安装转向架各组成部分和传递各方向的力,并用来保持车轴在转向架内的位置。

（2）构架的组成

如图 5.13 所示为构架的组成,由图可知构架主要由左、右侧梁,一根或几根横梁及前后端梁组焊而成。侧梁是构架的主要承载梁,是传递垂向力、纵向力和横向力的主要构件,侧梁还用来确定轮对位置。横梁和端梁用来保证构架在水平面内的刚度,使两轴平行并承托牵引电机等。构架上还设有空气弹簧座、中心安装座、轴箱吊框、电机安装座、齿轮箱吊座、制动吊座、牵引拉杆安装座、高度控制阀座、抗侧滚扭杆座、减振器座和止挡等,用于安装相关设备。构架的强度和刚度对转向架的性能很重要,其主要破坏形式是裂纹和变形。

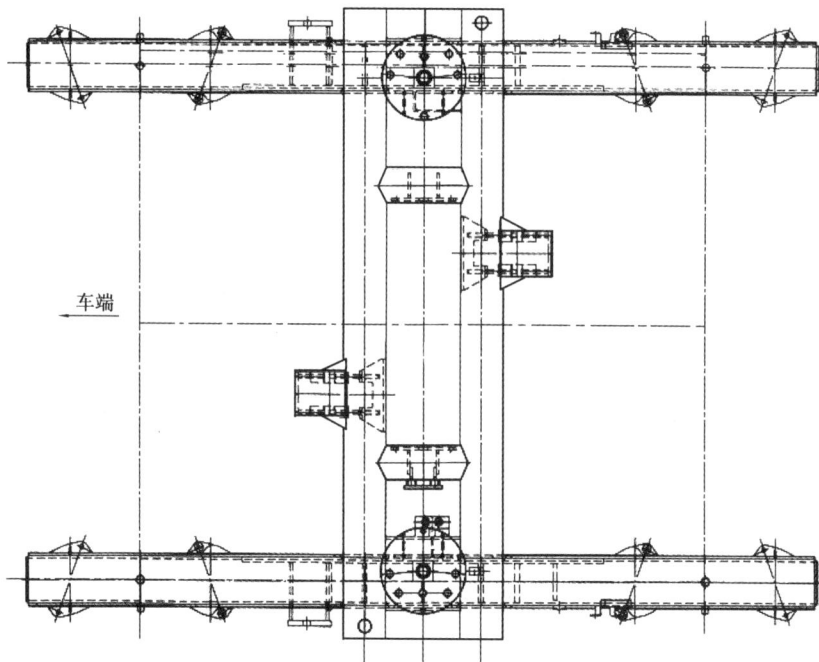

图 5.13　构架的组成

（3）构架的分类

1）铸钢构架与焊接构件

按制造工艺分,城轨车辆转向架的构架主要有铸钢构架和焊接构架两种形式。

铸钢构架质量大,铸造工艺复杂,在使用中受到一定程度的限制,城市轨道交通车辆中一般不采用铸钢构架。焊接构架的组成梁件为中空箱形,质量小,节省材料,又能满足强度和刚度的要求,因此,应用较广泛。尤其是压型钢板的焊接构架,其梁件可以按等强度设计,箱形截面尺寸可依据各部位受力情况而大小不等,使各截面的应力接近,并可合理地分布焊缝,减少焊缝数量,不但具有足够的强度,且质量小,材料利用率更高,只是对制造设备要求较高,成本也较高,比如,我国上海、广州地铁均采用了压型钢板焊接构架。

2)结构形式

如图 5.14 所示,城轨车辆转向架的构架按结构形式分为开口式、封闭式、"H"形、"日"字形、"目"字形等,其判断依据主要由横梁的数目与位置决定,开口式、"H"形、"日"字形最为常见。

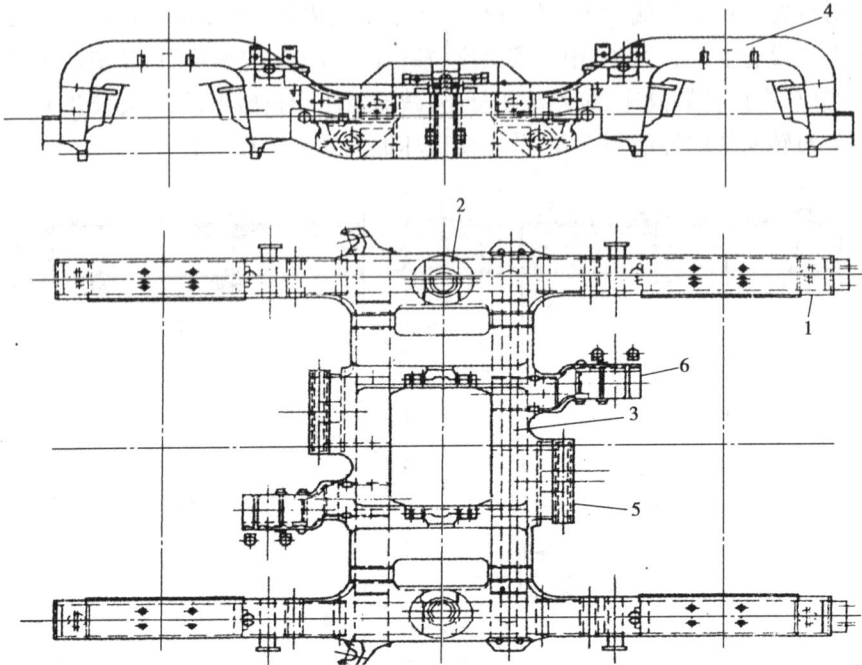

图 5.14　构架

1—侧梁;2—空气弹簧座;3—横梁;4—轴箱吊框;

5—电机安装座;6—齿轮箱吊座

(4)转向架构架的设计原则

城轨车辆转向架构架与铁路车辆构架在设计时均须遵守以下原则:

①必须全面考虑构架与各有关零部件的相互位置关系,合理布置结构。

②构架各梁尽可能设计成等强度梁,以保证能获得最大强度和最小自重。

③构架各梁的布置应尽可能对称,以简化设计和制造。

④各梁本身以及各梁组成构架时,必须注意减少应力集中。

⑤除了保证强度外,应合理设计构架的刚度,使其具有一定的柔性。

⑥焊缝的结构尺寸和布置应选择合理,并注意消除焊接应力。

⑦在构架上需考虑设置机车车辆出轨使其复位的支撑部位。

【任务实施】

本次任务的实施通过我国几种典型的城轨转向架的构架结构的分析,对城轨车辆转向架构架结构组成功用进行理解,并掌握城轨车辆典型转向架构架各相关尺寸及关键尺寸。

（1）北京地铁 10 号线车辆转向架的构架

如图 5.15 和图 5.16 所示构架分别为北京地铁 10 号线车辆动车用构架和拖车用构架的结构示意图,由图可知其结构的主干部分完全相同,比如侧梁和横梁无缝钢管的尺寸是相同的,主要区别是根据各自所安装的设备的不同,例如,动车构架带有电机吊座、齿轮箱吊台等,都属于 H 形构架,钢板焊接结构的箱形侧梁,与侧梁相贯通的无缝钢管作为横梁。为降低质量,简化结构,其设计具有以下特点:

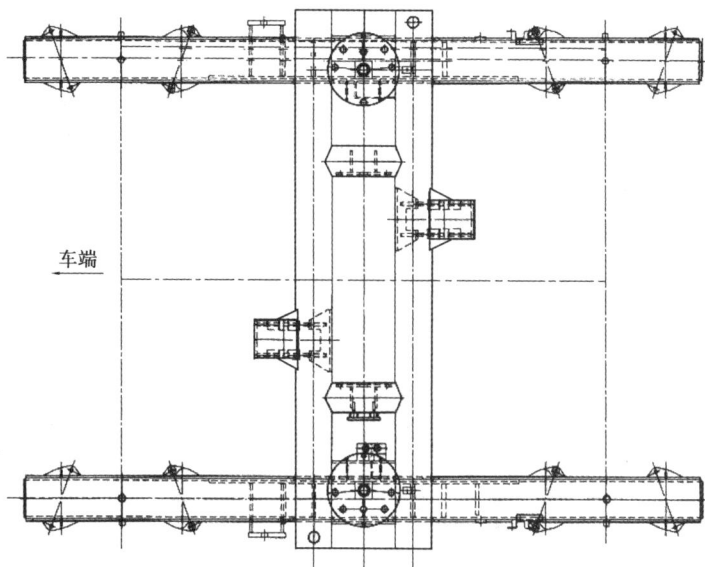

图 5.15　北京地铁 10 号线地铁车辆转向架拖车构架

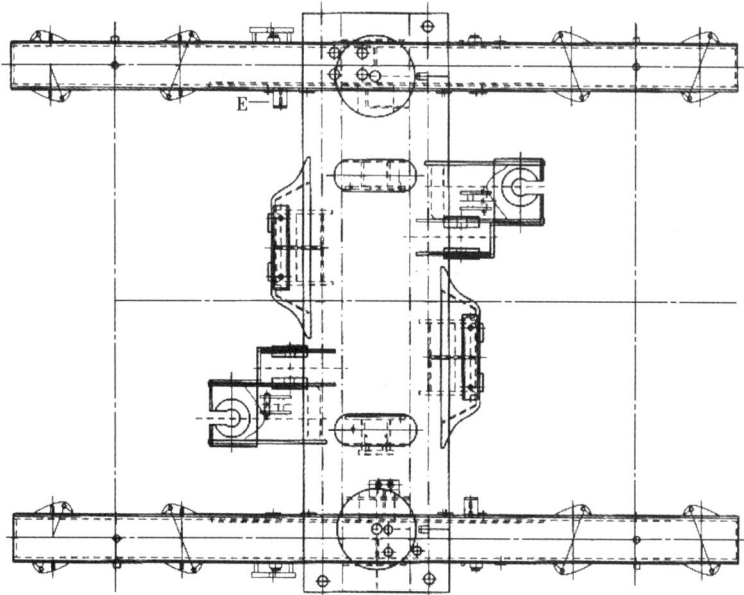

图 5.16　北京地铁 10 号线地铁车辆转向架动车构架

①横梁用无缝钢管制成,并用无缝钢管作附加空气室,替代以前转向架用摇枕作为附加空气室。

②侧梁和无缝钢管的焊接是用圆环形板进行加强,辅助附加空气室位于横梁两端,用来增加附加空气室的容积。

(2)深圳地铁 1 号线车辆转向架构架

如图 5.17 所示为深圳地铁 1 号线车辆转向架的构架,由图可知这种构架由两根侧梁和两根横梁组成的焊接构架,并组成箱形结构,可承受较大的载荷,达到最优化的强度与质量之比值。构架形式为 H 形构架;动车转向架构架与拖车转向架是完全相同的,可以进行互换;每根侧梁的两端具有两个对称布置的一系弹簧座,用来固定一系圆锥叠层橡胶弹簧;构架侧梁两端设有 4 个起吊座;空气弹簧座位于侧梁的中心;制动单元座、牵引电机悬挂安装座、液压减振器吊座、抗侧滚扭杆安装座、高度阀杆及其他转向架安装部件的支撑座均焊接(或安装)在构架上。

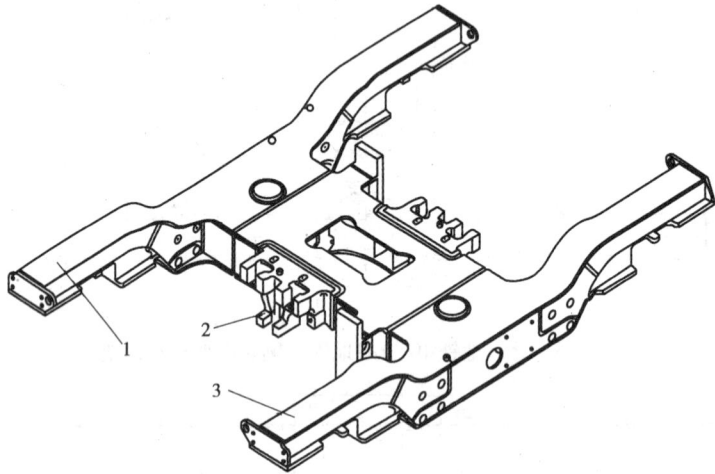

图 5.17 深圳地铁 1 号线地铁车辆转向架动车构架

1,3—构架侧梁;2—电机吊座

(3)ZMA080 型转向架构架

如图 5.18 所示,ZMA080 型转向架是中国南车株洲电力机车有限公司在上海轨道交通明珠线二期工程的地铁车辆中引进西门子公司技术的转向架。其结构是由两根侧梁和中间横梁组成,两根侧梁由中间横梁连接,构成无摇枕的 H 形结构,采用低合金高强度的钢板。构架的侧梁在转向架中间降低以便安装空气弹簧。侧梁上有制动单元的安装座,中间横梁上有支撑电机和齿轮箱的托架。

动车转向架和拖车转向架采用相同构架,带有动车转向架和拖车转向架需要的安装座,以保证可以完全互换。

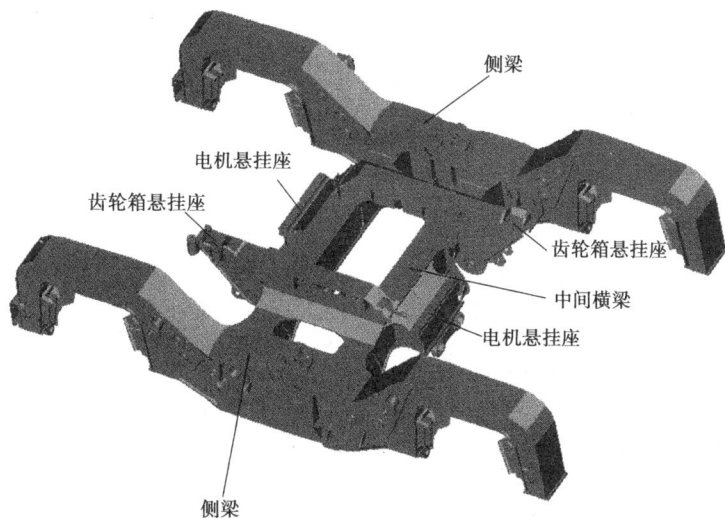

图 5.18　ZMA080 地铁车辆转向架动车构架

【小贴士】一般地,客车转向架构架为焊接构架,货车转向架为铸钢构架。

【效果评价】

评价表

项目名称	城市轨道交通车辆转向架		学生姓名	
任务名称	任务 2　转向架构架的认知		分数	
项　目			分值	考核得分
1.转向架构架的重要作用的认知			20	
2.转向架构架的分类			20	
3.典型转向架构架特点分析与认知			30	
4.编制学习汇报报告情况			10	
5.基本素养考核情况			20	
总体得分				
教师简要评语:				
教师签名:				

任务3　轮对轴箱装置的认知

【活动场景】

在城市轨道交通车辆转向架生产车间或检修现场教学,或用多媒体展示介绍城市轨道交通车辆转向架使用与检修。

【任务要求】

掌握转向架的作用、分类及组成。

【知识准备】

(1)轮对

如图 5.19 所示是城轨车辆轮对结构示意图。由图可知城轨车辆轮对是由一根车轴和两个同型号车轮通过过盈配合组装而成。轮对组装过程通常采用冷压或热套工艺,使车轮与车轴牢固地结合在一起,使用过程中不允许有松脱现象。

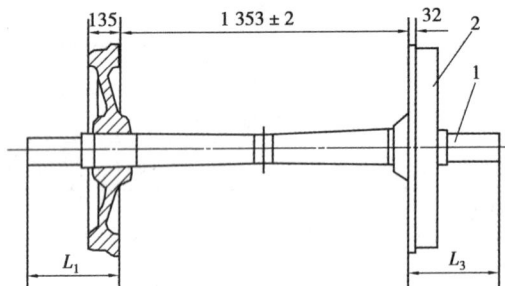

图 5.19　轮对结构示意图

1—车轴;2—车轮

轮对的作用是引导车辆沿钢轨运动,同时还承受车辆与钢轨之间的载荷。因此,轮对应具有足够的强度,以保证车辆的安全运行。在保证强度和使用寿命的前提下,应减轻轮对的质量,并使其具有一定的弹性,以减少车轮与钢轨之间的动作用力和磨耗。

轮对的内侧距是保证车辆运行安全的一个重要参数。我国地铁采用与铁路通用的1 435 mm标准轨距,轮对在钢轨上滚动时,轮对内侧距应保证在最不利的条件下,车轮踏面在钢轨上仍有足够的安全搭接量,不致造成掉道,同时还应保证车辆在线路上运行时轮缘与钢轨间有一定的游隙。轮缘与钢轨间的游隙太小,可能会造成轮缘与钢轨的严重磨耗;轮缘与钢轨间的游隙太大,会使轮对蛇行运动的振幅增大,影响车辆运行品质。轮对内侧距有严格的规定:我国地铁车辆轮对内侧距为(1 353 ±2) mm。轮对结构还应有利于车辆顺利通过曲线和安全通过道岔。

1）车轴

①车轴的种类。如图5.20和图5.21所示分别为拖车车轴和动车车轴的结构示意图,其主要区别是动车车轴配有齿轮箱与齿轮轮座。

②车轴各部分的名称。如图5.20所示的拖车由轴身、防尘板座、轴颈和轮座4部分组成,其中轴颈是安装滚动轴承和承载的部件,防尘板座是供安装防尘板的,轮座是车轴与车轮配合的部位,也是受力最大的部件,因此直径最大,与轮箍孔之间有一定的过盈量,轴身是两轮座的连接部分;如图5.21所示的动车车轴,前4部分和拖车车轴一样,只增加了安装齿轮的齿轮座。

③车轴材质和加工工艺。城轨车辆的车轴一般采用优质碳素钢加热锻压成型,现经过正火或正火后退火等热处理和机械加工后制成。为了实现轴承、车轮、传动齿轮等的安装,在车轴上相应位置设有轴承安装座,各安装座及轴身之间均以圆弧过度,以减少应力集中。

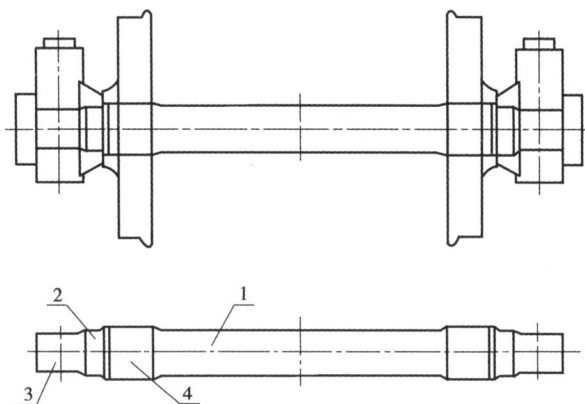

图5.20　拖车轮对及拖车车轴
1—轴身;2—防尘板座;3—轴颈;4—轮座

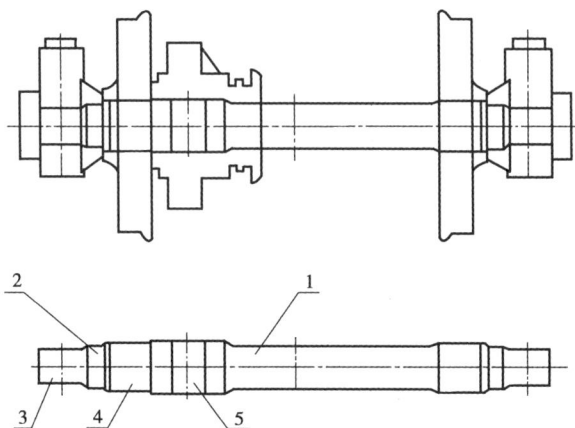

图5.21　动车轮对及动车车轴
1—轴身;2—防尘板座;3—轴颈;4—轮座右;5—齿轮座

④车轴的发展。车轴为转向架的簧下部分,降低簧下部分的质量对改善城轨车辆的运行品质和减少对轮轨动力作用有很大的影响。如采用空心车轴结构就可以减少轮对质量,从而

降低车辆的簧下质量,一般空心车轴比实心车轴可减轻20%~40%的质量,因此,目前动车组和部分城轨车已经开始使用新型的空心车轴。

2)车轮

①车轮的分类。城轨车辆所使用的车轮按结构、形状、尺寸及材质分类有多种分类方法,现分述如下:

a.按其结构分为如图5.22(a)所示整体轮图和图5.22(b)所示的轮箍轮两种,整体车轮按其材质可分为辗钢轮和铸钢轮等。轮箍轮又可分为铸钢辐板轮心、辗钢辐板轮心以及铸钢辐条轮心的车轮。为降低噪声,减小簧下质量,还有橡胶弹性车轮、消声轮等。城轨车辆主要使用整体轮,也有部分城轨车辆使用新型减振车轮,比如,西安地铁2号线的车轮加装了阻尼减振块,以达到降噪的目的。

b.按踏面的形状可分为锥形踏面、磨耗型和高磨耗型。目前城轨车辆普遍采用磨耗型踏面形状。

c.弹性车轮,目前,地铁、轻轨车辆及高速列车车辆也有部分采用弹性车轮的,这种车轮在轮心轮毂与轮箍之间装有橡胶弹性元件,使车轮在空间三维方向上具有一定的弹性。弹性车轮减小簧下质量,减小了轮轨之间的作用力,缓和冲击,减小轮轨磨耗,降低噪声,改善车轮与车轴的运用条件,提高列车运行平稳性。

d.按车辆制造的工艺分为整体辗钢轮、铸钢轮和新型铸钢轮。

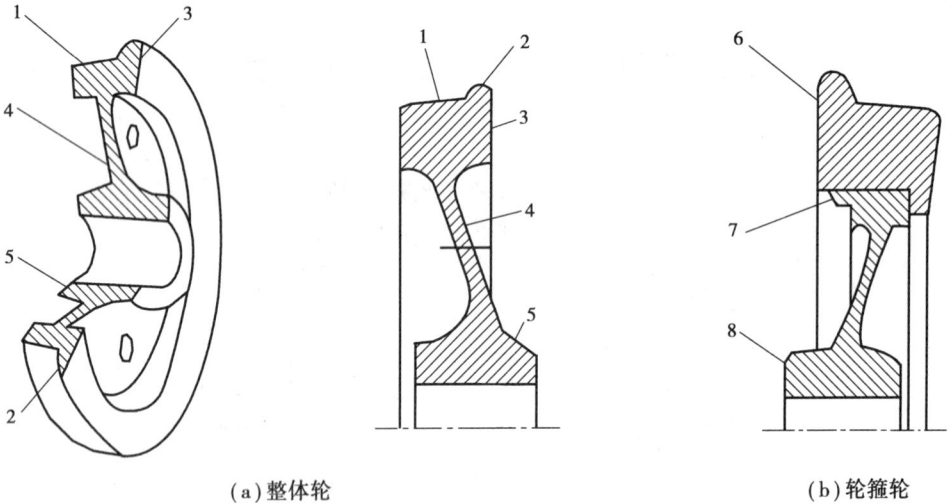

(a)整体轮　　　　　　　　　　　　(b)轮箍轮

图5.22　车轮

1—踏面;2—轮缘;3—轮辋;4—辐板;5—轮毂;6—轮箍;7—扣环;8—轮心

②车轮的结构。目前,我国城市轨道交通车辆普遍采用整体辗钢轮。整体辗钢轮由踏面、轮缘、辐板和轮毂组成。由于车轮踏面有特定的形状,各处的直径不同,因此在测量车轮直径时规定离轮缘内侧70 mm处测得的直径称为名义直径,作为车轮滚动圆的直径。我国铁路客车的车轮标准直径为915 mm,铁路货车的直径为840 mm,城轨车辆的轮径以840 mm为主。

轨道交通车辆的车轮的轮径小,可降低车辆的重心,增大车体容积,减少车辆簧下质量,缩小转向架固定轴距,但同时也会使车辆运行的阻力增大,使轮轨接触应力增大,踏面磨耗加快。

　　轮对的日常检查十分重要,轮缘及踏面磨耗过限、踏面擦伤、轮毂弛缓和车轴裂纹是常见故障,为使城轨车辆安全运行,对新造车同轴的两轮直径之差规定不能超过 1 mm,同一动车转向架各轮径差不得超过 2 mm。

　　③车轮的制造工艺与材料的发展。新型铸钢轮的生产工艺是采用电弧炉炼钢、石墨铸钢、雨淋式浇铸工艺。采用电弧熔炼钢水,钢水纯度高。采用石墨铸型,使铸件表面光洁,尺寸精度高。由于石墨导热性能优良,铸件凝固速度快、晶粒细化,可提高材质的力学性能和车轮的内在质量。采用雨淋式浇铸工艺,冒口和浇口设在同一位置,浇铸时钢水由轮辋、辐板至轮毂顺序凝固,补缩用的钢水自冒口沿补缩通道不断补充,达到最佳的补缩效果。铸成后的车轮,进行缓冷处理,使铸件各部位均匀冷却,以消除内应力。随后进行热轮抛丸用以清除表面余砂及氧化铁皮再进行加热、淬火以及回火等热处理工艺,对辐板要求进行抛丸处理,提高车轮的使用寿命。由于采用了先进的生产工艺,新型铸钢轮具有尺寸精度高、安全性好、制造成本低等优点。与辗钢轮比较明显的区别在于:铸钢轮直接由钢水铸造成型,工序减少,节约劳动力,生产能耗低;采用石墨型浇铸工艺,提高了车轮尺寸精度,几何形状好,内部组织均匀,质量分布均匀,轮轨间动力作用相对小;新型铸钢轮的辐板为深盆形结构(流线型结构),较辗钢轮耐疲劳,抗热裂性能更优。

　　④车轮踏面的形状。车轮与钢轨的接触面称为踏面,如图 5.23(a)所示。早期的车轮踏面是锥形的,车轮踏面由两段不同坡度的直线组成,标准锥形踏面有两个斜度,即 1:20 和 1:10,前者位于轮缘内侧 48 ~ 100 mm,是轮轨主要接触部分,后者为离内侧 100 mm 以外部分,各组成面均以圆弧面平滑过渡。如图 5.24 所示是磨耗率与运行千米数的关系,实践证明,锥形踏面车轮的初始形状,运行中将被很快磨耗。当磨耗成一定形状后,车轮与钢轨的磨耗都变得缓慢,踏面形状将处于相对稳定。如果新造轮踏面制成类似磨耗后相对稳定的形状,即磨耗形踏面,如图 5.23(b)所示。相同的走行里程可明显地减少踏面的磨耗量,延长轮对的使用寿命,减少换轮、旋轮的工作量,其经济效益十分明显。磨耗形踏面可减小轮轨接触应力,提高车辆运行的横向稳定性和抗脱轨安全性。

　　车轮轮缘踏面采取磨耗形轮廓具有如下理由:

　　①便于通过曲线。车辆在曲线上运行时,由于离心力的作用,轮对偏向外轨,于是在外轨上滚动的车轮与钢轨接触的部分直径较大,而沿内轨滚动的车轮与钢轨接触部分直径较小。这样,造成在相同转角内,外轮行走的路程长而内轮行走的路程短,正好和曲线区间线路的外轨长、内轨短的情况相适应,使轮对较顺利地通过曲线,减少车轮在钢轨上的滑行。

　　②自动调中。车轮踏面做成一定磨耗形形状,使车轮踏面的中部有一定弧度,一般钢轨在铺设时也有指向线路中心的斜度,因此,钢轨对车轮作用力的方向是指向线路中心的。车辆在直线线路上运行,当轮对受到横向力的作用使车辆中心线与轨道中心不一致时,则轮对在滚动过程中能自动纠正偏离方向。

　　③能顺利通过道岔。线路上的道岔对车辆运行的平稳性和安全性影响极大,因此踏面的几何形状也应适应通过道岔的需求。由于尖轨前端顶面低于基本顶面,当轮对由道岔的尖轨过渡到基本轨时,为了防止碰撞基本轨,要求踏面具有一定的斜度。并把踏面的最外侧做成 C_5 的倒角,以增大踏面的轨顶的间隔,保证车轮顺利通过道岔。

（a）锥形踏面

（b）磨耗形踏面

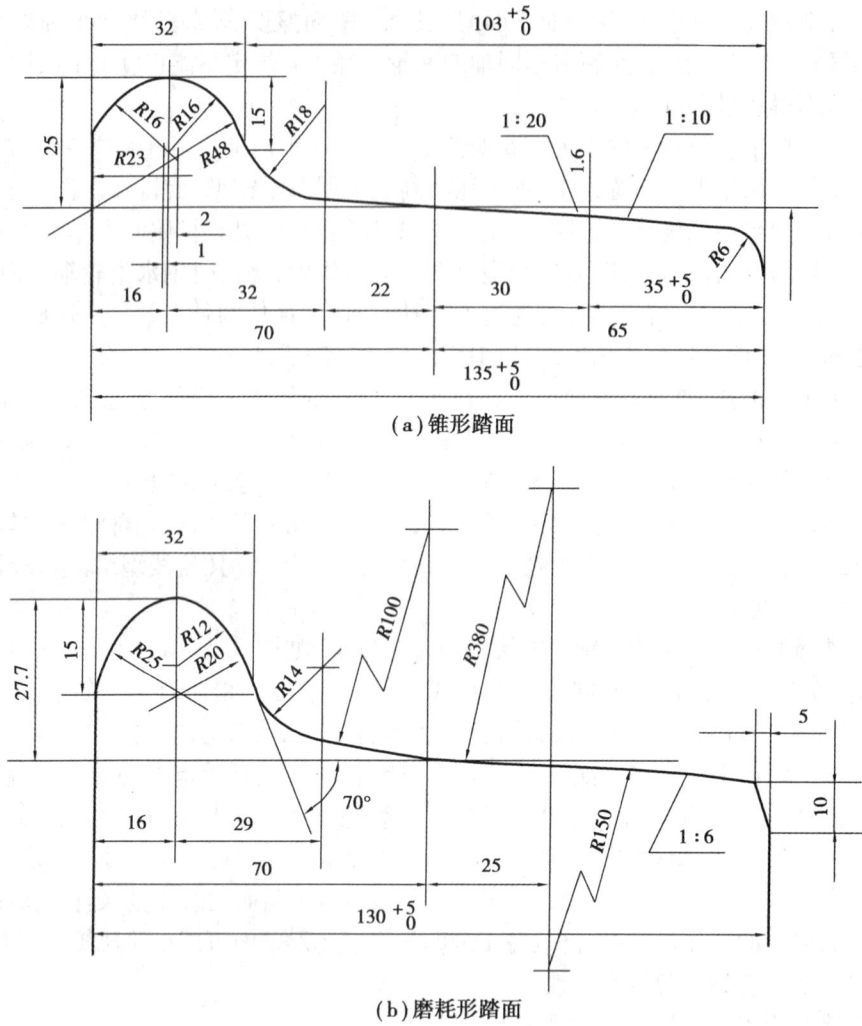

图 5.23　车轮轮缘踏面外形

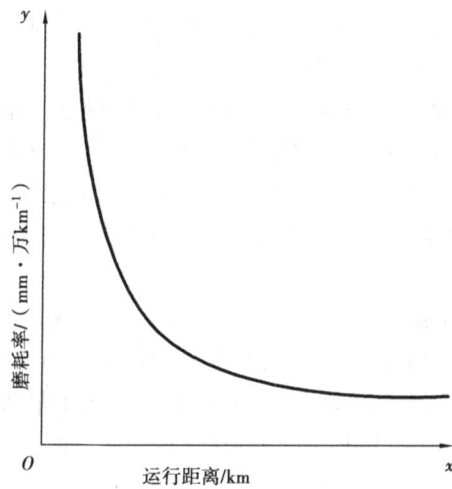

图 5.24　磨耗率与运行千米数的关系

④使踏面磨耗比较均匀。由于车轮踏面具有一定斜度,当车轮在轨道上运行时,回转圆直径也在不停地变化,致使车轮在钢轨上的接触点也不停地变换位置,结果使踏面磨耗比较均匀。

⑤防止车轮脱轨。当车轮通过曲线时,常使轮缘紧靠外侧钢轨,如图 5.25 所示。此时如果车轮受到较大的横向力,则车轮可能从轮缘外侧面爬上钢轨而脱轨,但由于轮缘面有一定的斜度,尽管车轮有少量抬起,也会在车轮载荷的作用下顺着轮缘的斜坡滑至安全位置。这种情况不但在曲线上出现,在直线区段上轮对受较大的横向水平力时,也会出现。可见轮缘上斜度的大小,对车辆的运行安全有着十分重要的作用。

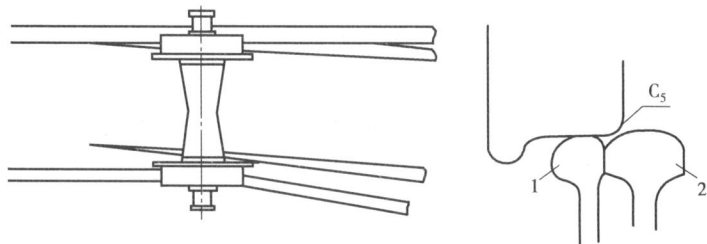

图 5.25　顺利通过曲线

（2）**轴承轴箱装置**

轴箱装置是实现轮对与构架相互连接、相互运动的关键部件,起着承上启下的作用。它既是活动关节,也是连接轮对与构架的活动关节,又可传递牵引力、横向力和垂向力,还可实现轮对与构架间的垂向运动和横向运动。

1）**轴承轴箱装置的组成、分类、作用**

①轴箱装置的组成。轴承与轴箱的组合体称为轴承轴箱装置,如图 5.26 所示,城轨车辆的轴箱装置由轴箱和轮对轴承组成,轴箱由轴箱体、防尘挡板、轴箱盖以及轴端压板、防尘挡圈和密封等轴端附属装置等部件组成。

图 5.26　装有 ATP 装置的城轨车辆的轴箱（西安地铁 2 号线）

②轴箱的分类。我国轨道交通车辆转向架曾使用过的轴承主要有滑动轴承和滚动轴承两种,它们的轴箱结构也有所不同,目前滑动轴承已基本淘汰,这是因为与滑动轴承相比较,滚动轴承可显著降低车辆的启动阻力和运行阻力,改善车辆走行部分的工作条件,减少燃轴(轴箱轴承烧损)的惯性事故,并大量地减少了轴承的维护和检修工作量,降低了运营成本。目前,城轨车辆普遍采用滚动轴承的轴箱装置。

城轨列车的轴箱根据所安装的设备不同而有所不同,有安装 ATP 测速电机的轴箱称为轴箱组成 ATP,如图 5.26 所示为安装有 ATP 装置的轴箱;安装防滑测速装置的轴箱称为防滑轴箱组成,拖车的每根轴都安装有防滑装置。

③轴箱的作用。轴箱装置将轮对和构架联系在一起,使轮对沿钢轨的滚动转化为车体沿轨道的直线运动,并把车辆的质量以及各种载荷传递给轮对。具体作用可分述如下:

a. 连接轮对与转向架构架,支撑人字弹簧的底部,支撑转向架构架。

b. 承受和传递轮对与转向架之间的各种载荷,承受车体重力,传递牵引力、制动力。

c. 给轴承内外圈定位,保持轴颈和轴承的正常位置,从而保证车轴正常安装位置。

d. 使轮对沿钢轨的滚动转化为车体沿线路的平动。

e. 轴箱采用滚柱轴承,在提高承载能力的同时,降低了轴箱摩擦系数,减少了车辆启动和运行阻力,以适应城轨车辆高速运行、启动频繁、行车密度大的要求。

f. 保持轴承油脂润滑,保证轴承良好的润滑性能,并具有良好的密封性,防止尘土、雨水等物侵入或油脂甩出,从而防止油脂润滑作用被破坏,避免烧轴事故。

2)城轨车辆滚动轴承的形式

由于城轨车辆允许轴重较大,一般为 10~25 t,在运行中也要承受变化的动静载荷的作用,因此,要求轴承的承载能力高、强度高、耐冲击、寿命长。滚动轴承按滚动体形状分类主要有圆柱滚动轴承、圆锥滚动轴承、球面滚动轴承等多种形式,一般城市轨道交通车辆都采用了圆柱滚动轴承或圆锥滚动轴承。

根据轴承结构特点,又可分为整体式轴承和分体式轴承。进口轴箱轴承的主要品牌为SKF 和 FAG,在我国铁路上广泛使用的轴承的生产厂商有:大连瓦房店、北京南口、哈尔滨等。

如图 5.27(a)、(b)所示分别为我国深圳地铁所采用的双列圆锥滚动轴承和上海地铁、北京地铁和西安地铁 2 号车辆转向架所采用的圆柱滚动轴承轴箱装置,由图可知,轴承基本结构均是由外圈、内圈、滚子、保持架等 4 部分组成。

①圆柱滚动轴承。圆柱滚动轴承的滚子是圆柱形的,一般属于双列分体式轴承,采用聚合物保持架,采用迷宫环对润滑脂非接触式密封。轴承滚子既能承受径向力,又能承受轴向力。但圆柱滚动轴承的轴向力主要靠滚子端面和挡边承受,滚子端面与挡边之间的摩擦式滑动摩擦,摩擦力较大,容易导致轴温升高,降低润滑脂使用寿命,轴承使用寿命也会受到影响。

②圆锥滚动轴承。圆锥滚动轴承(TBU)目前运行比较广泛。TBU 采用圆锥滚子,一般为整体式轴承,也采用聚合物保持架,其主要轴向载荷由滚道承受(20%~30% 的载荷则由挡边承受)。一般采用传统的接触式橡胶密封,即卡紧式密封件,因而提高了润滑脂对污染的防护能力,延长了油脂寿命,并使轴承具有更好的性能和更长的寿命。

3)滚动轴承轴箱的密封形式

我国城轨车辆上采用的滚动轴承装置按密封形式的不同可分为橡胶油封式(见图 5.28)

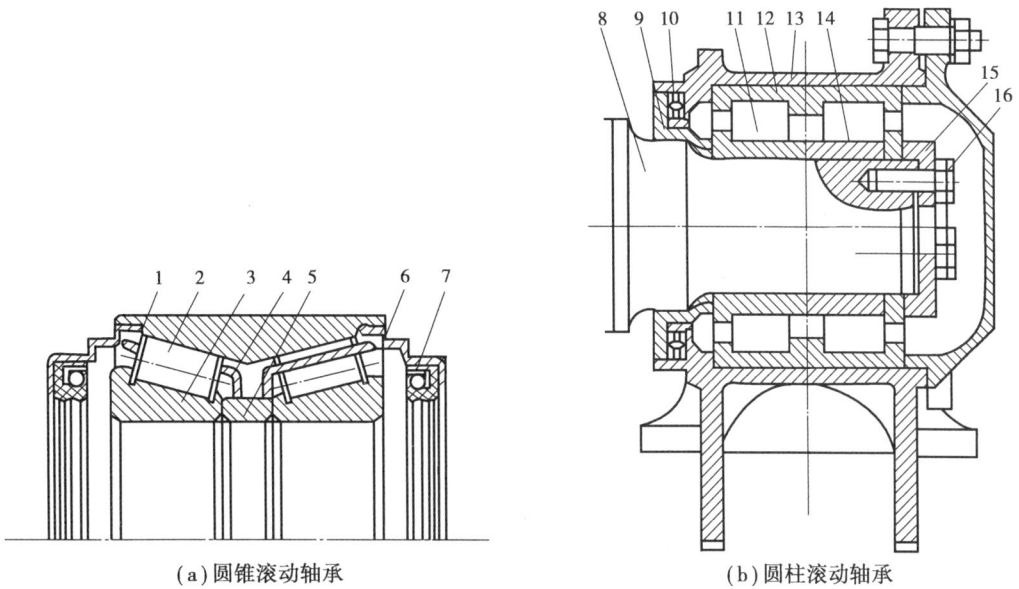

(a)圆锥滚动轴承   (b)圆柱滚动轴承

图 5.27   轴箱轴承

1,12—圈;2—滚子;3,14—内圈;4—保持架;5—中隔圈;7,10—密封;

8—车轴;9—防尘板座;11—滚柱;13—轴箱;15—内圈压板;16—轴箱盖

和金属迷宫式密封式轴箱装置(见图 5.29)。

如图 5.28(a)所示,橡胶密封式轴箱装置主要由轴箱体、轴承后盖、防尘挡圈、橡胶油封、轴承前盖和压板等组成。如图 5.28(b)所示为轴箱体的结构示意图,它为铸钢筒形结构,两侧铸有弹簧托盘,用来安装轴箱弹簧等配件。

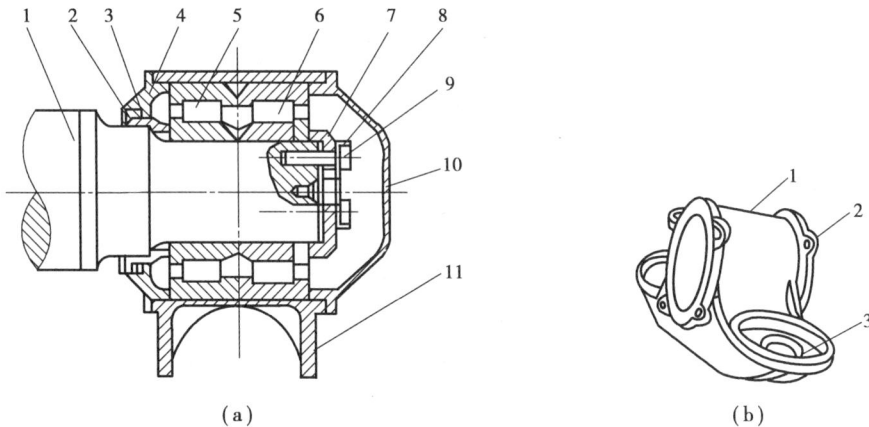

(a)   (b)

图 5.28   橡胶油封式轴箱体

1—车轴,轴箱筒;2—防尘挡圈,轴箱耳;3—油封,弹簧托盘;4—后盖;

5,6—轴承蒙7—压板;8—防松片;9—螺栓;10—后盖;11—轴箱体

137

如图 5.29 所示为金属迷宫式轴箱油封装置,由图可知,这种密封方式不带轴箱后盖,在轴箱体后端设有迷宫槽,迷宫槽的底部设有排水孔。

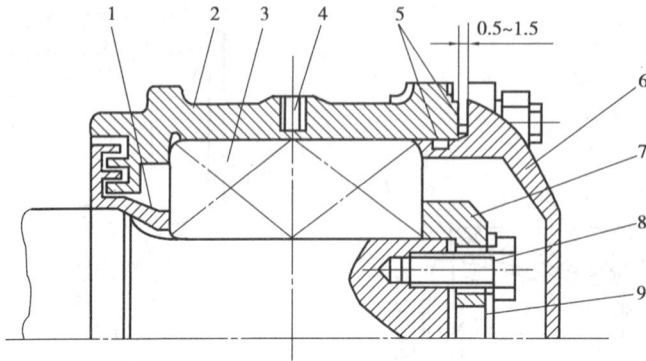

图 5.29　金属迷宫式密封式轴箱装置

1—防尘挡圈;2—轴箱体;3—圆柱滚子轴承;4—轴温报警器安装孔;

5—密封圈;6—轴箱前盖;7—压板;8—压板螺栓;9—防松片

4)轴箱装置横向力传递顺序

假设相对于车体轮对向右偏移:

右端:车轴→防尘挡圈→轴承内圈→滚子→轴承外圈→轴箱→转向架→车体。

左端:车轴→螺栓→内圈压板→轴承内圈→滚子→轴承外圈→轴箱后盖→螺栓→轴箱→转向架→车体。

5)轴箱的定位方式

城市轨道交通车辆转向架轴箱定位方式主要有以下 3 种:

①转臂式定位。其结构如图 5.30 所示。定位转臂一端通过弹性节点与构架上的定位转臂座相连;另一端则用螺栓固定在轴箱体的承载座上。而弹性节点主要由弹性橡胶套、定位轴(锥形销套)和金属外套组成,其中弹性橡胶套的形状和参数对转向架走形性能影响较大。其优点是:轴箱与构架间无自由间隙和滑动部件,无摩擦损耗;构成的零件很少,分解、组装容易,且维修方便;轴箱的上下、左右及前后定位刚度可各自独立设定,比较容易满足转向架悬挂系统的最佳设计要求,即在确保良好乘坐舒适度的情况下,能够同时确保稳定的高速行驶性能和良好的曲线通过性能。

②"八"字形橡胶堆轴箱定位装置。如图 5.31 所示为上海地铁车辆(SMC)和广州地铁车辆采用的"八"字形(也称"人"字形)橡胶堆轴箱定位装置,该橡胶堆具有三向弹性特性,且可根据需要设计。通常 $k_x : k_y : k_z = 1 : (2 \sim 2.5) : (10 \sim 12)$,即垂向刚度 k_x 最小(约为纯剪的一倍),纵向刚度 k_z 最大,如图 5.32 所示。在垂向载荷作用下,橡胶同时受剪切和压缩变形,改变其安装角度,可得到不同的垂向和纵向刚度,此安装一般取 10°或 11°。该定位装置的优点是无摩擦磨损,质量小,结构简单,吸收高频振动和减少噪声等,寿命可达 150 万走行千米以上。

③层叠圆锥橡胶轴箱定位装置。层叠圆锥橡胶具有三向轴向特性,且其横向弹性可通过在圆周上开切口来调整。在垂向载荷作用下,橡胶主要受剪切变形,其结构如图 5.33 所示。层叠圆锥橡胶轴箱定位装置具有无摩擦磨损、质量小、结构简单,吸收高频振动和减少噪声等优点。

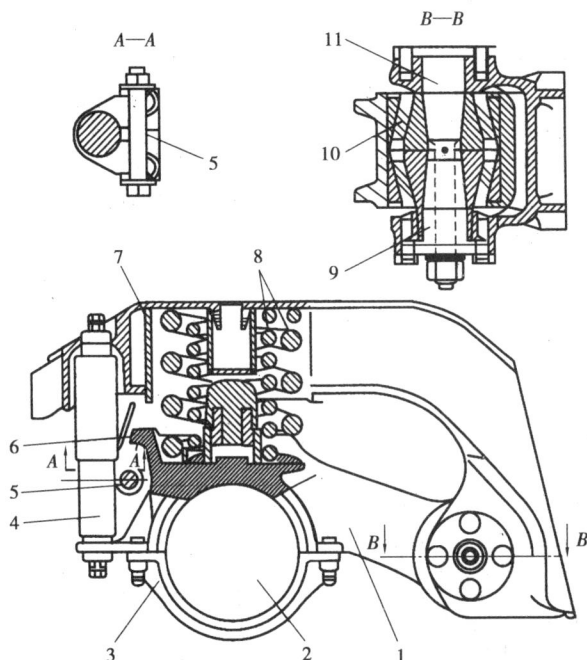

图 5.30 转臂式轴箱定位结构示意图

1—定位转臂(包括弹簧座);2—轴箱;3—底部压板;4—垂向减振器;5—止挡管;

6—转臂凸台;7—弹簧套;8—螺旋弹簧;9—锥形套;10—柱形橡胶套;11—锥形销轴

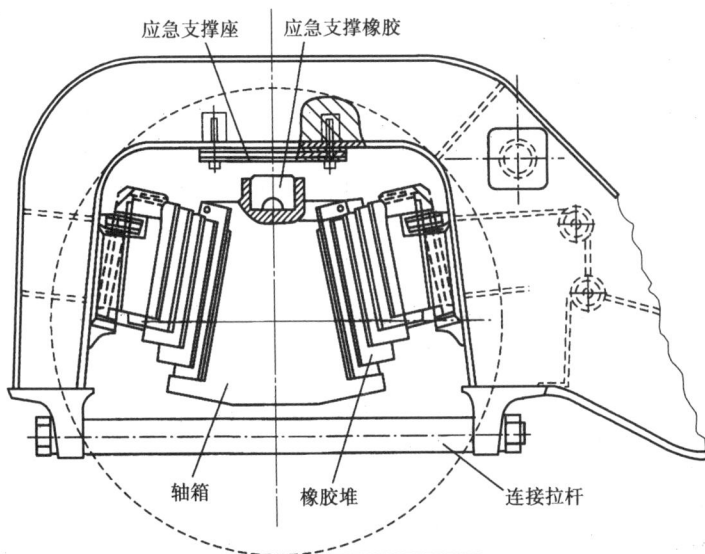

图 5.31 "人"("八")字形橡胶堆轴箱定位结构示意图

6)轴承游隙

轴承游隙包括径向游隙和轴向游隙两种。

①径向游隙。轴承径向游隙对轴承工作性能有着重要的影响,每一种轴承在一定的作用条件下,都有最佳的径向游隙,使轴承寿命高,摩擦阻力小,磨损小。

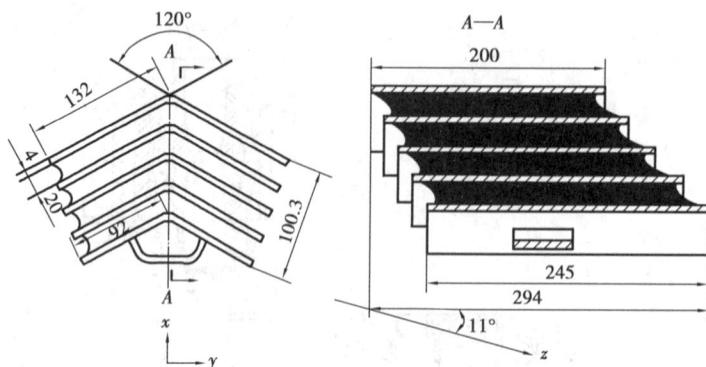

图 5.32 "人"("八")字形橡胶堆(块)

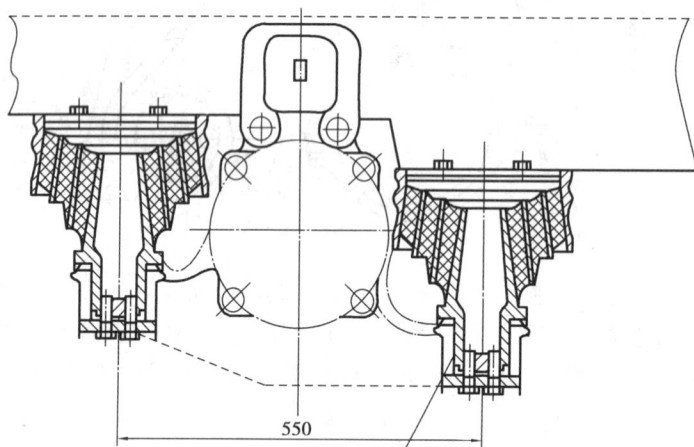

图 5.33 层叠圆锥橡胶轴箱定位装置结构示意图(北京市城轨车辆)

径向游隙分为原始游隙、配合游隙和工作游隙 3 种。原始游隙是未装配的轴承内外圈间的径向游隙,轴承装配后,内圈胀大,径向游隙减少,轴承工作后,随着温度升高,润滑油膜形成,径向游隙还需进一步减小。

游隙过小,会使轴承工作温度升高,不利于润滑,影响力的正常传递,其至会使滚子卡死;游隙过大,是轴承压力面积减少,压强增大,使轴承寿命减少,振动与噪声增大。因此,选择合适的径向游隙是非常重要的。一般载荷大的轴承要求游隙较大,圆柱滚子轴承原始径向游隙一般范围为 0.11 ~ 0.19 mm。

②轴向游隙。轴向游隙的作用是避免滚子端部与内外圈挡边经常接触,所以轴向游隙也不宜过小,一般成对圆柱轴承轴向游隙为 0.8 ~ 1.4 mm。TBU 轴承由于滚道承受轴向载荷,轴向间隙可以更小,其径向游隙和轴向游隙均可通过垫片调整到最佳状态。

7)滚动轴承润滑脂

一般采用锂基润滑脂,润滑脂性能好坏直接影响轴承性能和使用寿命。列车检修时要注意检查润滑脂状态,如有结块、明显融化、发臭等现象,应拆下轴承检查并更换润滑脂,通常润滑脂填充量为轴承内自由空间的 30% ~ 50%。润滑脂过少,轴承润滑不足,加剧轴承磨损,导致轴温升高;若填充过多,在高速情况下,特别容易引起轴承温度升高、油脂融化,并可能导致烧轴。

【任务实施】

本次任务实施建议在城轨车辆检修车间的轮轴检修班组进行。下面以西安地铁 2 号线地铁车辆为例进行本次任务的实施。

（1）认知西安地铁 2 号线地铁车辆车轴

如图 5.34 所示为西安地铁 2 号线所采用的车轴实物图，西安地铁 2 号地铁车辆的车轴采用优质碳素钢加热锻压成型，再经热处理（正火或正火后再回火）和机械加工制成。

各学员在教师的指导下认识车轴的各组成部分及作用，具体如下：

①轴颈。安装滚动轴承和承载的部件。

②防尘板座。供安装防尘板和限制轴承过分内移作用。

③轮座。是车轴与车轮配合的部位，也是受力最大的部件，所以直径最大。

④轴身。是两轮座的连接部分。

⑤齿轮箱安装座（动车车轴）。

图 5.34　西安地铁 2 号线的车轴

（2）认知西安地铁 2 号线地铁车辆车轮

如图 5.35 所示为西安地铁 2 号线地铁车辆所采用的车轮的实物图。西安地铁 2 号线车辆的轮对采用的是整体辗钢轮，采用 LM 磨耗型踏面，车轮的轮径为 840 mm，磨耗极限轮径为770 mm，硬度为 266 ~ 320 HB。

图 5.35　西安地铁 2 号线的车轮

各学员在教师的指导下认识车轮的各组成部分及作用,包括踏面、轮缘、轮辋、辐板和轮毂组成。

(3)认知西安地铁2号线车辆轴箱定位装置的保养

西安地铁2号线车辆轴箱定位装置如图5.36所示。

(a)

(b)

(c)

图5.36 西安地铁2号线轴箱定位装置

(4)城轨车辆轮对组装的基本知识

1)轮对组装的一般要求

为保证轮对组装的质量和运行安全,轮对在压装时须符合下列要求:组装成轮对的两个车轮须是同型号、同材质的车轮;如车轮是经平衡试验的,则两车轮的不平衡度应在同一侧面、同一直径平面内。组装表面必须清洁,不应有任何损伤。压装过盈量的范围应为轮毂孔直径的0.8% ~ 1.5%。禁止用压力法移动车轮在轴上的位置,以调整轮对内侧距离。同一轮对上,车轮内侧面三处轮对内侧距的差值不得超过1 mm。在同一轮对上的轮位差不得超过3 mm。同一轮对上,两个车轮直径差不得超过1 mm。厂、段修后,标准轮对内侧距为(1 353 ± 3) mm。车轮的轮缘踏面应符合要求。

2）轮对组装

如图 5.37 所示为轮对组装的生产现场图,轮对的组装采用压力机压入法。轮毂孔与轮座的接触部分应选用纯净的植物油(禁用桐油)润滑。压力机必须备有正确矫正的压力计和记录压装压力曲线图的自动记录器。压装时轮轴中心与压力机活塞中心应一致并并行压入。压装速度应保持均匀,压装速度范围应为 30～200 mm/min。压装过盈量应符合规定要求,以保证轮毂与轮座间有足够的结合力,又不致使轮毂因过盈量过大而使轮毂产生过大的塑性变形。

图 5.37　轮对压装时的受力图

3）轮对检验

每个轮对组装后应进行压力曲线检验和电阻检验,不符合技术要求时为不合格品。最高运行速度超过 120 km/h 的客车轮对装车前应进行动平衡试验。

如图 5.38 所示是轮对压装的合格曲线,具体要求很多,主要是起点陡升不得超过 10 t,全部曲线不得有跳吨,曲线中部不准有降吨,平直线长度不得超过该曲线投影长度的 10%,平直线的两端均应圆滑过渡。

轮对组装后若压力曲线不合格,在原轴原孔的表面无损伤的情况下,允许重装一

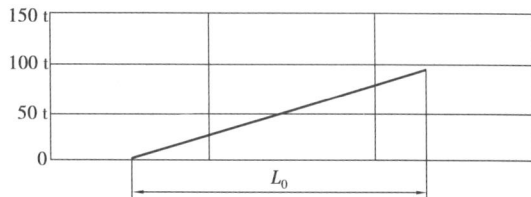

图 5.38　轮对压装良好曲线($L_0/L \geqslant 80\%$)

次;如超过规定最大压力吨数时应加工,达到质量要求后,允许再压装一次;第一次组装小于规定的最小压力吨数或过盈量不足时,均不得重装。允许重装的轮对,第一次组装不合格的压力曲线图表与第二次组装合格的压力曲线图表应合并保存。

每个车轮的压力曲线图上应填写下列内容:轴型、轴号、组装单位代号、左右侧别、车轮制造标记、轮座直径及轮毂孔直径(或配合过盈量)、最终压入力、压装年月日,并由操作者、工长、检查员和验收员盖章。车轮压装压力曲线图表必须由各单位统一保存,保存期限为 6 年。

【效果评价】

评价表

项目名称	城市轨道交通车辆转向架		学生姓名	
任务名称	任务 3　轮对轴箱装置的认知		分　数	
项　目			分　值	考核得分
1. 轮对轴箱装置的重要性			15	
2. 车轴的基本知识			10	
3. 车轮的基本知识与技能			20	
4. 轴箱装置的重要性、分类			15	
5. 轮对压装的基本知识与技能			10	
6. 编制学习汇报报告情况			20	
7. 基本素养考核情况			20	
总体得分				
教师简要评语：				
			教师签名：	

任务 4　弹簧减振装置的认知

【活动场景】

在城市轨道交通车辆转向架生产车间或检修现场教学,或用多媒体展示介绍城市轨道交通车辆转向架的使用与检修。

【任务要求】

掌握转向架的作用、分类及组成。

【知识准备】

城轨车辆在线路上运行时,由于线路不平顺、轨隙、道岔、轨面的缺陷和磨耗及车轮踏面的斜度、擦伤和轮轴的偏心等原因,必将伴随产生复杂的振动和冲击。为了提高城轨车辆运行的平稳性,保证乘客的舒适度,必须设置弹簧减振装置。

（1）概述

1）作用

弹簧减振装置也称弹性悬挂装置,主要包括弹性元件和减振器。弹簧减振装置的作用主要体现在两方面:一是使载荷比较均衡地传递给轮对,并使车辆在静载状况下(包括空、重车),两端车钩距离轨面高度应满足规定的要求,以保证车辆的正常联挂;二是缓和、减少因线路的不平顺、轨缝、道岔、钢轨的磨耗和不均匀下沉,或因车轮擦伤、车轮不圆、轴径偏心等原因引起车辆的振动和冲击。

弹簧减振装置将城轨车辆的转向架分为簧上部分与簧下部分,两者既有联系,又有区别,簧上、簧下的作用力既相互传递,而运动状态(位移、速度、加速度)又不完全相同。车辆动力性能的好坏,与弹簧减振装置的结构形式及参数选择密切相关。良好的弹簧减振装置,能使车辆运行平稳,振动小、噪声低、乘坐舒适性好,车辆结构及设备的松动及损坏少,同时对线路的冲击破坏少,对行车安全有积极意义。

2）分类

轨道交通车辆转向架的弹簧减振装置,按其悬挂数量的多少和方式可分为一系悬挂和二系悬挂两种形式。其中,二系悬挂有轴箱悬挂装置(或一系悬挂装置)和中央悬挂装置(或二系悬挂装置),轴箱悬挂装置设置在转向架构架与轴箱之间,中央悬挂装置设置在车体底架与转向架构架之间。采用二系悬挂可减小整个车辆悬挂装置的总刚度,增大静挠度,改善车辆垂向运动平稳性,减小车辆与线路间的动作用力。地铁、轻轨车辆的铁路客车都采用二系悬挂装置。

①一系弹簧悬挂的主要作用。

a. 支撑轮对以上的车辆质量,使车辆载荷均匀地分配给各个轮对,防止车轮脱轨。

b. 缓和来自轨道的各种冲击和振动,减少构架受力,减少车辆运行噪声。

c. 给轴箱定位提供合适的横向、纵向定位刚度,既能保证转向架具有良好的曲线通过能力,又能保证转向架运行的横向稳定性。

d. 传递牵引力和制动力。

e. 保证动车转向架轮对与构架定位,使电机—联轴节—齿轮箱—轮对这个动力传递关系在各部件允许偏移范围内正常牵引、传动。

②二系弹簧悬挂的主要作用。二系弹簧直接支撑车体,或者通过摇枕支撑车体。为了提高乘坐舒适性,应采用大柔度弹簧。此外,二系弹簧还应具有良好的横向性能,以便转向架通过曲线时,能保证车辆的横向稳定性。目前,城轨车辆普遍采用空气弹簧作为二系弹簧。

城轨车辆采用的弹簧减振装置按其作用的不同,大体可分为 3 类:第一类为主要起缓冲作用的弹簧装置,如中央弹簧、轴箱弹簧和橡胶垫等;第二类是主要起衰减振动(消耗振动能量)作用的减振装置,如垂向、横向减振器等;第三类是主要起弹性约束作用的定位装置,如轴箱定位装置、心盘与构架之间的纵、横向缓冲止挡等。

（2）弹簧的特性与分类

1）弹簧的特性

弹簧的主要特性参数有挠度、刚度或柔度之分。

挠度是指弹簧在外力作用下产生的弹性变形的大小或弹性位移量，而使弹簧产生单位挠度所需的力的大小，称为弹簧的刚度，反之，在单位载荷作用下产生的挠度称为弹簧的柔度。

弹簧的特性可用弹簧的挠力图表示，如图 5.39 所示。纵坐标表示弹簧承受的载荷坐标，图 5.39（a）表示力与挠度呈线性关系，即弹簧刚度为常量。一般常见的螺旋圆弹簧就属此例。图 5.39（b）表示力与挠度呈曲线关系，即刚度随载荷的变化而化为非线性。图 5.39（b）中曲线 1 的刚度随载荷增加而逐渐增大，如车辆上采用的橡胶弹簧、横向缓冲器就属于此特性。显而易见，在车辆悬挂系统中，为了减小振动，控制振动位移在一定范围内，不能使用曲线 2 的特性，即随载荷增加，刚度逐渐变小的弹簧。

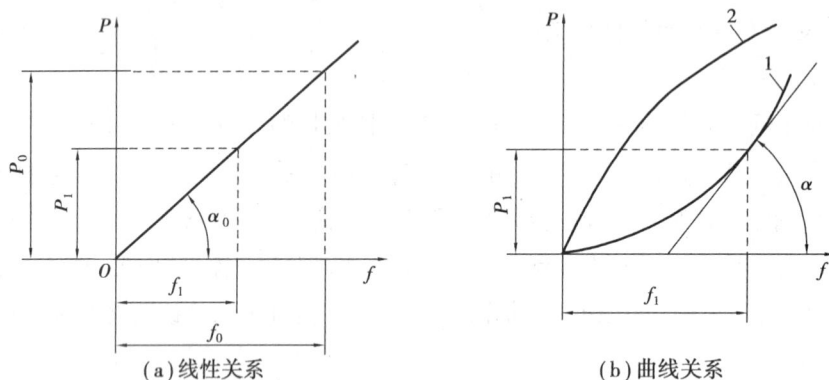

图 5.39　弹簧的挠力图

为了改善弹簧的特性，适应安装位置及空间大小的需要，在轨道车辆上时常采用组合弹簧，这些弹簧有串联、并联和串并联 3 种组合。

组合弹簧的总刚度、挠度（或称当量刚度、挠度）的特点：并联布置的弹簧系统的当量刚度等于各个弹簧刚度的代数和。串联布置的弹簧系统的当量挠度等于各个弹簧挠度的代数和。

2）弹簧的分类

①扭杆弹簧和环弹簧。

a. 扭杆弹簧。如图 5.40（a）所示，扭杆弹簧不同于螺旋弹簧，它只承受扭转变形，在载荷相同的情况下，扭杆弹簧比螺旋弹簧质量小。扭杆弹簧为一根直棍，它的两端支撑在轴承支座上，端部固定两个曲柄，支座固定在构架上，当两个曲柄相反转动时，扭杆则产生抵抗扭矩。

b. 环弹簧。如图 5.40（b）所示，环弹簧由多组内、外环簧组成，彼此以锥面相互接触，当受到轴向载荷后，内环受压缩小，外环受拉伸长，从而使内环与外环的锥面产生轴向变形，同时内外摩擦面做功吸收能量。环簧常用于缓冲器中。

②橡胶弹性元件。橡胶元件的力学性能不同于一般的金属元件，橡胶的弹性模量比金属小得多，可以获得较大的弹性变形，容易实现预想的非线性特性；可以自由确定其形状，也可根

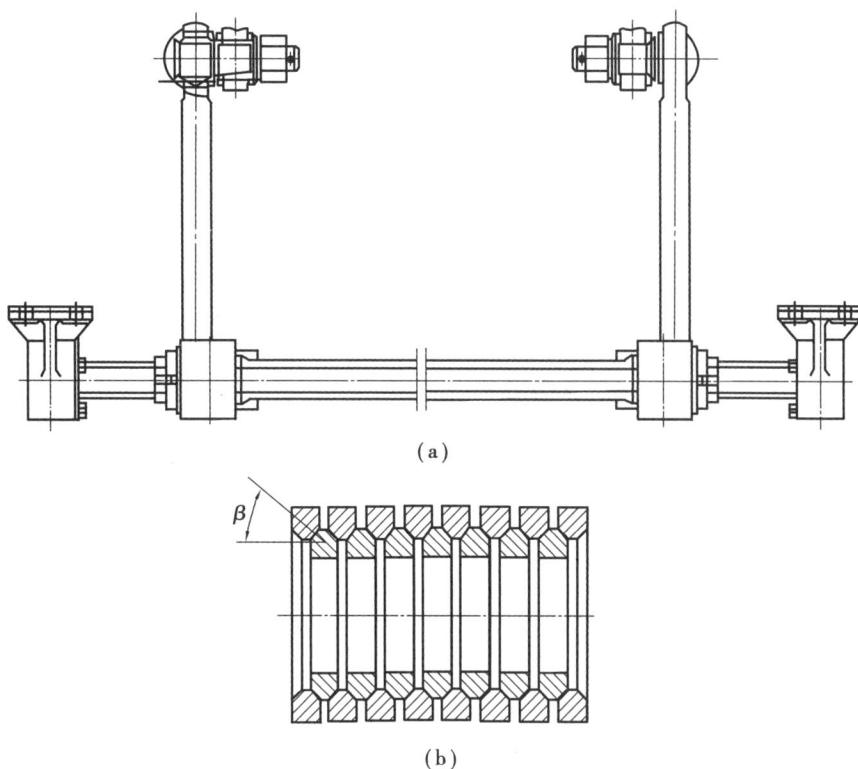

(a)

(b)

图 5.40 扭杆弹簧与环弹簧

据设计要求达到在各个方向上不同刚度的要求;橡胶具有较高内阻,对衰减高频振动和隔音有良好效果;橡胶密度小,自重轻。由于这些特性,橡胶元件在车辆上获得越来越广泛的应用,常常用于转向架弹簧减振装置和轴箱定位装置、钢弹簧支撑面上的橡胶缓冲垫以及各种衬套、止挡等。

在使用橡胶弹性元件时应予以特别注意:橡胶元件的性能(弹性、强度)受温度影响较大,一般随温度升高,刚度和强度有明显的降低。同时橡胶具有蠕变的特性,即当载荷加到一定值后,虽不再增载,但变形仍在继续,而当卸去载荷后,也不能立即完全恢复原状,因此橡胶弹簧的动刚度比静刚度大。另外,橡胶具有体积基本不变的特性;橡胶的耐高温、耐低温和耐油性能普遍较差,使用时间较长后容易老化。

(3)空气弹簧装置系统的组成

现代轨道交通车辆不断地朝着高速化、轻量化以及低噪声方向发展,空气弹簧悬挂系统具有诸多钢制螺旋弹簧不具备的优点,空气弹簧的采用可以显著提高车辆系统的运行平稳性,大大简化了转向架的结构,使转向架实现轻量化和易于维护,因此,在城市轨道交通车辆转向架中广泛采用空气弹簧作为二系悬挂装置。

1)空气弹簧的优、缺点

①采用空气弹簧的主要优点:

147

a.空气弹簧能够大幅度提高车辆悬挂系统静挠度以降低车体的振动频率。

b.与钢弹簧相比,空气弹簧具有非线性特性,可根据车辆振动性能的需要,设计成具有比较理想的弹性特性曲线。在平衡位置振动幅度较小时(正常运行时的振幅),刚度较低,若位移过大,刚度显著增加,以限制车体的振幅。

c.空气弹簧的刚度随载荷而改变,从而保持空、重车时车体的振动频率几乎相等,使空车和重车状态的运行平稳性一致。

d.空气弹簧用高度控制阀控制时,可使车体在不同静载荷下,保持车辆地板面距钢轨面的高度基本不变,这一性能应用在地铁和轻轨上则可保持车辆的地板面与站台面的高度相协调。

e.同一空气弹簧可同时承受三维方向的载荷。利用空气弹簧的横向弹性特性,可代替传统的转向架摇动台装置,从而简化结构,减轻自重。

f.在空气弹簧本体和附加空气室之间装设有适宜的节流孔,可代替垂直安装的液压减振器。

g.空气弹簧具有良好的吸收高频振动和隔音性能。

②采用空气弹簧的缺点。空气弹簧的缺点在于它的附件(如高度控制阀、差压阀)较多,成本较高,并增加了维护与检修的工作量。

2)空气弹簧悬挂系统的组成与结构

①空气弹簧的组成。空气弹簧悬挂系统如图 5.41 所示,主要由空气弹簧、附加空气室、高度控制阀、差压阀及滤尘器等组成。空气弹簧所需的压力空气,由列车制动主风管 1 经 T 形支管接头 2、截断塞门 3、滤尘止回阀 4 进入空气弹簧储风缸 5,再经纵贯车底的空气弹簧主管向两端转向架供气。转向架上的空气弹簧管路与其主要连接软管 6 接通,压力空气经高度控制阀 7 进入附加空气室 10 和空气弹簧 8。

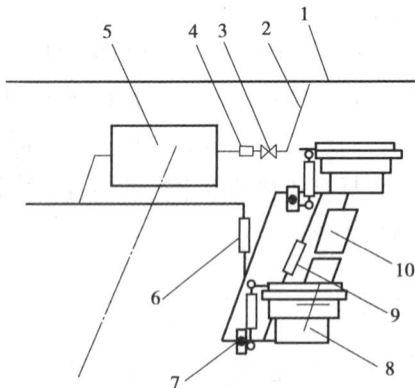

图 5.41　空气弹簧悬挂系统装置

1—列车制动主风管;2—支管接头;3—截断塞门;4—止回阀;5—储风缸;

6—连接软管;7—高度控制阀;8—空气弹簧;9—差压阀;10—附加空气室

②空气弹簧的结构。空气弹簧分膜式和囊式两类。目前应用较普遍的为膜式空气弹簧,它有两种结构形式,即约束膜式、自由膜式空气弹簧。

　　a.约束膜式空气弹簧的结构如图 5.42 所示,它由内筒、外筒和将两者连接在一起的橡胶囊等组成。这种形式的空气弹簧刚度小,振动频率低,其弹性特性曲线容易通过约束裙(内、外筒)的形状来控制,但橡胶囊工作状况复杂,耐久性较差。

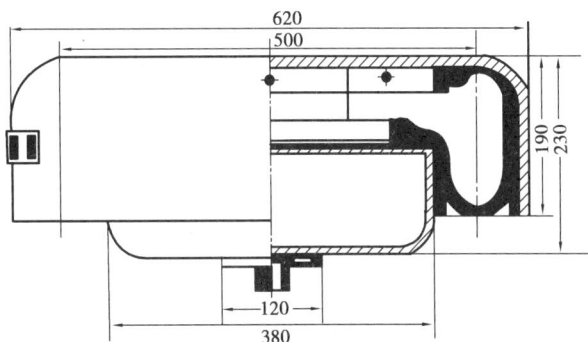

图 5.42　约束膜式空气弹簧

　　b.自由膜式空气弹簧的结构如图 5.43 所示,由于它没有约束橡胶囊的内、外筒,可以减轻橡胶囊的磨耗,提高使用寿命。其本身安装高度比较低,可明显减少车辆地板面距轨面的高度。质量小,且其弹性特性可通过改变上盖边缘的包角加以适当调整,使弹簧具有良好的负载特性。因此,在无摇动台装置的空气弹簧转向架上应用较多。

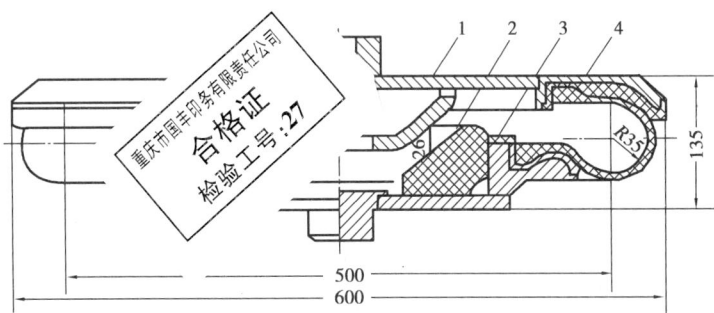

图 5.43　自由膜式空气弹簧

1—上盖板;2—紧急叠层弹簧;3—下盖板;4—橡胶囊

　　空气弹簧的密封要求高,以保证弹簧性能稳定和节省压缩空气。一般采用压力自封式和螺钉紧封式两种密封形式。压力自封式,是利用空气囊内部空气压力将橡胶囊的端面与盖板(或内、外筒)卡紧加以密封;螺钉紧封式,是利用金属卡板与螺钉夹紧加以密封。压力自封式的结构简单,组装检修方便,应用较广泛。

　　空气弹簧橡胶囊由内、外橡胶层、帘线层和成型钢丝圈组成。内层橡胶主要是用以密封,需采用气密性和耐油性较好的橡胶材质,外层橡胶除了密封外,还起保护作用。因此,外层橡胶应采用能抗太阳辐射和臭氧侵蚀并耐老化的橡胶材质,还应满足环境温度的要求,一般为氯丁橡胶。帘线的层数为偶数,一般为两层或四层,层层帘线相交叉,并与空气囊的经线方向成一角度布置。由于空气弹簧上的载荷主要由帘线承受,而帘线的材质对空气弹簧的耐压性和耐久性起着决定性的作用,故采用高强度的人造丝、维尼龙或卡普隆作为帘线。

③空气弹簧附件。

a. 高度控制阀。高度控制阀是空气弹簧悬挂系统中的一个重要组成部件。可以每个转向架与车体连接处安装一个高度控制阀,位于转向架中间,也可安装两个高度控制阀,分别在构架两侧。心阀的上下运动即可控制各相关阀口的开启,连通主风管与空气弹簧的气路或连通空气弹簧与大气的气路,控制空气弹簧充气或排气。一般要求车辆载荷变化时地板面高度调整的时间不超过车站停车时间,地板面高度的变化范围为 ±10 mm。高度控制阀只能用来补偿乘客质量的变化,而不能用于补偿车轮和转向架零件的磨损。图5.44为高度控制系统图。

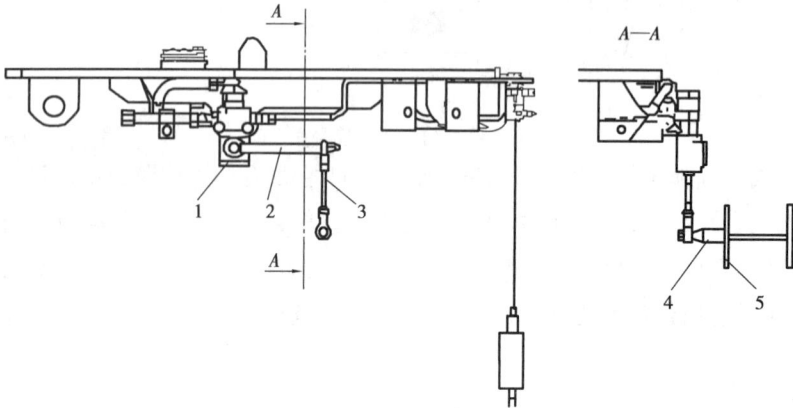

图5.44　高度控制阀系统

1—高度调节阀;2—操纵杆;3—杆;4—支座;5—构架

b. 差压阀。在左右空气弹簧出现超过规定的压力差时,使压力高的一端空气流向较低的一端,以防止车体异常倾斜的装置。在转向架一侧空气囊破裂时,另一侧空气囊的空气也能泄出,保证车辆仍能在低速下继续安全运行。压差阀的动作压力一般有 1,1.2,1.5 kg/cm² 这3种。压差阀动作压力的选择应综合考虑多方面的因素,在条件允许的情况下尽可能选择较小值,以减小车辆在过渡曲线上的对角压差,提高车辆的抗脱轨安全性。

c. 排放阀。如图5.45所示,一般地,排放阀系统作为一个空气弹簧配套安全装置,与高度控制阀连接在一起。其功能是在高度控制阀排放能力超限时它能加速气囊排放。比如,当车辆突然充气而高度调节阀出现故障时可以尽快重新建立车体的正常高度,排放阀也会防止车辆因充气而出现过度升高,因此避免了在气囊上的过度牵引。排放阀1连接在空气弹簧上盖板的支座上。通过一根管与高度控制阀连接。操纵杆2控制阀排气(排到大气中)。操纵杆通过钢索3连接到蛇形减振器支撑的安全装置上,该减振器连接在构架上。当车体(旁承板)相对于构架运动时,对缆索施加牵引力,从而引起排放阀转动(β)。

在相对于操纵杆中心线 VOM 位置的行程 $C = 40$ mm 时开始排放。当行程 C 小于 $C_m = 30$ mm,就不再排放。如果行程介于 30 ~ 40 mm,则有较轻的排放。

与弹簧4组成一体的安全装置5是用来防止排放阀在车体弹起40 mm以上时,对车体进行限制。

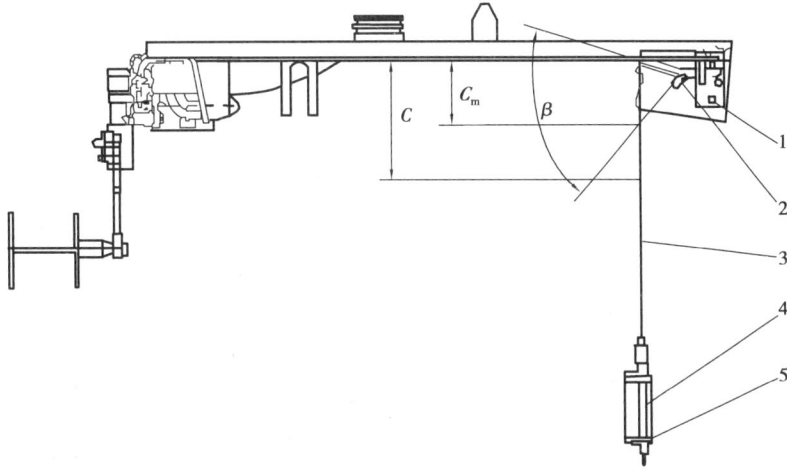

图 5.45 排放阀

1—排放阀;2—操纵杆;3—钢索;4—弹簧;5—安全装置

不过在大多数城市轨道交通车辆上没有安装该排放阀,而是采用空气弹簧异常上升止挡等结构来保证车辆的正常高度。

④空气弹簧悬挂的工作原理。如图 5.46 所示,车辆静载荷增加时,空气弹簧 1 被压缩使空气弹簧工作高度降低,这样高度控制阀 2 随车体下降,由于高度调整连杆 3 的长度固定,此时高度调整杠杆发生转动打开高度控制阀的进气机构,压力空气由供风管 5 通过高度控制阀的进气机构进入空气弹簧 1 和附加空气室 8,直到高度调整杠杆回到水平位置即空气弹簧恢复其原来的工作高度;车辆静载荷减小时,空气弹簧 1 伸长使空气弹簧的工作高度增大,高度控制阀 2 随车体上升,同样由于高度调整连杆 3 的长度固定,高度调整杠杆 4 发生反向转动打开高度控制阀的排气机构,压力空气由空气弹簧 1 和附加空气室 8 通过高度控制阀的排气机构经排气口 6 排入大气,直到高度调整杠杆回到水平位置。

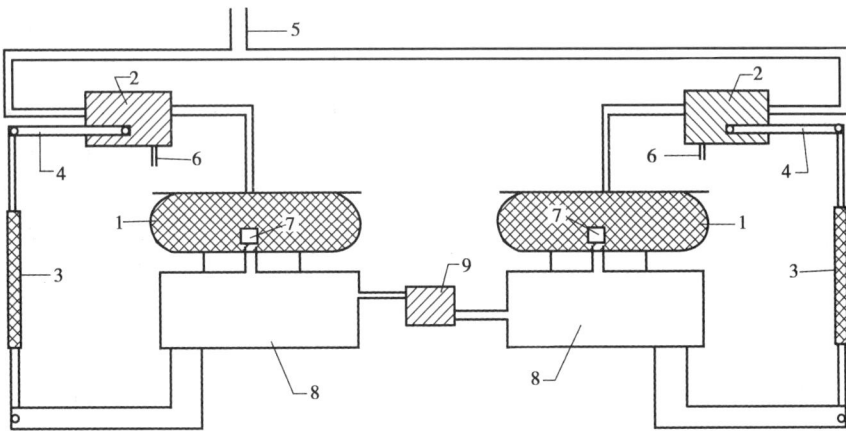

图 5.46 空气弹簧悬挂系统原理图

1—空气弹簧;2—高度控制阀;3—高度调整连杆;4—高度调整杠杆;
5—供风管;6—排气口;7—节流孔(阀);8—附加空气室;9—差压阀

（4）减振元件

1）减振元件的作用及分类

车辆上采用的减振器与弹簧一起构成弹簧减振装置。弹簧主要起缓冲作用，缓和来自轨道的冲击和振动的激扰力，而减振器的作用是减小振动，它的作用力总是与运动的方向相反，起着阻止振动、消耗振动能量的作用。通常减振器有使机械能转化为热能的功能，减振阻力的方式和数值的不同，直接影响振动性能。

城轨车辆上减振器按阻力特性可分为常阻力和变阻力两种减振器；按安装位置可分为轴箱减振器和中央减振器；按减振方向可分为垂向、横向和纵向减振器；按结构特点又可分为摩擦减振器和液压（又称油压）减振器。城市轨道交通车辆一般都使用液压减振器。如图 5.47所示，是一种城轨车辆广泛使用的油压减振器的结构原理图。

液压减振器主要是利用液体黏滞阻力所做的负功来吸收振动能量，它的优点在于它的阻力是振动速度的函数，其特点是振幅的衰减与幅值大小有关，振幅大时衰减量也大，反之亦然。这种"自动调节"减振的性能，正符合车辆的需求。

2）液压减振器的结构及工作原理

一般液压减振器主要由活塞、进油阀、缸端密封、上下联结环、油缸、贮油筒及防尘罩等部分组成，减振器内部还充有专用油液。液压减振器的工作原理可用图 5.48 来加以说明。

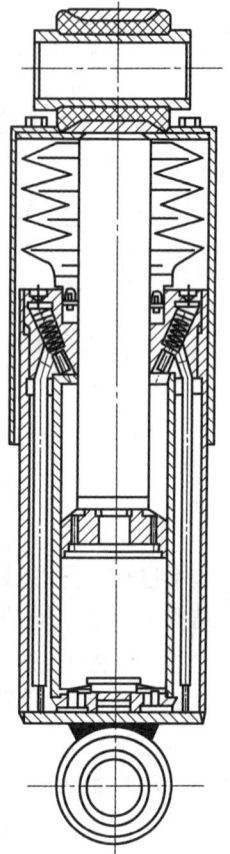

图 5.47　液压减振器

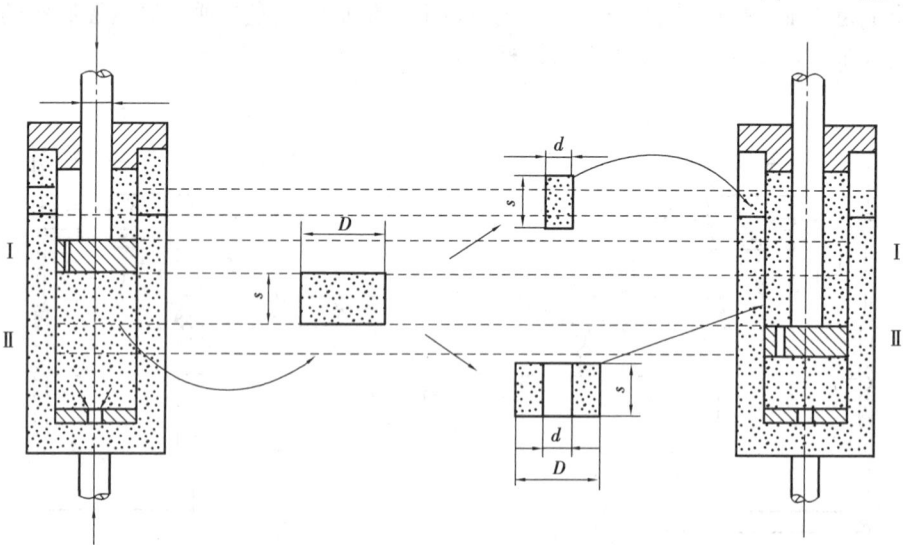

图 5.48　液压减振器的工作原理

活塞把油缸分成上下两个部分，当车体振动时，活塞杆随车体运动，与油缸之间产生上下方向的相对位移。当活塞杆向上运动时（即减振器为拉伸状态），油缸上部油液的压力增大，这样,上下两部分油液的压差迫使上部分油液经过心阀的节流孔流入缸下部。油液通过节流孔时产生阻力,该阻力的大小与油液的流速、节流孔的形状和孔径的大小有关。当活塞杆向下运动时,(即减振器为压缩状态),受到活塞压力的下部油液通过心阀的节流孔流入油缸上部,同样也产生阻力。因此,在车辆振动时液压减振器起了减振作用。以上讨论的情况只有在活塞杆不占据油缸体积的条件下才是合适的,但实际上活塞杆具有一定的体积,当活塞上下运动时,使得油缸上部和下部体积的变化是不相等的。

设油缸直径为 D,活塞杆直径为 d,若活塞杆从初始位置Ⅰ向下移动距离 s 后达到位置Ⅱ。这样,油缸下部体积缩小 $\frac{1}{4}\pi D^2 s$,而上部体积增大 $\frac{1}{4}(D^2-d^2)\pi s$,上下两部分体积之差为 $\frac{1}{4}\pi D^2 s$,下部排出的油液多于上部所需补充的量。为保证减振器正常工作,在油缸外增加一贮油筒,在油缸底部设有进油阀,当活塞杆由Ⅰ向Ⅱ位置运动时,油缸下部油液压力增大,迫使阀瓣紧紧扣在进油阀体上,同时,多余的油液通过阀瓣中间的节流孔流入贮油筒,使减振器正常工作。反之,活塞杆向上运动,则上部因体积缩小而排出的油液量将填充不足下部因体积增大而需要的油量,所欠油量从贮油筒经进油阀(阀瓣处于抬起状态)进入油缸下部,使减振器正常工作。

油液单向循环流动:在拉伸和压缩行程中,油液都是从工作缸经阻尼调整阀和导油管向蓄油缸作单向流动,导油管可使缸中偶尔出现的气泡消失,也能避免油缸中油液和空气混合而生成的乳化现象,从而保证减振器工作时具有稳定的液压特性。可实现不同的阻力特性:油压减振器中设有几个具有不同参数的阻尼调整阀,通过阀的组合使用,可形成各种不同的阻力特性。在试验时,可表现出不同的示功图。

减振阻力可调性:减振器在生产组装后检验其阻力数值时,如阻力不符合要求,可通过调整阻尼调整阀使其阻力符合规定值,减振器在长期使用后,如发现减振阻力由于零件磨损而有所下降,也可进行打开防尘盖进行调节。

横向减振器和垂向减振器的工作原理是差不多的,不同的是横向减振器蓄油缸下部有个空气包,当减振器被水平安置时,该空气包朝上,空气包内蓄的空气体积在减振器工作时改变,由此来补偿减振器内腔容积的变化。油压减振器由于压缩和拉伸时都是在一组节流阀上的同一个方向上进行节流,因此,只要活塞杆截面积和压力缸腔体截面积相等,让活塞拉伸时流过节流阀的油量和压缩时流过节流阀的油量相等,就可让减振器在拉伸和压缩时的阻尼对称。有不少种类液压减振器的节流阀分别在活塞体和液压缸底部,活塞节流阀在油液向上或向下流时都进行节流,液压缸底部阀单向节流。

3)液压减振器的使用

①减振器上下的联结环是减振器与车体及转向架构架连接的部分,通过穿入短销与其联结安装。

②液压减振器所用的油液对减振器的性能和可靠性起着重要的作用。要求油液物理、化学性能稳定,具有防冻性,在 $-40\sim+40$ ℃范围内黏度不应有很大变化,无腐蚀性等。可使用锭子油、仪表油、变压器油以及其他专用油液。

③减振器的性能可通过试验台试验出来。试验台拉压减振器,使其活塞运动,测量拉压过程中的位移变化和载荷变化,软件绘出曲线图(示功图),得出最大最小载荷,计算载荷不对称

率、阻力系数。

不对称率：即对减振器进行拉、压时载荷的对称性。允许范围为 15% 。

阻力系数：减振器的阻尼力和速度的比例就是阻尼系数 $C(C = F/V)$。

吸收功率：试件一个测试循环中所吸收功的平均值。

【任务实施】

本次任务实施建议在城轨车辆检修车间的轮轴检修班组进行。下面以西安地铁 2 号线地铁车辆为例进行相关任务的实施。

(1)认知西安地铁 2 号的油压减振器

1)西安地铁 2 号线车辆的横向油压减振器

如图 5.49 所示为西安地铁 2 号线地铁车辆的横向油压减振器的实物图。

图 5.49　西安地铁 2 号线车辆的横向油压减振器

2)SKF1 型油压减振器的内部结构及使用注意事项

如图 5.50 所示,SKF1 型油压减振器主要活塞部分、进油阀部分、缸端密封部分和上下连接部分。此外还有防尘罩、油缸和储油缸,减振器内部装有油液。

①活塞部分。活塞部分是产生阻力的主要部分。如图 5.50 所示,活塞部分由活塞、芯阀、芯阀弹簧、阀套、调整垫、阀座等组成。在芯阀侧面下部开有两个直径为 2 mm 和两个直径为 5 mm 的节流孔。组装后,节流孔的一部分露出阀套,露出部分的节流孔称为初始节流孔,减振器的阻力主要决定于初始节流孔的大小。为了调整阻力的大小,在芯阀、阀套和阀座的底部,设有 0.2 mm 和 0.5 mm 厚的调整垫。在活塞的头部装有涨圈,它的主要作用是提高活塞的密封性,防止活塞磨耗以后阻力变化过大。

②进油阀部分。如图 5.50 所示,进油阀部分装在油缸的下端,是补充和排出油液的一个通道。在进油阀体上装有阀瓣和锁环。在阀瓣和阀体座上的阀口之间,以及进油阀体和油缸筒之间都要求接触严密,防止泄漏。

③缸端密封部分。如图 5.50 所示,油缸端部有专门的密封结构,一方面使活塞上下运动时起导向作用,使活塞中心和油缸中心线路始终保持一致;另一方面,防止油液流出和灰尘流入减振器内,影响减振器正常工作。当减振器工作时,油缸内油压最高可达 2.5 MPa,因此,密

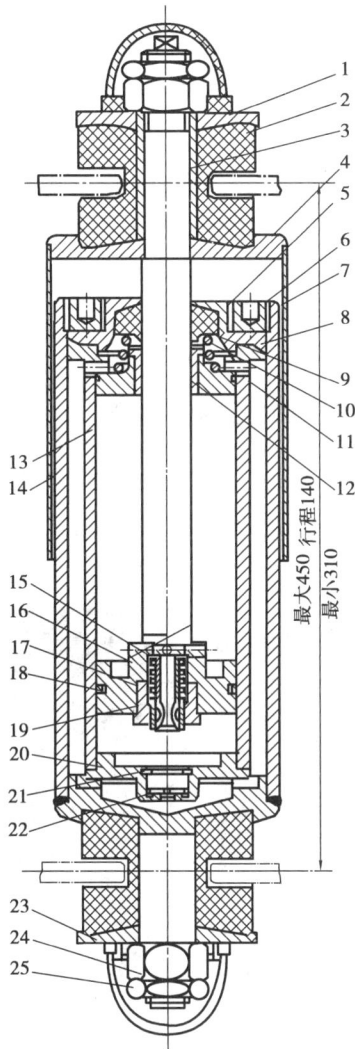

图 5.50　SFK1 型油压减振器结构原理图

1—压板；2—橡胶垫；3—套；4—防尘罩；5,8—密封圈；6—螺盖；7—密封盖；9—密封托垫；
10—密封弹簧；11—缸端盖；12—活塞杆；13—缸体；14—储油筒；15—芯阀；16—芯阀弹簧；
17—阀座；18—涨圈；19—阀套；20—进油阀体；21—锁环；22—阀瓣；23—防锈帽；24—螺母

封是一个很重要的问题。SFK1 型油压减振器的密封部分,曾进行过多次改进。现在采用的结构是在油缸筒上装缸端盖、密封弹簧、密封托架、密封圈,并通过密封盖及螺盖把这些零件紧紧压住。为了保持密封部分的性能,必须特别注意零件的各种加工精度,如同心度、垂直度和表面粗糙度等,减少零件之间的磨耗和变异。另外,在缸端上还压装一个由铸锡青铜做成的导向套。密封圈的作用是把漏过导向套和活塞杆之间缝隙的小量油液从活塞的杆上刮下来,经过缸端盖上的回油孔回到储油筒中。密封圈的材质必须用耐寒耐油的橡胶,要求橡胶在汽油中浸泡 24 h 后没有膨胀和油蚀现象,并要求在低温下保持一定的弹性。密封圈的刮油齿要有合理的形状和高度,齿根应防止裂纹。

　　④上下联结部分。如图 5.50 所示,它是油压减振器上下两端与转向架的摇枕和弹簧托板

上的安装座相结合的部分。橡胶垫的作用：一方面可缓和上下方向的冲击；另一方面，当摇枕和弹簧托板在前后左右方向有相对偏移时，橡胶垫可有变形，减少活塞与油缸、活塞与导向套之间的偏心，使活动顺滑减小偏磨。减振器两端加装防锈帽（因经常丢失，起不到应有的作用，现已取消）后可防止雨水浸入端部，避免螺母锈蚀。

⑤油压减振器的油液。我国南北气温相差很大，东北地区冬季严寒而南方地区夏季炎热，温度变化范围为 -40 ~ + 40 ℃。减振器要在不同温度下正常工作，而且还要保证减振器在长期使用中性能不变，就必须合理选择减振器油液。减振器油液应满足以下要求：在 -40 ~ +40 ℃范围内黏度变化不大，-40 ℃不凝固；不应混入空气或产生气泡，无腐蚀性；润滑性能好，沥青、胶质、灰渣、杂质少；物理化学性能稳定，不易变质，价格便宜。

（2）认知西安地铁 2 号线的空气弹簧及附属配件

如图 5.51 和图 5.52 所示分别为西安地铁 2 号线的空气弹簧和安全钢索。学生在教师的指导下认知空气弹簧的结构、作用原理及常见故障，特别注意西安地铁 2 号线车辆没有抗侧滚扭杆，使用安全钢索防止车辆侧翻。

图 5.51　西安地铁 2 号线的空气弹簧

（3）安全钢索

如图 5.52 所示，西安地铁 2 号线地铁车辆在构架的两外侧，靠近枕梁外侧各有一根安全钢索，安全钢索的功能是：当车辆出现异常状态时，即空气弹簧处于过充状态、高度调整阀、压差阀、减压阀同时处于故障状态时，由安全钢索将车体和构架拉住，限制空气弹簧的高度，保证车辆与限界之间的有效安全距离，从而达到保证车辆的行车安全。结构简单，便于维护。

安全钢索由活动端头、调整端头、钢丝绳组成。活动端头可使钢索的长度变化 0 ~ 35 mm；调整端头可使钢索的长度在 0 ~ 35 mm 内进行调整，以满足车轮镟修后，对车辆地板面高度的调整。

图 5.52 西安地铁 2 号线的安全钢索

【效果评价】

评价表

项目名称	城市轨道交通车辆转向架		学生姓名	
任务名称	任务 4 认知弹簧减振装置		分 数	
项 目			分 值	考核得分
1. 油压减振装置的主要作用与分类			20	
2. 空气弹簧的作用原理分析			20	
3. 油压减振器的结构与原理分析、应用			20	
4. 编制学习汇报报告情况			10	
5. 基本素养考核情况			30	
总体得分				
教师简要评语：				
			教师签名：	

任务 5 转向架牵引装置的认知

【活动场景】

在城市轨道交通车辆转向架生产车间或检修现场教学,或用多媒体展示介绍城市轨道交通车辆转向架使用与检修。

【任务要求】

掌握转向架的作用、分类及组成。

【知识准备】

车体和转向架之间纵向(驱动方向)作用力的传递是通过牵引装置来实现的,牵引装置由连杆组装、牵引座、中心销等组成。车体与转向架间的连接装置实际上就是二系悬挂系统,主要包括各种形式的旁承、弹性侧挡和各种减振器等(有的车辆还有抗侧滚扭杆装置)。由于它位于车体和转向架间且从各个方向传递两者间的所有作用力。在任务4中,我们已经对圆弹簧、橡胶弹簧和空气弹簧等以及各种减振器作了详细介绍,因此,本任务中主要学习牵引装置、弹性侧挡和抗侧滚扭杆装置等内容。

(1)概述

如图5.53、图5.54和图5.55所示,城轨车辆构架通过一套牵引连接装置向车体传递牵引力和制动力,并绕车体特定中心回转,牵引连接装置主要由中心销、牵引拉杆等部件组成。

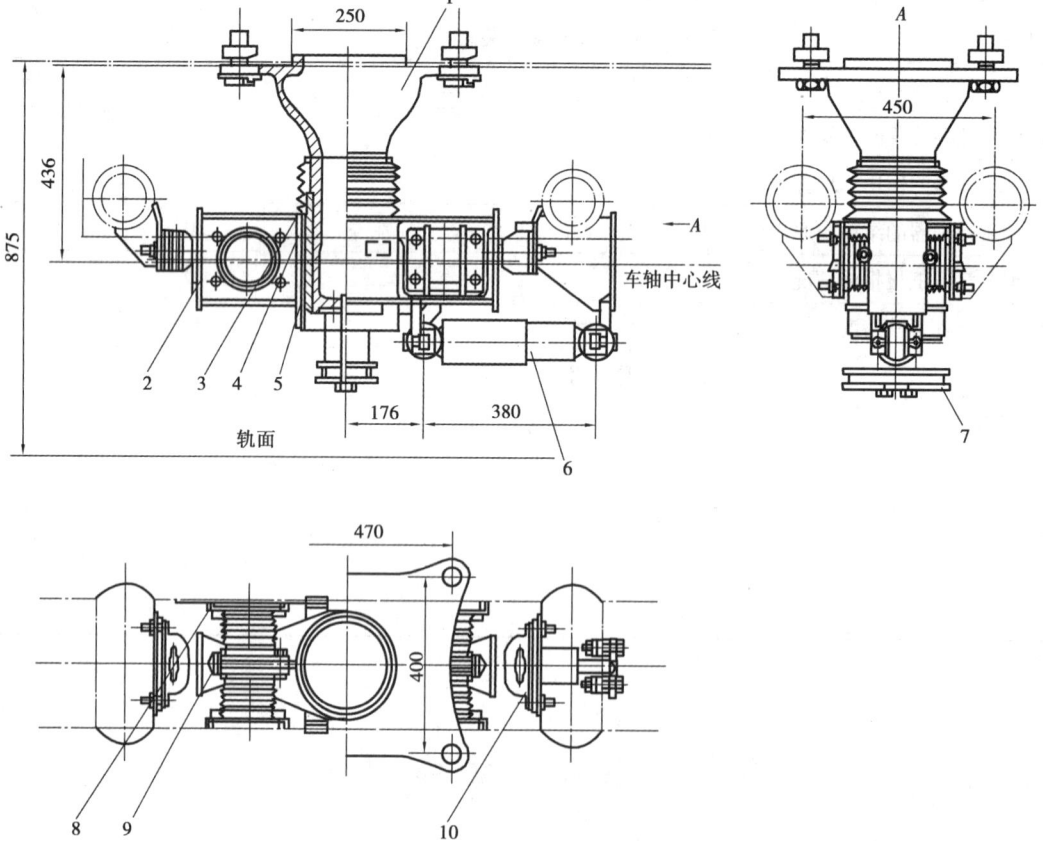

图5.53 转向架牵引装置(一)

1—中心销;2—牵引梁;3—防尘罩;4—衬套;5—中心销套;6—横向油压减振器;
7—空气异常上升止挡;8—安装板;9—牵引叠层橡胶;10—横向缓冲橡胶

1)作用

牵引连接装置的作用可概括为以下几点：

①传力——传递车体与转向架间的垂向力、纵向力和横向力。

②轴重均匀分配——通过具体的弹簧配置,使得分配到每个车轴上的最终载荷基本均匀一致。

③保持转向架稳定——通过合理配置二系旁承的数量,使转向架静态和动态时均能保持稳定。

④运行横动(即横向弹性)——通过在车体和转向架之间设置合理的弹性装置,保证转向架能相对于车体在一定范围内弹性横动。

⑤容许相互回转——在通过曲线时,运行转向架相对于车体在合理范围内灵活转动。

通常情况下,垂直力主要由各种形式的旁承来传递,而纵向力和横向力则由牵引装置传递。

2)形式

车体与转向架间牵引连接装置有多种形式(见图5.54、图5.55),可简单概括为"有牵引销(或心盘)+旁承"和"无牵引销(或心盘)+旁承"两者形式。但根据不同的牵引装置结构,无牵引销(或心盘)形式又有单牵引拉杆式和四连杆机构式(即平行四边形机构)等多种不同形式。另外,铰接式转向架采用的铰接装置属于一种特殊的车体与转向架间的连接装置。

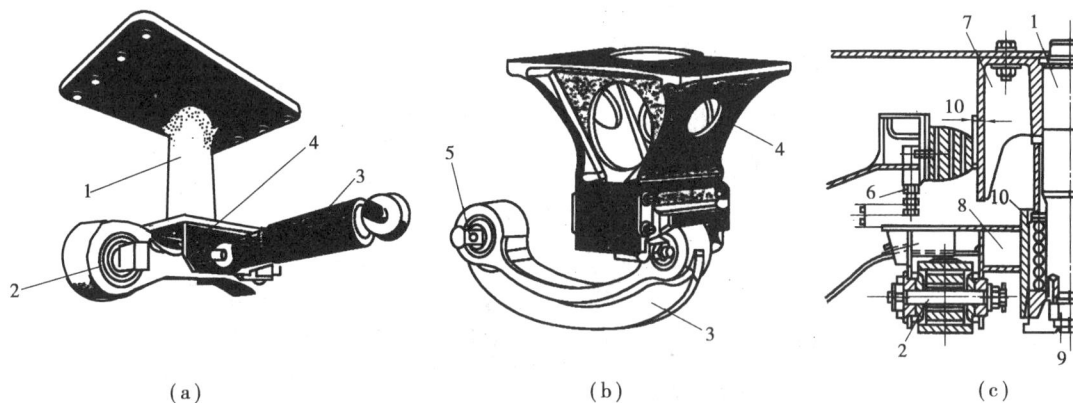

图 5.54　转向架牵引装置(二)
1—中心销;2—牵引杆;3—减振器;4—牵引座;5—轴;6—起吊保护螺栓;
7—中心销导架;8—中心架;9—定位螺母;10—复合橡胶衬套

(2)有牵引销(或心盘)+旁承的牵引连接装置

有牵引销(或心盘)+旁承的牵引连接装置在传统车辆上采用比较广泛。这里以上海地铁车辆转向架为例进行说明。

1)结构原理

上海地铁车辆转向架采用空气弹簧传递车体与转向架间的垂向力,采用牵引销装置传递纵向力,采用弹性侧挡传递横向力。

该装置通过"Z"字形布置的双牵引拉杆将构架横梁与中心架(中间浮动梁)在纵向连接起

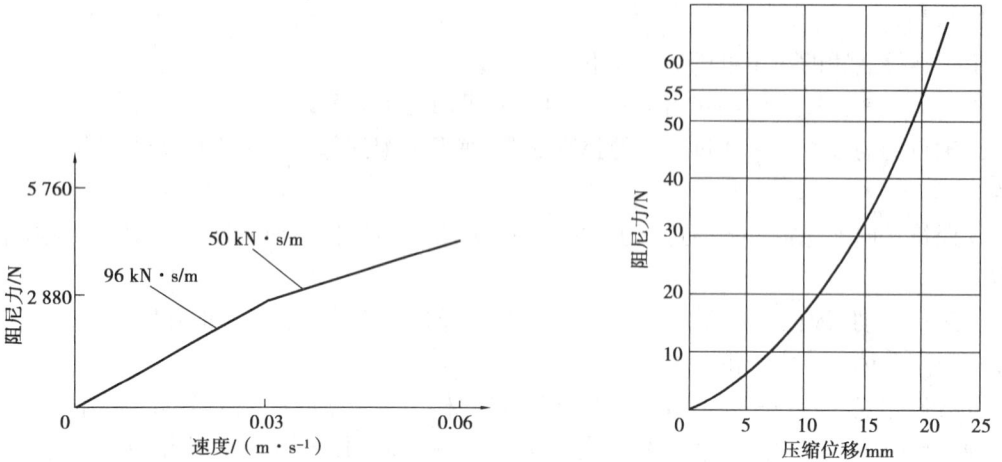

图 5.55　转向架牵引装置(三)

来,同时中间架上的中心孔与安装在车底架下面的中心销(即中央牵引销)配合传递转向架与车体间的纵向力。而横向力除了依靠空气弹簧的横向刚度传递外,主要是通过弹性侧挡与中心销导架侧面接触来传递。具体结构如图 5.56 所示。

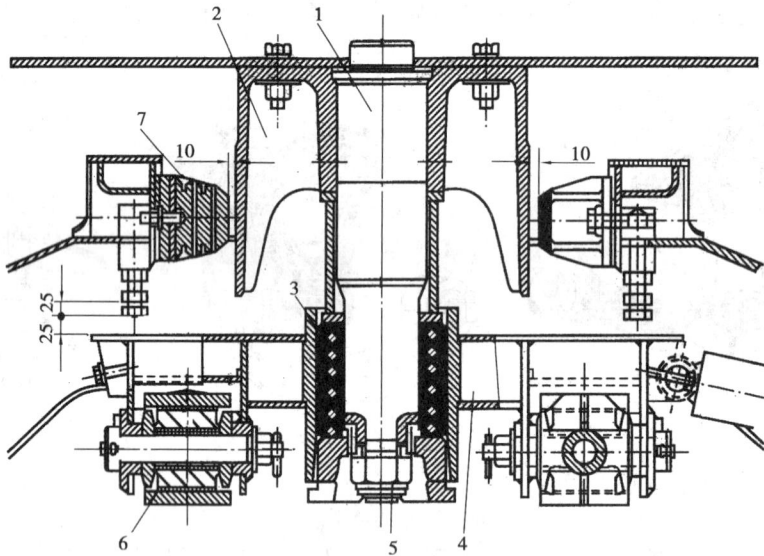

图 5.56　中央牵引销装置

1—中心销;2—中心销导架;3—复合弹簧;4—中心架;5—定位螺母;6—牵引杆;7—橡胶横向止挡

2)特点

该牵引销装置具有以下特点:

①相对于中心销呈中心对称布置("Z"字形布置)的两个牵引杆,其一端与中心架(浮动梁)相连;另一端与构架相连。该牵引杆传递纵向力(牵引力或制动力),如图 5.57 所示。

②为了限制车体与转向架之间的横向位移,在中心销导架与构架间装有橡胶横向止挡,且每侧自由间隙为 10 mm。该横向弹性止挡可传递横向力。橡胶空气弹簧传递垂向载荷(左右各一个)。

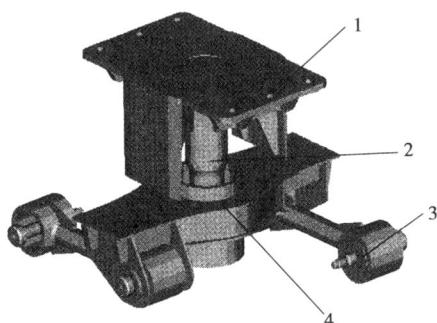

图 5.57　中央牵引装置呈"Z"字形
1—中心销座;2—中心销;3—连杆组装;4—牵引座

③橡胶空气弹簧结构。采用自由膜式橡胶空气弹簧,下部有层叠式橡胶块(当空气弹簧失效时,起应急支撑作用,以满足维持最低限度运行要求)。

④抗侧滚扭杆。在构架横梁中横穿有一根抗侧滚扭杆,该扭杆的抗扭弹性对车体的侧滚振动期起抑制和衰减作用。

3)抗侧滚扭杆装置

抗侧滚扭杆属于二系悬挂的一部分,与空气弹簧配合可较好地抑制车体侧滚运动。该装置包括一个具有抗扭特性的扭杆(轴)、两个扭臂和两个链接杆等。扭杆安装在有橡胶卡环的构架横梁下方,通过扭臂和链接杆的连接点、链接杆与车底架的连接点处均设有橡胶衬套。这些橡胶卡环和橡胶衬套可克服扭轴转动时的摩擦力,同时具有一定的缓冲作用。抗侧滚扭杆组成如图 5.58 所示。

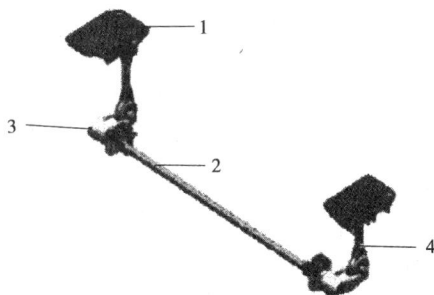

图 5.58　转向架牵引装置
1—抗侧滚扭杆安装;2—扭杆;3—转臂;4—垂向链接杆

抗侧滚扭杆装置的工作原理如图 5.59 所示。

当车体发生侧滚时(例如,车辆通过曲线时),水平放置的两个扭臂对于扭杆(扭臂与扭杆之间近似为刚性节点)分别有一个相互反向的力和力矩的作用,使弹性扭杆承受扭矩而产生扭转弹性变形,起到扭转弹簧的作用。扭转弹簧的反扭矩总是与车体产生侧滚的角位移的方向相反,以约束车体的侧滚运动。但当车体正常垂直振动时(即左右车体同向位移但不存在侧滚时),由于扭杆支座内安装有轴承(或橡胶卡环),因此,左右两个扭臂只使扭杆产生同向

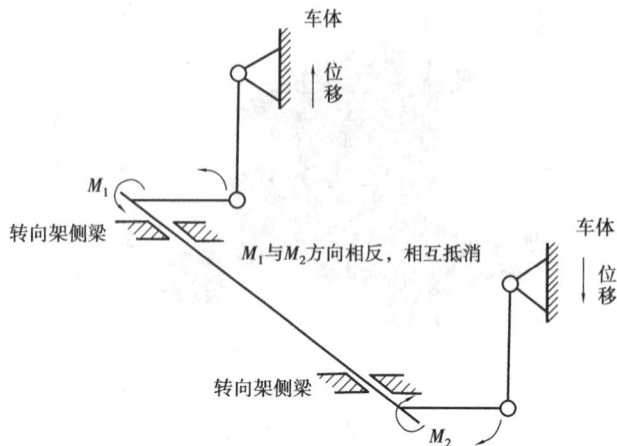

图5.59　转向架牵引装置

转动,而不起扭转弹簧作用,故对车体不产生抗侧滚作用。

从上述作用原理可知,抗侧滚扭杆装置巧妙地实现了既增强二系悬挂系统的抗侧滚性能,又不影响(或基本不影响)二系悬挂系统中原弹簧的柔软特性。

(3)中央牵引销+旁承的牵引连接装置

与上述上海地铁车辆转向架采用的结构非常相似的是另一种中央牵引销+旁承的牵引连接装置,其主要区别在于中央牵引销内布置有四组牵引橡胶堆(前后各两组,且左右对称)传递纵向力,如图5.60所示。由牵引橡胶堆代替前面的"Z"字形拉杆将中心架(即牵引梁,或称浮动梁)与构架横梁连接起来。横向力仍由横向弹性侧挡来传递。但在该图中,横向弹性侧挡直接与中心架左右两侧相配合。

(4)铰接式转向架的车体与转向架间的连接装置

铰接式转向架的车体与转向架间的连接装置在城市轨道车辆中运用较广,在高速动车组上使用的典型代表就是法国TGV。这种连接装置一方面要保证相邻两车体端部彼此连接传递垂向、纵向和横向载荷;另一方面又要保证车体两端在通过曲线时能彼此相对转动(垂向和横向)。主要有以下3种形式(见图5.7)。

1)转盘式——具有双排球形转盘的铰接形式

两相邻车体一端支于内盘,另一端支与外盘,转动盘通过摇枕弹簧与构架相连,构架坐落在轮对的两轴箱弹簧上。垂直载荷由转盘经摇枕—摇枕弹簧—构架—轴箱簧—轮对,如图5.7(a)所示。纵向牵引与冲击力通过内外转盘传递。通过曲线时,相邻两车体可绕转动盘彼此回转。

2)球心盘式——具有球心盘的铰接形式

两相邻车体端部通过球形心盘相互搭接,球心盘座固接于摇枕梁上,摇枕梁通过二系弹簧坐落在构架上,而构架通过轴箱簧与轮对连接,如图5.7(b)所示。

3)TGV式——TGV高速动车组采用的雅可比铰接形式

TGV高速动车组采用的铰接装置是由法国工程师Jaccobi设计的,它主要位于动车组的中

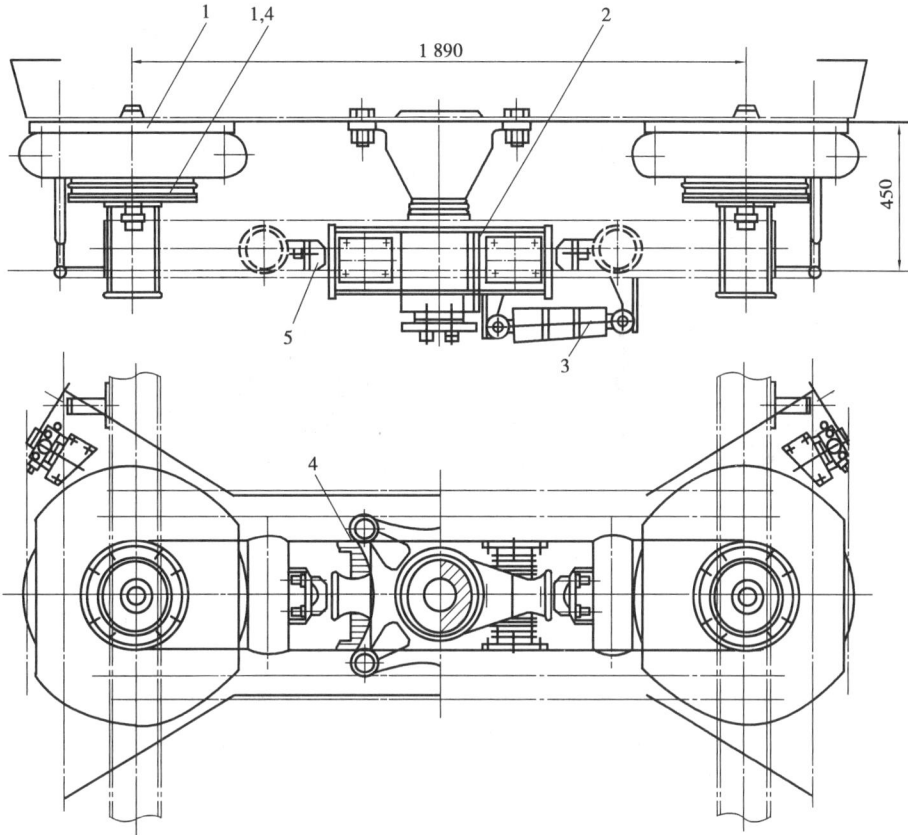

图 5.60 转向架牵引装置

1—空气弹簧;2—牵引梁;3—横向减振器;4—牵引橡胶弹簧;5—横向弹性侧挡

间拖车之间。每辆中间车的一端为支承端,另一端为铰接端。支承端车体端墙的两侧设二系悬挂空气弹簧承台,中央部位设有下球心盘座,车体的垂向载荷经弹簧承台传至二系悬挂空气弹簧,再作用到构架上。而相邻车体的端部一定是铰接端,其车体端墙的中央部位设有上球心盘,该上球心盘搭接于相邻车体支承端的下心盘上,车体的一半质量首先经心盘传至支承端后,再传给二系悬挂弹簧和构架。两车辆之间的纵向力和横向力也通过心盘传递。中间车体呈三点支撑。其工作原理如图5.61所示;铰接关节结构如图5.62所示。

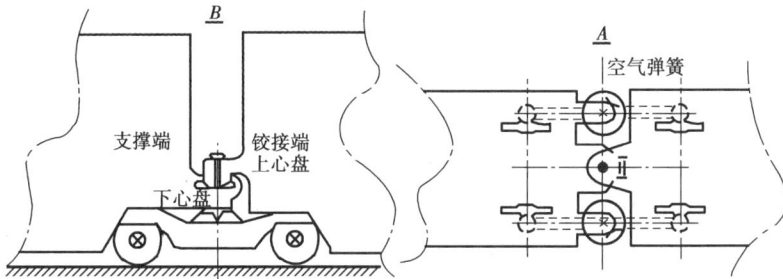

图 5.61 转向架牵引装置工作原理图

城市轨道交通车辆普遍采用了无摇枕结构的转向架,由于无摇枕,车体直接坐落于空气弹

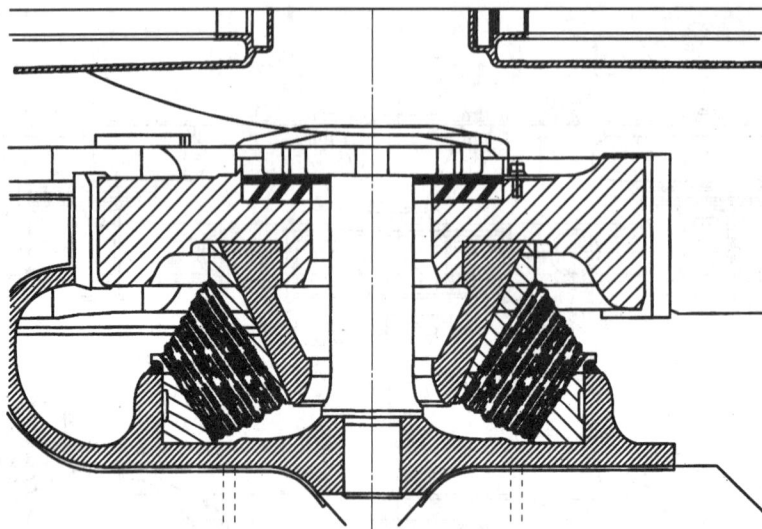

图 5.62　铰接关节结构

簧上,必须靠牵引装置来实现摇枕所具有的传递纵向力和转向功能,因此,要求牵引装置具备以下功能:

①能够传递纵向的驱动力和制动力,同时允许二系弹簧在垂向和横向柔软地动作。

②纵向具有适当的弹性,以缓和由于转向架点头、车轮不平衡质量等引起的纵向振动。

③结构上应便于车体与转向架的分离和连接。

④由于取消了摇枕,需安装横向油压减振器、横向缓冲橡胶、空气弹簧异常上升止挡等,这些部件的安装和拆卸不能增加车体与转向架分离作业的工时。

【任务实施】

本次任务的实施以西安地铁 2 号线车辆中央牵引装置为例进行实施。

(1)中心销

如图 5.63 所示为西安地铁 2 号线地铁车辆中央牵引装置的中心销实物图,由图可知中央装置的中心销上端通过定位器和螺栓固定在车体的枕梁中心,下端插入牵引梁内,通过牵引销套将中心销与牵引梁固定在一起。牵引梁是传递牵引力和制动力的中间载体,一方面通过牵引销套与中心销连接;另一方面通过两根牵引拉杆与构架相连。

(2)牵引拉杆

如图 5.64 所示是西安地铁 2 号线地铁车辆的牵引拉杆装置的结构图,由图可知,牵引拉杆的主要作用是传递车体与转向架间的牵引及制动力。牵引拉杆采用橡胶衬套与中心销进行连接,确保车体与转向架之间能相对转动,使车辆顺利通过曲线。每套牵引装置使用两个呈"Z"字形布置的牵引拉杆。它的两端为弹性橡胶节点。牵引拉杆的一端与构架相连,另一端与牵引梁相连。

图 5.63 中央牵引装置的中心销

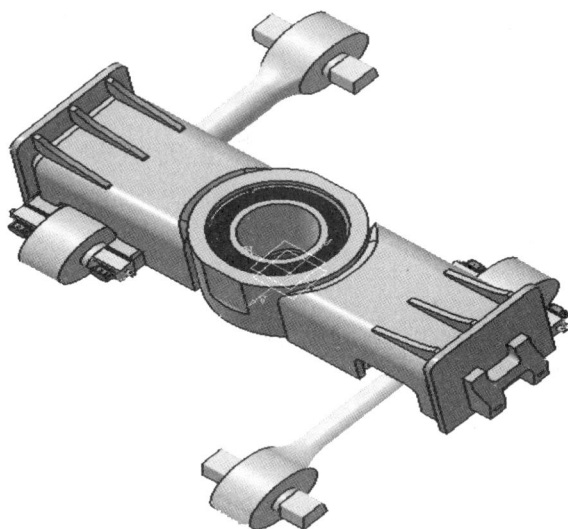

图 5.64 中央牵引拉杆装置的结构图

【效果评价】

评价表

项目名称	城市轨道交通车辆转向架		学生姓名	
任务名称	任务 5 转向架牵引装置的认识		分　数	
项　目			分　值	考核得分
1. 转向架牵引装置作用的认知情况			10	
2. 转向架牵引装置分类的认知情况			10	

续表

项目名称	城市轨道交通车辆转向架		学生姓名	
任务名称	任务5　转向架牵引装置的认识		分　数	
项　目			分　值	考核得分
3.转向架牵引装置常见结构形式及各自特点的认知情况			30	
4.编制学习汇报报告情况			30	
5.基本素养考核情况			20	
总体得分				
教师简要评语： 　　　　　　　　　　　　　　　　　　　　教师签名：				

任务6　驱动装置的认知

【活动场景】

在城市轨道交通车辆转向架生产车间或检修现场教学,或用多媒体展示介绍城市轨道交通车辆转向架使用与检修。

【任务要求】

掌握转向架的作用、分类及组成。

【知识准备】

城市轨道交通车辆的动力转向架,不论是采用直流牵引电机还是交流牵引电动机,均需通过机械减速装置,才能将电动机的扭矩转化为轮对转矩,再利用轮轨的黏着作用,驱动车辆沿着钢轨运行,而牵引电动机的布置形式直接影响着转向架的动力性能。根据牵引电动机在转向架上(或车体上)配置的特征,以及电动机转轴与转向架轮对之间传动的特征,传动装置大致可分为6种结构形式。

轨道交通列车的驱动装置实际上就是指将机车或动车传动系统传来的能量有效地传给轮对的执行装置。对于液力传动机车或动车来说,其驱动装置包括牵引万向轴和车轴齿轮箱;对于电力传动机车或动车来说,其驱动装置包括牵引电动机、车轴齿轮箱和驱动机构。由于城轨车辆一般均采用电动车组的形式,因此,在本次任务中认知与电力传动、动车驱动装置的结构特点和工作原理。

驱动装置是机车、动车有别于一般轨道交通车辆的最主要特征,也是动力转向架最关键的技术之一。不同形式的驱动装置适合不同运行速度等级的机车或动车。一般观点认为:轴悬式驱动装置适合最高运行速度低于 120 km/h 的机车或动车;架悬式驱动装置适合最高运行速度低于 200 km/h 的机车或动车;最高运行速度高于 250 km/h 机车或动车应该采用体悬式驱动装置。

（1）作用

城轨车辆驱动装置的作用是将牵引电动机的扭矩有效地转化为转向架轮对转矩,利用轮轨的黏着机理,驱使城轨车辆沿着钢轨运行。同时,城轨车辆的驱动装置也是一种减速装置,通过它可使高转速、小扭矩的牵引电动机驱动转变为具有较大阻力矩的动轴。城市轨道交通车辆对驱动装置有如下要求:

①驱动装置应保证能使牵引电动机功率得到有效发挥。

②电动机电枢轴应尽量与车轴布置在同一高度上,以减少线路的不平顺对齿轮的动作用力。

③电动机在安装上应有减振措施。

④驱动装置应不妨碍小直径动轮的使用。

⑤驱动装置本身应该简单可靠,具有最少量的磨耗件。

⑥当牵引电动机或驱动机构发生损坏时,应易于拆卸。

（2）**结构形式**

根据城轨车辆动车牵引电动机和减速齿轮箱安装悬挂方式的不同,驱动装置的结构形式可分为 3 种:轴悬式、架悬式、体悬式。

1）**牵引电动机横向布置**

①轴悬式驱动。

②电机空心轴架悬式驱动。

③轮对空心轴架悬式驱动。

④挠性浮动齿式联轴节式架悬式驱动。

2）**牵引电动机纵向布置**

①单电机弹性轴悬式驱动。

②单电机架悬式驱动(全弹性驱动)。

③对角配置的万向轴驱动(架悬式)。

3）**牵引电动机体悬式驱动**

牵引电机有半体悬和全体悬之分。现代轻轨车辆和地铁车辆转向架大多采用挠性浮动齿式联轴节式架悬式驱动机构,而旧的轻轨车辆转向架常采用单电机架悬式驱动机构。

（3）**牵引电机横向布置-刚性轴悬式驱动机构**

所谓轴悬式,实际上是指将牵引电机一端与车轴相连(即车轴提供两个支承点),另一端与构架相连(即构架横梁或端梁提供一个支承点),其全部质量大约一半由车轴承担,另一半由转向架构架承担。而驱动扭矩传递,则由安装在电机输出轴上的小齿轮,直接驱动固定在车轴上的大齿轮来实现。在这里,"轴悬式"中的"轴"字其实就是车轴的"轴"之意。

1)结构原理图

如图 5.65 所示为牵引电机横向布置-刚性轴悬式转向架牵引装置的布置原理结构图,该形式是城市轨道交通车辆最古老的传动形式,直接利用牵引电动机驱动轴上的齿轮带动轮对轴传动扭矩,电动机驱动轴与轮对轴呈平行配置,牵引电动机的一部分质量通过两个爪形轴承支撑于轮对轴上;另一部分质量通过弹簧之于构架梁上,也称抱轴式。

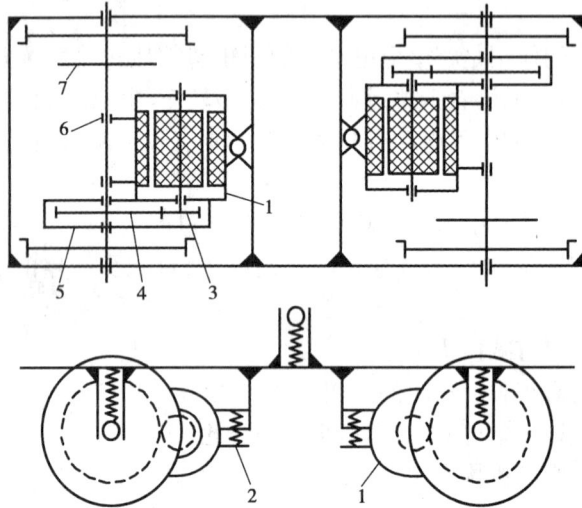

图 5.65　牵引电机横向布置-刚性轴悬式转向架牵引装置
1—牵引电机;2—电机弹性悬挂;3—驱动小齿轮;4—车轴上的大齿轮;
5—减速齿轮箱;6—爪形轴承;7—制动盘

2)**特点**

①结构简单,检修方便。

②簧下质量大,这种传动装置的很大一部分质量非弹性直接置于轮对轴上,增加簧下质量,对转向架的运行品质有不利影响,而且可导致轴承、齿轮和集电器等的强烈振动和磨耗。

③牵引电机、轴承和牵引齿轮等工作条件恶劣。

④传动的扭转弹性很低,可使集电器过载,甚至损坏。

3)**适用范围**

这种传动结构简单、固定,只适应于运行速度较低的轻轨车辆或有轨电车。

(4)牵引电机横向布置-架悬式驱动装置

所谓架悬式,实际上是指将牵引电机整个悬挂的构架上,其全部质量是由转向架构架承担。

如图 5.66 所示为牵引电机横向布置-架悬式驱动装置结构原理图,这种装置可采用电动机空心轴和高弹性的联轴器驱动齿轮减速箱来解决电动机直接置于轮轴增加簧下质量和传动件过小的扭转弹性导致的集电器过载的问题。由于牵引电动机质量由转向架构架全部承担,所以,这是一种典型的架悬式结构,同时由于电动机采用空心轴,因此,也可称为电动机空心轴式结构,可在空心电枢和齿轮减速箱的小齿轮之间设置可以动的橡胶高弹性的钢片联轴器。减速箱一端支于轮对轴上,另一端通过一个可动的纵向可调节的支撑铰接于构架上。空心轴传动由于其质量小、作用可靠和耐久性强,在城市轨道交通车辆中获得广泛应用,如图 5.67 所示为横向牵引电机空心轴驱式驱动的结构装配图。

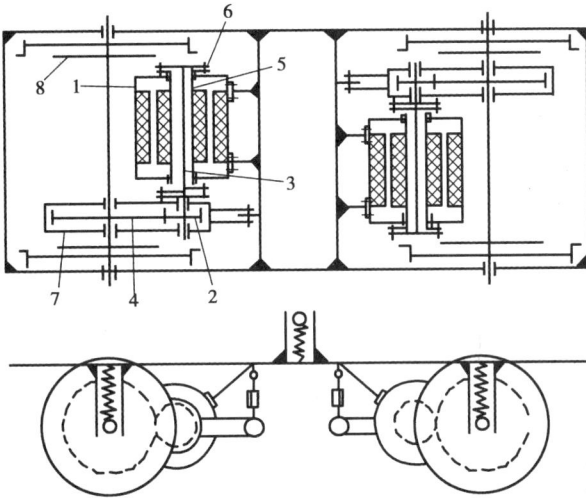

图 5.66   牵引电机横向布置-架悬式驱动装置
1—牵引电动机;2—小齿轮;3—驱动轴;4—大齿轮;
5—空心轴;6—联轴器;7—减速齿轮箱;8—制动盘

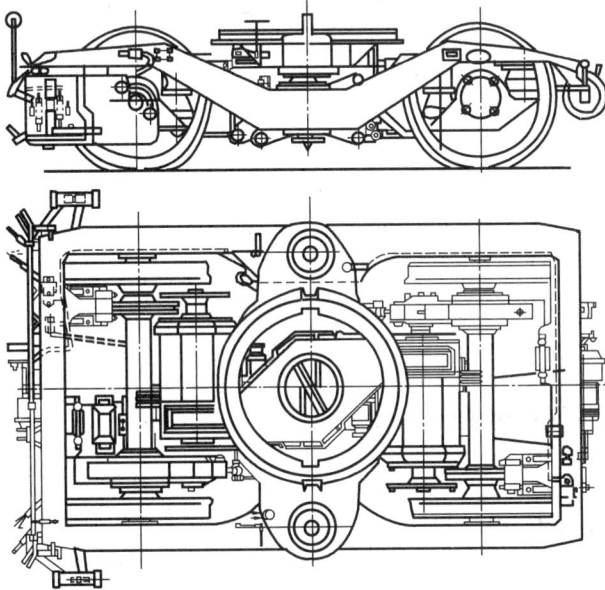

图 5.67   横向牵引电动机空心轴式驱动结构装配图

(5)两轴一纵向驱动、骑马式传动装置

如图 5.68 所示为两轴一纵向驱动、骑马式传动装置,由图可知,这种结构沿转向架运动方向配置的牵引电动机连同齿轮减速箱组成一组合体跨骑在转向架的两轮对上,牵引电动机的两侧与带有法兰的减速箱组成一个自承载的组合体,牵引电动机驱动轴经齿轮减速后,借助于空心轴和橡胶联轴器与轮对周弹性连接。

两轴纵向驱动的优点为,转向架的轴距比以上两种形式可有较大的减小,有可能到 2 m 以内。另外当一个轮对的黏着摩擦由于局部的蠕滑效应而遭到破坏时,则另一具有摩擦条件的轮对担当起后备保险的作用。同样,在加速和减速时所出现的轮对卸载将不起作用,因为一根轴卸载,另一根轴上就要承担附加的载荷,整个转向架所传动的摩擦力矩总和仍不变。而在单轴分离配置牵引电动机时,轮对的摩擦极限有被超过的危险,卸载的轮对就有可能打滑空转。

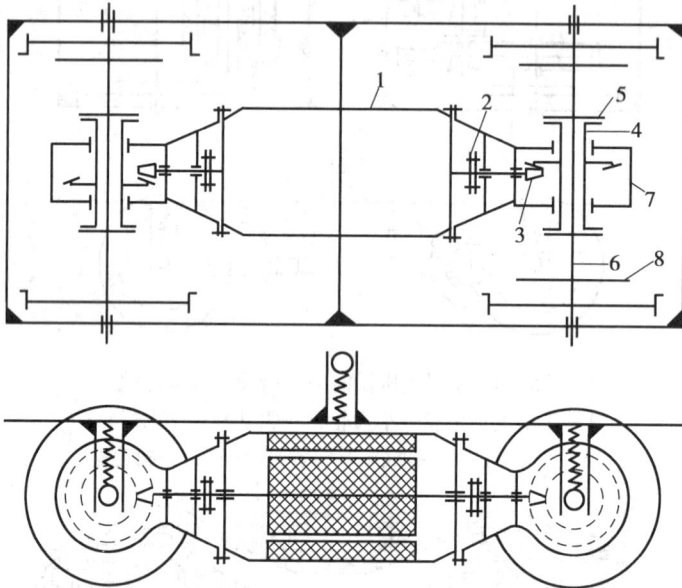

图 5.68　两轴一纵向驱动、骑马式传动装置
1—牵引电机;2—联轴器;3—驱动锥齿轮;4—空心轴;
5—橡胶联轴器;6—轮轴;7—减速箱;8—制动盘

这种结构通过机械联结强制驱动转向架的两个轮对具有相同的角速度,若两轮对的车轮直径存在差异,也会造成轮对阻力上升和磨耗的增加。另外它的整个装置均由转向架的两轮对直接支撑,增加了簧下质量,增强了转向架运行的动力作用。

（6）全弹性结构的两轴一纵向传动装置

如图 5.69 所示全弹性结构的两轴一纵向传动装置。这种装置的牵引电动机完全弹性的固定于转向架构架的横梁上,电动机驱动轴经减速齿轮驱动万向接头空心轴,再经橡胶连杆联轴器将扭矩传递给轮对,由于电动机的质量由构架全部承担,因此,也称为架悬式结构,也由于轮对采用了空心轴,又称为轮对空心轴式结构。

（7）牵引电动机对角配置的单独轴一纵向传动装置

两牵引电动机对角悬挂于转向架构架的两横梁上,电动机与齿轮传动装置间扭矩的传递经由连杆轴实现,如图 5.70 所示。

齿轮减速箱一端弹性悬挂于构架的端梁;另一端抱在轮对车轴上。转向架上两套电动机及其传动装置独立配置,各自驱动一轮对。

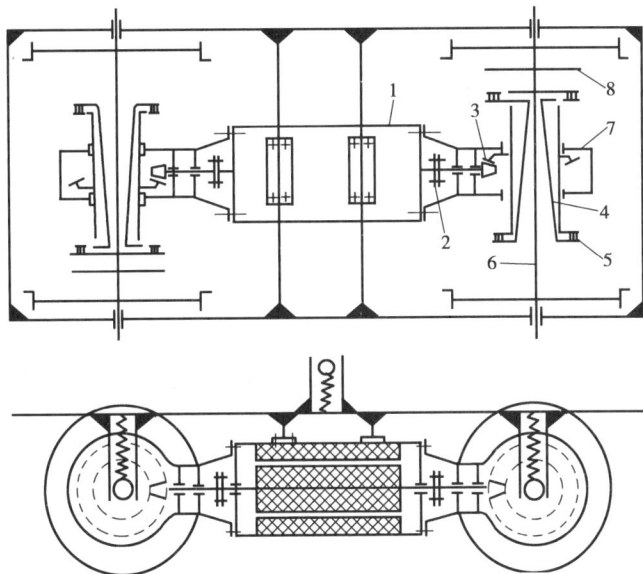

图 5.69　全弹性结构的两轴—纵向传动装置
1—牵引电机;2,5—联轴器;3—驱动锥齿轮;
4—万向接头空心轴;6—轮轴;7—减速箱;8—制动盘

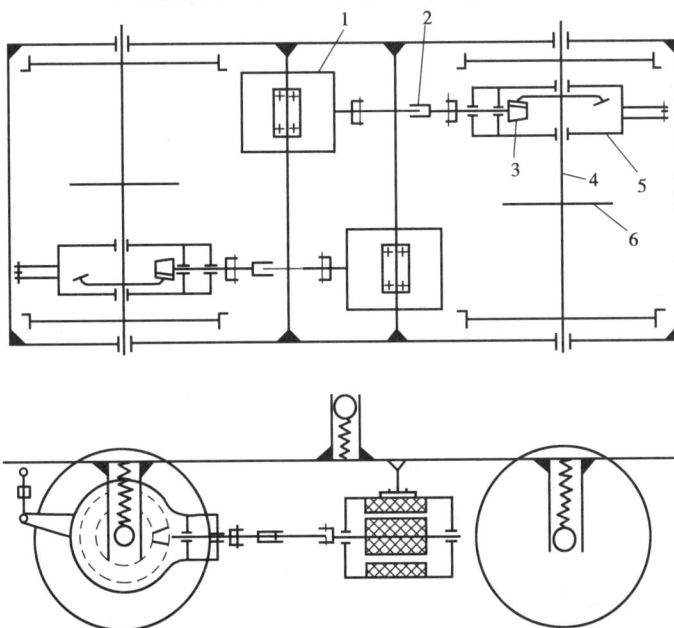

图 5.70　纵向传动装置
1—牵引电动机;2—连杆轴;3—驱动锥齿轮;4—轮轴;5—减速箱;6—制动盘

(8)牵引电动机置于车体上的传动装置

牵引电动机装于车体上,电动机驱动轴经万向联轴器将扭矩传递给置于转向架上的减速装置,从而是轮对转动。其驱动装置原理图如图 5.71 所示。由于牵引电动机质量由车体全部承担,因此称为体悬式。该传动方式广泛用于城市轨道交通车辆独立旋转车轮车辆的驱动。

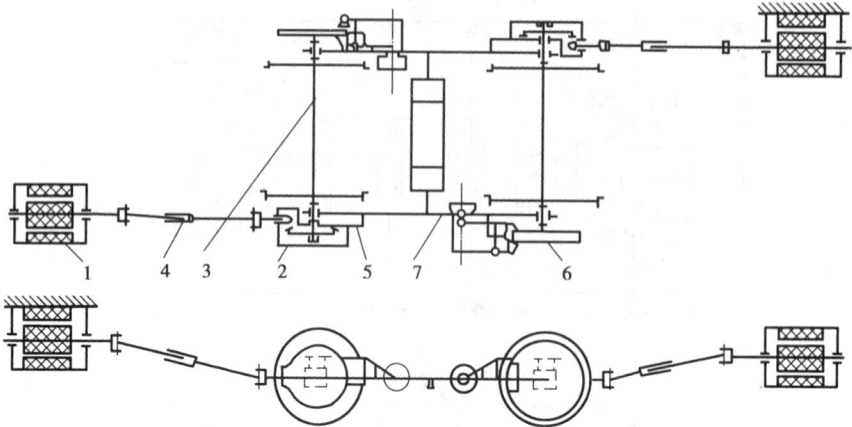

图 5.71　驱动装置原理图

1—牵引电动机;2—齿轮传动装置;3—轮轴;4—连杆轴;5—传动支撑;6—制动盘;7—制动装置

【任务实施】

本次任务的实施建议在城轨车辆驱动装置检修班组进行,下面以西安地铁 2 号线车辆的牵引电机驱动装置为例进行本任务的实施。

(1)牵引装置的总体认知

如图 5.72 所示为西安地铁 2 号线车辆牵引驱动装置结构装配示意图,由图可知,它主要包括齿轮箱组成、齿式联轴节和牵引电机。齿轮箱采用分体式球墨铸铁箱体,齿轮为斜齿轮、一级减速,传动比为 7.69;润滑油采用:Spirax EP80(shell),润滑方式为飞溅润滑。齿轮箱大齿轮安装在车轴上,另一端通过吊杆与构架上的齿轮箱吊座相连。齿式联轴节可适应电机侧和小齿轮侧的偏角,满足电机轴和小齿轮轴的相对位移要求,同时可完成传递扭矩的作用。牵引电机完全悬挂在构架上。

图 5.72　牵引驱动装置结构图

牵引装置的主要作用是:①使牵引电机的扭矩转化为轮对上的转矩,利用轮轨之间的黏着作用,驱动车辆沿着钢轨运行。②牵引电机在列车运行中起着产生牵引力和电制动力的作用。③牵引电机安装在动车转向架上,一个动车转向架配有两个牵引电机。每个牵引电机控制一根轴。

（2）**联轴节**

如图5.73所示为西安2号线地铁车辆动车牵引驱动装置的联轴节的实物图。西安地铁2号线地铁车辆动车转向架的每根车轴都安装一套,联轴节使齿轮箱与牵引电机相连。由两半个联轴节组成,分别位于牵引电机输出端和齿轮箱输入轴。联轴节采用弹性连接,具有自动复位(定位)对中功能。

图5.73　牵引驱动装置的联轴节

（3）**牵引电机与齿轮减速箱**

如图5.74和图5.75所示分别为西安地铁2号线的电机与齿轮减速箱的实物图。学员在教师的指导下认知电动机与齿轮减速箱的结构与作用。带有联轴节的齿轮箱传动装置具有传递牵引力矩和传递制动力(即电制动力)的作用。齿轮箱悬挂装置固定在转向架构架上,具有支撑齿轮传动装置和调节齿轮箱高度的作用。

图5.74　牵引驱动装置的电机与齿轮减速箱

173

图 5.75 齿轮减速箱

【效果评价】

评价表

项目名称	城市轨道交通车辆转向架	学生姓名	
任务名称	任务 6 驱动装置的认识	分 数	
项 目		分 值	考核得分
1.驱动装置的结构形式及各自特点的认知情况		70	
2.编制学习汇报报告情况		20	
3.基本素养考核情况		10	
总体得分			
教师简要评语： 教师签名：			

任务 7 典型城轨车辆转向架分析

【活动场景】

利用多媒体介绍几种城市轨道交通车辆转向架的结构。

【任务要求】

了解几种地铁转向架的作用、分类及组成。

【知识准备】

城市轨道交通车辆包括电动车组、高架轻轨等,一般均为电动车辆。城市轨道交通车辆的转向架可分为动力转向架和非动力转向架,也可称为动车转向架和拖车转向架。随着城市轨道的快速发展,目前城轨车辆的转向架形式多样,结构各异。本次任务,我们选择几种典型的城市轨道交通车辆的转向架,应用前面在任务1—任务6所学的知识,对其进行分析。

（1）北京地铁 DK3 型地铁车辆转向架

DK 型转向架是我国设计制造的用于北京地铁车辆的转向架,属于该系列的有 DK1,DK2,DK3,DK6 及 DK7 等多种型号。

1）组成

如图 5.76 所示为北京地铁 DK3 型地铁车辆转向架,由图可知,它主要由轮对轴箱、轴箱定位装置（一系悬挂）、构架、摇枕弹簧装置（二系悬挂）、驱动装置、基础制动装置等组成。

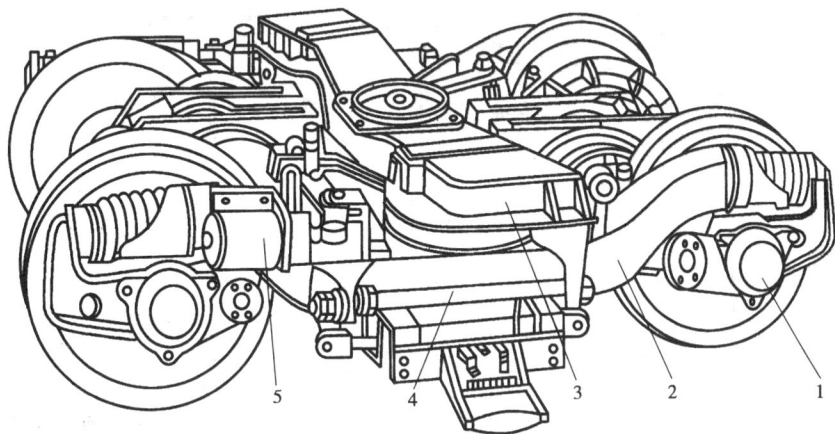

图 5.76　北京地铁 DK3 型地铁车辆转向架

1—轴箱弹簧;2—构架;3—摇枕弹簧;4—纵向拉杆;5—基础制动装置

2）结构特点

①轴箱定位装置。轴箱弹簧水平放置＋金属橡胶弹性销定位属于转臂式轴箱定位,如图5.77 所示。

②摇枕弹簧装置。上部通过心盘与车体相连——心盘承载,即心盘传递全部载荷（包括垂向力、横向力、纵向力）。下部通过空气弹簧和纵向拉杆与构架相连——空气弹簧传递垂向力和横向力,而纵向拉杆传递纵向力（牵引力或制动力）。具体结构如图 5.78 所示。

③驱动装置。每台转向架配置两台牵引电机。牵引电机一端通过爪形轴承支于轮轴上;另一端悬于构架横梁上。牵引电机通过齿轮传动装置将扭矩传递给轮对,齿轮传动装置由齿轮减速箱、齿式联轴节和减速箱悬吊装置 3 部分组成,如图 5.79 所示。

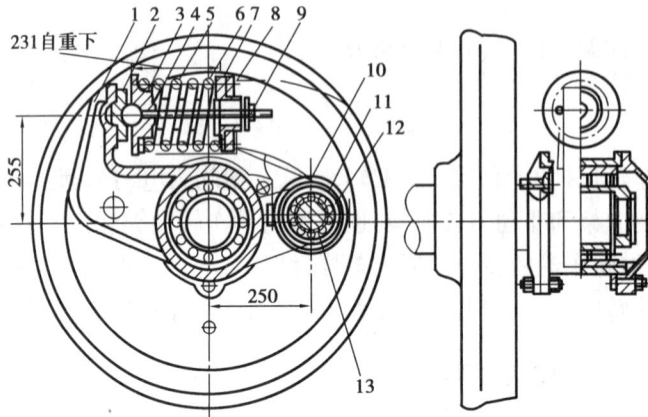

图 5.77　北京地铁 DK3 型转向架轮对轴箱弹簧装置
1—轴箱体;2—滚道座;3—钢球;4—弹簧前盖;5—轴箱弹簧;6—螺栓;
7—弹簧定位座;8—橡胶缓冲垫;9—螺母;10—外套;11—硫化橡胶;12—内套;13—心轴

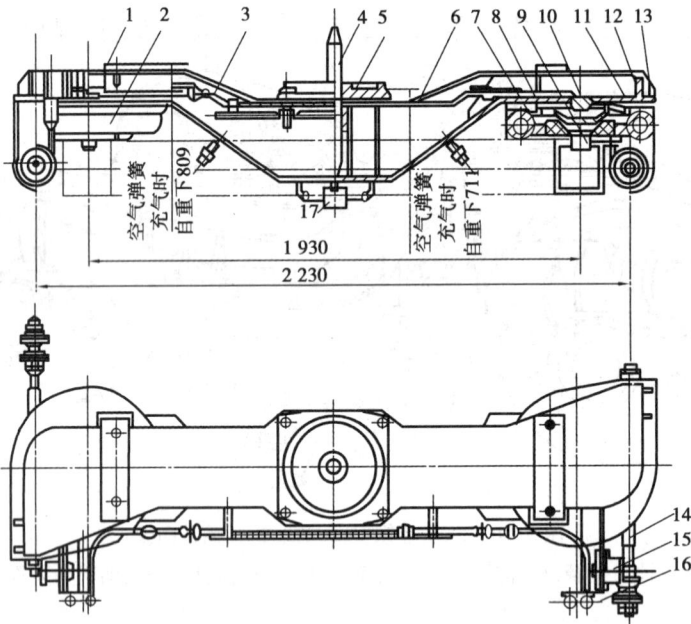

图 5.78　DK3 型转向架摇枕弹簧装置
1—下旁承及垫板;2—空气弹簧;3—空气管路;4—中心销;5—下心盘及垫板;
6—摇枕;7—空气弹簧下座;8—碗形橡胶垫;9—定位堵;10—节流孔;11—橡胶囊;
12—橡胶垫;13—弹簧上盖;14—纵向拉杆;15—高度控制阀;16—电磁阀及止回阀;17—差压阀

3)转向架力的传递过程

①垂向力(即重力)。车体(上心盘)→下心盘→摇枕→空气弹簧→构架侧梁→轴箱定位销和水平弹簧→轴箱→车轴→车轮→钢轨。

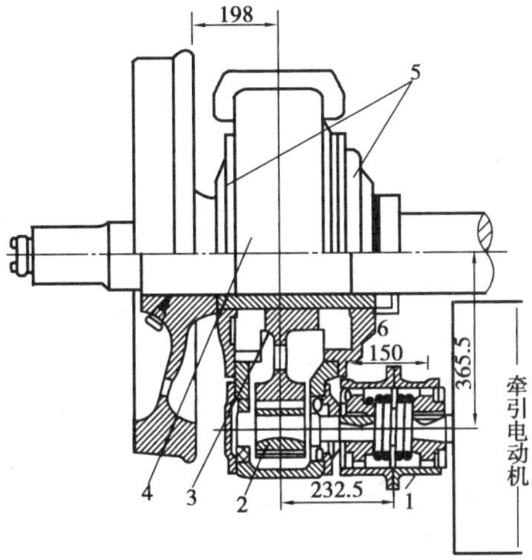

图 5.79　传动齿轮和联轴节

1—齿式联轴节;2—主动齿轮;3—从动齿轮;4—减速箱;5—半联轴节;6—定位隔板

②横向力(离心力等)。车轮→车轴→轴箱→轴箱定位销→构架侧梁→空气弹簧和牵引拉杆座→摇枕→心盘→车体。

③纵向力(牵引力或制动力)。车轮→车轴→轴箱→轴箱定位销→构架侧梁→牵引拉杆(即纵向拉杆)→摇枕→心盘→车体→车钩。

(2)北京首都机场 ART 车辆转向架

ART(Advanced Rapid Transit)车辆是一种先进快速运输车辆,现运营于北京首都国际机场快线,由庞巴迪公司生产制造。ART 转向架分 A 车转向架和 B 车转向架,具体结构如图 5.80 和图 5.81 所示。

1)结构特点

ART 转向架为四轮内轴承型,包括有预制钢构架以及提供有可转向的车轴、叉臂、第二级空气弹簧悬挂和摇枕。最大设计速度为 120 km/h,最大运行速度为 110 km/h,承载17 000 kg。

通过空气弹簧悬挂,垂向负载从车身摇枕传输到转向架摇枕。这些负载通过低摩擦旁承传输到转向构架上。转向架具有可转向机构,它允许车轴在曲线段时转向。机构的几何形状是对称的,以改善转向架的动态行为。转向架也配备有推进元件、制动设备、集电装置和转速计。

通过外叉臂、转向机构、转向构架和转向架摇枕,纵向力从 LIM 传输到车辆。中心销提供转向构架和摇枕之间的相互旋转。牵引和制动力通过弹性安装牵引杆从转向架摇枕传输到车身。

2)转向架的主要尺寸

转向架的主要尺寸参数如下:

转向架总高　　　　　　　　　　　　　　　　2 780.15 mm

转向架总宽(减去电流集电器)　　　　　　　2 594.01 mm

转向架整体尺寸(包括电流集电器)　　　　　2 949.74 mm

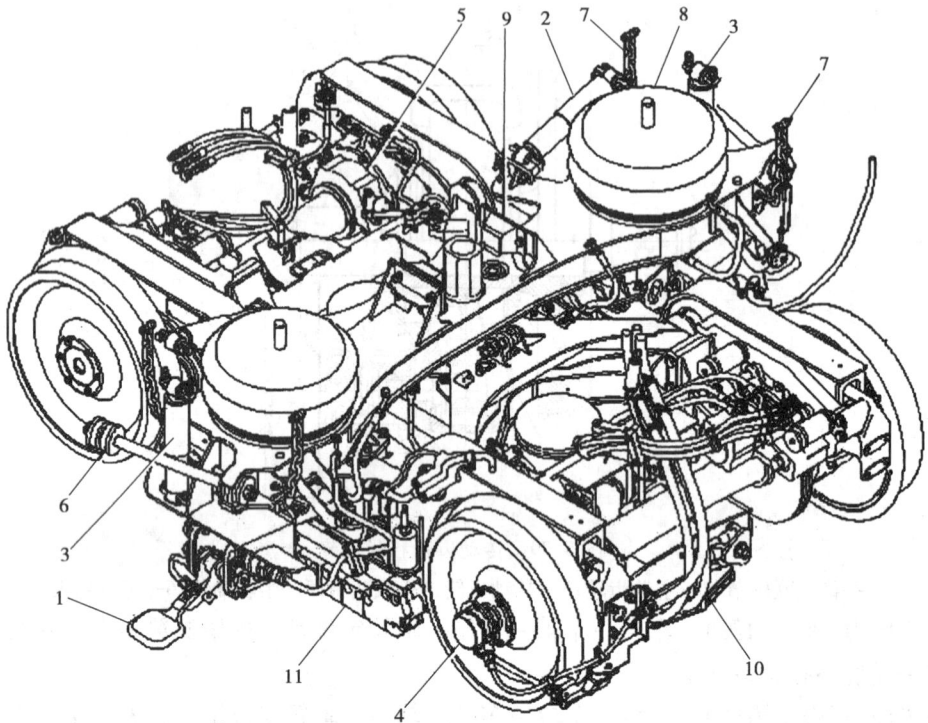

图 5.80　A 车转向架结构组成图

1—电流集电器;2—横向减振器;3—垂直减振器;4—转速计;5—接地电刷;

6—牵引杆;7—安全吊索;8—气囊;9—横向缓冲器;10—LIM;11—轨制动器

车轮直径(新)	660 mm
车轮直径(已磨)	632.01 mm
轮背对轮背距离	1 356 mm
转向架轴距	1 900 mm
第一系悬挂顶部	500 mm
第二系悬挂顶部	892 mm
距运行轨面的车辆地板高度	1 080 mm

(3)南京地铁转向架

南京地铁车辆的走行部由两台轴承外置式无摇枕转向架组成。转向架主要由构架、轮对和轴箱、驱动装置(仅限动车转向架)、减振装置、中央牵引装置和其他辅助装置组成。在南京地铁列车的下面安装了 12 个转向架,其中 8 个动力转向架和 4 个拖车转向架。

这些转向架有以下标志:PBW——动力转向架,配备 WSP(车轮轮缘润滑器);PB——动力转向架,如图 5.82 所示;TBEX——先行拖车转向架,如图 5.83 所示;TBIN——中间拖车转向架,如图 5.84 所示。

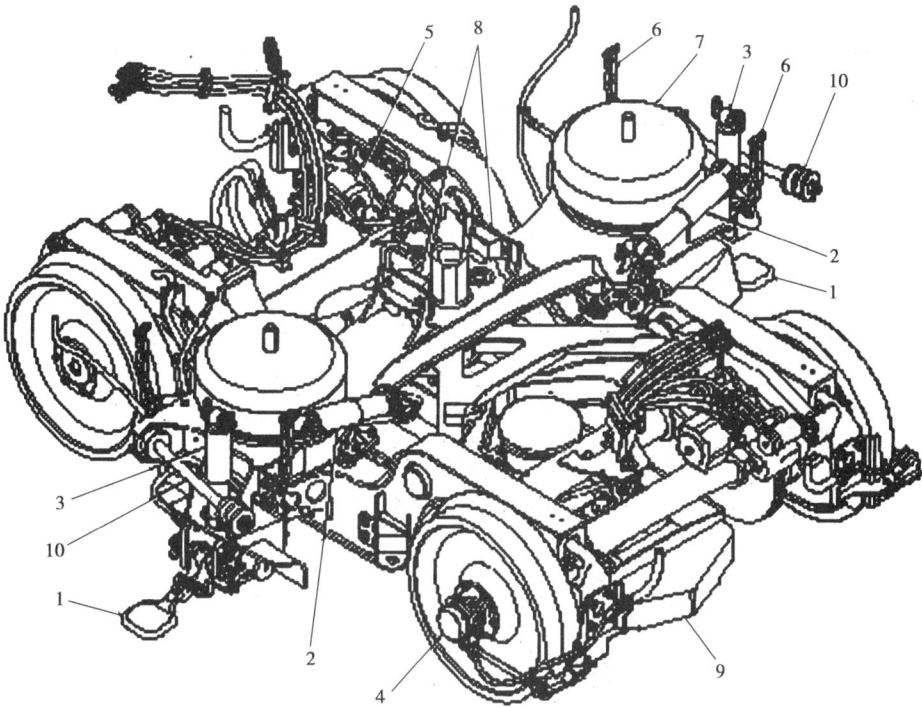

图 5.81　B 车转向架结构组成图

1—电流集电器;2—横向减振器;3—垂直减振器;4—转速计;5—接地电刷;
6—安全吊索;7—气囊;8—横向缓冲器;9—LIM;10—轨制动器

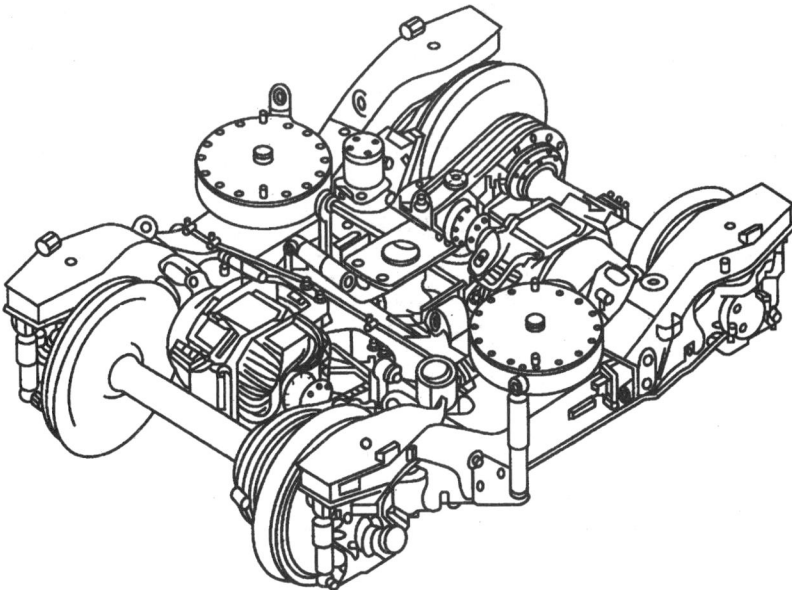

图 5.82　动车转向架(PB)

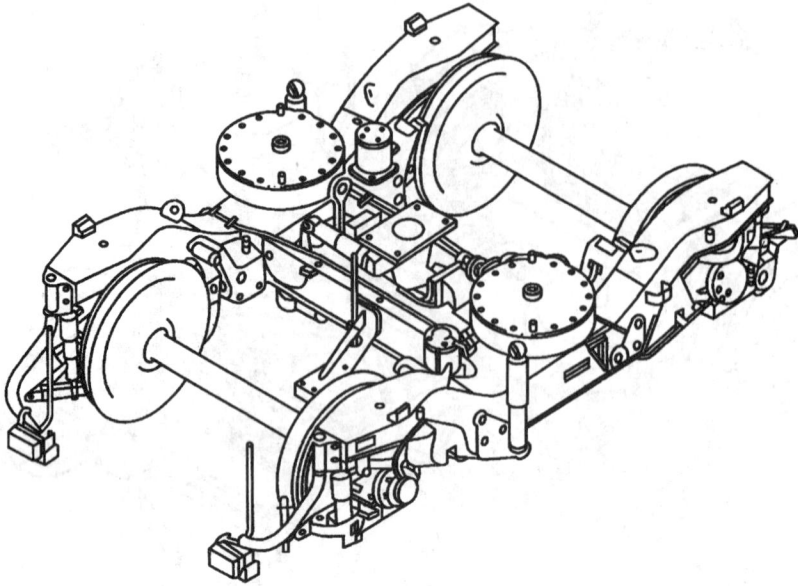

图 5.83　先行拖车转向架(TBEX)

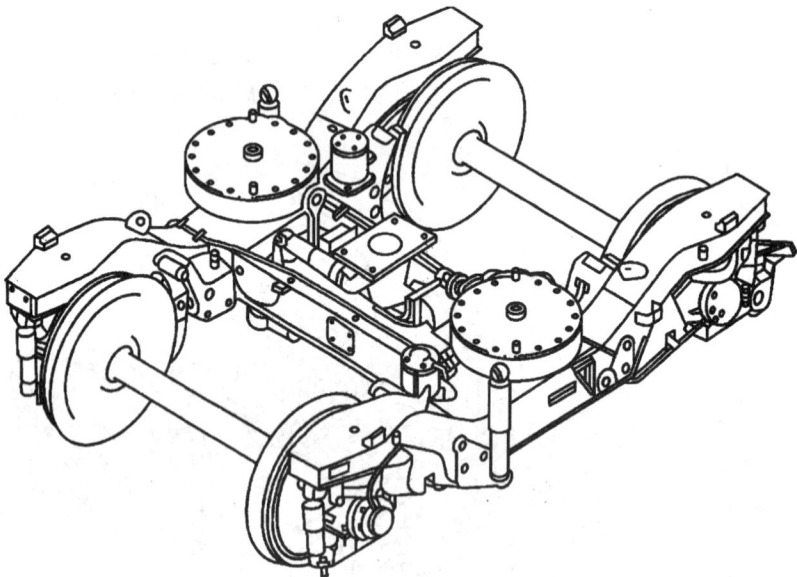

图 5.84　中间拖车转向架(TBIN)

对于 6 节车厢的结构,转向架的位置如下:

TBEX	PBW	PBW	PB	PB	TBIN
TBIN	PB	PB	PBW	PBW	TBEX

转向架主要技术参数见表 5.1。

表 5.1　转向架主要技术参数

轴数	2
固定轴距/mm	2 500
中心距/mm	15 700
轮对内侧距/mm	1 353 ±2
动车转向架和拖车转向架长/mm	3 400(不包括特殊装置)
动车转向架和拖车转向架宽/mm	2 590
车轮直径/mm	新轮 840
磨耗到限轮/mm	770

1)构架

构架是转向架的主体,由压制成型的钢板 P275NL1(NF EN 10028-3)焊接成"H"形全封闭的箱形结构,包括两个对称的"S"形弯管侧构架,通过横向构件在它们的中央连接,如图5.85、图 5.86 所示。

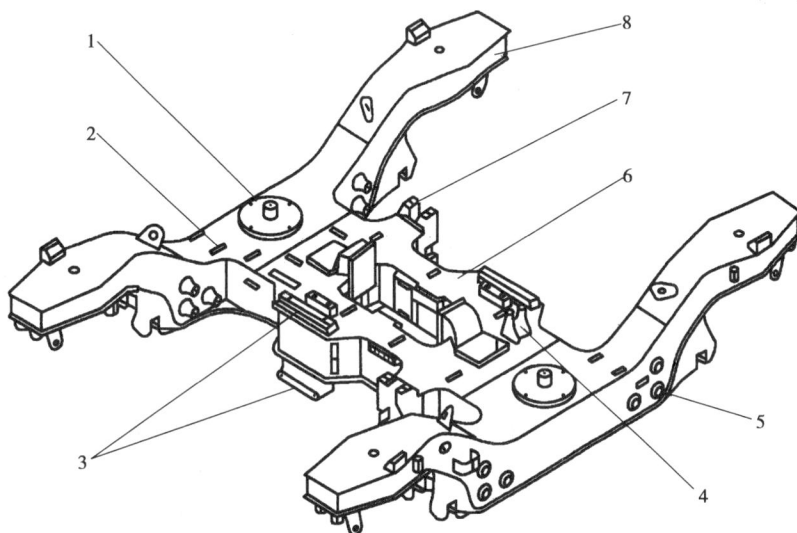

图 5.85　动力转向架构架

1—空气簧接口;2—管道支架;3—电动机连接件;4—横向缓冲器托架;
5—制动装置连;6—横向构件;7—扭接连杆托架;8—侧构架

构架的主要作用是承受和传递载荷,并焊有牵引电动机、齿轮箱和减振器的吊座、弹簧悬挂装置的接口以及空气制动管道的支架等。

2)轮对和轴箱

轮对是车辆走行部分之一,它由车轮和车轴组成。

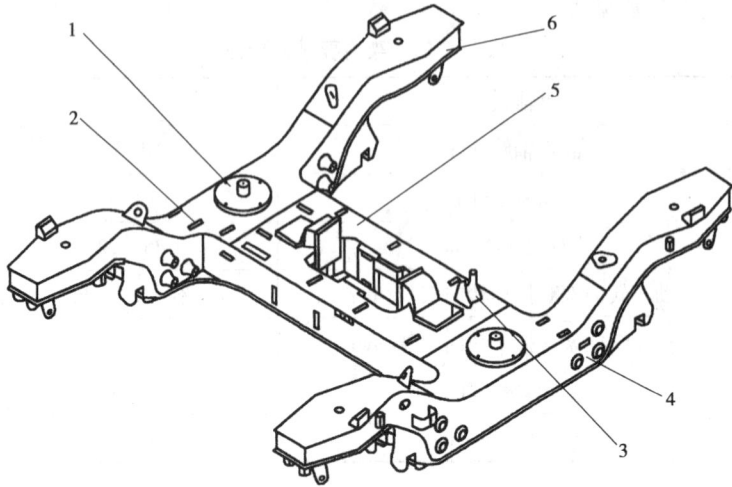

图 5.86　拖车转向架构架

1—空气簧接口;2—管道支架;3—横向缓冲器托架;

4—制动装置连接件;5—扭接连杆托架;6—侧构架

①车轮。车轮是采用 R9T 优质钢的整体辗钢轮,按照 UIC 812 第 3 部分制造。新轮的直径为 840 mm,磨损后的车轮直径限值是 770 mm;车轮磨损极限通过轮缘外表面的槽示出。车轮采用压力配合装配在车轴上。每个车轮都配备有注油口,这样可利用油压从车轴上拆卸车轮。

②车轴。车轴是采用锻造后机加工的整体车轴,材料是 AIN 钢。由于负载和受力不同,所以有动车轴和拖车轴之分。新的车轴轮座拥有 198 mm 的标称直径,提供了 5 mm 的余量,这样如果在更换车轮期间发生损坏,可以进行加工。

车轴两端伸进轴箱的部分称为轴颈,安装轴承和承受车辆载荷;压装车轮的部分称为轮座;车轴中部是轴身。动车转向架的轴身上安装有齿轮箱,传递电动机产生的转矩驱动轮对,再通过构架和中央牵引装置带动车辆前后运行。

3)轴箱

装配在轴颈上的部件是迷宫式轴箱,采用的是滑脂润滑的滚柱轴承,它不需要加满轴承滑脂。轴箱的主要作用是连接轮对与转向架构架,承受垂向和侧向载荷,保持轴颈与轴承的正常位置。采用滚柱轴承降低了轴箱摩擦因数,减少了车辆启动和运行阻力,可适应地铁车辆高速运行、停车频繁、行车密度大的要求。

轴箱外侧是轴箱盖,可使轴承免受灰尘、雨水的侵害,还用于安装传感器和接地回流装置。

4)驱动装置

①电动机。每个动力转向架都配备有两个 ALstom 4LCA 2138 型牵引电动机,这两个电动机横向安装在转向架构架横向构件上。如果连接件发生故障,连接转向架横向构件的两根安全索和电动机上的安全凸缘则防止电动机下落到轨道上。

电动机配备了传感器将电动机速度数据传输到车身内的控制和监视系统。

②联轴器。动力通过 Esco FTRN 70 挠性联轴器从电动机传输给齿轮箱。联轴器包括两个半联轴器,每个半联轴器都通过压力安装在电动机或齿轮箱的锥轴上。

联轴器的设计允许电动机和齿轮箱在所有方向都可进行相对移动。两个半只联轴器用环螺栓连接,可轻易地分开。

③齿轮箱。齿轮箱(见图 5.87 中 3)是 Watteeuw SHA 910 两级减速齿轮箱,一个输入轴装有一级小齿轮(27 齿),一个中间轴装有一级齿轮(78 齿)、二级小齿轮(27 齿),输出轴装有一二级齿轮(65 齿)。传动比为 $(65 \times 78)/(27 \times 27) = 6.9547$。

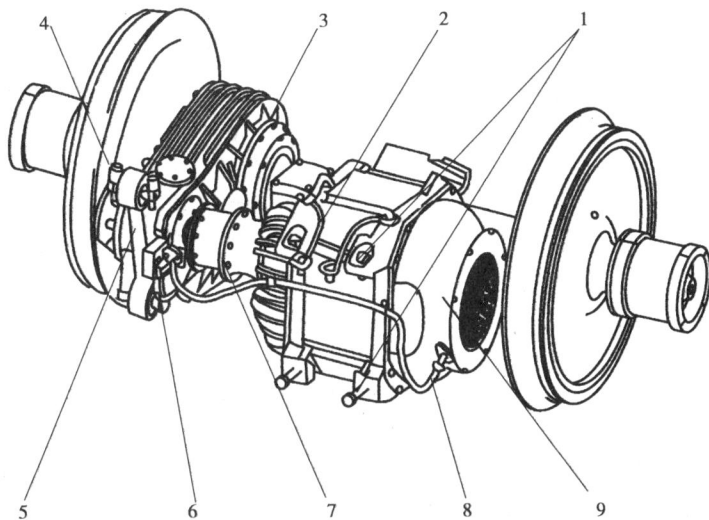

图 5.87　驱动装置

1—连接构架;2—安全锁;3—Watteeuw 齿轮箱;4—连接构架;5—扭接连杆;
6—安全凸缘(安装在构架);7—Esco 联轴器;8—电动机速度传感器;9—牵引电动机

齿轮由调质钢制成,并采用圆柱形螺旋齿形结构以减少齿轮箱的噪声。齿轮箱安装在车轴上,它通过配备两个弹性末端轴承的扭接连杆连接转向架横向构件。

齿轮和轴承由齿轮箱中的油进行喷溅润滑,齿轮箱中的油通过油井和油槽系统输送给轴承。齿轮箱配备了磁性放油塞、有油位表的加油塞和通气器。如果扭接连杆发生故障,齿轮箱则接触固定在转向架构架的安全凸缘,从而防止了绕车轴旋转。

5)减振装置

①一系悬挂。一系悬挂如图 5.88 所示。一系悬挂位于轴箱和转向架构架之间,由带橡胶止挡的螺旋弹簧组成,橡胶止挡在高载荷下起作用。一系悬挂包括一个垂向减振器。一系悬挂在轮组与转向架之间传输驱动和牵引力,使轨道上转向架稳定并允许将直线运行转换成曲线运行。

一系悬挂属转臂型悬挂。轮对的导向由径向臂来完成,转臂通过弹性衬套与构架连接。在车轴中心线上方的两个同轴螺旋弹簧提供了垂直方向的刚性,横向和纵向刚性则由安装在转臂端部并连接转向架构架中扼架的弹性衬套提供。

转臂在车轴轴承箱顶部,轴承用支撑板固定在悬挂中。安装在支撑板尖端和转向架构架端部的液压缓冲器提供缓冲功能。位于螺旋弹簧内部的弹簧动弯曲限制器限制转向架向下移动。接触转臂尖端的止动销限制转向架向上移动,因此,当转向架提起时,悬挂使轮组与轮架保持相对位置。

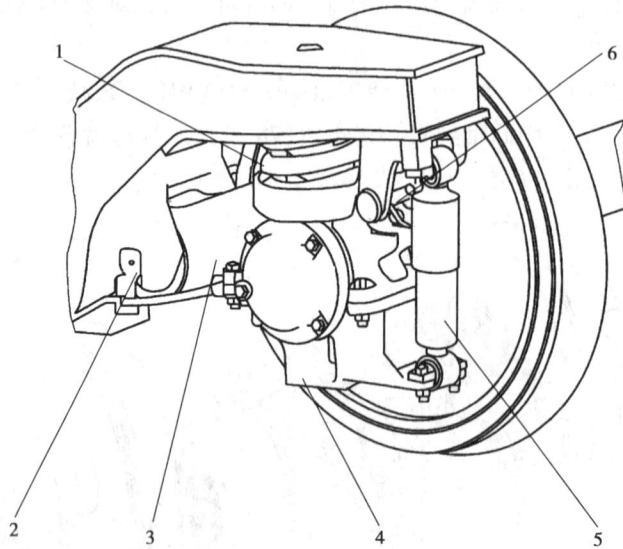

图 5.88　一系悬挂

1—同轴螺旋弹簧;2—弹性衬套;3—转臂;4—支撑板;5——系缓冲器;6—止动销

　　填隙片安装在弹簧上座下面用于补偿不同的车轴质量和重心,这样可保证转向架保持水平。优化一系悬挂的特性,可降低轮轨间的磨耗、转向架摆动和滚动角。

　　②二系悬挂。二系悬挂的主要功能是使乘客感到舒适。该悬挂对车身进行挠性支撑,使得车身相对于转向架移动且与此同时提供横向重新定心功能。二系悬挂如图 5.89 所示。

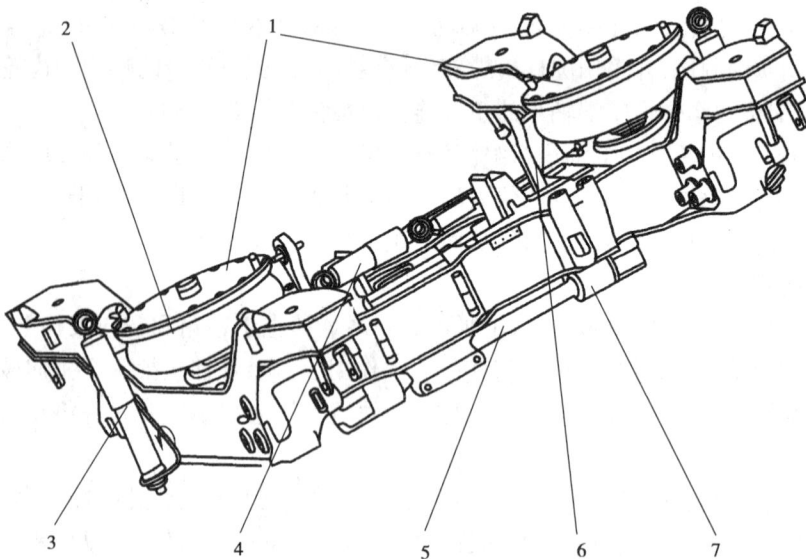

图 5.89　二系悬挂

1—车身接口;2—空气簧;3—二系垂直缓冲器;4—纵向缓冲器;
5—抗侧滚扭杆;6—抗侧滚扭杆力臂;7—抗侧滚扭杆轴承

　　a.两个空气簧,位于转向架与车身之间,用于支撑列车的质量。使弹簧膨胀的空气直接从车身通过空气簧顶板中的孔板提供。每个空气簧都有一个整体式弹性材料(金属弹簧),从而保证在没有膨胀的情况下紧急悬挂。

b.两个对角的垂直减振器,安装在转向架构架与车身之间,对车体上的垂向运动起阻尼作用。

c.横向减振器,安装在转向架与中心销之间,横向减振器和两个弹性止挡用于缓冲及控制车体的横向运动。

d.抗侧滚扭杆,安装在转向架下面。抗侧滚扭杆通过抗侧滚扭杆力臂连接车身,目的是当车体发生侧向振动倾斜时,在抗侧滚扭杆力臂端部作用一力偶,使抗侧滚扭杆产生扭转变形,利用抗侧滚扭杆轴承来减少和缓和车体的侧滚运动。

为了补偿车轮的磨损,当车轮半径磨损达到 12 mm 时,在空气簧与转向架构架之间安填隙片。

6)中央牵引装置

转向架与车身之间的接头传输转向架与车身之间的牵引力与制动力。该接头由在车身下面用螺栓连接的中心销构成,该中心销与位于转向架横向构件中央的弹性牵引中心咬合。转向架纵向和横向载荷通过中心销传到车体上。车体和转向架接触处(在中心销处)与运行轨道顶面之间平均高度大约为 432 mm。

中央牵引装置包括一套预加应力的弹性材料块,该弹性块安装在中央平衡器上,如图5.90所示。中心销安装进平衡器中央的弹性轴承中。中央牵引装置在转向架与车身之间传输纵向力。弹性块在纵向预加了应力,其行程受硬限制器的限制。中央牵引装置有足够的弹性使得车身可相对于转向架旋转、滚动和垂直及横向移动。横向移动受固定于中心销的两个弹性限制器限制。

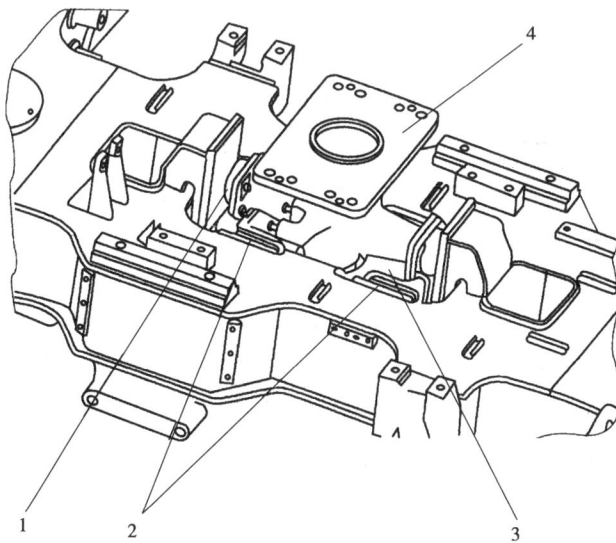

图 5.90　中央牵引装置

1—横向限制器;2—预加应力的弹性块;3—平衡器;4—中心销

南京地铁转向架中央牵引装置的牵引中心允许车身提起转向架。为了补偿车轮的磨损，当车轮半径磨损量达到 12 mm 时，在提吊止动螺钉与牵引中心之间安装了填隙片。

7）基础制动装置

每个转向架的制动由 4 个踏面制动单元（每个车轮一个）来提供，如图 5.91 所示。对于 4 种转向架类型，它们的制动器设备都相同。拴接在转向架侧构架上的 4 个单元制动器保证了制动。两个对角单元制动器装置也配备了停车制动器，也可通过拉出紧急缓解锁闭销人工松开停车制动器。

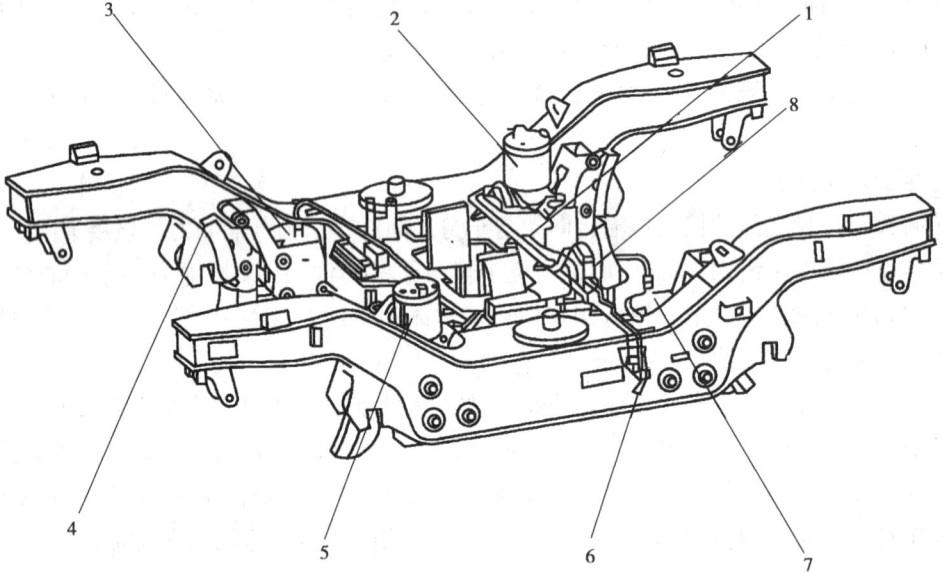

图 5.91　基础制动装置

1—刚性管道;2,5—工作/停车制动器装置;3,7—工作制动器装置;
4—双制动闸瓦;6—车身空气接头;8—双向排风阀

制动装置自动补偿制动闸瓦的磨损并将制动闸瓦与车轮之间的间隙保持在稳定值。

供气从车身到达转向架侧基础制动装置并用固定于导轨的刚性不锈钢管输送给制动装置，该导轨焊接在转向架构架上。不同的管通过螺旋形接头连接。

每个转向架都配备了双向制动阀,该制动阀按照轮组 WSP 探头提供的速度信号调节单个轮组的制动负荷。

8）其他辅助装置

①WSP 系统。所有转向架车轴的一端都配备了 WSP(车轮防滑传感器)系统,该系统防止制动期间车轮打滑。包括固定于车轴端部并在探头前面旋转的齿轮。每次轮齿通过探头前面时就发出信号。信号的频率与车轮速度成正比。在探头与齿轮之间没有任何接触。

②接地回线装置。车轴的另一端配备接地回线装置(除去各个拖车转向架车轴中配备车速表的车轴)。

接地回线装置保持了固定元件(转向架构架)与旋转元件(车轴、车轮)之间的电气连续性。通过将回流直接传输给车轴,接地回线装置对车轴箱轴承进行简单而又有效的保护。接地回线装置通过接地地线连接转向架或直接连接车身。拖车转向架接地回线装置有单独的电刷,动车转向架装置则有两个电刷,如图 5.92 所示。

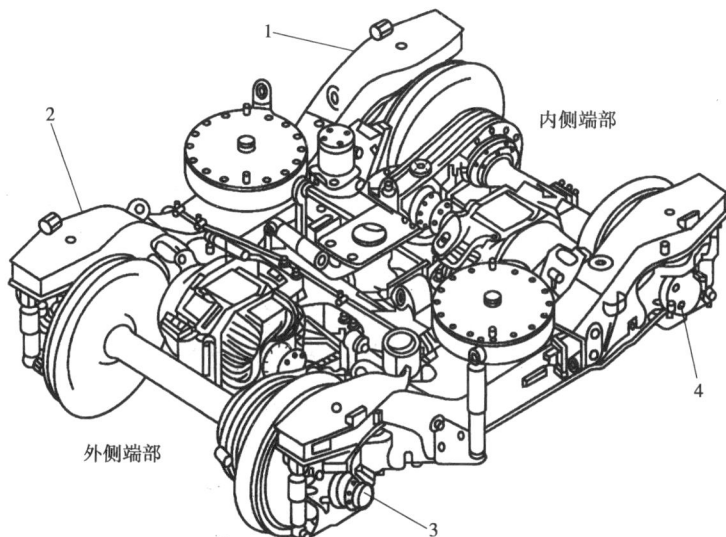

图 5.92　动车转向架

1,3—双电刷接地回线装置;2,4—WSP 探头

③车速表。如图 5.93 所示,各个拖车转向架车轴中都有一个车轴配备车速表。车速表由与固定在车轴端部驱动板咬合的销驱动,该车速表提供 ATC 系统列车速度信息。

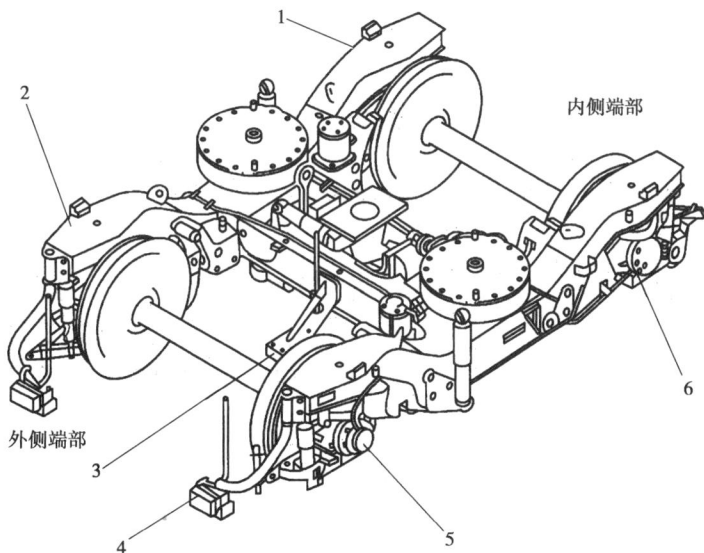

图 5.93　拖车转向架

1—车速表;2,6—WSP 探头;3—PTI 天线(仅 TBEX) ;

4—ATC 天线(仅 TBEX) ;5—双电刷接地回线装置

④PTI 天线。如图 5.93 所示,PTI 天线安装在各个先行拖车转向架(TBEX)的横向构件外侧,它为列车外侧控制和监视系统提供车站停车的列车位置信息。

⑤ATC 天线。如图 5.93 所示,先行拖车转向架(TBEX)的外侧端有 ATC 天线。该天线固定在臂部,而臂部固定在侧构架的前面。ATC 天线向列车内侧控制和监视系统提供列车在轨道上的位置信息。

⑥在车轮轮缘润滑器 WSP。如图 5.94 所示,车轮轮缘润滑器 WSP 是在车轮上涂一层薄薄的润滑材料,然后该材料沉积到轨道上可减少车轮的磨损。

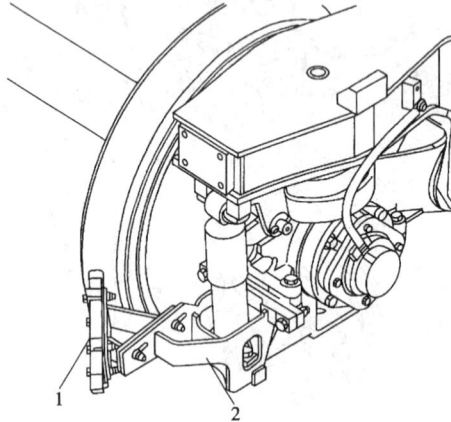

图 5.94　车轮轮缘润滑器 WSP
1—杆夹;2—杆夹托架

A 车的先行拖车转向架的外侧轮对、B 车的 PBW 转向架的内侧轮对和 C 车的 PBW 转向架的内侧轮对配备了车轮法兰润滑器。

固定在杆夹的润滑杆元件靠压在车轮上从而进行润滑。杆夹固定在拴接于一系悬挂前面的托架上。

(4)天津滨海快速轨道交通车辆转向架

天津滨海快速轨道交通车辆动车转向架如图 5.95 所示。

1)构架

构架分为动车转向架构架(见图 5.96)和拖车转向架构架,它们的主要结构相同,属于 H 形构架。都是钢板焊接结构的箱型侧梁、与侧梁相贯通的无缝钢管做横梁,且尺寸一致。主要区别在于所安装的设备不同而有所差别,如动车构架带有电动机吊座、齿轮箱吊台等。

为降低构架质量,简化结构,采取如下措施:

①横梁用无缝钢管制成。

②侧梁作空气簧附加气室。

③侧梁和无缝钢管焊接处用环形加强版。

2)二系悬挂装置

如图 5.97 所示,二系悬挂装置主要包括空气簧、高度调整阀、水平杠杆、调整杆、压差阀、抗侧滚扭杆等。

①空气簧。为了改善车辆的乘坐舒适性和通过曲线的性能,天津滨海快速轨道交通车辆采用了低横向刚度的新结构空气簧,能缓和车体的垂向和横向振动。构架侧梁内腔作空气簧

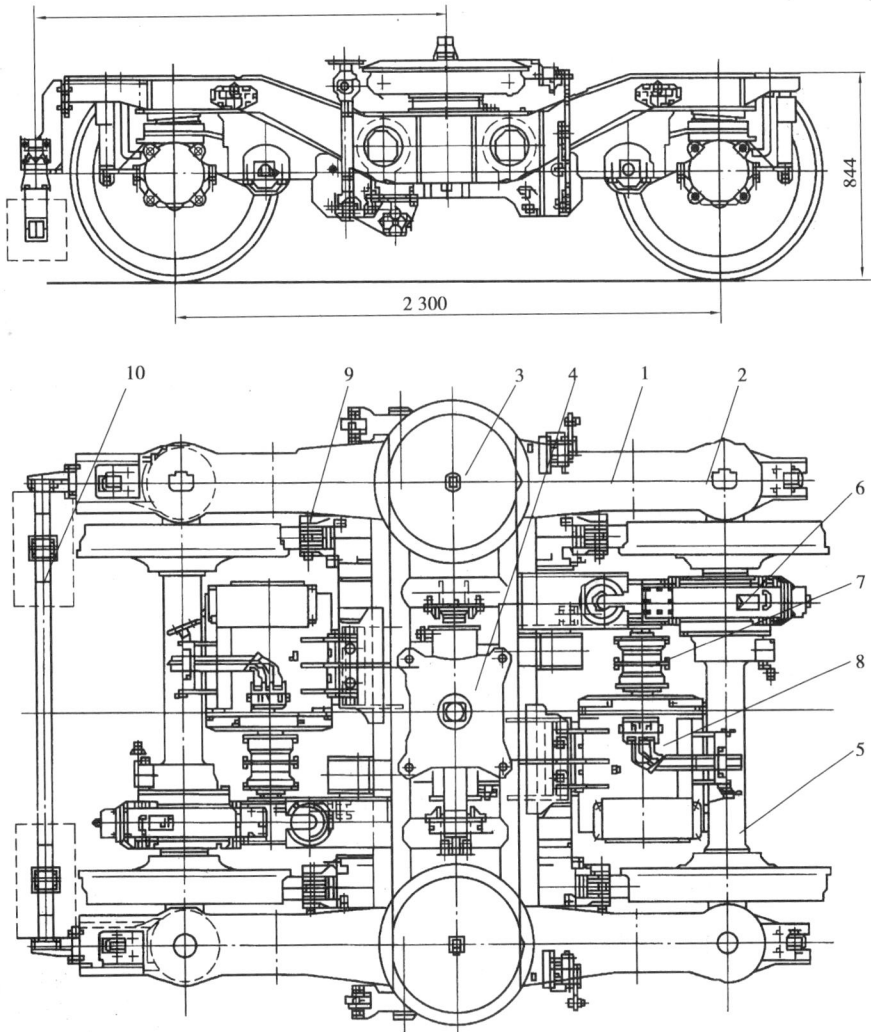

图 5.95   动车转向架

1—转向架构架;2——系悬挂装置;3—二系悬挂装置;4—牵引装置;5—轮对;

6—齿轮减速箱;7—齿式联轴器;8—牵引电动机;9—基础制动装置;10—ATP 安装梁

的附加气室,空气簧的下部通风口与附加空气室连接,上部进风口与车体上的空气簧充气管路连接。空气簧气囊与附加气室设有节流孔,对车体的垂向振动起到衰减作用,因此二系不需要加装垂直油压减振器。气囊下部的叠层橡胶堆可以减小车辆通过曲线时气囊的载荷。当空气簧内无空气压力时,橡胶堆能起到一定的垂直减振作用,保证车辆安全行驶(需要限速)。空气簧的正常工作高度为(200 ± 2) mm,其高度是通过测量车体底架的工艺块下平面(与空气簧上平面共面)与构架的工艺块间的距离来确定。

②高度调整阀。在每辆车的转向架和车体间安装 4 个高度阀,调节空气簧的充气、排气。高度阀用来检测车体与转向架间由于乘客负载引起的高度变化,使车辆地板面与站台面保持高度一致。它不能用于补偿车轮和转向架等零件的磨损引起的车辆高度变化。高度阀不感带

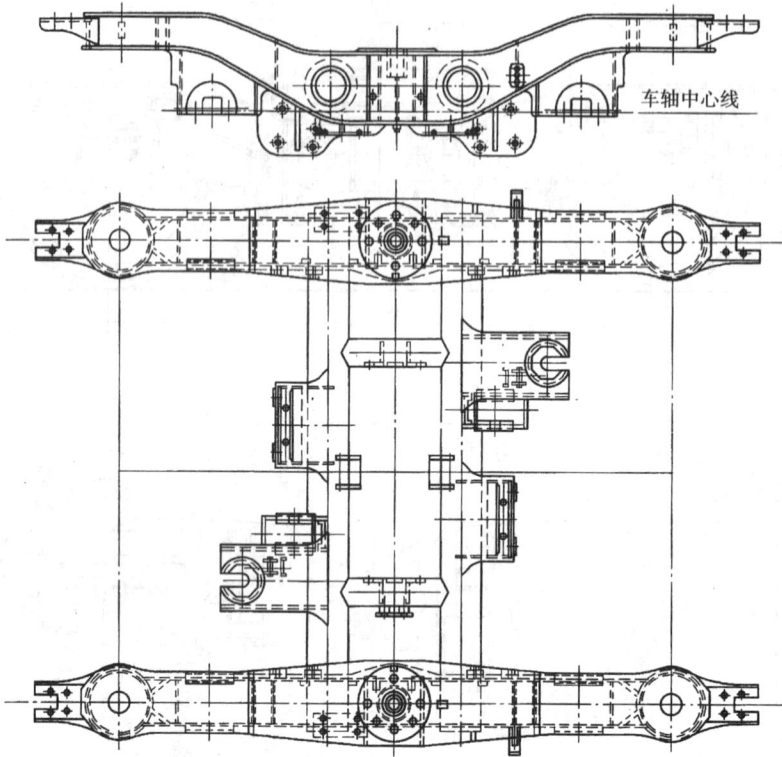

图 5.96　动车转向架构架

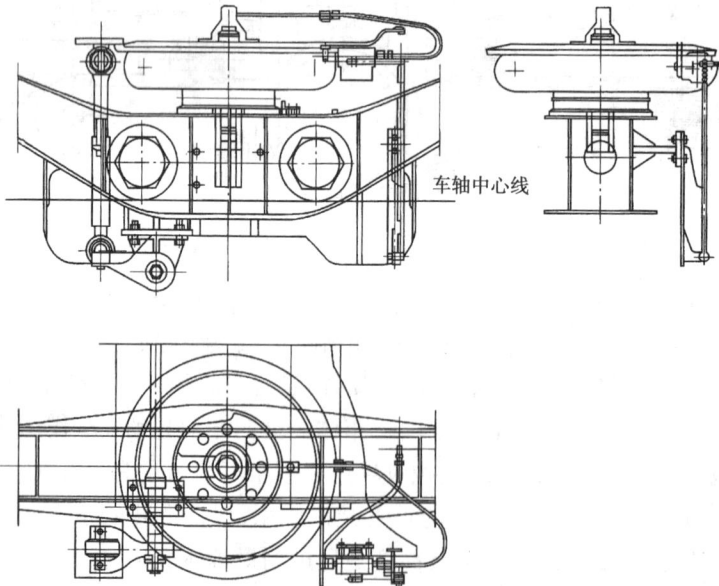

图 5.97　二系悬挂装置

为 ± 5 mm。

③压差阀。当一个空气簧失压,两空气簧内部的压差达到限度时,压差阀就会发生动作,将两个附加空气室导通,使另一个空气簧也同时卸压,防止车辆倾翻。

④抗侧滚扭杆,如图 5.98、图 5.99 所示。抗侧滚扭杆横向贯穿转向架,扭杆臂上端与车体联结,在构架的下方靠近摇枕外侧有安装座。该装置能抑制车辆的侧滚,对车辆的垂向、横摆、点头、摇头及沉浮等振动不产生影响。

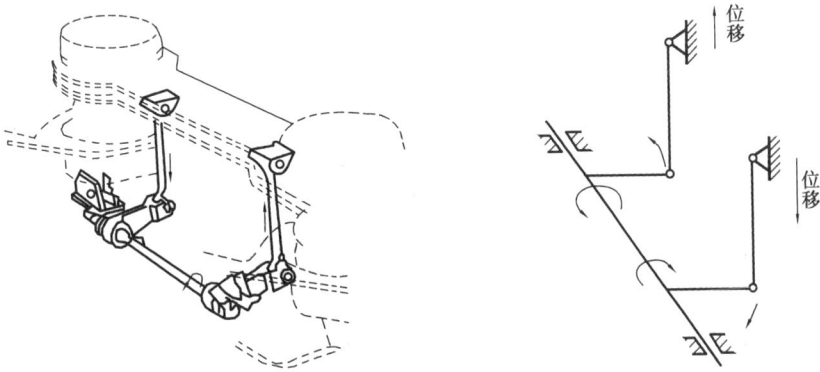

图 5.98　抗侧滚扭杆装置示意图

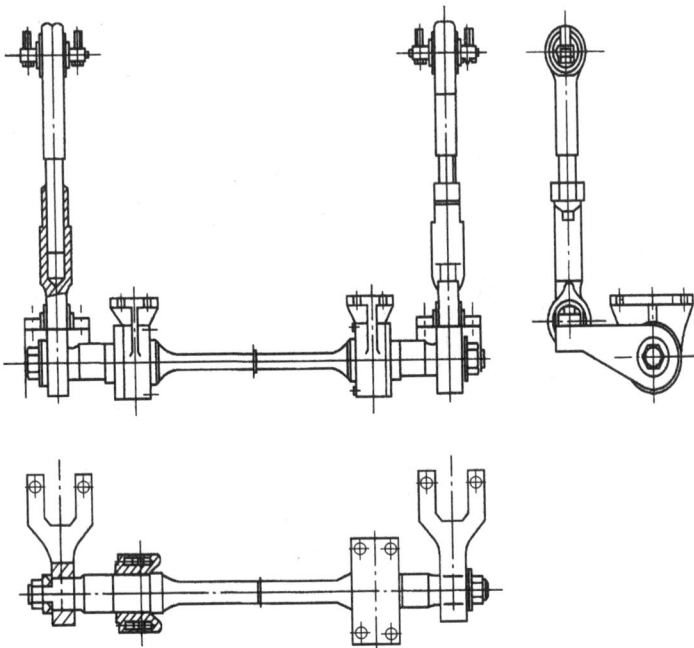

图 5.99　抗侧滚扭杆组成

3)牵引装置

牵引装置包括横向止挡、中心销、复合弹簧、牵引梁、牵引拉杆、横向减振器等。中心销的上端通过定位器和 4 个螺栓固定在车体的枕梁中心,下端插入牵引梁内,通过复合弹簧将中心销和牵引梁结合在一起,牵引梁和构架之间通过两个呈"Z"形布置的牵引拉杆连接。复合弹簧是由钢圆弹簧和橡胶硫化在一起,通过挤压复合弹簧,消除中心销、复合弹簧、牵引梁之间的间隙,实现无间隙牵引,复合弹簧的橡胶变形还可满足车体和转向架之间的相对转动,从而消除磨耗。

①横向止挡。为适应于低横向刚度的空气簧,横向止挡采用柔性横向缓冲器,能有效地抑制车辆的横向振动。横向止挡的特性曲线如图 5.100 所示。

②牵引梁。牵引梁通过两根拉杆悬挂在构架上。

③牵引拉杆。每台转向架使用两个呈"Z"形布置的牵引拉杆。它的两端为弹性橡胶节点。牵引拉杆的一端与构架相连;另一端与牵引梁相连。

④横向减振器。在车辆发生横向振动时,横向减振器会施加适当的阻尼力来改善车辆的横向特性。

⑤整车起吊功能。在牵引梁和构架之间设有垂向止挡,在一系设有安全吊。车辆起吊时转向架连同轮对也一同被吊起。

⑥车轮踏面磨耗时车体高度的调整。车轮经过镟修后,需要对车辆的地板面高度重新调整,主要是通过增加调整垫来实现的。在空气簧和构架上的空气簧座之间加调整垫,安装调整垫后,缝隙处需添密封胶,以免雨水渗入而引起空气簧座生锈;在中心销与车体枕梁之间加调整垫。

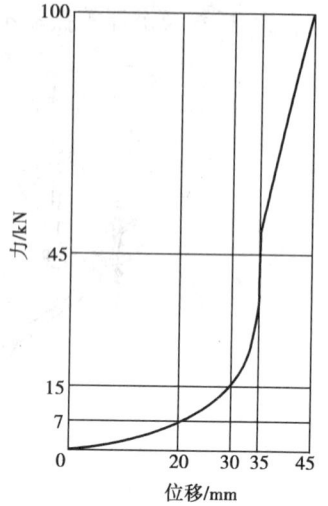

图 5.100 横向止挡特性曲线

4)一系悬挂装置

一系悬挂装置主要部件有:转臂节点装置、轴箱弹簧、垂向减振器、安全吊等,如图 5.101 所示。

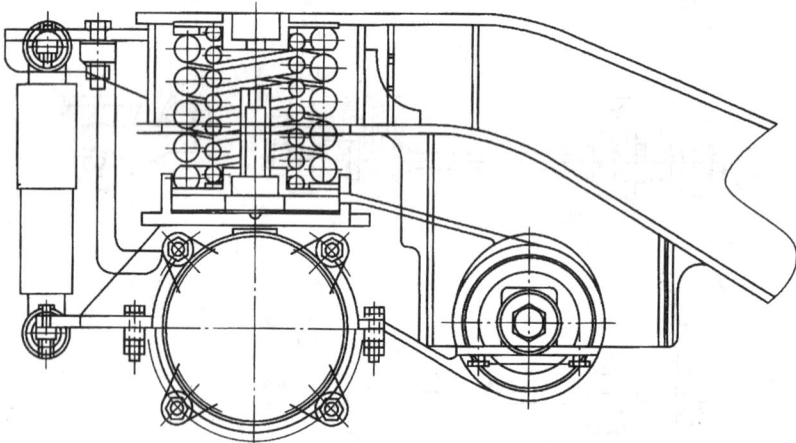

图 5.101 一系悬挂装置

一系悬挂装置采用双圈螺旋弹簧、转臂式轴箱定位,加装垂向减振器。安全吊在转向架整车起吊时,连接一系簧下部分,将转向架整体起落,保护垂向减振器不受损坏。

5)轴箱和轴承

轴箱主要由箱体、前盖、轴箱压板、防尘挡圈和密封垫等组成,圆柱滚子轴承安装在轴箱内。轴箱结构组成根据所安装的设备不同有4种(见图 5.102):普通轴箱组成,安装 ATP 测速电机的轴箱组成(ATP)、安装防滑测速装置的轴箱组成(防滑)、安装接地回流的轴箱组成(接地)。动、拖车的每根轴都安有防滑装置。

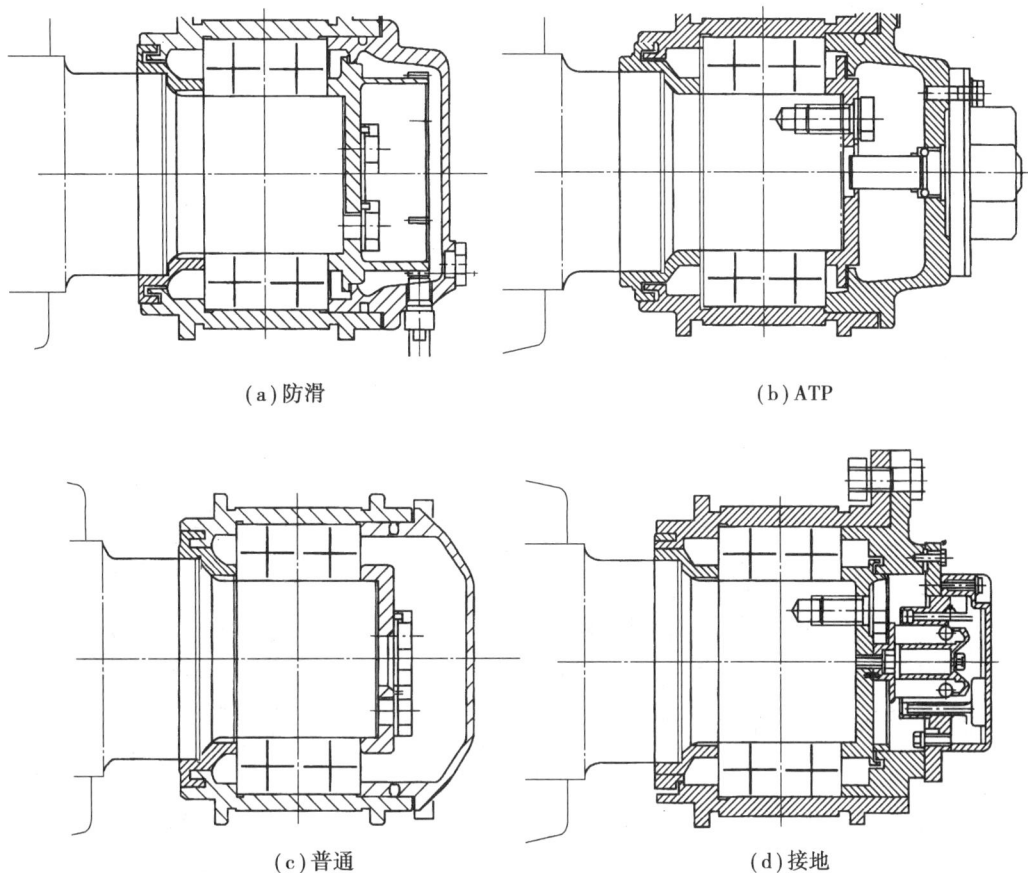

（a）防滑　　　　　　　　　　　　　　（b）ATP

（c）普通　　　　　　　　　　　　　　（d）接地

图 5.102　轴箱组成

6）轮对

车轮采用整体辗钢车轮,LM 磨耗形踏面,踏面硬度 256～310 HB,车轮直径为 840_0^{+10} mm,其主要目的是为了保证车轮具有 70 mm 的镟修量,保证车轮的使用寿命。4 个车轮为一组,统一转向架的轮径之差不大于 0.5 mm,同一辆车的轮径之差不大于 2 mm,在车轮上钻有一注油孔,在注油压装完成后,在注油孔加注油螺堵,以防污物进入孔内。

对于动车轮对需在动车轴上装热传动齿轮的全套零、部件之后,再注油压装车轮。

7）基础制动装置

基础制动装置采用单侧踏面单元缸制动。每台转向架设有 4 个单元制动缸,分为两个具有停放功能的单元制动缸和两个不具有停放功能的单元制动缸,使用高磨地铁闸瓦。单元制动缸对闸瓦间隙能自动调整,还设有手动复原装置,通过手动复原装置也可调整车轮及闸瓦间的间隙,使制动闸瓦和车轮踏面之间的距离保持在 5～10 mm。

8）ATP 安装梁

ATP 安装梁仅安装在动车车辆的 1 位端转向架,通过螺栓固定,在空载状态下,通过加调整垫调整 ATP 下端面距轨面的高度,如图 5.103 所示。

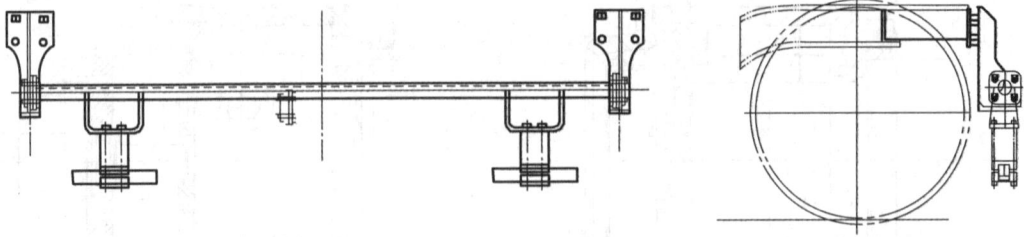

图 5.103　ATP 安装梁

9）驱动装置

驱动装置安装于动车转向架上，包括齿轮减速箱、交流电动机、齿式联轴器，如图 5.104 所示。

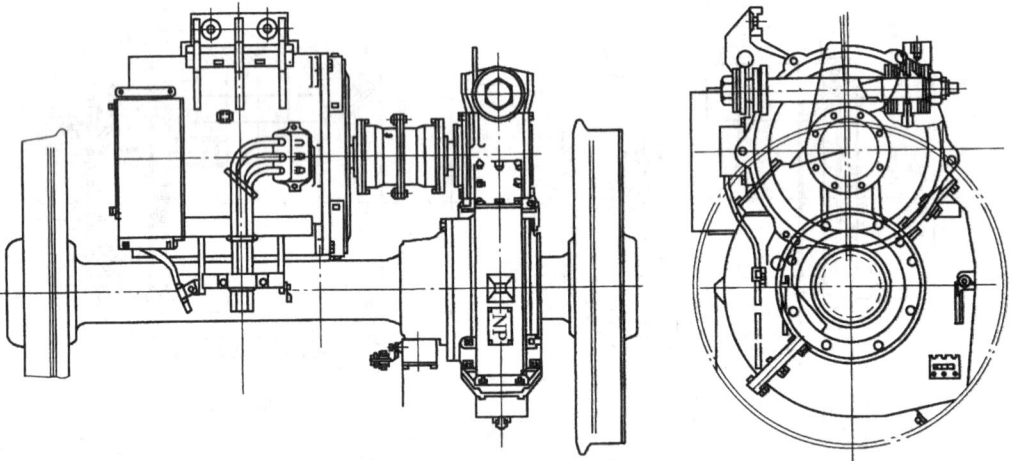

图 5.104　驱动装置

（5）上海、广州地铁 1 号线电动客车转向架

上海、广州地铁 1 号线电动客车转向架均是德国 DueWag 公司制造的无摇枕空气簧转向架，结构基本相同，与其相似的还有上海地铁 2 号线及新加坡地铁的转向架。

每辆车装有两台转向架，转向架分为动车转向架和拖车转向架两种，两者的主要区别是前者装有两套驱动装置，如图 5.105 所示。

1）轮对轴箱装置

轮对由整体辗钢和车轴压装而成，车轮滚动圆直径为 840 mm，允许磨耗最小直径为 770 mm。

动车转向架轴身上装有齿轮减速箱 13，将牵引电动机的扭矩传递给轮对，牵引车辆沿轨道运行。轮对两端装有轴箱装置，采用 SKF 双排单列圆柱滚子轴承，轴箱体位铝制品。轴箱装置的作用是将轮对和构架联系在一起，使轮对沿钢轨的滚动转化为车体沿线路的平动，并把车辆的质量以及各种载荷传递给轮对，保证良好的润滑性能，减少磨耗，降低运行阻力，防止燃油。在轴箱盖上装有速度传感器 15 和接地装置 16 等。

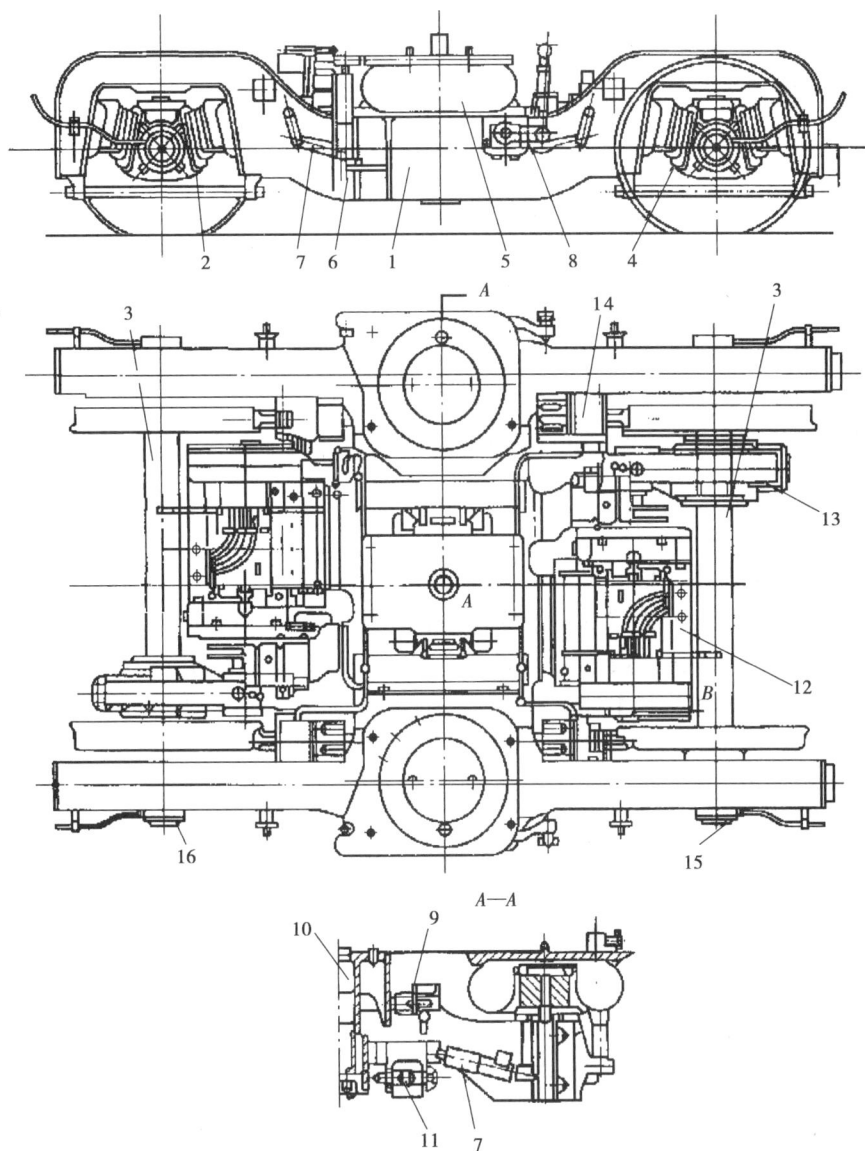

图 5.105 上海地铁动车转向架

1—构架;2—轴箱装置;3—轮对;4—叠层橡胶弹簧;5—空气簧和弹性元件;6—垂向油压减振器;
7—横向液压减振器;8—抗侧滚扭杆;9—横向橡胶缓冲挡;10—中心销;11—"Z"形拉杆;
12—牵引电动机;13—齿轮减速箱;14—基础制动装置;15—速度传感器;16—接地装置

2）弹簧减振装置

弹簧减振装置包括一系悬挂（"八"字形叠层橡胶弹簧）、二系悬挂（空气簧）、垂向液压减振器、横向液压减振器、抗侧滚扭杆及横向橡胶缓冲挡等。

"八"字形叠层橡胶弹簧 4 安装在轮对轴箱和构架之间,它是由多层橡胶和钢板经硫化制成的弹性元件。根据"八"字形的倾角和橡胶的层数,可达到所要求的轴箱弹簧的静扰度,并且能做到保证轴箱和构架之间在纵向和横向不同定位刚度的要求。

在车体和构架之间装有空气簧和叠层橡胶堆组合而成的弹性元件,它起着传递载荷、减振、消声等作用。当空气簧失效时,叠层橡胶堆还起着应急、保证车辆低速安全运行的要求。在车体和构架间还装有垂向油压减振器,分别用来衰减车辆垂向和横向振动。为了保证车辆地板面距轨面的高度不受乘客多少的影响,在车体和构架之间装有自动高度调整阀,它调节空气簧橡胶囊内的压缩空气(充气、排气或保持压力),使车辆地板面不受车内乘客多少和分布不均的影响,始终保持水平,并和轨面保持规定的距离。

为了衰减车辆的侧滚振动,在构架的横梁中穿有一根抗侧滚扭杆,两端装有力臂杆和连杆,并与车体连接。当车体发生侧滚振动、向一侧倾斜时,再在转向架两侧的两力臂杆端部作用有一力偶,使抗侧滚扭杆产生扭矩变形,扭杆的抗扭刚度对车体的侧滚振动起着抑制和衰减的作用。

为了限制车体和构架间的横向位移,在构架横梁中部的上方与中心销座之间装有横向橡胶缓冲挡。

3)构架

构架如图 5.106 所示。构架由钢板压制成形、经焊接而成,在水平面呈"Ⅱ"字形,其侧梁和横梁为封闭箱形结构。两侧梁的两端设有导框4,用来安装"八"字形叠层橡胶弹簧;侧梁中部设有空气簧安装座8,两横梁3的中部设有牵引电动机安装座9和齿轮箱吊座11;横梁的下部设有牵引拉杆安装座。构架上还设有连接抗侧滚扭杆、自动高度调整阀以及单元制动机等部件的安装座。

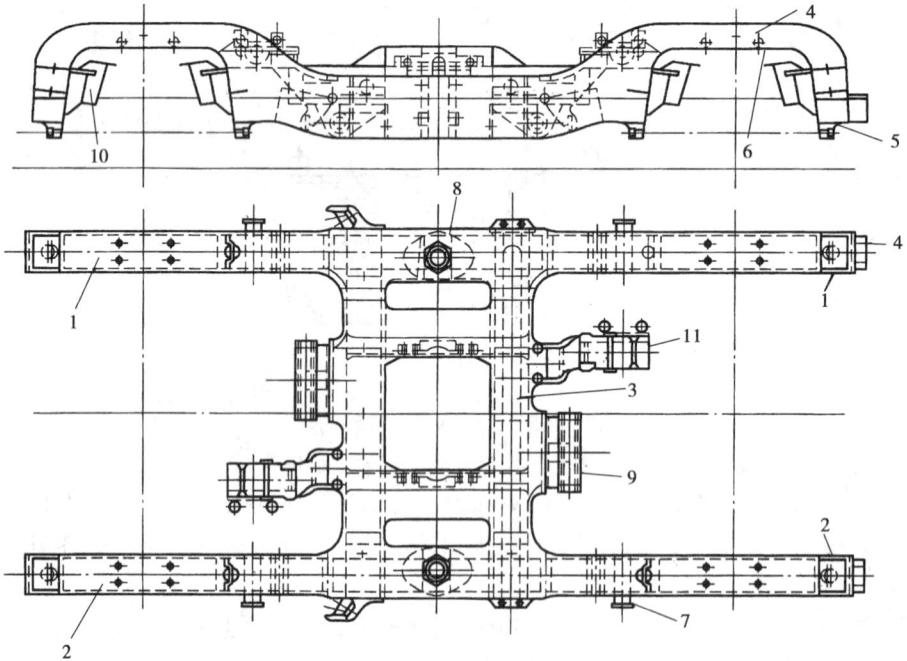

图 5.106 构架

1,2—侧梁;3—横梁;4—导框;5—轴箱拉杆座;6—轴箱圆弹簧安装座;7—起吊座;
8—空气簧安装座;9—牵引电动机安装座;10—轴箱橡胶减振器安装座;11—齿轮箱吊座

4)牵引装置

牵引装置位于转向架中部,起着连接车体和转向架的作用。在车辆经过曲线时彼此可作少许转动,并能有效地传递纵向力(牵引力和制动力),其结构如图 5.107 所示。由中心销 1、中心销 2、复合弹簧 3、牵引梁 4、牵引拉杆 6 等组成。

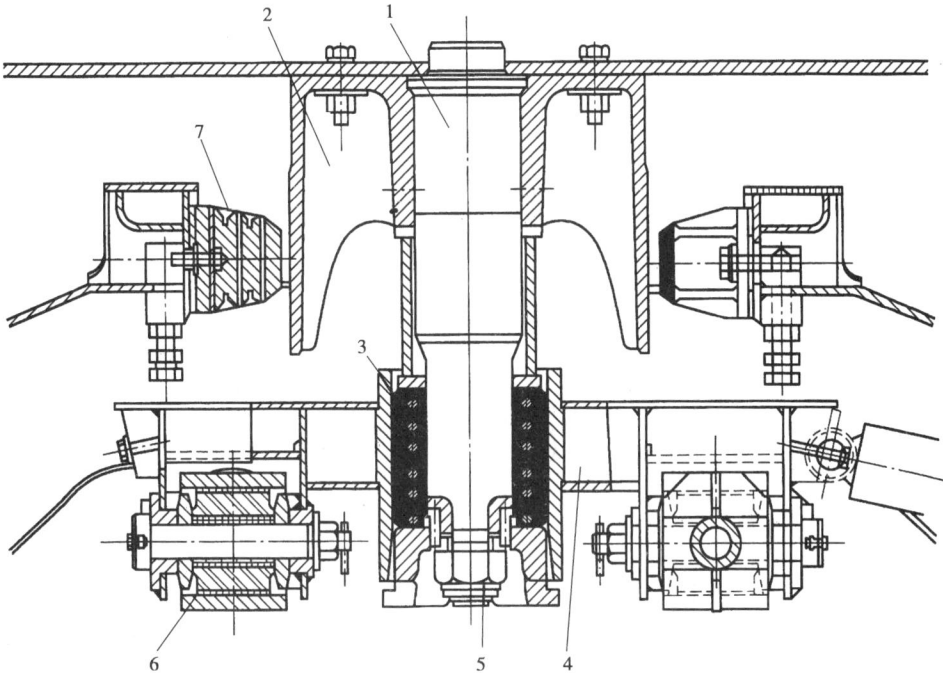

图 5.107　牵引装置

1—中心销;2—中心销座;3—复合弹簧;4—牵引梁;5—螺母;6—牵引拉杆;7—横向橡胶止挡

对中心销采用过盈配合,压装在中心销座上。中心销座通过螺栓固定在车体底架上,中心销与牵引梁间设有复合弹簧。相对中心销呈斜对称布置有两根牵引拉杆,其一端与牵引梁相连,另一端与构架相连,牵引拉杆接头设有橡胶弹性缓冲套。为了限制车体与转向架之间的横向位移,在中心销座与构架之间装有横向橡胶止挡,每侧自由间隙为 10 mm。

5)基础制动装置

基础制动装置采用德国克诺尔制动机公司生产的 PC7Y 型和 PC7YF 型踏面单元制动器,制动传递效率高,如图 5.108 所示闸瓦为合成材料,质量小、耐磨耗。该踏面单元制动器带有闸瓦间隙调整器,可自动调整闸瓦间隙,使制动缸活塞行程始终保持在规定范围内,空气消耗量稳定。闸瓦更换后,一般不需要再调节行程,即可进行下一次制动。其中,PC7YF 型踏面单元制动器集停车制动的弹簧制动器与单元制动器于一体,结构紧凑、维修方便,并带有手动辅助缓解装置。

每台动车转向架装有两台牵引电动机,电动机平行于车轴吊挂在构架横梁的电动机吊座上,并用螺栓紧固。每一根车轴均装有单级齿轮减速箱,电动机轴经弹性联轴器与齿轮减速箱的小齿轮相连,减速后驱动轮对。为减少轮轨磨耗,广州地铁在第一列车和第五列车的前后轮对上分别装有一套轮缘润滑装置,利用压缩空气将润滑油从喷嘴喷射到轮缘上,从而使钢轨和轮缘之间的磨耗得到改善。

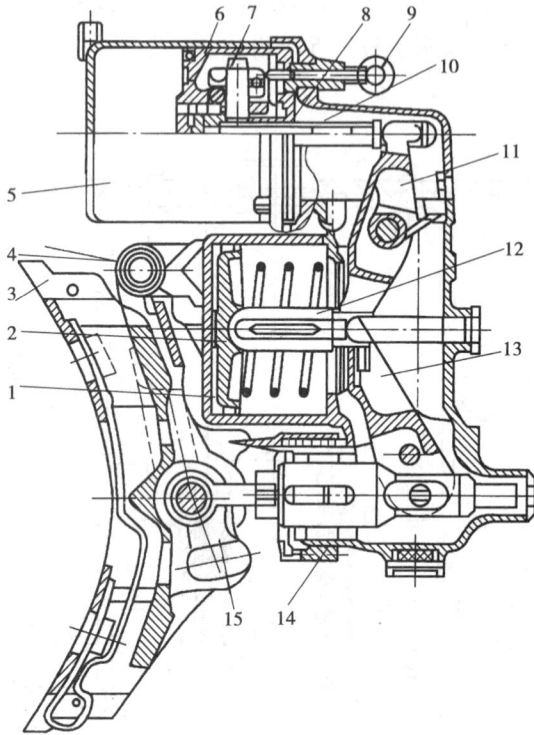

图 5.108　基础制动装置(PC7YF 型路面单元制动装置)

1—制动缸;2—制动活塞;3—闸瓦托;4—缓解活塞;5—缓解风缸;6—活塞;7—弹簧;8—螺纹套筒;
9—缓解拉环;10—活塞杆;11,13—制动杠杆;12—活塞;14—闸瓦间隙调节;15—闸瓦托吊

【知识链接】

(1)法国巴黎地铁带橡胶轮的转向架

为了提高地铁车辆运行的平稳性,最大限度地降低转向架运行所产生的轮轨噪声,法国设计了带橡胶轮转向架,广泛应用于巴黎地铁车辆。这种转向架的结构特征是:在轮对钢轮的外侧设置橡胶轮胎;在转向架两轮对的外侧装设导向小橡胶轮;相对应地在两钢轨的外侧装设"工"字形橡胶轮走行滚道,滚道的水平面与轨面平齐,另在线路的两侧与导向小橡胶轮对应位置安装侧向导向轨,以供转向架走行时导向之用。

①当车辆在直线段运行时,由于橡胶轮直径大于钢轮,橡胶轮在专用"工"字形滚道上运行,承受车体的各种载荷。这时钢轮的踏面与轨面脱离接触,并保持一定的间隙,利用导向小橡胶轮沿导向轨接触导向,以保证转向架的横向稳定性。

②当车辆进入曲线区段时,这时橡胶轮专用滚道的水平面逐渐下降,橡胶轮与滚道逐渐脱离接触,而钢轮与钢轨逐渐接触,并依靠轮缘与钢轨接触导向。

③转向架采用转盘摇枕梁,螺旋弹簧支撑,垂直液压减振器减振。当直线区段运行时,橡胶轮起着轴箱一系弹簧作用,中央弹簧(螺旋弹簧)为二系悬挂系统,动力性能优良,噪声低,比一般转向架可降低 5~8 dB(A)。当曲线运动时,钢轮支撑,轮缘钢轨导向成为一系弹簧悬挂系统。

（2）低地板转向架

在城市有轨电车中,为便于残疾人和儿童直接从车站站台推入车内,要求整车地板面高度设计成仅 300~350 mm,使车地板与站台平齐,故需将转向架设计成特殊的结构,即所谓低地板转向架。在欧洲和北美的城市有轨电车上十分流行采用这种形式的转向架。

1）组成

如图 5.109 所示为低地板转向架的结构示意图,由图可知,这种转向架由轮组及轮组架、一系橡胶弹簧、构架、二系碗形橡胶堆弹簧、万向轴驱动装置和磁轨制动装置等组成。

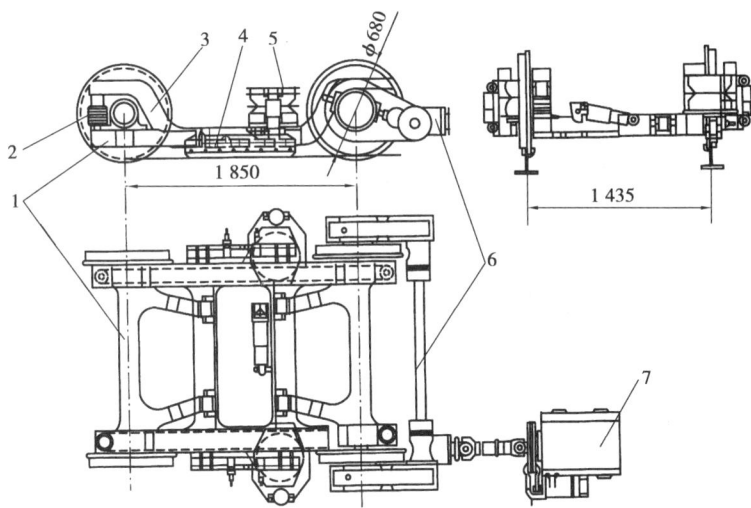

图 5.109　低地板转向架的结构

1—轮组及轮组架;2—一系橡胶弹簧;3—构架;4—磁轨制动装置;

5—二系碗形橡胶堆弹簧;6—万向轴驱动装置;7—牵引电机

2）结构特点

①采用轮组结构而非传统意义上的轮对,即左右车轮之间无固定车轴相连,而通过轮组架连接在一起(只有无车轴才能实现整车低地板)。

②轴箱定位采用转臂式,即由转臂梁(轮组架)+橡胶簧实现定位。

③驱动装置采用万向轴机构,即牵引电动机(放置在车体上——称体悬式)通过万向轴驱动左右相互关联的牵引齿轮箱和车轮。

④基础制动采用磁轨制动装置。

⑤三个力的传递过程。

垂向力(即重力):车体→二系碗形橡胶堆弹簧→构架侧架→轮组架和一系橡胶簧→轴箱→车轴→车轮→钢轨。

横向力(离心力等):车轮→车轴→轴箱→轮组架→构架横梁→构架侧梁→二系碗形橡胶堆弹簧及侧挡(图中未画出)→车体。

纵向力(牵引力或制动力):车轮→车轴→轴箱→轮组架→构架(横梁)→牵引拉杆(图中未画出)→车体→车钩。

(3)独立旋转车轮转向架

独立车轮的基本原理是依靠重力复原力对车轮外侧的假设支点形成随偏转角变化的回复力矩,使车轮始终保持与轨道处于平行状态,具有自动调节功能。通常,左右两车轮由一根横向拉杆连接形成类似四连杆机构,使两车轮相互调节。

独立旋转车轮转向架的特点为:左右两车轮有相同的偏转角;左右车轮可以有不同的转速。这种形式独立旋转车轮的核心技术是轴箱装置:在满足与车轮固结的短车轴相对轴箱可以自由转动的同时,还允许产生相对偏转;内部有类似汽车后桥中的差速机构,车轮相对于轴箱可产生 ±150° 的偏转角度。

独立车轮轮副结构虽然结构简单,但为了获得良好的曲线通过性能,必须采取必要的强制性导向措施。由于迫导向转向架非常适用于车辆的小半径曲线通过,因而在部分装用独立车轮转向架的轻轨车上被采用,其中最具创新构思的是瑞士辛德勒(Schindler)公司与 SIG 公司联合设计的 Cobra 车组,其转向架主要由两套独立车轮轮副结构组成。车轮导向机构采用了径向装置,利用相邻车与本车在曲线上的相对转角,通过一纵向设置的推拉杆及杠杆使前后两独立车轮轮副处于径向位置。采用这种迫导向方式,可使该车组能够通过的最小曲线半径达 11.8 m。如此小的曲线半径,用传统轮对式转向架是无法实现的。

(4)单轮对转向架

单轮对转向架广泛用于轻轨车辆。主要由构架、一系悬挂装置、二系悬挂装置、牵引装置、转向架基础制动装置 5 个部分组成。

①构架。采用封闭型结构,为箱形梁断面,主要由侧梁、端梁组成。在构架侧梁的两端设两空气弹簧座,内侧端梁下凹,用于安装牵引拉杆座,并设有两盘形制动吊座及横向止挡座,外侧端梁设定位杆座,利用构架内腔作为空气弹簧的附加气室。

②一系悬挂装置。车轮形式有两种方案:橡胶弹性车轮、整体碾钢车轮。采用橡胶弹性车轮的主要目的是降噪和减小轮轨作用力。城市轻轨车辆的运行速度不高,采用弹性车轮的安全性较容易保证。若采用弹性车轮,则无法采用踏面闸瓦制动;若采用整体碾钢车轮,对制动方式则没有限制。为了降低簧下质量,车轮直径都选 840 mm。车轴为标准车轴。一系弹簧的形式也有两种方案:一是圆锥形金属橡胶弹簧;二是"人"字形橡胶弹簧。

③二系悬挂装置。主要包括空气弹簧、横向油压减振器、横向止挡、导向杆等。空气弹簧设置于构架四角,其主要目的是增加转向架的结构稳定性。空气弹簧的内压可以比只用一个空气弹簧的低,这样可以降低横向刚度。除了在两侧的空气弹簧间设有差压阀,同侧的两空气弹簧也设置差压阀,以均布载荷。为了适应大范围的载重变化,设置了高度调整阀和空重车阀。单轮对转向架构架只有中间一个支点,构架将产生点头振动,为此设置了定位杆来限制或衰减这一振动。

④牵引装置。由于只有一个轮对,无法采用中心销牵引方式,采用了单拉杆结构。构架上的牵引点接近或低于车轴中心线高度。

⑤转向架基础制动装置。对于拖车转向架,制动装置主要取决于车轮结构。而动力转向架的车轴上须安装齿轮箱等,采用轮盘制动。由于采用单轮对,制动盘比常规二轴转向架的数量减半,单位制动功率会有明显的增加。采用整体碾钢车轮时,在仅靠盘形制动无法满足要求的情况下,还加设了踏面闸瓦制动,而对采用橡胶弹性车轮则无法实施,须使用其他制动方式。为避免车轮的滑行或擦伤,还需设置电子防滑系统。

【任务实施】

本次任务的实施以西安地铁 2 号线地铁车辆的转向架为例,对城轨车辆的转向架结构和工作原理等进行全面的综合认知与实践。

(1)**整体认知**

如图 5.110 和图 5.111 所示为西安地铁 2 号线地铁车辆动车转向架的实物照片,教师可引导学生全面认知转向架的结构、零件的编号、名称、作用、结构和基本工作过程和原理等。

图 5.110 西安地铁 2 号线转向架总体结构

(2)**主要特征**

西安地铁 2 号线车辆转向架的主要特性:

①轻量化设计。无摇枕结构,质量降低;转向架横梁使用无缝钢管,兼作空气弹簧附加空气室,质量降低;一系悬挂使用圆锥形橡胶弹簧,质量降低。

②低横向刚度的空气弹簧。采用横向刚度小的空气弹簧来改善车辆乘坐舒适性。

③低横向刚度的轴箱橡胶弹簧。采用低横向刚度的轴箱橡胶弹簧,减轻了车辆通过曲线时的横向力,从而提高了车辆在曲线上的运行性能,无摇枕车体支撑方式和橡胶弹簧式轴箱定位。

图 5.111　西安地铁 2 号线转向架总体结构

（3）构架组成

如图 5.112 所示为西安地铁 2 号线的构架组成,属于 H 形构架,采用钢板焊接箱形侧梁和横梁,侧梁的下部焊接有托板组成,用于安装制动缸,横梁为无缝钢管结构,横梁上对角焊接有电机吊座、齿轮箱吊座和牵引拉杆座,分别用于安装牵引电机、齿轮箱吊杆和牵引拉杆。

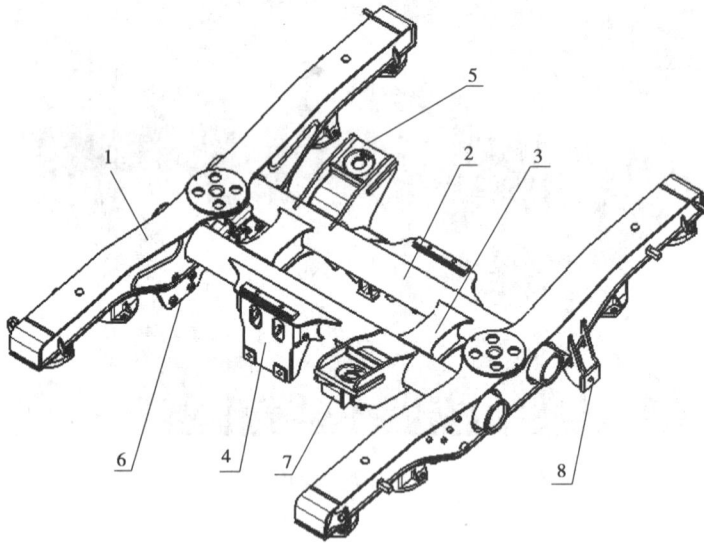

图 5.112　构架组成
1—侧梁组成;2—横梁;3—纵梁组成;4—电机吊座;
5—齿轮箱吊座;6—托板组成;7—牵引拉杆座;8—安全钢索座

（4）轮对轴箱装置

轮对轴箱装置主要包含车轮、车轴、轴箱组成、轴箱弹簧等,又可分为轮对组成、轴箱组成和一系悬挂装置 3 个部分,分别如图 5.113、图 5.114、图 5.115 所示。

图 5.113　西安地铁 2 号线的轴箱装置

图 5.114　西安地铁 2 号线的轮对轴箱装置结构示意图

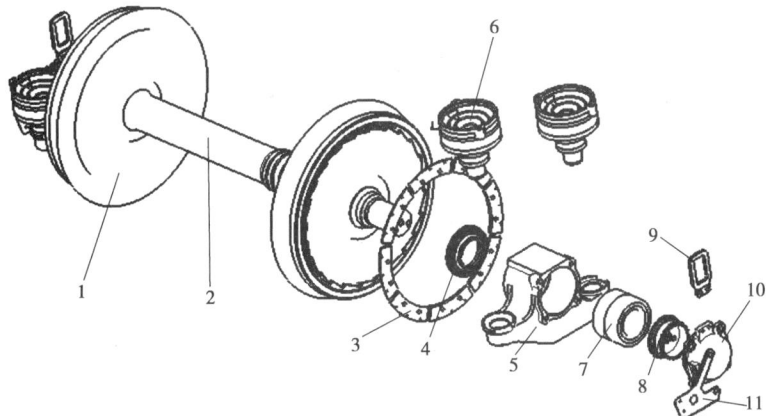

图 5.115　轮对轴箱装置

1—车轮;2—车轴;3—阻尼器;4—防尘挡圈;5—轴箱;6—轴箱弹簧;
7—滚动轴承;8—测速齿轮;9—吊耳;10—轴箱端盖;11—支架

203

1)轮对组成

车轮和车轴为过盈压装配合形式,轮对组装满足相关标准要求。车轮直径为 840 mm,公差为(+2 , +6),其主要目的是为了保证车轮具有 70 mm 的镟修量,保证车轮的使用寿命。如图 5.116 所示车轮加装有降噪阻尼器,有效地降低车辆通过曲线时,轮轨间由于侧滑、挤压、摩擦而产生的高频噪声。车轴轴颈间距为 1 930 mm,轴颈直径为 120 mm。

图 5.116　西安地铁 2 号线的车轮降噪阻尼器

2)轴端组成

轴端组成主要由轴箱、轴箱轴承、轴箱前盖、轴端压板、防尘挡圈和"O"形密封圈等组成。根据轴端安装设备的不同,轴端组成又分为 3 种,分别为防滑轴端安装组成、普通轴端安装组成和 ATP 测速轴端安装组成。3 种轴端安装组成的结构基本相同,分别如图 5.117 和图 5.118 所示。

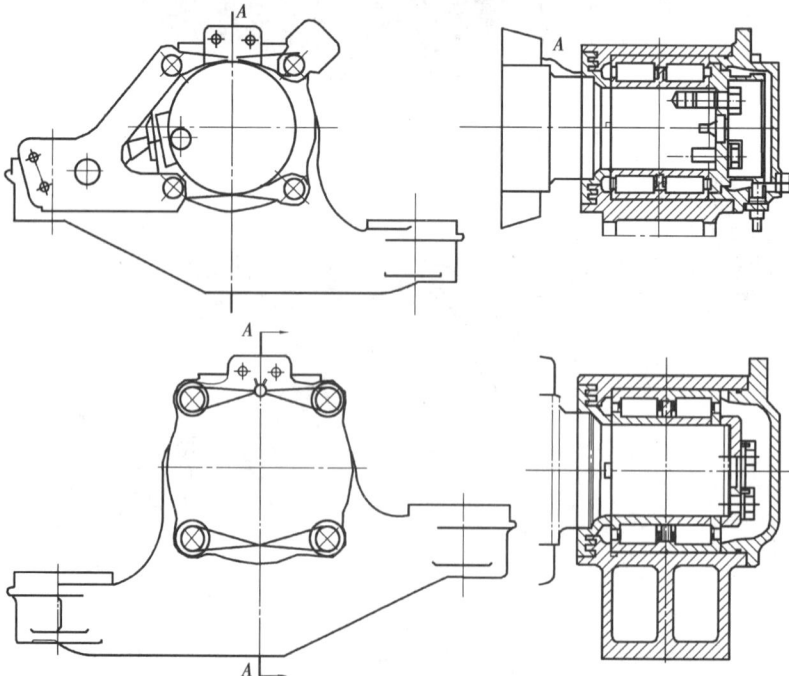

图 5.117　防滑轴端安装组成(上)和接地轴端安装组成(下)

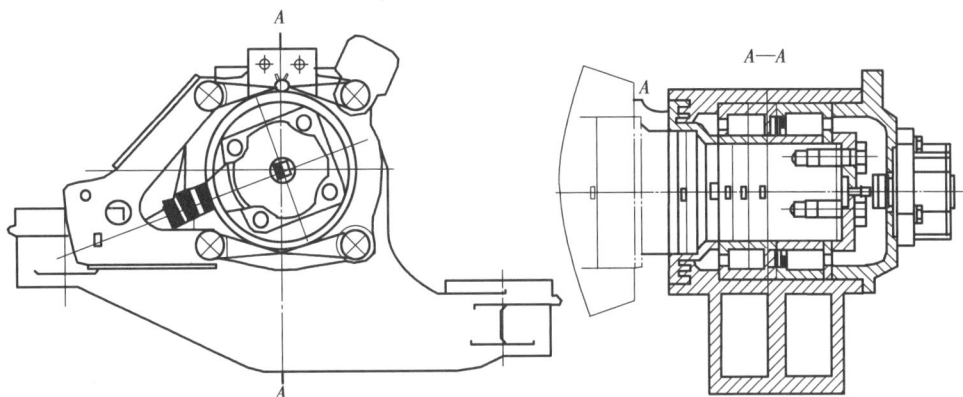

图 5.118　ATP 测速轴端安装组成

　　轴箱轴承采用双列自密封圆柱滚子轴承,安装在轴箱体内,轴承在制造厂已填充了润滑脂,不需要再添加润滑脂。密封罩能够把润滑脂封闭在轴承组里并防止污物进入。轴承可满足 80 万 km 或使用时间 6 年内免维护的要求。

　　3)一系悬挂装置

　　如图 5.119 所示为一系悬挂装置的结构图,为减小质量,一系悬挂装置采用圆锥叠层橡胶弹簧。两个螺栓将轴箱弹簧上端固定在构架上的一系弹簧座上。轴箱的顶部和转向架构架的止挡之间的距离正常应保持在(115 ± 5)mm。动、拖车转向架使用相同的轴箱弹簧。同一转向架尺寸差应不大于 2 mm,在保证轮重分配的前提下,联轴节调整完毕后同一转向架上的该尺寸差应不大于 4 mm,调整垫总的插入厚度不应超过 10 mm。

图 5.119　一系悬挂装置

　　4)二系悬挂装置

　　如图 5.120 所示为二系悬挂装置,主要由空气弹簧、高度调整装置、安全钢索 3 个部分组成,各部分配合共同完成转向架的二系悬挂功能。

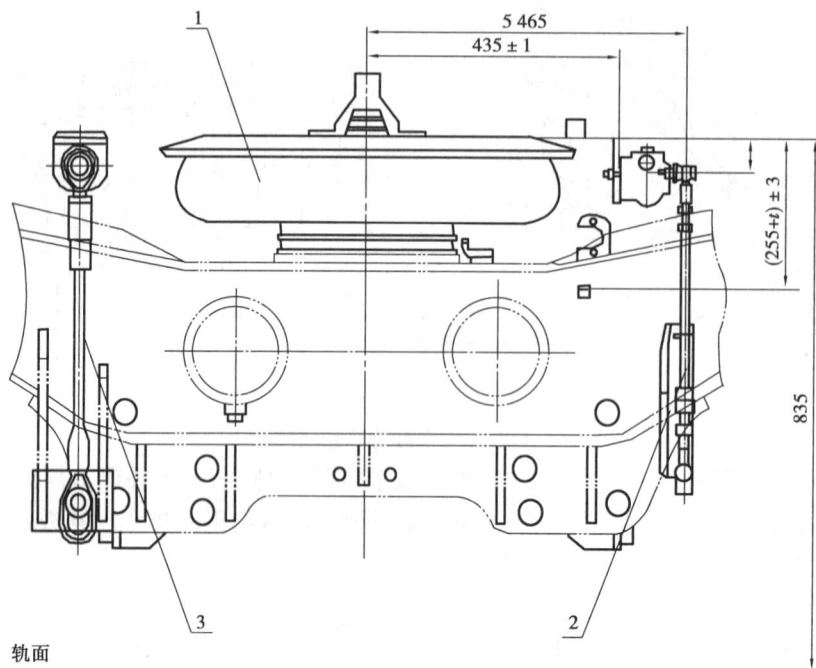

图 5.120　二系悬挂装置

1—空气弹簧;2—高度调整装置;3—安全钢索

①空气弹簧。采用低横向刚度的新结构空气弹簧,可大大改善乘坐舒适性和通过曲线的性能,能缓和车体的垂向和横向振动。转向架构架横梁内部做空气弹簧的附加空气室,空气弹簧的下部通风口与附加空气室连接,上部进风口与车体的管路连接。空气弹簧的胶囊气室与附加空气室间有节流孔,对车体的垂向振动起一定的衰减作用,因此,不需要加装垂直油压减振器。胶囊下部的叠层橡胶堆是为了通过曲线时减小胶囊的载荷。另外,当空气弹簧内无空气压力时,叠层橡胶堆能起到一定的垂直减振作用,也能保证车辆安全行驶(需要限速)。安装空气弹簧时,上部进风口和下部通风口的外部表面,需涂润滑脂防锈,"O"形圈需涂润滑脂进行保护。空气弹簧的正常工作高度为(200 ± 2) mm,其高度的保证是通过测量车体底架的工艺块下平面与构架的工艺块之间的距离,此距离为$(255 + t) \pm 3$ mm。此处 t 为空气弹簧下调整垫的厚度。

②高度调整装置。每个空气弹簧对应安装一套高度调整装置,如图 5.121 和图 5.122 所示,用于自动调节空气弹簧的充气、排气,主要包括高度阀、高度阀调整杆、水平杠杆和安全吊链等。

高度调整装置用来检测车体与转向架之间由于乘客负载变化而引起的高度变化,并针对高度变化情况对空气弹簧进行充、放气,进而保证车辆处于恒定的平衡高度。高度阀安装在车体上,高度阀调整杆下端安装在构架上,上端与水平杠杆的一端相连,水平杠杆的另一端穿过高度阀的转轴。这样,车体与转向架之间的高度变化就转化为水平杠杆的角度变化,完成了高度阀的打开或关闭。高度阀调整杆的两端使用球形关节轴承,能满足车体与转向架间相对位移的要求。高度阀不感带为 ±5 mm。高度调整装置不能用于补偿车轮和转向架等零件的磨损。

为了保证车辆的运行安全,在两个空气弹簧的附加气室之间安装差压阀。当两空气弹簧

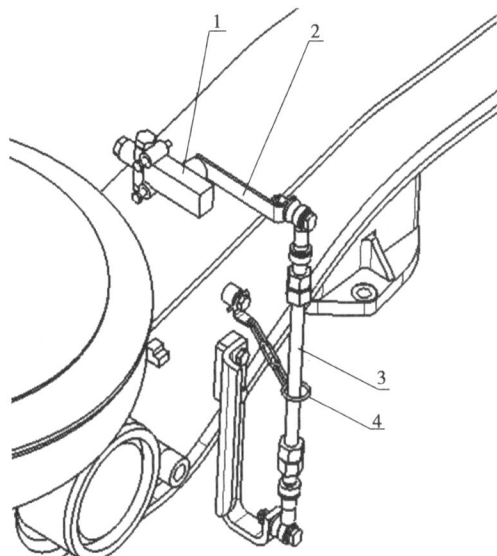

图 5.121　高度调整装置
1—高度阀;2—水平杠杆;3—高度阀调整杆;4—安全吊链

图 5.122　高度调整装置

内部的压强差达到限度值 (100 ± 13) kPa 时,差压阀就会发生动作,将两个附加气室导通。这样就可避免某一个高度阀故障而过充或任意一个空气弹簧爆破而导致的车辆过度倾斜,保证车辆安全运行。

5)牵引装置

每个转向架设一套中央牵引装置,如图 5.123 所示,采用传统的"Z"形拉杆结构,主要由中心销、牵引梁、横向挡、横向减振器、中心销套和两个牵引拉杆组成。

中心销的上端通过定位脐和 6 个螺栓固定在车体的枕梁中心,下端插入牵引梁内,通过中心销套将中心销与牵引梁固定在一起,牵引梁和构架间通过两个呈"Z"布置的牵引拉杆连接;

207

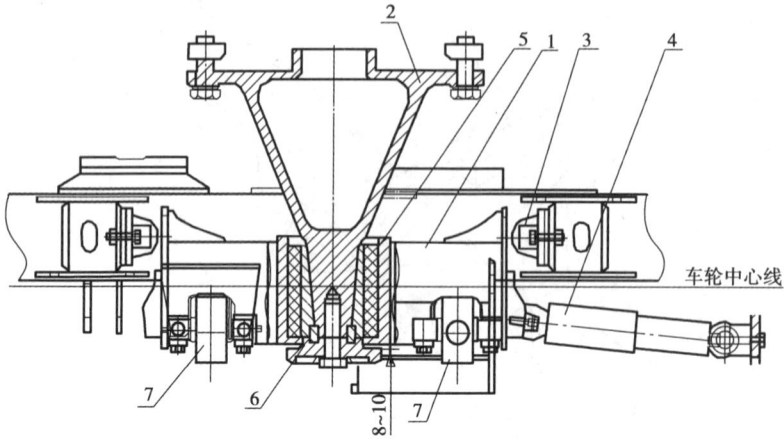

图 5.123　牵引装置

1—牵引梁组成;2—中心销;3—横向挡组成;4—横向减振器;5—中心销套;6—下盖;7—牵引拉杆

中心销套为橡胶金属件,内、外层均为金属件,中间层为橡胶件,这种结构消除了中心销、中心销套、牵引梁之间的间隙,实现了无间隙牵引,中心销套中的橡胶层变形还可满足车体和转向架间的相对转动,从而消除磨耗。而中心销、牵引梁与中心销套的配合均为金属件之间的配合,消除了橡胶蠕变的影响,保证了性能的稳定。

牵引梁采用钢板焊接结构,可以看成是小型化的转向架摇枕。牵引梁通过两根牵引拉杆悬挂在转向架构架上。中心销采用整体式铸件结构,结构简单,强度裕量大,安全性高。横向挡组成由柔性横向缓冲器和刚性的横向止挡组成。采用柔性的横向缓冲器是为了与低横向刚度的空气弹簧相适应,能有效地缓解车辆的横向振动。采用刚性的横向止挡是为了限制车体的横向位移,保证车辆满足限界要求。在车辆发生横向振动时,横向减振器会施加适当的阻尼力,来改善车辆的横向悬挂特性。每台转向架使用两个呈"Z"形布置的牵引拉杆。它的两端为弹性橡胶节点。牵引拉杆的一端与构架相连,另一端与牵引梁相连。在牵引梁和构架间设有垂向止挡;在中心销落入牵引梁中心孔后,将下盖用大螺栓安装在中心销上。当需要对车辆进行起吊时,在吊起车体的同时,下盖会与牵引梁贴合,牵引梁和构架间的垂向止挡也会贴合,传递垂向力的作用,将转向架一同吊起。

6)**基础制动装置**

基础制动装置采用单侧踏面单元制动缸的制动方式,如图 5.124 所示。每台转向架有 4 个踏面单元制动缸,分为两个具有停放功能的踏面单元制动缸和两个不具有停放功能的踏面单元制动缸;使用高耐磨合成闸瓦。

踏面单元制动缸能对车轮和闸瓦的磨耗间隙进行自动补偿,同时还设有手动复原装置,通过手动复原装置也可以调整车轮及闸瓦间的间隙,使制动闸瓦和车轮踏面间的距离保持在 5 ~ 10 mm。具有停放功能的踏面单元制动缸还配有手动缓解闸线,手动缓解闸线的把手安装在侧梁上部,可以在必要时很方便的手动缓解停放制动,制动配管采用立体折弯钢管,钢管与钢管、钢管与软管间采用螺纹连接形式,密封性能较好,方便安装和拆卸。

7)**驱动装置**

如图 5.125 所示,驱动装置包括齿轮箱组成、齿式联轴节和牵引电机。齿轮箱采用分体式

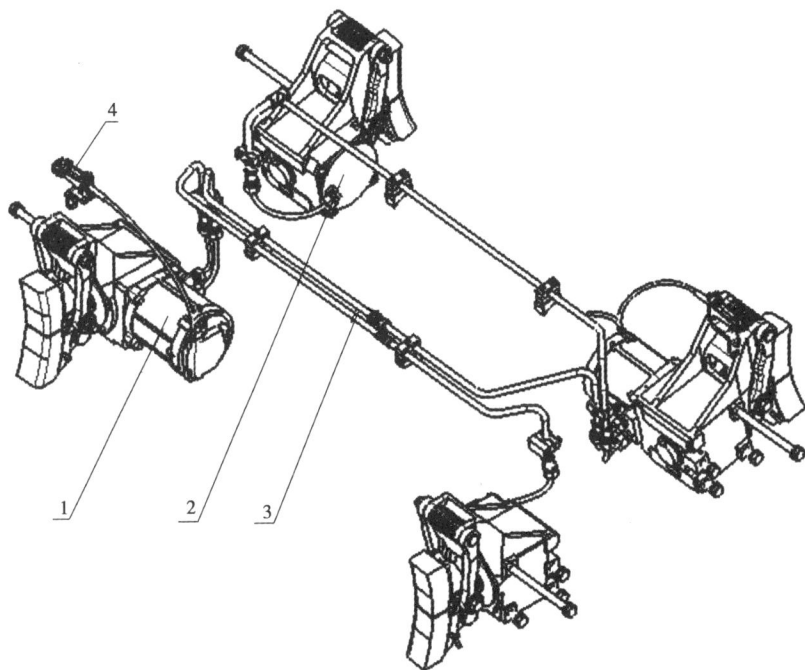

图 5.124 基础制动装置

1—带停放制动的单元制动缸;2—单元制动缸;3—制动配管;4—手动缓解拉链

球墨铸铁箱体,齿轮为斜齿轮、一级减速,传动比为 7.69;润滑油采用:Spirax EP80(shell),润滑方式为飞溅润滑。齿轮箱大齿轮安装在车轴上,另一端通过吊杆与构架上的齿轮箱吊座相连。齿式联轴节可适应电机侧和小齿轮侧的偏角,满足电机轴和小齿轮轴的相对位移要求,同时可完成传递扭矩的作用。

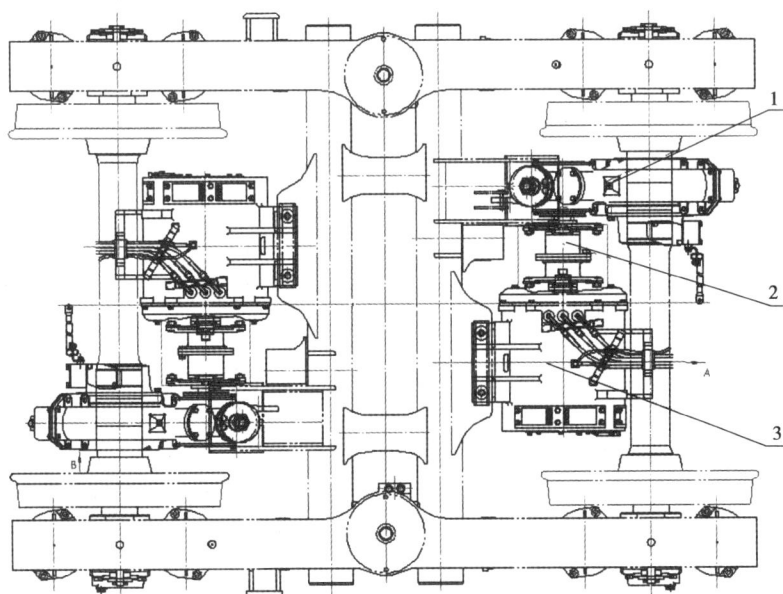

图 5.125 驱动装置

1—齿轮传动装置;2—联轴节;3—牵引电机

【效果评价】

评价表

项目名称	城市轨道交通车辆转向架	学生姓名	
任务名称	任务7　典型城轨车辆转向架分析	分数	
项　目		分值	考核得分
1.城市轨道交通车辆转向架常见结构形式及各自特点的认知情况		70	
2.编制学习汇报报告情况		20	
3.基本素养考核情况		10	
总体得分			
教师简要评语： 　　　　　　　　　　　　　　　　　　　　　　教师签名：			

项目小结

　　城市轨道车辆走行部主要以转向架的形式出现,并为二轴构架式转向架。转向架的分类有多种方式,如从转向架结构形式分,有构架式和侧架式;从二系悬挂结构分为:有摇动台、无摇动台及无摇枕结构转向架等。但不同转向架的基本组成和主要功能是相同的。由以下几个部分组成:构架、轮对轴箱装置、弹性悬挂装置、制动装置、牵引电机与齿轮变速传动装置等。

　　构架是转向架的组装基础,主要有铸钢构架和焊接构架等形式。由侧梁、横梁、端梁等组成,还有电机安装座、齿轮箱吊座、制动吊座等。

　　轮对是由一根车轴和两个相同的车轮通过过盈配合组成,其车轮与钢轨的接触面称为踏面。轮对踏面具有一定的斜度,称为锥形踏面;如果新造轮踏面制成类似磨耗后相对稳定的形状,即为磨耗形踏面。

　　地铁、轻轨车辆普遍采用滚动轴承轴箱装置。轴承基本结构由外圈、内圈、滚子、保持架组成。

　　轴箱定位装置是指约束轮对与轴箱之间相对运动的机构,它对转向架的横向动力性能、抑制蛇形运动具有决定性作用。常见的定位装置的结构形式有:拉板式定位、拉杆式定位、转臂式定位、层叠式橡胶弹簧定位、导柱定位等。

　　弹簧减振装置也称弹性悬挂装置,包括弹性元件及减振器。地铁、轻轨车辆都采用二系悬挂装置。空气弹簧悬挂系统在城市轨道交通车辆中广泛用于二系悬挂装置。车辆上采用减振器与弹簧等一起构成弹簧减振悬挂装置。

　　牵引装置用来实现车体与转向架之间的纵向力传递。普遍采用牵引杆与中心销的弹性连接结构,车体与转向架之间既能传递纵向力,又能作横向的相对运动。

　　城市轨道交通车辆的动力转向架,通过机械减速装置,将电机的扭矩转化为轮对转矩,有多种驱动形式,如爪形轴承的传动、横向牵引电机—空心轴传动、两轴—纵向驱动等。

　　地铁和轻轨是城市轨道交通车辆的两种主要形式,其转向架种类繁多,各有特点,如摇动台式、无摇枕式、橡胶轮式、单轮对式、独立旋转车轮式等。

思考与练习

1. 城市轨道交通车辆转向架的作用有哪些?

2. 城市轨道交通车辆转向架是如何分类的? 其结构如何?

3. 构架的作用有哪些? 如何分类? 其结构如何?

4. 什么是踏面? 使用磨耗型踏面有何好处?

5. 轴承的基本结构是怎样的? 纵、横向力传递顺序又是怎样的?

6. 简述车辆悬挂装置的作用及分类。

7. 简述空气弹簧悬挂系统的组成、作用原理。

8. 中央牵引连接装置的作用有哪些?

9. 简述一种地铁、轻轨车辆转向架的结构和性能。

项目 **6**

城市轨道交通车辆连接装置

【项目描述】

城市轨道交通车辆连接装置是一个重要的组成部分。车钩缓冲装置和贯通道装置,通过它们使列车中车辆相互连接,实现相邻车辆之间的纵向力传递和通道的连接。

【学习目标】

通过本模块的学习要求掌握以下基本知识:

1. 掌握车钩的作用与分类。

2. 熟悉车钩的结构形式。

3. 掌握半自动车钩的结构和特点。

4. 掌握半永久牵引杆的结构和特点。

5. 掌握缓冲装置的结构及原理。

6. 掌握贯通道的结构组成及维护方法并排除运用故障。

【技能目标】

1. 能判断车钩在运用中的故障。

2. 能排除车钩在运用中的故障。

3. 能判断缓冲装置在运用中的故障。

4. 能排除贯通道在运用中的故障。

任务 1　城轨车辆连接装置的基本认识

【活动场景】

在城市轨道交通车辆生产车间或检修现场教学,或用多媒体展示城市轨道交通车辆车钩的现场使用。

【任务要求】

掌握城市轨道交通车辆车钩的基本作用、基本特征及组成结构。

【知识准备】

城轨车辆的连接装置主要包括车钩缓冲装置和贯通道装置。

如图 6.1 所示是某城市地铁城轨车辆的半自动车钩缓冲装置的实物图,车钩缓冲装置是城轨车辆最基本的部件,也是最重要的部件之一。它是用来连接列车中的各车辆,使彼此之间保持一定的距离,并且传递、缓和列车在运行中或在调车作业时所产生的纵向力或冲击力,同时采用高性能缓冲器,满足列车在较高速度下意外碰撞时的巨大冲击能量,同时连接车辆间的电路和气路。

如图 6.2 所示是城轨车辆的贯通道装置内部结构图。由图可知,贯通道装置位于城轨车辆两车厢的连接处,可适应车厢之间所有可能产生的相对位移,且应该具有良好的防雨、防风、防尘、隔声、隔热等功能,能使旅客安全、方便地穿行于车厢之间,保护旅客不受外力伤害,另外为使车厢内美观,贯通道也要进行必要的装饰,使之与车厢内环境保持一致,为乘客营造一个舒适而温馨的乘车环境。

图 6.1　车钩缓冲装置

图 6.2　城轨车辆的贯通道装置

(1)车钩缓冲装置的作用

城轨车辆的车钩缓冲装置使城轨各车辆间彼此保持一定的距离,并且传递和缓和列车在运行中或在调车时所产生的纵向力或冲击力,保障车辆不受损失,还可实现车辆间电路和气路的连接。如果上述的作用是由同一装置来承担的,那么该装置称为牵引缓冲装置。如果它们分别由不同的装置来承担,则分别称为牵引连挂装置和缓冲装置。牵引连挂装置用来保证车辆和车辆的彼此连接,并且传递和缓和纵向力的作用。缓冲装置用来传递和缓和压缩力的作用,并且使车辆彼此之间保持一定的距离。

(2)车钩缓冲装置的分类

按照车辆牵引连挂装置的连接方法的不同,可分为非自动车钩和自动车钩。非自动车钩要由人工来完成车辆的连接,而自动车钩则不需要人参与就能实现连接。

车钩可分为刚性车钩和非刚性车钩。

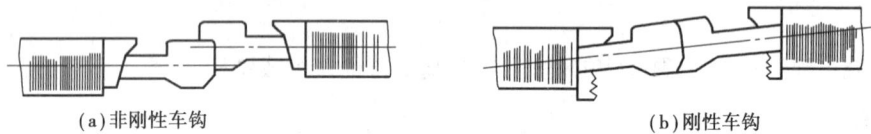

(a)非刚性车钩　　　　　　　(b)刚性车钩

图 6.3　非刚性车钩与刚性车钩

非刚性车钩如图 6.3(a)所示,允许两个相连接的车钩钩体在垂直方向上有相对位移。当两个车钩的纵轴线存在高度差时,两个车钩呈阶梯形状,且各自保持水平位置。由于钩体的尾端相当于销接,这就保证了车钩在水平面内的位移。

非刚性车钩较普遍地应用于一般铁路客车、货车上。

刚性车钩如图 6.3(b)所示,也称为密接式车钩,它的连接不允许两连挂车钩存在相对位移,而且对前后的间隙要求应限制在很小的范围之内。如果在车辆连挂之前两车钩的纵向轴线高度已有偏差,那么在连挂后,两车钩的轴线处在同一条直线上并呈倾斜状态。两钩体的尾端具有完全的销接,这就能保证两连挂车辆之间可以具有相对的平移和角位移,保证具有这些位移的必要性是由于线路的水平面及纵剖面是变化的,以及由于车体在弹簧上的振动和作用于车辆上的力所决定的。

刚性车钩与非刚性车钩相比有以下优点:

①减小两个车钩连接表面之间的间隙,从而也降低列车中的纵向力,提高了列车运行的平稳性。

②由于车钩零件的位移减小了,且在这些零件上的作用力也相对减少,从而改善了自动车钩内部零件的工作条件。

③减小了车钩连接表面的磨耗。

④减小了由于两连挂车钩相互冲击而产生的噪声,这对于城市轨道车辆和客车尤为重要。

⑤避免在意外撞车事故时,发生一个车辆爬到另一个车辆上的危险。

非刚性车钩与刚性车钩相比有以下优点:

①简化两车钩纵向中心线高度偏差较大的车辆相互连挂的条件(例如,不同类型的车辆,车轮及其他部件磨耗程度不同的车辆,以及空车和重车)。

②车钩强度大。

③不需要复杂的钩尾销连接结构和复杂的对心装置。

④车钩钩体的结构和铸造工艺较为简单。

由于这些特点决定了刚性车钩主要用于城市轨道交通车辆以及高速动车组上。我国地铁车辆普遍采用了密接式车钩。

【任务实施】

本任务的实施,请学员在教师的指导下对我国城轨车辆车钩缓冲装置的使用情况进行调查或利用网络查阅相关资料,对我国各主要城市城轨车辆所使用的自动车钩、半自动车钩和半永久性牵引杆的资料进行归纳和整理,并对我国主要城市城轨车辆轨道交通车辆车钩的使用情况列表进行整理;有条件的可到城轨车辆和铁道车辆车钩检修生产实习现场对刚性车钩和非刚性车钩特点进行归纳和整理。

【知识链接】

轨道交通运输的工具主要有铁路客、货车和城市轨道交通车辆以及矿山等企业使用的企业自备车等,这些轨道交通运输工具一般情况下都是成列运行,因此车钩缓冲装置是必不可少的组成部件,但由于用途不同,这些车所使用的车钩缓冲器也有很大的区别。如图 6.4 所示为我国铁道车辆和城轨车辆分别使用的非刚性车钩的刚性车钩,目前铁道车辆的客、货车普遍使用非刚性车钩,但也有部分速度等级较高的铁道客车车辆使用小间隙车钩,而高速铁路的动车组列车车辆则普遍使用刚性车钩,如图 6.5 所示为高速动车组列车的用于两列车连挂的密接式车钩和缓冲装置,这种车钩缓冲装置虽和城轨列车的自动车钩相似,但技术要求却要比城轨列车高得多。

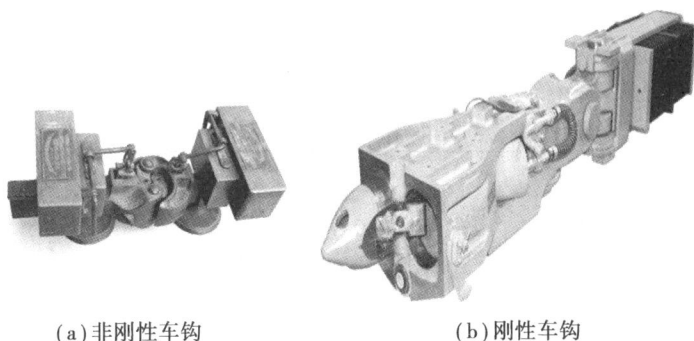

(a)非刚性车钩　　　　　(b)刚性车钩

图 6.4　刚性车钩和非刚性车钩

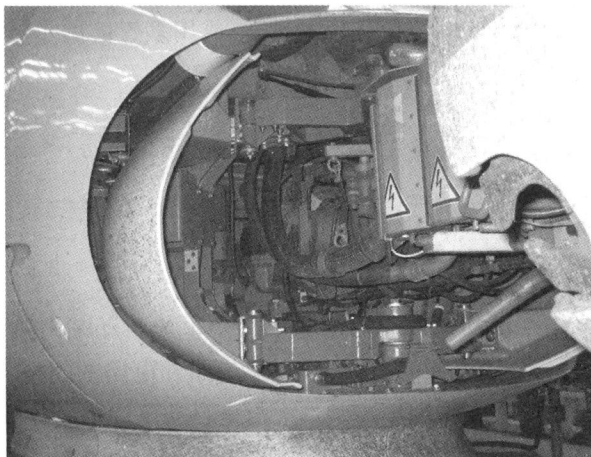

图 6.5　动车组列车的密接式车钩和缓冲装置

【效果评价】

评价表

项目名称	城市轨道交通车辆的连接装置		学生姓名	
任务名称	任务1　城轨车辆连接装置的基本认识		分数	
项　目			分值	考核得分
1.车辆连接装置的相关知识、图片的搜集、整理			10	
2.是否有小组计划			5	
3.城市轨道交通车辆连接装置的认知情况			20	
4.城市轨道交通车辆连接装置常见结构形式及各自特点的认知情况			50	
5.编制学习汇报报告情况			10	
6.基本素养考核情况			5	
总体得分				
教师简要评语：				
			教师签名：	

任务2　城轨车辆车钩装置的认识与学习

【活动场景】

在城市轨道交通车辆生产车间或检修现场教学,或用多媒体展示城市轨道交通车辆车体的使用与生产。

【任务要求】

掌握贯通道的基本作用及结构。

【知识准备】

城市轨道交通车辆用车钩基本上可分为全自动车钩、半自动车钩和半永久性牵引杆3种。这3种车钩的主要特点是:全自动车钩可实现机械、气路和电路的完全自动连挂和解钩;而半自动车钩的机械和气路连接机构作用原理基本上与全自动车钩相同。可以实现自动连挂和解钩,或人工解钩,但电路必须靠人工连挂和解钩,以方便检修作业;半永久性牵引杆的机械、气路和电路的连接的解钩都需要人工操作,但一般只在架车作业时才进行分解。

目前,国内六辆编组城轨列车一般在列车的两端采用自动车钩,以方便列车救援,如武汉地铁 2 号线地铁列车。但也有采用半自动车钩的,如西安地铁 2 号线地铁列车;半自动车钩和半永久性牵引杆则根据需要安装于城轨车辆的单元之间和单元内部。

(1)自动车钩

自动车钩位于列车端部,其电气和风路连接装置都组装在钩头上。当车辆连挂时,车钩的机械、风路、电路系统都能自动连接;解钩时,可在司机室控制自动解钩或采用手动结构。解钩后,车钩即处于待挂状态;电气连接器通过盖板自动关闭,以防止水和尘土进入;主风管连接器也自动关闭,防止压缩空气泄漏。

我国城市轨道交通车辆用自动车钩主要有两种:一种是国产密接式车钩,采用半圆形钩舌;一种是 Scharfenberg 式自动车钩,采用拉杆式连接结构。

1)国产密接式车钩

国产密接式车钩缓冲装置如图 6.6 所示。它主要由车钩钩头、橡胶金属片式缓冲、风管连接器、电气连接器和风动解钩系统等几部分组成,缓冲器位于钩头的后部。车辆连挂时依靠两车钩相邻钩头上的凸锥和凹锥孔的相互插入,实现两车钩的紧密连接;同时自动将两车之间的电路和空气通路接通。在两车分解时,亦可自动解钩,并自动切断两车之间的电路和空气通路。

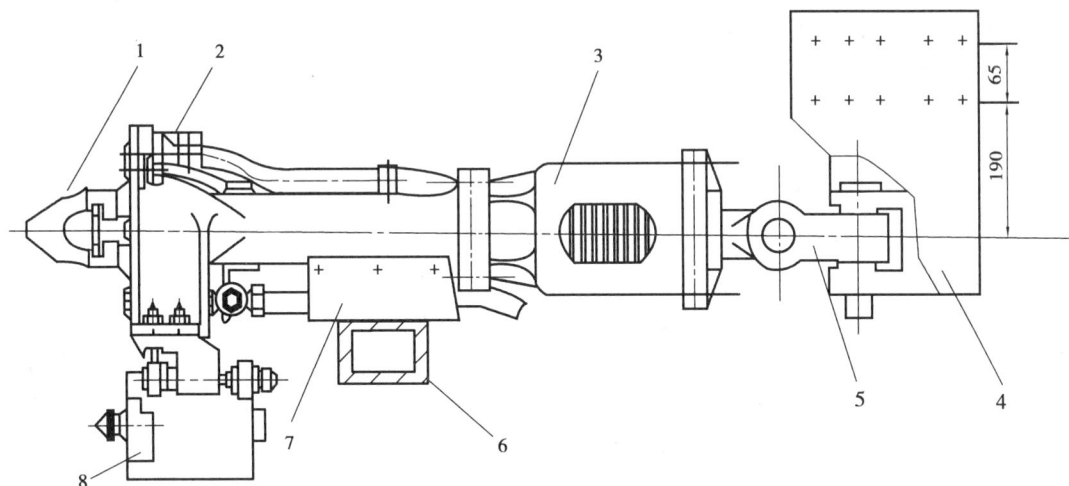

图 6.6　国产密接式车钩缓冲装置

1—密接式车钩钩头;2—风管连接器;3—橡胶缓冲器;4—冲击座;5—十字头;
6—托梁;7—磨耗板;8—电气连接器

在车钩下面有车钩托梁,在缓冲器尾部通过十字头连接器与车体上的冲击座相连,可以实现水平和垂直方向的摆动。

我国早期北京地铁 1,2 号线和天津滨海轻轨车辆采用了这种车钩形式。

①钩头结构。国产密接式车钩的结构如图 6.7 所示,主要由 5 部分组成,前端为钩头,有一个凸锥和凹锥孔,车钩内部还有半圆形的钩舌、解钩杆、解钩杆弹簧和解钩风缸等。

②作用原理。如图 6.7 所示为国产密接式自动车钩的作用原理图,有待挂、连挂和解钩 3 种状态。

a. 待挂状态。如图 6.7(a)所示,是车钩连接前的准备状态,此时钩舌定位杆被固定在待挂位置,解钩风缸活塞杆处于回缩状态,此时半圆形钩舌的连接面与水平面呈 40°。

b. 连挂状态。如图 6.7(b)所示,两钩连挂时,凸锥插进对方相应车钩的凹锥孔中,这时凸锥的内侧面在前进中压迫对方的钩舌转动，使解钩汽缸的弹簧受压，钩舌沿逆时针方向旋转40°。当两钩连接面相接触后，凸锥的内侧面不再压迫对方的钩舌，此时，由于弹簧的作用，使钩舌恢复到原来的状态，即处于闭锁位置。

c.解钩状态。如图6.7(c)所示为解钩状态，有自动解钩和手动解钩两种方式。在进行自动解钩时，需要司机操纵解钩阀，压缩空气由部风管进入前车(或后车)的解钩风缸，同时经解钩风管联络器送入相连挂的后车(或前车)的解钩风缸，活塞杆向前推并带动解钩杆，使钩舌转动到解锁位置，此时两钩即可解开。两钩分解后，解钩风缸的压缩空气迅速排出，解钩弹簧得以复原，带动钩舌顺时针方向转动40°恢复到原始状态，为下次连挂做好准备。手动解钩，只要用人力扳动解钩杆，也能使钩舌转动至开锁位置，实现两钩的分解。

2)Scharfenberg 式自动车钩

Scharfenberg 式自动车钩缓冲装置如图6.8所示，由钩头、橡胶缓冲器、风管连接器、电气连接器和风动解钩系统等几部分组成，缓冲器位于钩头的后部。车辆连挂时依靠两车钩相邻钩头前端的锥形喇叭口引导彼此精确地对中，实现两车钩的紧密连接;同时自动将两车之间的电气线路和空气通路接通。在两车分解时，亦可由司机控制解钩电磁阀自动解钩，并自动切断两车之间的电气线路和空气通路。

在车钩下面有车钩支撑弹簧支撑，在缓冲器尾部通过转动中心轴与车体上的冲击座相连，并可通过橡胶弹簧的弹性变形及缓冲器与转动中心轴的相对转动实现垂直方向的摆动:垂向最大摆角为4°30′;最大水平摆角可达30°。

①车钩结构。钩头壳体为焊接件，它由两部分组成，前面为一带有锥体和喇叭口的突出件，后面为连接法兰。当两钩连接时，前面的锥体和喇叭口用来作为引导对准之用，伸出的爪把用来扩展车钩的连接范围。前端的圆孔用来安置空气管路连接器，在钩头壳体中配置有车钩锁闭零件和解钩风缸。借助于钩头壳体后部的法兰将钩头与牵引缓冲装置连成一体。

车钩的闭锁机构由钩舌和钩锁杆组成，两者通过销子彼此可摆动地相连接。

两个弹簧用来保持车钩处在闭锁位。弹簧的一端钩在壳体的锥体上，另一端钩在钩锁杆上。

手动解钩装置设在钩头的侧面，它由横杆通过两解钩杆与钩舌相连接。在该横杆的端部连有一钢丝绳并与手柄连接，手柄挂在钩头壳体的一侧。

②工作原理。如图6.9所示为密接式车钩的工作原理图，也分为待挂、连挂和解钩3种位

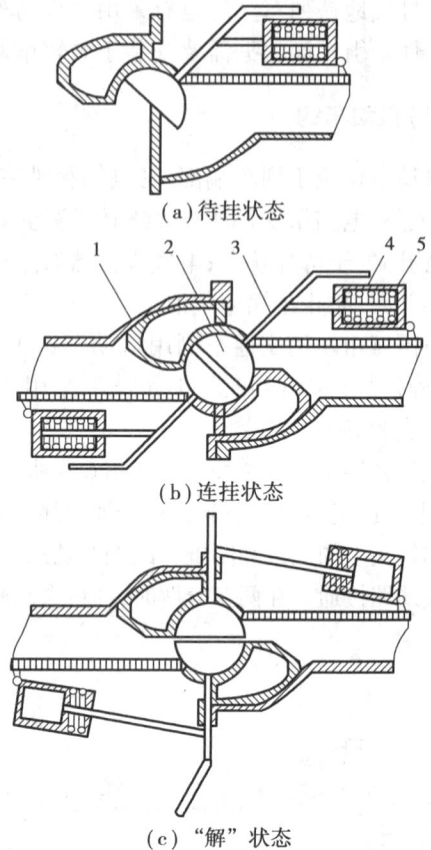

(a)待挂状态

(b)连挂状态

(c)"解"状态

图6.7　国产密接式车钩作用原理

1—钩头;2—钩舌;3—解钩杆;4—弹簧;5—解钩风缸

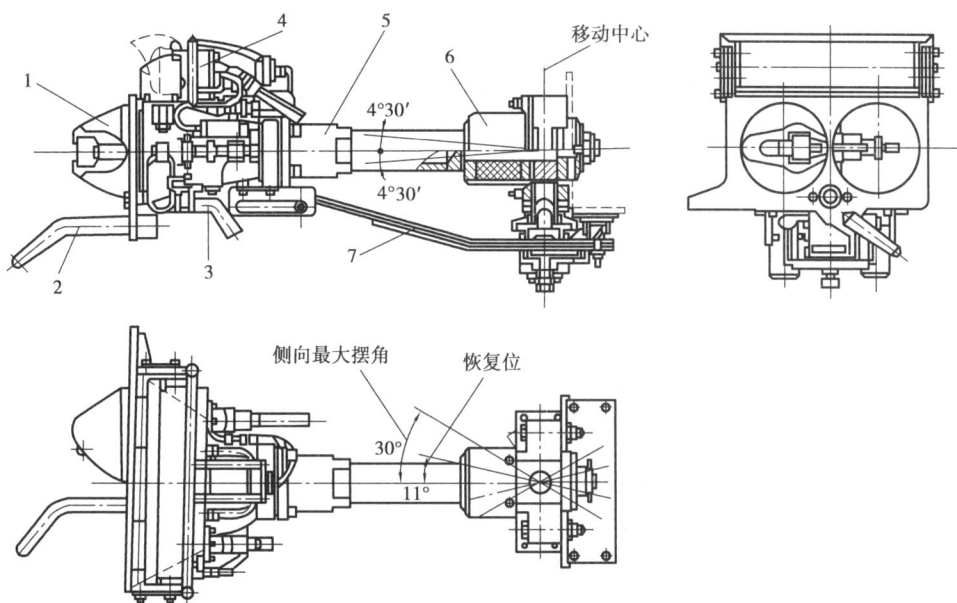

图 6.8　Scharfenberg 式自动车钩缓冲装置

1—密接式车钩;2—引导对准爪把;3—风管连接器;4—电气连接器;5—钩身 ;

6—橡胶弹簧;7—支撑弹簧

置和手动解钩。

a. 待挂位。这时钩头中的钩锁杆轴线平行于车钩的轴线,钩锁杆的连接销中心与钩舌中心销连接线垂直于车钩的轴线。弹簧处于松弛状态,该位置为车钩连挂准备位。

b. 连挂闭锁位。欲使两钩连挂,原来处于连挂准备位的两钩相互接近并碰撞时,在钩头前端的锥形喇叭口引导下彼此精确地对中,两钩向前伸出的钩锁杆由于受到对方钩舌的阻碍,各自推动钩舌绕顺时针方向转动,直至在弹簧拉力作用下钩锁杆滑入对方钩舌的嘴中,并推动钩舌绕逆时针方向返回到原来位置为止。这时两钩的钩锁杆与两钩的钩舌构成一平行四边形,力处于平衡状态,两钩刚性地无间隙地彼此连接,处于闭锁状态。在连挂闭锁住时,钩舌和钩锁杆的位置与连挂准备状态完全相同,钩舌在弹簧作用下力图保持处于闭锁位。当两钩受牵拉时,拉力均匀地分配在由钩锁杆和钩舌组成的平行四边形两对边即钩锁杆上。当两钩冲击时,冲击力由两钩壳体喇叭口凸缘传递。

c. 解钩状态。气动解钩由司机操作解钩控制阀达到解钩。这时压力空气经解钩管充入钩头中的解钩风缸中,推动活塞向前运动,压迫在解钩杆上所设置的滚子上,两钩头中的钩舌被同时推至解钩位置。达到解钩后再排气,风缸中受压弹簧使活塞返回到原始位置。

手动解钩。通过拉动钩头一侧的解钩手柄,经钢丝绳、杠杆和解钩杆使两钩的钩舌转动,直至钩锁杆脱出钩舌的嘴口,由此使两钩脱开,处于解钩位。

欧洲地铁大都采用这种车钩形式,上海、广州、深圳地铁等也采用这种形式的车钩。

（2）半自动车钩

如图 6.10 所示是西安地铁 2 号线车辆所采用的半自动车钩结构图。国内地铁如果在列车两端安装自动车钩,则半自动车钩主要用于两编组单元之间的车辆连挂,有部分城市的地铁

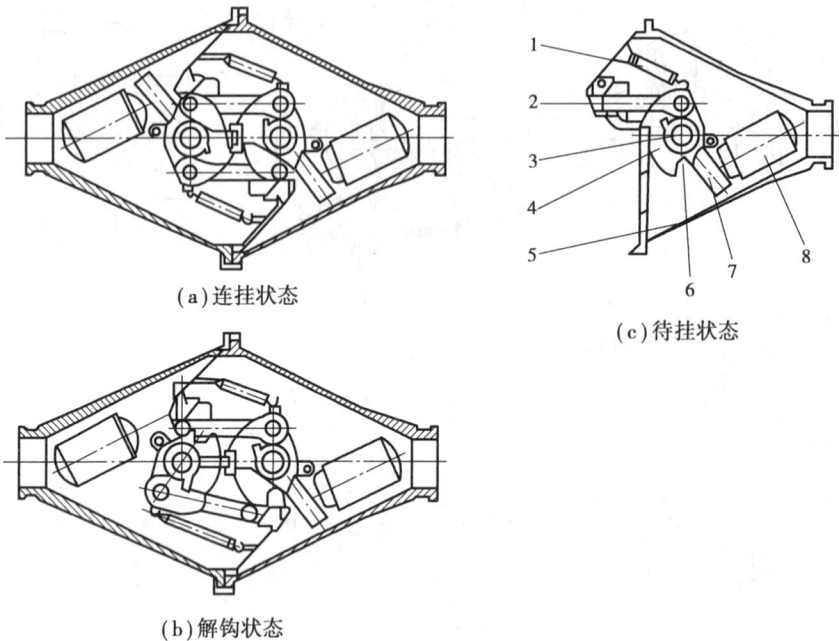

（a）连挂状态

（c）待挂状态

（b）解钩状态

图 6.9　密接式车钩作用原理

1—钩锁连接杆弹簧;2—钩锁连接杆;3—中心轴;4—钩舌;

5—钩头壳体;6—钩嘴;7—解钩杆;8—解钩风缸

列车在列车两端安装半自动车钩,比如成都地铁和西安地铁。半自动车钩的钩头连接形式与自动车钩相同,连挂方式和锁闭方式相同。两个相同的车钩可以在直线线路和曲线线路上自动连挂。半自动车钩可以实现列车单元之间的机械连接和风管自动连接,电气连接只能手动。解钩时机械和气路部分可自动,也可手动操作,但不能在司机室集中控制。在半自动车钩上设有贯通道支撑座,用于车辆运行过程和解钩之后支撑贯通道。支撑座可承受贯通道及所承受的载荷。

（3）半永久性牵引杆

半永久性牵引杆用于同一单元内车辆之间的编组,使之编组成单元。列车单元在运行过程中一般不需要分解,通常只在维修时才分解。当两车连挂时即形成刚性连接,其连接间隙最小。垂向运动和转动也很小。这样的连接形式可保证列车在出轨时车辆之间仍然保持相对位置,防止车辆重叠和颠覆,减少列车启动及制动时的冲动。每个半永久牵引杆上均有贯通道支撑座,用于车辆运行过程和解钩之后支撑贯通道。支撑座可以承受车辆正常运行时超员情况下贯通道所承受的载荷。

半永久牵引杆只是将两车的连接方式由车钩连接改为牵引杆连接,取消了风路和电路的连接。风路和电路的连接只能依靠手动连接。不同种类的车辆所安装的半永久性牵引杆的结构可能有所不同,但连接原理是一致的。

如图 6.11 所示为国产地铁车辆半永久牵引杆。其主要特征为半永久牵引杆是将两车的连接方式由车钩连接改为用一根牵引棒代替,将自动车钩中的两个车钩钩体取消,牵引杆的两端直接与两个缓冲器相连,同时取消了风、电路的连接。

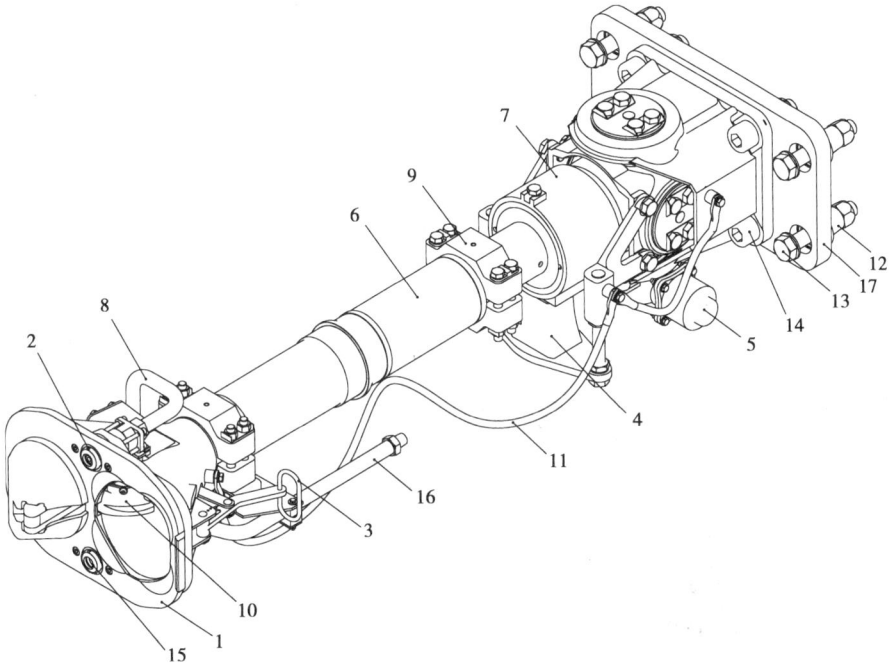

图 6.10　西安地铁 2 号线半自动车钩

1—机械车钩；2—MRP；3—手动解钩；4—水平支撑；5—水平对中；6—压溃管；
7—缓冲装置；8—风管（MRP）；9—连接环；10—钩舌；11—接地线；12—过载保护装置；
13,14—螺栓；15—BP；16—风管（BP）；17—转接板

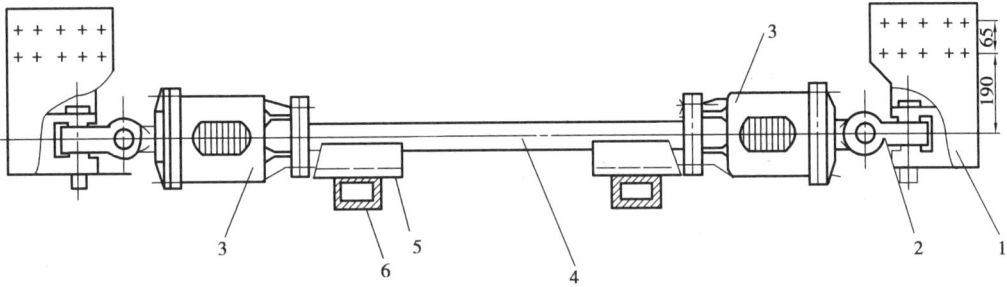

图 6.11　半永久牵引杆

1—连接座；2—十字头；3—缓冲器；4—牵引杆；5—磨耗板；6—车钩托梁

上海地铁车辆半永久牵引杆结构如图 6.12 所示。其主要特征是将两相邻车钩中的一个车钩钩体和另一车钩钩体、缓冲器总成分别由两个牵引杆代替，两牵引杆的端部各有一个锥孔和锥柱，在连挂时起定位作用，通过套筒式联轴器将两个牵引杆刚性相连，其电气、气路通过机械紧固获得永久连接。通常只在维修时才分解，在半永久牵引杆上设有贯通道支撑座。

如图 6.13 所示是深圳地铁车辆半永久性牵引杆的结构形式。它的连接方式与上海地铁相似，其主要特征是在两个半永久牵引杆中设一个能量吸收装置。

【任务实施】

本次任务的实施，以国内某地铁车辆的自动车钩的检修为例，认知城轨车辆车钩的结构及工作原理。

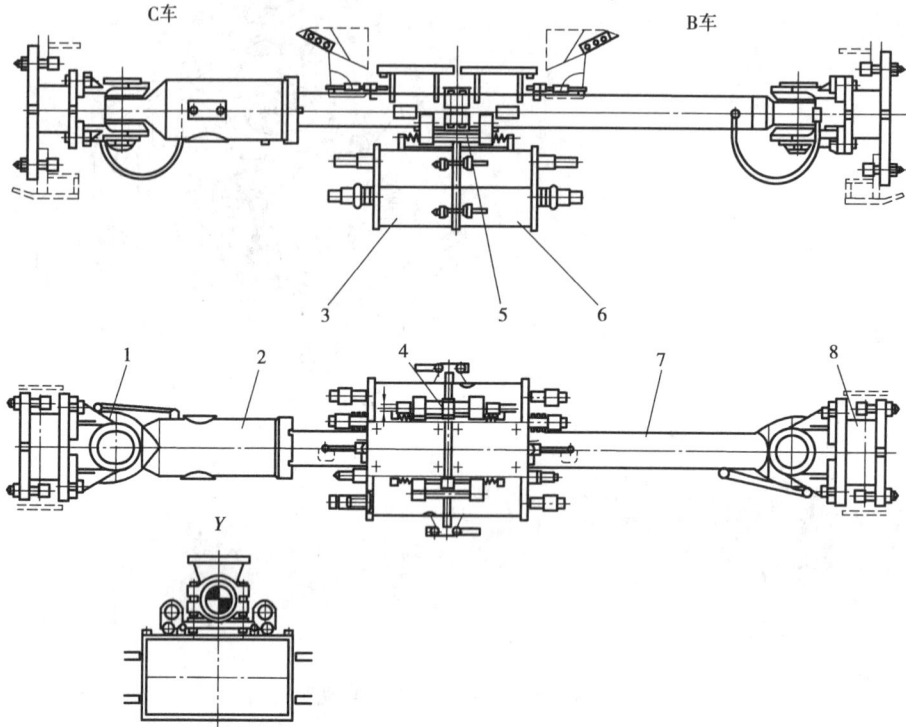

图 6.12 上海地铁半永久牵引杆
1—支撑座;2—具有双作用环弹簧的牵引杆;3,6—电气连接盒;4—风管;
5—套筒式联轴器;7—牵引杆;8—过渡板

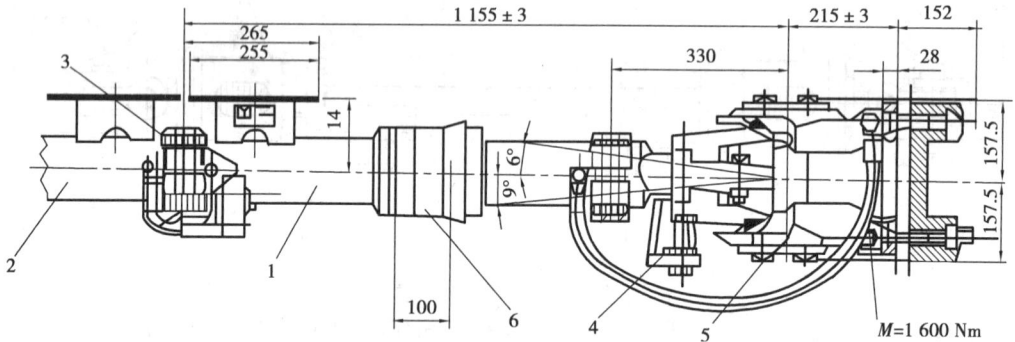

图 6.13 深圳地铁半永久牵引杆
1—牵引杆(1);2—牵引杆(2);3—套筒式联轴器;4—垂直支撑装置;
5—橡胶缓冲装置;6—可压溃变形管能量吸收装置

如图 6.14 所示,是国内某地铁车辆的自动车钩的正视图,按检修要求对整个车钩进行目视检查,检查是否有损坏的迹象以及紧固件是否松脱或遗失,对生锈的零部件必须要进行清洁然后涂上底漆以便保护,目的是整体认识城轨车辆车钩的结构。

如图 6.15 所示,检查机械车钩的钩舌和拉簧(位于机械车钩内部)是否损坏,目的认知城轨车辆车钩的内部结构。

如图 6.16 所示,操作手动解钩装置,检查钩锁转动是否灵活,认知解钩装置。

对其他配件的认知,也按此方法进行,总体认知城轨车辆的车钩。

图 6.14　车钩正视图

图 6.15　弹力拉簧

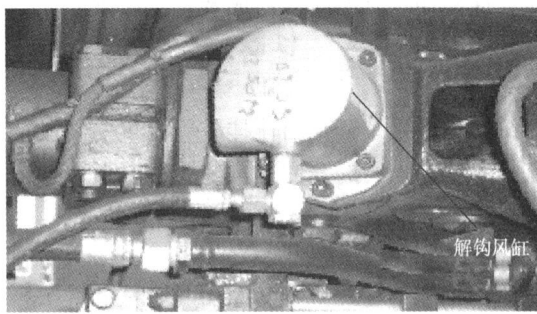

图 6.16　解钩装置

【效果评价】

评价表

项目名称	城市轨道交通车辆连接装置		学生姓名	
任务名称	任务 2　城轨车辆车钩装置的认识与学习		分数	
项　目			分值	考核得分
1.车辆连接装置的相关知识、图片的搜集、整理			10	
2.是否有小组计划			5	
3.城市轨道交通车辆连接装置的认知情况			20	
4.城市轨道交通车辆连接装置常见结构形式及各自特点的认知情况			50	
5.编制学习汇报报告情况			10	
6.基本素养考核情况			5	
总体得分				
教师简要评语： 教师签名：				

任务 3　缓冲装置的认知

【活动场景】

在城市轨道交通车辆生产车间或检修现场教学,或用多媒体展示城市轨道交通车辆缓冲装置的使用与生产。

【任务要求】

掌握缓冲装置的结构组成及工作原理。

【知识准备】

缓冲装置是车辆牵引连挂装置的重要组成部分,主要用来传递和缓和纵向冲击力。城市轨道交通车辆采用的缓冲装置主要有以下 6 种形式。

(1)层叠式橡胶金属片缓冲器

1)结构和主要技术参数

如图 6.17 所示是层叠式金属橡胶缓冲器的结构原理图,由图可知,该缓冲器由橡胶金属片、前从板、牵引杆、缓冲器后盖、滑套、缓冲器体、后从板共 7 部分组成。主要技术参数如下:

最大牵引力　　　　　　　　150 kN
最大冲击力　　　　　　　　250 kN
允许最大冲击速度　　　　　3 km/h
缓冲器容量　　　　　　　　5.63 kJ

2)作用原理

当车辆受到压缩载荷时,缓冲器体和牵引杆受压,此时力的传递方向为牵引杆压缩后从板→橡胶金属片→前从板和缓冲器的前端。橡胶金属片受到压缩,起缓冲作用。在牵引载荷工况下,缓冲体和牵引杆受拉,此时力的传递方向为:牵引杆上的滑套压缩前从板→橡胶金属片→后从板和缓冲体后盖,同样起到缓冲作用。此种缓冲器主要用于国产地铁车辆上。

(2)环弹簧缓冲器

1)环弹簧缓冲器的结构及原理

如图 6.18 所示是环弹簧缓冲器的结构及原理图,由图可知,该缓冲器由弹簧盒、弹簧前后座板、外环弹簧(共 7 片)、内环弹簧(5 片内环弹簧、1 片开口环弹簧和 2 片半环弹簧组成)、端盖、球形支座、牵引杆等组成,其主要技术参数如下:

最大作用力为　　　　　　　580 kN
最大行程为　　　　　　　　58 mm
缓冲器的容量为　　　　　　18.7 kJ

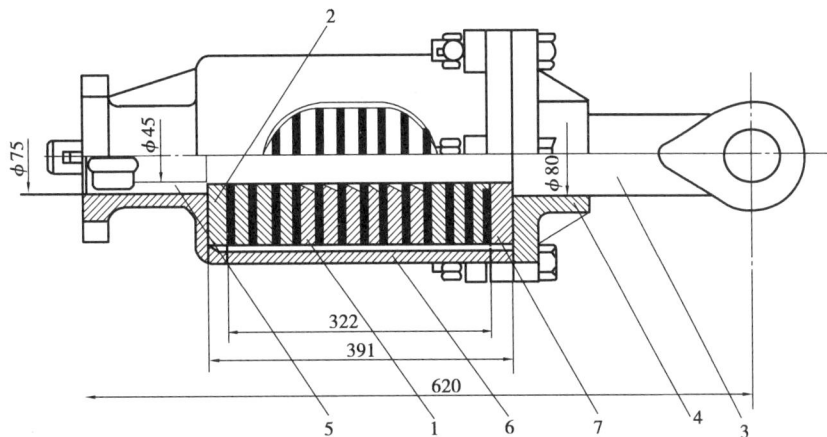

图 6.17　层叠式橡胶金属片缓冲器

1—橡胶金属片;2—前从板;3—牵引杆;4—缓冲器后盖;5—滑套;6—缓冲器体;7—后从板

水平摆角　　　　　　　　　±40°

垂直摆角　　　　　　　　　±5°

能量吸收率　　　　　　　　66%

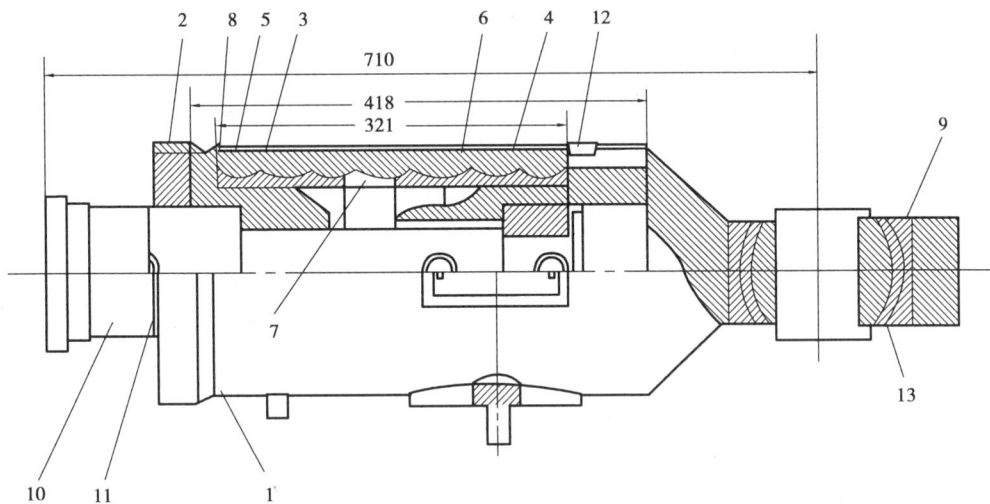

图 6.18　环弹簧缓冲器结构及原理图

1—弹簧盒;2—端盖;3—弹簧前从板;4—弹簧后从板;5—外环弹簧;6—内环弹簧;
7—开口弹簧;8—半环弹簧;9—球形支座;10—牵引杆;11—标记环;
12—预紧螺母;13—橡胶嵌块

2)作用原理

当车钩受冲击时,牵引杆推动弹簧前从板向后挤压环弹簧;当车钩受牵拉时,拧紧在牵引杆后端的预紧螺母带动弹簧后从板向前挤压环弹簧。因此,不论车钩受冲击或牵拉环弹簧均受压缩作用。由于内、外环弹簧相互接触的接触面均做成"V"形锥面,受压缩相互挤压时,外环扩张,内环压缩,这样就产生了轴向变形,起缓冲作用。同时内、外环弹簧接触面产生相对滑动,摩擦力做功消耗了部分冲击能。

环弹簧缓冲器的前端通过一组对开连接套筒与钩头连,后端的球形支座通过销轴与车钩支撑座相连。整个车钩缓冲装置在水平面内可绕销轴左右摆动 40°,在垂直面内借助于球形轴套嵌有橡胶件可上下摆动 5°,以满足车辆运行于水平曲线和竖曲线的要求。德国进口的上海地铁 1 号线车辆采用了这种缓冲装置。

(3)环形橡胶缓冲器

1)环形橡胶缓冲器的结构及原理

如图 6.19 所示是环形橡胶缓冲器的结构及原理图。由图可知,该缓冲器主要由牵引杆、缓冲器体、环形橡胶弹簧等组成。属于免维护的橡胶缓冲装置,缓冲器安装在车钩安装座上,可以吸收拉伸和压缩能量。半自动车钩和牵引杆均用相同的方法安装固定。

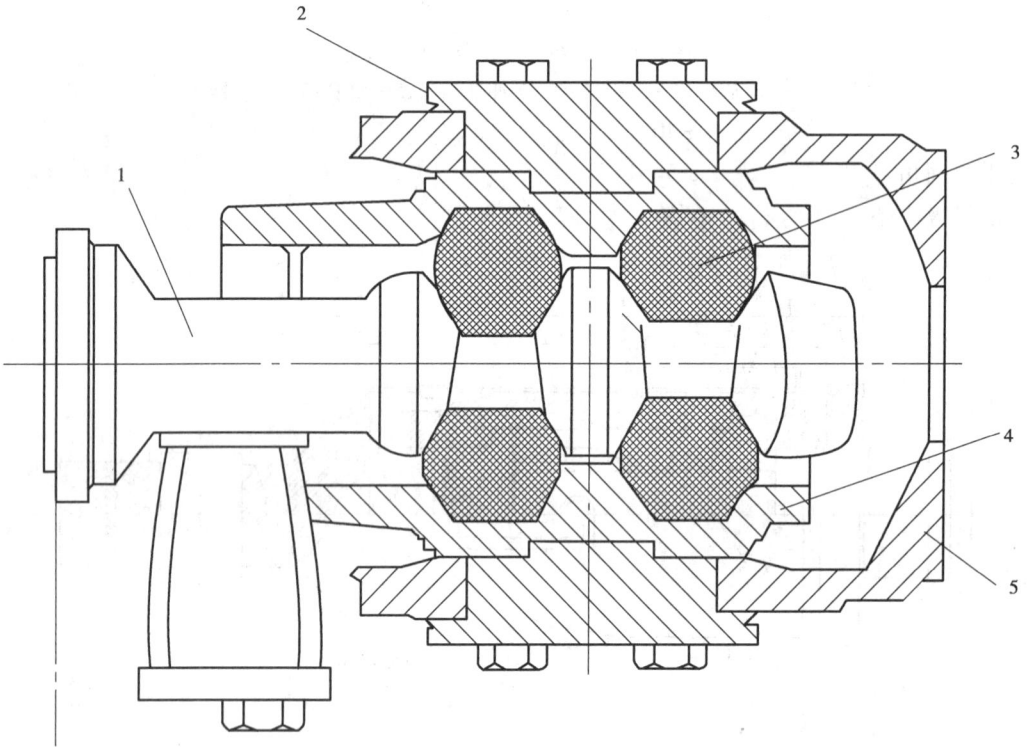

图 6.19　环形橡胶缓冲装置

1—牵引杆;2—安装座;3—环形橡胶;4—缓冲器体;5—支撑座

缓冲装置间不存在间隙,在承受拉伸和压缩载荷的同时,可承受较大的剪切力。

缓冲装置允许车钩作垂向摆动和扭转运动。缓冲装置的支撑座用 4 个螺栓固定在车体底架上。用于深圳地铁车辆。

2)主要技术参数

主要技术参数如下:

允许水平最大压缩力　　　　　1 250 kN

允许水平最大拉伸力　　　　　850 kN

水平摆角　　　　　　　　　　±11°

垂直摆角　　　　　　　　　±5.5°

（4）弹性胶泥缓冲器

弹性胶泥缓冲器与传统意义上的缓冲器类似,在列车运行过程中起吸收冲击能量、缓和纵向冲击和振动的作用。其后端通过钩尾销连接在安装座上,前端通过连接环与连挂系统连接。弹性胶泥缓冲器性能先进,缓冲器的可靠性和动态吸收性能较好。

1）缓冲器的结构及原理

如图 6.20 所示为弹性胶泥缓冲器的结构原理图,由图可知,该缓冲器主要由牵引杆、弹簧盒、内半筒、端盖和弹性胶泥芯子等组成,弹性胶泥芯子是其接受能量的元件。缓冲系统,固定在弹簧盒内。

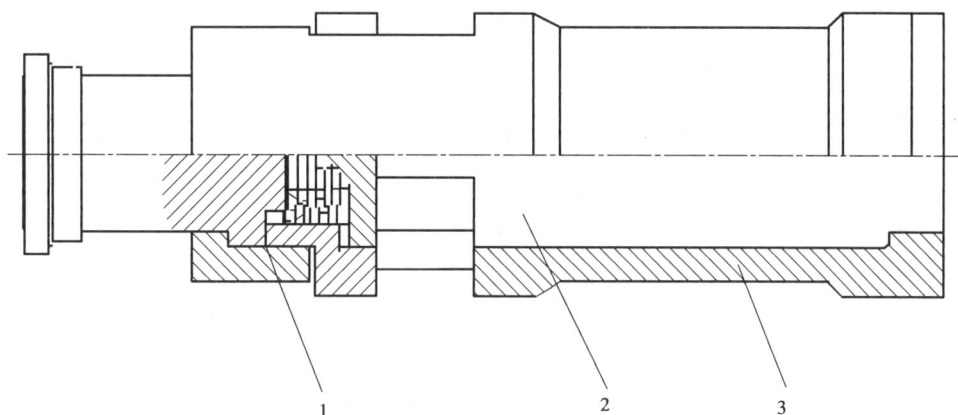

图 6.20　弹性胶泥缓冲器
1—牵引杆;2—弹性胶泥芯子;3—内半筒组成

车钩受拉时,纵向力传递顺序为:牵引杆→内半筒→弹性胶泥芯子→弹簧盒→车体;车钩受压时,纵向力传递顺序为:牵引杆→弹性胶泥芯子→内半筒→弹簧盒→车体。由此可见,无论车钩受拉或是受压,缓冲器始终受压。

2）主要技术参数

主要技术参数如下:

缓冲器容量　　　　　　≥30 kJ
缓冲器最大行程　　　　73 mm
缓冲器能量吸收率　　　≥80%
缓冲器阻抗力　　　　　800 kN
车钩连挂最大速度　　　5 km/h

（5）带变形管的橡胶缓冲器

如图 6.21 所示,带变形管的橡胶缓冲器由拉杆、轴套、锥形环圈、法兰、垫圈、橡胶弹簧和变形管组成。轴套与钩头壳体螺纹连接,并由法兰紧固使之不致松动,轴套用来作为拉杆、锥形环圈和变形管支撑和导向,拉杆穿过两个弹簧 6 和 7,其端部通过蝶形螺母将弹簧压紧。

在正常运行时,车辆之间所产生的牵引和压缩力主要由两橡胶弹簧来承担。这时车辆连挂冲击速度低于 3 km/h。在如图 6.22 所示的力—行程图中作用力小于 100 kN,行程小于 58 mm,橡胶弹簧在变形中所吸收的功如图中所示的影线面积。

当车辆在事故冲击时,车辆的碰撞速度超过 5 ~ 8 km/h,这时车钩所受到的冲击压缩力超过橡胶弹簧的承载能力,靠近钩头的冲击吸收装置起作用,变形管 3 与锥形环圈 4 彼此相互挤压,把冲击能转变为变形管和锥形环圈的变形功和摩擦功,变形管产生永久变形,吸收冲击功可达 16.1 kJ,从而达到对乘客和车辆的事故附加防护作用。产生永久变形后的变形管必须予以更换,只要将法兰 2 松开,并将轴套 1 从钩体中拧出,就不难将变形管 3 从锥形环圈 4 中拉出。

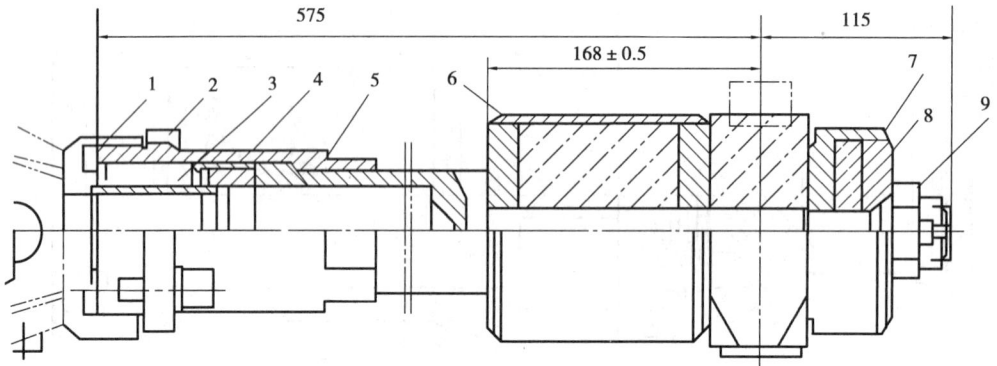

图 6.21　带变形管的橡胶缓冲器
1—轴套;2—法兰;3—变形管;4—锥形环圈;5—拉杆;
6,7—橡胶弹簧;8—垫圈;9—螺母

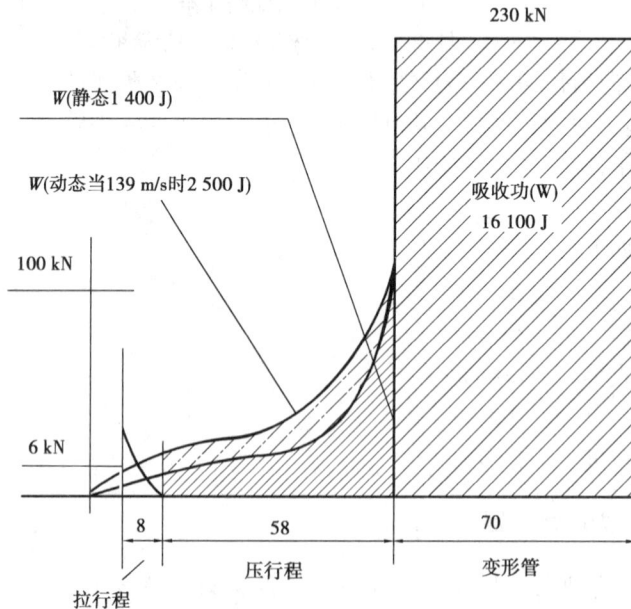

图 6.22　橡胶缓冲器冲击衰减力—行程图

（6）可压溃变形管

如图6.23所示是可压溃变形管和结构示意图。车钩缓冲装置是车辆冲击能量吸收系统的一部分,可压溃变形管可作为车钩缓冲装置的重要部件,用来吸收车辆冲击能量。当两列车相撞时,将会产生可恢复的和不可恢复的变形。

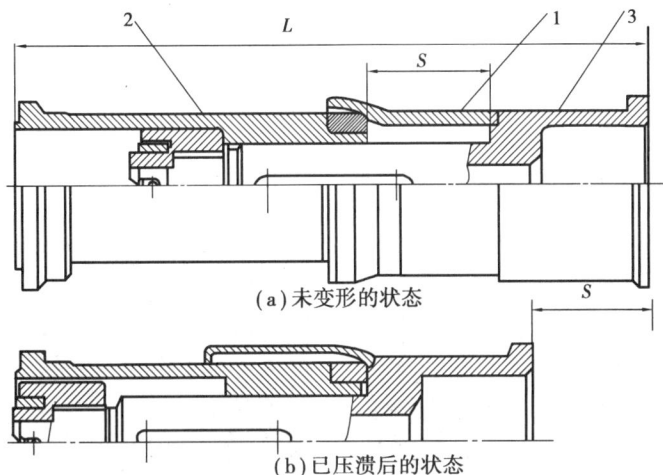

图6.23　可压溃变形管和结构示意图
1—可压溃变形管;2,3—可压溃筒体

能量吸收可分为3级:

第一级,速度最大为8 km/h时,车钩内的缓冲、吸收装置吸收全部能量,产生的变形可以恢复;第二级,速度为8~15 km/h时,可压溃变形管产生的变形不可恢复;第三级,速度超过15 km/h时,自动车钩的过载保护系统产生不可恢复的变形,车辆前端将参与能量吸收以保护乘客。

同时通过可压溃变形管的能量吸收还可保护车体钢结构免受破坏。当冲击速度过大,导致可压溃变形管变形时,必须更换。

撞车事故发生后,必须对车辆进行检查,尤其是电气连接和机械连接部分。

车钩的事故率相对较低,但可压溃变形管是必备的备件,另外如钩舌弹簧、固定和活动触头及风管连接器等也是相对容易损坏的部件。

【任务实施】

以某地铁车带缓冲器的半永久车钩为例,对其进行检查和维护,以认知其结构原理。如图6.24所示为带缓冲器半永久车钩的结构示意图。检查时须对整个车钩进行目视检查,检查是否有损坏的迹象以及紧固件是否松脱或遗失,生锈的零部件必须要进行清洁,然后涂上底漆以便保护。检查车钩零件是否有损坏,更换损坏件,并且标上红色力矩封。如图检查压溃管应无鼓起、裂损等损伤,如影响功能则更换。套筒联轴节:检查安装螺钉是否紧固[如需要校正扭力需更换螺钉,力矩是:(145±5)N·m],目检套筒联轴节上、下套筒的连接缝隙内是否充满润滑油脂,如没有则向孔内涂满润滑油脂。如图6.25所示,在可压溃变形管的前后各有一套筒联轴节。

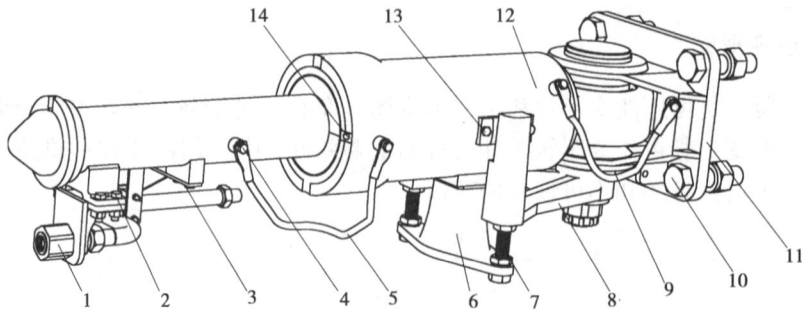

图 6.24　带缓冲器半永久车钩

1—风管连接器;2,3,4—螺栓;5—接地线;6—橡胶支撑;7—吊座螺栓;8—支架;
9—接地线;10—安装螺栓;11—安装座;12—缓冲器;13,14—螺栓

双冲装置

接地电缆

套筒联轴节下套管的孔内充满油脂

图 6.25　压溃管结构图

【效果评价】

评价表

项目名称	城轨车辆的连接装置		学生姓名	
任务名称	任务 3　缓冲装置的认识		分数	
项　　目			分值	考核得分
1.车辆缓冲装置的相关知识、图片的搜集、整理			10	
2.是否有小组计划			5	
3.车辆缓冲装置的认知情况			20	
4.车辆缓冲装置常见结构形式及各自特点的认知情况			50	
5.编制学习汇报报告情况			10	
6.基本素养考核情况			5	
总体得分				
教师简要评语:				
教师签名:				

任务 4 附属装置的认知

【活动场景】

在城市轨道交通车辆生产车间或检修现场教学,或用多媒体展示城市轨道交通车辆车体的使用与生产。

【任务要求】

掌握贯通道的基本作用及结构。

【知识准备】

(1)风管连接器

1)不带自闭装置的风管连接器

如图 6.26 所示。当车钩互相连挂时,密封圈互相接触受压,借助于滑套、橡胶套和前弹簧使压力达到 70 ~ 160 N,保证气路开通时不会泄漏。在制动主管连接器后端的管路上装有一个截止阀。正常解钩时,首先将截止阀关闭,以防止制动主管排风而产生紧急制动。

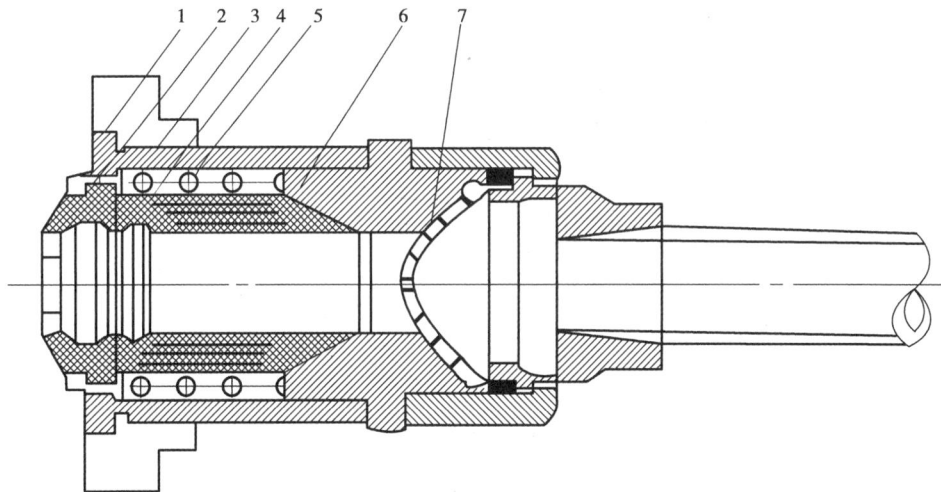

图 6.26 制动主管连接器

1—阀壳;2—密封圈;3—滑套;4—橡胶套;5—前弹簧;6—后接头;7—虑尘网

2)自动开闭式风管连接器

如图 6.27 所示为自动开闭式风管连接器。该装置具有自动开闭装置。当两车钩连挂时,顶杆与密封圈同时受压,密封圈防止泄漏的同时,顶杆压缩阀垫、滑阀和顶杆弹簧,阀垫和滑阀后退,使阀垫与阀体脱开,气路开通。解钩时由于密封圈和顶杆失去压力,在弹簧的作用下,各部件恢复原位,风路断开。

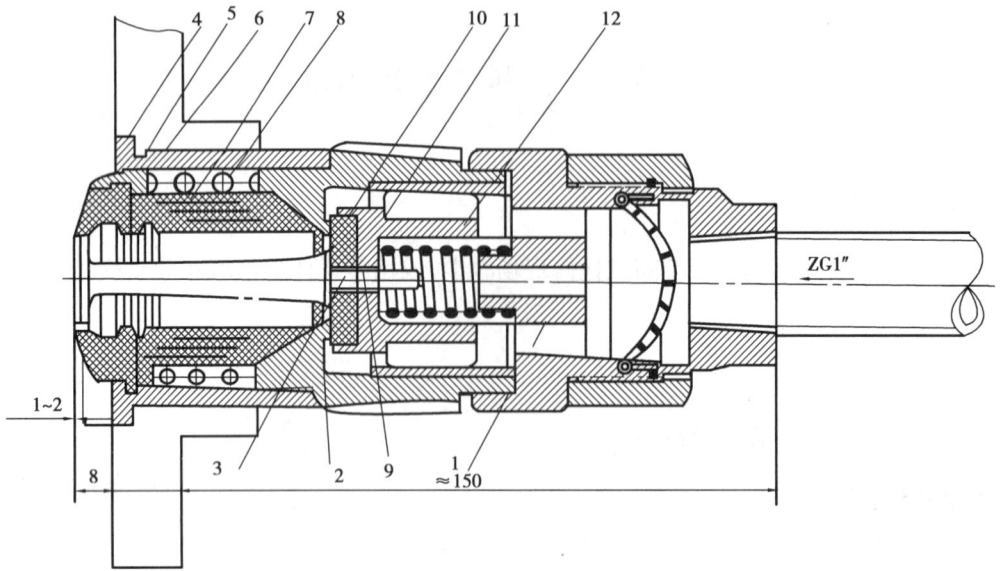

图 6.27　自动开闭式风管连接器

1—后接头;2—阀体;3—顶杆;4—阀壳;5—密封圈;6—滑套;7—橡胶套;
8—前弹簧;9—调整垫片;10—阀垫;11—滑阀;12—顶杆弹簧

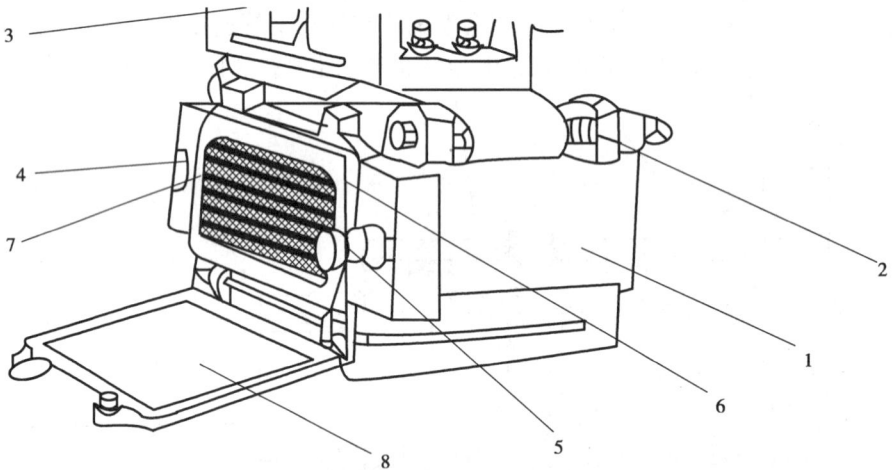

图 6.28　电气连接器

1—箱体;2—悬吊装置;3—车钩;4—定位孔;5—定位销;6—密封条;7—触头;8—箱盖

(2)电气连接器

电气连接器如图 6.28 所示。通过悬吊装置使钩体与电气连接器成弹性连接。两车钩连挂时,箱体可退缩 3~4 mm,靠弹簧压力,保证良好接触;触头上焊有银片,以减小电阻。它与箱体成弹性连接,靠弹簧压力保证触头处于可伸缩状态,相互接触良好,保证电流畅通。箱体的一侧有一个定位销,对称侧有定位孔,两钩连挂时定位销插入对应的定位孔,以保证触头的准确连接;密封条是防雨水和灰尘的。解钩时,将盖盖好,防止触头损坏。箱体内还设有接线板,使触头的引线和从车上来的引入线对应相连;在它后部有电线孔,为防止电线磨损,设有塑料套。

电气箱外装有保护罩,当两钩连接时,电气箱可推出使其端面高于车钩端面,此时保护罩自动开启;当解钩后,电气箱退回至原位置,保护罩自动关闭。电气箱内的触点分别为固定触点和弹性触点,保证电气连接时密接可靠。主要应用于自动车钩上。

(3)车钩对中装置

如图6.29所示,在缓冲器的尾部下方左、右各设有一个对中汽缸,它的活塞头部安有一个水平滚轮,当汽缸充气活塞向外伸出时,能自动嵌入固定在球铰座下方的一块呈桃子形凸轮板左、右的两个缺口内,从而达到使车钩自动对中的目的,也就是使车钩缓冲装置的中心线与车体中心线在一个垂直平面内,以便使一个车钩钩头对准对方车钩的钩坑。

对中汽缸的充气和排气是通过钩头心轴顶部的凸轮来驱动二位五通阀的阀芯,从而使对中汽缸进行充气或排气。当车钩处于待挂状态,对中汽缸充气使车钩自动对中;当车钩处于连接状态时,对中汽缸处于排气状态;对中汽缸排气,车钩则可自由转动,则有利于列车过弯道。

当车辆在弯道上进行连挂时,则必须将对中装置关闭,否则无法进行连挂。这时只需将车钩下方的进气阀门关闭即可使对中汽缸排气,使车钩处于自由状态,而在进行连挂时可利用钩头法兰前的导向杆(俗称象鼻子)进行对中,从而顺利地进行连挂。

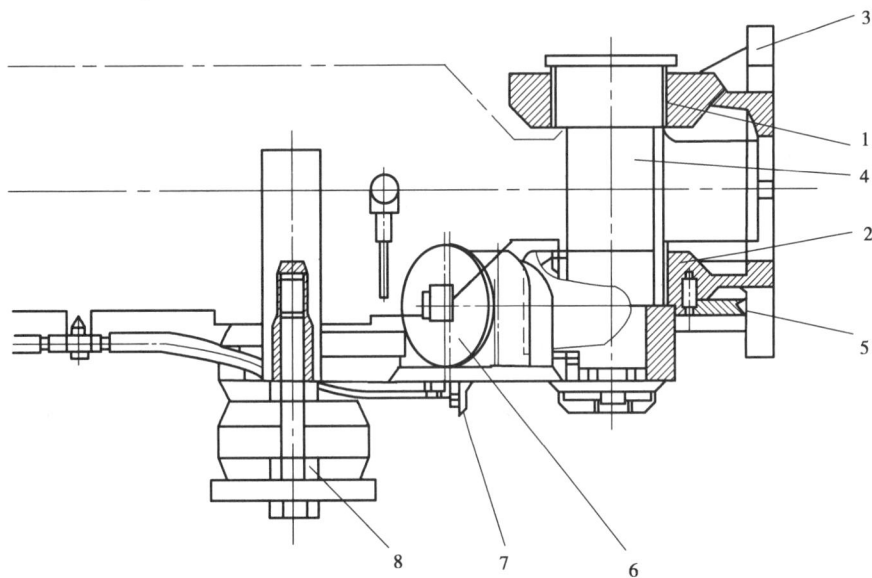

图6.29　支撑座图

1,2—轴套;3—安装座;4—中心销;5—凸轮盘;6—对中作用汽缸;
7—活接式气接头;8—垂向支撑橡胶弹簧

(4)安装吊挂系统

安装吊挂系统的作用是为整个车钩缓装置提供安装和支撑,保证列车通过所有平竖曲线所需的各个方向自由度,保证整套装置在不连挂状态时保持水平,车钩中心线与车辆中心线重合,以便于连挂。车钩通过该装置可方便地调整车钩中心线的高度。

【任务实施】

以西安地铁2号线车辆车钩气路为例进行管路拆解。

(1)**车钩气路结构**

图6.30为车钩气路结构图。

(2)**拆卸步骤**

拆卸步骤具体如下:
①拆卸与车体相接的软管气路接头。
②松开螺母10,取下螺栓4,拆解管卡7。
③松开螺母2,取下风管11。
④从风管11上拆下"O"形密封圈3。
⑤卸下整套连接管11。

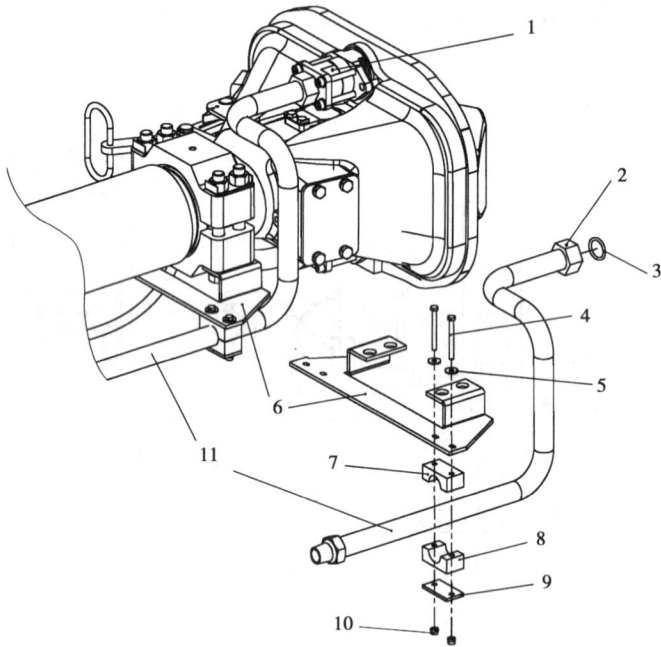

图6.30 气路连接管的更换图

1—MRP;2—风管螺母;3—"O"形密封圈;4—螺栓;5—垫圈;
6—支架;7,8—管卡;9—盖板;10—防松螺母;11—气路连接管

(3)**专用工具/仪表、检修用品**

①标准工具套装。
②Molykote 1 000。
③AUTOL TOP 2000润滑脂。
④皂液。

【效果评价】

评价表

项目名称	城市轨道交通车辆的连接装置	学生姓名	
任务名称	任务4　附属装置的认知	分数	
项　　目		分值	考核得分
1.附属装置的相关知识、图片的搜集、整理		10	
2.是否有小组计划		5	
3.附属装置的认知情况		20	
4.附属装置常见结构形式及各自特点的认知情况		50	
5.编制学习汇报报告情况		10	
6.基本素养考核情况		5	
总体得分			
教师简要评语： 　　　　　　　　　　　　　　　　　　　　　　　　教师签名：			

任务5　贯通道的认知

【活动场景】

在城市轨道交通车辆生产车间或检修现场教学，或用多媒体展示城市轨道交通车辆车体的使用与生产。

【任务要求】

掌握贯通道的基本作用及结构。

【知识准备】

（1）概述

贯通道装置也就是风挡装置，位于两节车厢的连接处，是两车辆通道连接的部分，它具有良好的防雨、防风、防尘、隔音、隔热等功能，能够使旅客安全地穿行于车厢之间。风挡装置分为整体式和分体式。深圳地铁采用的是分体式风挡装置，即风挡装置的一半装在每辆车的端部，在该装置的下部还设有分开式渡板。渡板连接处有车钩支撑，如图6.31所示。

图 6.31　渡板连接处有车钩支撑

（2）贯通道的结构（见图 6.32）

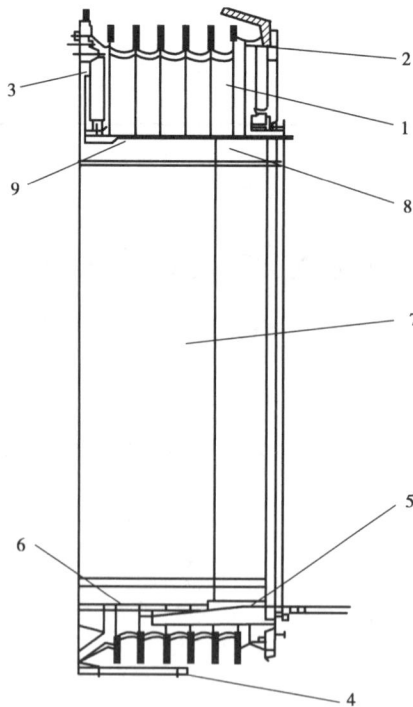

图 6.32　风挡侧向断面图

1—波纹遮棚;2—紧固框架;3—连接框架;4—滑板支架;5—渡板组成（1）;
6—渡板组成（2）;7—内侧板;8—单层顶板;9—顶板

1）波纹折棚组成

折棚由多折环状篷布缝制而成,每折环的下部设有两个排水孔。折棚体选用特制的阻燃、高强度、耐老化人造革制作,在 −45 ～ +100 ℃ 范围能够正常使用,抗拉强度 ≥ 3 000 N/cm²。

棚布采用双层夹心结构,大大提高了风挡的隔音、隔热性能。折棚体各折缝合边用铝合金型材镶嵌,折棚体的一端连接在车体端部,另一端与连接座连接固定。

2)紧固框架

紧固框架是由铝型材焊接而成,通过固定在框架上的螺钉将波浪式风挡牢固地与车辆端部连接,在该部件的上面还设有固定内墙板和内顶板的连接装置。

3)连接框架

连接框架也是由铝合金骨架焊接而成,与紧固框架外形相似,但其内部结构和实现的功能是不同的。

①在框架的侧面和顶部设有两个定位孔和定位销,当连挂时,定位销插入对应框架的定位孔中而实现准确连挂。

②在框架上设有 4 个锁钩和锁钩机构,连挂后用手工将锁钩插入对应锁闭机构中,实现风挡的惯性连接。

4)滑动支架

采用钢板焊接而成,落在车钩的贯通道支座上,实现支撑贯通道的功能。他的上部与支撑金属板相连。

5)侧护板组成

侧护板的通道表面为镶有凯德板的罩板,内有铝型材与弧面橡胶条镶嵌而成的边护板,可实现拉伸和压缩,护板内表面设有连杆支撑机构,使护板有足够的刚度,旅客可依靠护板;护板的两端与车体端部连接,可用专用钥匙快速打开、拆卸护板。

6)顶板组成

每个通道顶板由两个边护板和一个中间护板组成,顶板内侧设有连杆机构,使车辆运行时中间护板始终保持在中间位置,不发生偏移,顶板组成通过边框用螺钉固定在车体端墙上。

【任务实施】

以西安地铁 2 号线篷布为例进行修复。具体程序如下:

①用维修工具中提供的清洁工具清洁受损篷布将要粘上补丁一侧(见图 6.33)。

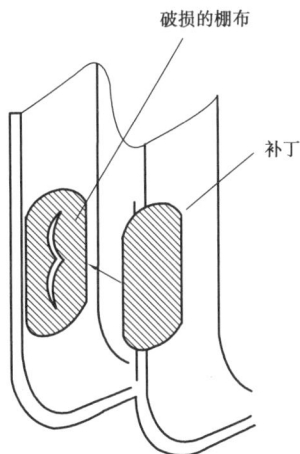

图 6.33　破损篷布的修复

②用砂纸打磨清洁过的折棚(颗粒尺寸 100)。

③根据受损面积大小裁剪篷布补丁。尽可能使边缘光滑服帖。普通破损地方用 T5 篷布修补。那些经常会接触的地方用 T3 篷布修补,因为它更灵活更薄,便于工作上的需要。

④将补丁一侧用砂纸均匀打磨(颗粒尺寸 100)。

⑤用维修工具提供的清洁工具将被打磨的一面清理干净。

⑥用刷子给补丁和折棚打磨并清理过的地方上一层薄薄的黏合剂。

⑦让黏合剂晾干 5~10 min。

⑧将补丁贴到破损处并用附带的泡沫橡胶辊将补丁紧紧压在折棚上。同时在里侧用一块硬物做支撑(如木板),防止气泡产生。

⑨黏合住的地方硬化之后便可以适应拉伸了。注意:24 h 后可以达到最大的使用价值(适用于剧烈运动),大约 4 h 后就能达到一般使用价值(使用于普通运动)。

⑩在顶部、底部及拐角处的补丁需要特别再用修复工具中的中空铆钉固定。如补丁大小超过 3 cm×5 cm,则需在所有补丁上用中空铆钉再固定。必须在胶水硬化之前用铆钉钉住。

⑪让黏合剂晾干约 1 h。

⑫根据补丁尺寸(3 cm×5 cm 用 3 个空心铆钉)在棚布和补丁的适当位置钻孔或冲孔,用 ϕ 4.2 mm 的冲钻机、空心穿孔机或别的适合工具。

⑬钉入空心铆钉(NK 10 和 NN 7),在空心铆钉一侧用硬物支撑,用 PVC 锤子钉上。

【效果评价】

评价表

项目名称	城市轨道交通车辆连接装置	学生姓名	
任务名称	任务5　贯通道的认知	分数	
项　目		分值	考核得分
1.贯通道的相关知识、图片的搜集、整理		10	
2.是否有小组计划		5	
3.贯通道的认知情况		20	
4.贯通道常见结构形式及各自特点的认知情况		50	
5.编制学习汇报报告情况		10	
6.基本素养考核情况		5	
总体得分			
教师简要评语:			
教师签名:			

项目小结

车钩缓冲装置是车辆实现编组连挂以及缓和纵向冲击力的重要装置。车钩有两种基本类型:非刚性车钩和刚性车钩。按照车钩连接的自动化程度还可分为非自动车钩和自动车钩。城道车辆上车钩缓冲装置中,常采用刚性车钩(密接式车钩),可分为自动车钩、半自动车钩和半永久性牵引杆。

自动车钩主要用于编组列车的端部,必要时与其他车辆进行快速自动对接。根据自动车钩间的连接方式不同主要国产动车组密接式车钩、Scharfenberg 密接式车钩等几种。

半自动车钩用于城市轨道交通车辆两编组单元之间的连挂。半自动车钩和自动车钩的结构和作用原理基本相同。

半永久牵引杆主要用于同一列车单元中车辆之间的连接,运用过程中,一般不需要分解。其优点是结构简单,缺点是耗费人力,不易拆装。各种结构的半永久牵引杆的基本原理相同,主要区别在于接头形式和是否设有其他附属装置等。

车钩缓冲装置附设有电气连接器、风管连接器、十字头及车钩托梁、钩尾冲击座与车钩支撑座等附属装置。

缓冲器是车钩缓冲装置的组成部分之一,其作用是连接车钩与车体,缓和列车纵向冲动。

贯通道装置位于两节车厢的连接处,具有良好的防雨、防风、防尘、隔音、隔热等功能,能够使旅客安全地穿行于车厢之间。贯通道分为整体式和分体式,上海、广州、深圳地铁等采用宽体分体式贯通道。贯通道及渡板组成包括:波纹折棚、紧固框架、连接框架、滑动支架、渡板组成、内侧板和内顶板等。

思考与练习

1. 城市轨道车辆车钩缓冲装置的用途及分类?
2. 简述国产密接式车钩和 Scharfenberg 密接式车钩的结构及作用原理?
3. 简述半永久性牵引杆的结构及作用原理?
4. 缓冲装置有哪些种类? 其结构及作用原理如何?
5. 简述贯通道装置的结构及用途?

项目 **7**

城市轨道交通车辆制动系统

【项目描述】

城轨车辆的制动系统,直接涉及车辆的运行性能和安全,影响乘客的舒适度。制动性能的好坏还直接关系车辆运行速度的提高和运能的增长。因此,车辆制动系统类型的选择、性能尤为重要。

【学习目标】

1.掌握城市轨道交通车辆制动的基本概念。

2.掌握制动系统的各个组成部分的功能。

3.了解城市轨道交通车辆制动控制系统最新技术。

【技能目标】

1.能熟练使用工具拆装制动系统各部件。

2.能掌握制动系统工作原理。

3.能设计绘制简单的制动系统电路及气路图。

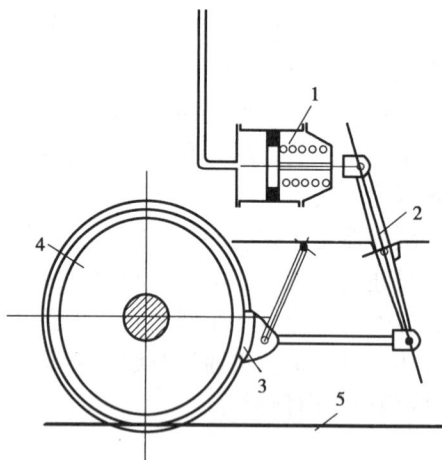

任务1 学习城轨空气制动系统的基本知识

【活动场景】

在城轨车辆生产车间或检修现场教学,或用多媒体展示城轨车辆空气制动系统。

【任务要求】

掌握空气制动系统的控制方式及功能。

【知识准备】

(1)城轨制动的概念

制动是指人为地使列车减速或阻止其加速的过程。使列车减速或阻止其加速的力称为制动力,而产生并控制这个制动力的装置称为制动机,也称制动装置。城轨车辆制动技术制动包含以下3层含义:

①人为地使列车减速或停止。

②防止在长下坡道运行时自动加速。

③为防止自动溜放而实行的停放制动。

(2)制动装置

城轨车辆的制动装置是在城轨车辆中产生制动力,使列车减速或停车的一系列机械、电气装置。其作用的好坏对保证列车安全和正点运行具有极其重要的作用,制动装置也是保证列车与乘客的安全,是提高车辆运行速度与线路输送能力的主要条件之一。

(3)城轨车辆制动系统的发展

有轨电车人工制动(刹车钢丝、木质闸瓦)——铁路车辆人工机械(杠杆拨动式闸瓦装置)——20世纪初铁路车辆(空气制动机)——20世纪30年代(电气指令式制动控制系统)——微机控制的制动系统。

(4)城轨车辆制动系统的要求

城轨车辆制动系统应具备以下几点要求:

①具有足够的制动力,保证城轨车辆在规定的制动距离内停车。

②要求其制动装置具有操纵灵活、动作迅速、停车平稳准确等特点。

③采用电制动和空气制动的联合制动能力。

④城轨车辆在长大坡道上运行时,制动力不衰减。

⑤根据乘客量的变化,制动力具有空重车调整能力,以减少制动时的纵向冲击。

(5)制动方式

按城轨车辆制动时动能的转移方式,城轨车辆方式制动可分为摩擦制动和电制动(动力制动)两类(见图7.1)。

①摩擦制动。即制动时动能通过摩擦的方式转变为热能散发到空气中(动能—热能),这种制动方式主要包括闸瓦制动、盘形制动和磁轨制动。

②电制动,又称为动力制动。即制动时将动能通过发电机转化为电能、再将电能送回电网或变成热能散发到空气中。(动能—电能—电网或热能),动力制动包括再生制动、电阻制动两种形式。再生制动将动能转化为电能后,供车辆的其他负载使用或反馈回电网;显然这种方式既能节约能源,又减少制动时对环境的污染,且基本上无磨耗。电阻制动是将发电机发出的电能加于电阻上,使电阻发热,将电能转变为热能。

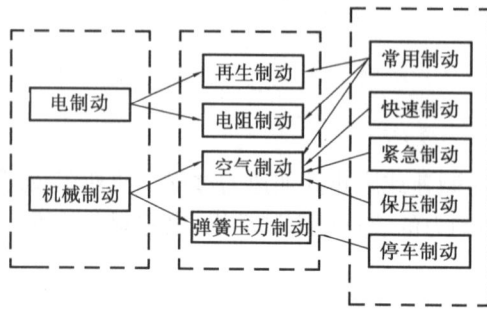

图 7.1　制动系统分类图

（6）城轨车辆的空气制动系统

空气制动，又称为机械制动或摩擦制动。目前，我国的城市轨道交通车辆最常用的摩擦制动方式是闸瓦制动方式。

1）空气制动系统的组成

城轨车辆的空气制动系统由供气系统、制动控制单元、防滑装置、基础制动装置 4 部分组成。

①供气系统。产生压缩空气，供制动、气动门等使用，主要由压缩机、空气干燥器、压力控制装置和管路等组成。

②制动控制单元。是车辆制动的核心部件，接受微机制动控制单元的指令，然后再指示制动执行部件动作。

③防滑装置。当车轮与钢轨黏着不良时，对制动力进行控制的装置，防止车轮打滑，擦伤车轮踏面。如图 7.2 所示为西安地铁 2 号线的防滑装置，每辆车的防滑控制装置包括 4 个防滑排风阀和 4 个轴端速度传感器，用于车轮与钢轨黏着不良时，对制动力进行控制。

④基础制动装置。如图 7.3 所示为两种不同类型的单元式制动缸，是产生制动力的执行装置。

图 7.2　西安地铁防滑模块

2）空气制动的结构原理

如图 7.4 所示为城轨车辆空气制动装置的工作原理简图。城轨车辆基础制动装置一般由单元制动缸组成，它是空气制动系统的执行部件，主要由制动缸、闸瓦间隙调整器等组成。制动过程可描述为：制动缸—活塞杆—基础制动装置—闸瓦—车轮。每辆车的转向架上由 4 块闸瓦组成，其中两个闸瓦块装有附加的弹簧制动器，起停车制动的作用。单元制动缸特点：轻便灵活，体积小，灵敏度高。

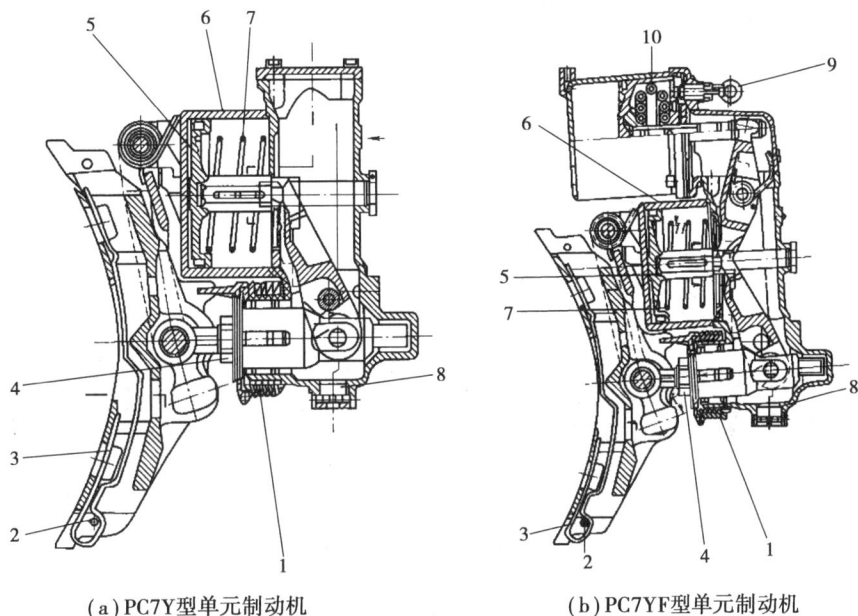

（a）PC7Y型单元制动机　　　　　　　（b）PC7YF型单元制动机

图 7.3　左 PC7Y 型单元制动缸,右 PC7YF 型单元制动缸(带停车弹簧制动器)

1—皮腔;2—开口销;3—闸瓦销;4—调整螺母;5—常用制动缸;6—常用制动缸体;

7—制动复位弹簧;8—呼吸器;9—停放制动缓解拉环;10—停放制动弹簧

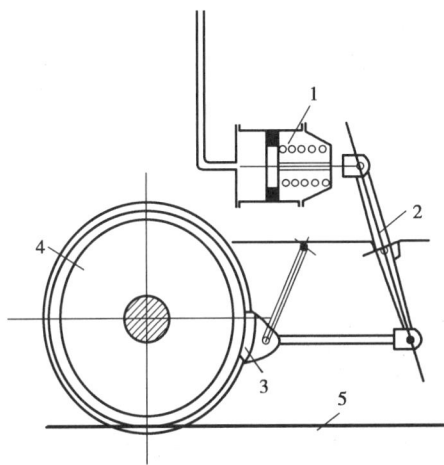

图 7.4　空气制动结构原理

1—制动缸;2—制动杠杆;3—闸瓦;4—车轮;5—钢轨

3)城轨车辆的风源系统

城轨车辆风源系统主要由空气压缩机(见图 7.5)、风缸(见图 7.6)、空气过滤装置和空气管路(见图 7.7)等组成。

城轨车辆的制动系统及空气弹簧等系统所使用的压缩空气都是由空气压缩机生产的,城轨车辆的压缩机主要有活塞式空气压缩机和螺杆式空气压缩机两种。如图 7.8 和图 7.9 所示为活塞式压缩的结构原理图和实物图。活塞式空气压缩机由固定机构、运动机构、进、排气机构、中间冷却装置和润滑装置等组成。固定机构包括机体、汽缸、汽缸盖;运动机构包括曲轴、连杆、活塞;进、排气机构包括空气滤清器、气阀;中间冷却装置包括中间冷却器(简称中冷器)、冷却风扇;润滑装置包括润滑油泵、润滑油路等。活塞式空气压缩机应用广泛、技术成熟、可靠性和稳定性好,不需特殊润滑,性价比具有吸引力。

图 7.5　空气压缩机装置

图 7.6　主风缸及其辅助风缸

图 7.7　空气过滤装置

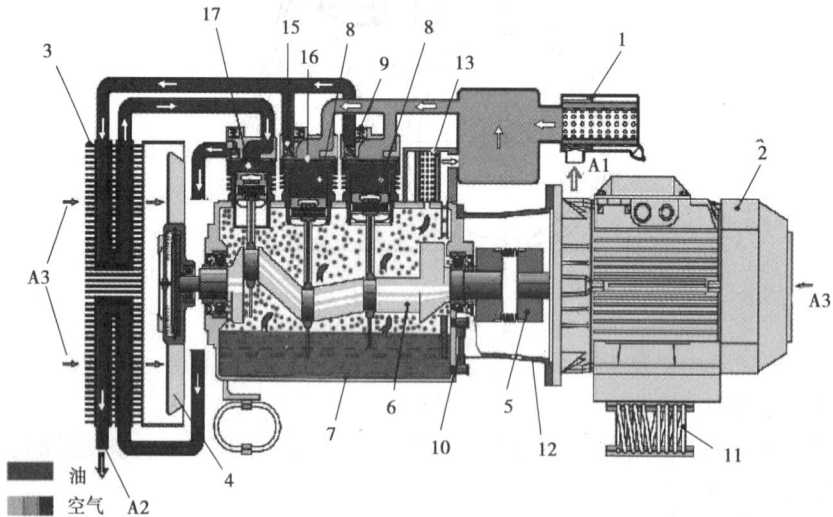

图 7.8　活塞式空气压缩机原理图

1—空气过滤器;2—电机;3—冷却器;4—风轮＋黏性联轴节;5—联轴节;6—机轴;7—机轴箱;
8—低压汽缸;9—安全阀;10—油表管;11—弹簧组;12—中间法兰;13—油环;15—供给阀;
16—吸气阀;17—高压汽缸;A1—空气入口;A2—空气出口;A3—冷却空气;

图 7.9　活塞式空气压缩机实物图

如图 7.10 和图 7.11 所示为城轨车辆中拖车的管路示意图及城轨车辆空气弹簧的管路示意图。

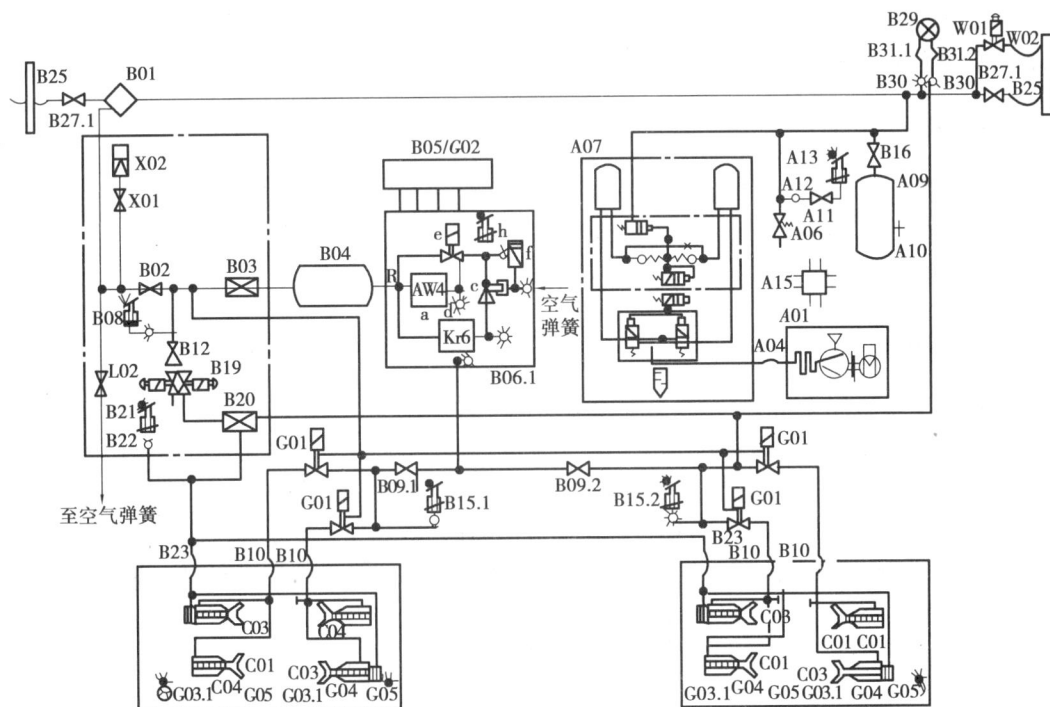

图 7.10　拖车管路系统图

A—供风系统；B—制动系统；C—基础制动；G—防滑系统；L—空气弹簧系统；
U—受电弓；W—车钩；X—车间供气

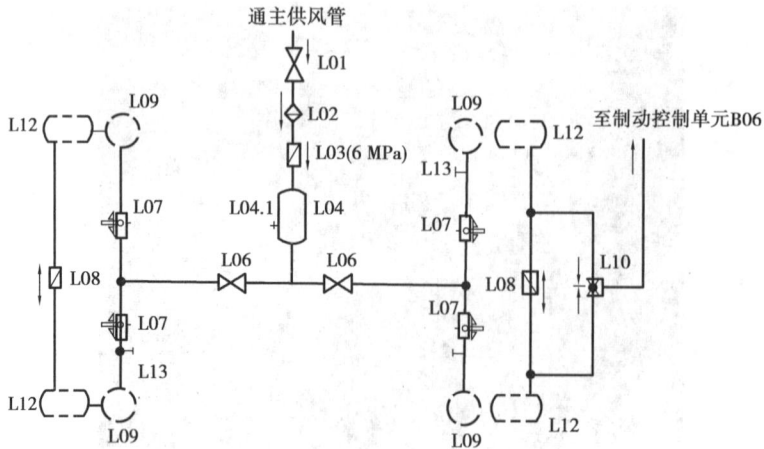

图 7.11　空气弹簧管路系统原理图

【任务实施】

西安地铁 2 号线车辆的制动系统采用日本 NABTESCO 公司生产的制动系统,该制动系统采用车控方式,按照一动一拖为一个单元进行系统设计。

(1)模块化的设计理念

空气压缩机及制动车辆制动系统风源系统的其他相关冷却和干燥设备共同组装为"风源模块",安装在每个 Mp 车上。根据西安地铁 2 号线车辆制动系统的特点,将制动控制装置及相关设备组装为"制动控制集成",安装在每辆车上。

(2)基础制动装置

西安地铁 2 号线的每辆车的每根轴上都配备一套如图 7.12 所示的带停放装置的制动和不带停放制动的踏面式制动单元,用于执行车辆的停放制动,常用制动和紧急制动。停车制动采用弹簧施加,充气缓解的形式。在空气制动有效情况下(常用制动和紧急制动),可以通过司机台上的停放制动的施加按钮(通过控制停放电磁阀 K3 得电)来实现施加停放制动。停放制动与空气制动使用同一套闸瓦将制动力施加在轮对上。此外配备手动缓解装置,用于在无风或空气压力低的情况下缓解停放制动。当空气压力恢复时,进行一次空气制动循环(制动—缓解),缓解机构自动复位,并为下一次手动缓解做好准备。

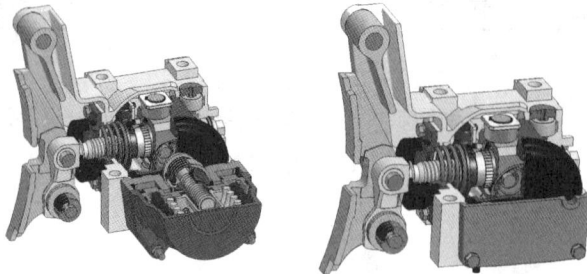

图 7.12　带停放装置和不带停放装置的踏面制动单元

（3）**自动磨耗补偿**

西安地铁 2 号线的车辆每个踏面制动装置都配有一套闸瓦间隙自动调整器,用以保持闸瓦与车轮间的正确间隙,补偿闸瓦与车轮的磨耗。踏面间隙调整装置能保证在新车轮和新闸瓦的情况下能够顺利安装闸瓦,在磨耗到限的车轮以及磨耗到限的闸瓦能够正常施加常用和紧急制动。

（4）**闸瓦**

西安地铁 2 号线车辆的每个车轮上配有一个如图 7.13 所示的由 Nabtesco 公司提供的 NC3443 型合成闸瓦。闸瓦材料为无石棉材料。闸瓦的使用情况与施加制动的频率、级别、载荷情况以及电制动的使用情况均密切相关,因此闸瓦的更换周期需要根据实际情况而定,磨耗极限标记如图 7.13 所示。

图 7.13　NC3443 型合成闸瓦

【效果评价】

评价表

项目名称	城市轨道交通车辆制动系统		学生姓名	
任务名称	任务 1　学习城轨空气制动系统的基本知识		分数	
项　目			分值	考核得分
1.空气制动系统的相关知识、图片的搜集、整理			10	
2.是否有小组计划			5	
3.空气制动系统的工作原理			30	
4.空气制动机常见结构形式及各自特点的认知情况			40	
5.编制学习汇报报告情况			10	
6.基本素养考核情况			5	
总体得分				
教师简要评语:				
教师签名:				

任务2 学习城轨电制动的基本知识

【活动场景】

在城轨车辆生产车间或检修现场教学,或用多媒体展示城轨车辆电制动系统。

【任务要求】

1. 掌握城轨车辆电制动系统基本组成和结构原理。

2. 掌握城轨车辆电制动发生的条件及方式和控制方式等基本知识。

【知识准备】

(1) 电制动的方式

城轨车辆通过电机角色的转换将车辆的动能转化为电能从而使城轨列车减速或停车的制动方式称为电制动或动力制动。城轨车辆每辆动车装备有:一个三相调频调压逆变器(VVVF)、一个牵引控制单元(DCU)、一个制动电阻、4 个自冷式三相交流电机 M1,M2,M3,M4(每轴一个,相互并联)。

1) 再生制动

如图 7.14 所示,当城轨车辆施行常用制动作用时,电动机 M 变成发电机状态运行,将车辆的动能变成电能,经 VVVF 逆变器整流成直流电反馈于接触网,供列车所在接触网供电区段上的其他车辆牵引用和供给本车的其他系统,称为再生制动。再生制动取决于第三轨(或接触网)的接收能力,亦即取决于网压高低和负载利用能力。

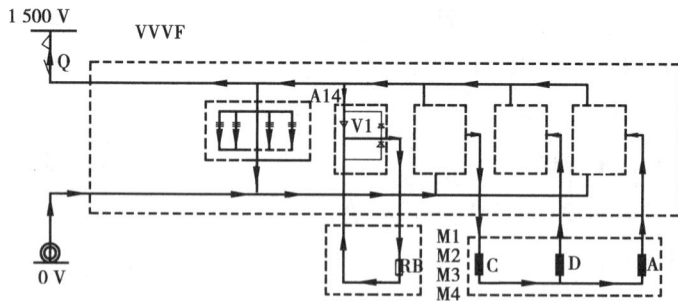

图 7.14 再生制动原理图

2) 电阻制动

如图 7.15 所示,如果制动列车所在的接触网供电区段内无其他列车吸收该制动能量,VVVF 则将能量反馈在线路电容上,使电容电压 XUD 迅速上升,当 XUD 达到最大设定值 1 800 V 时,DCU 启动能耗斩波器模块 A14 上的门极可关断晶闸管 GTO:V1,GTO 打开制动电阻 RB,制动电阻 RB 与电容并联,将电机上的制动能量转变成电阻的热能消耗掉,称为电阻制动。

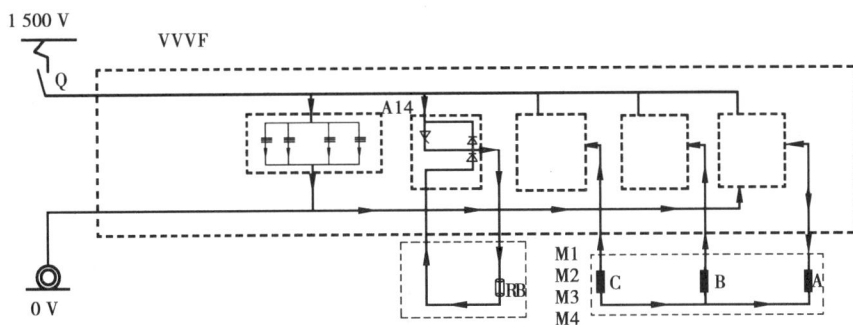

图 7.15　电阻制动原理图

（2）**制动模式**

1）**制动模式**

城轨车辆制动模式可分为常用制动、快速制动、紧急制动、弹簧停放制动、保压制动等。

①常用制动模式。在常用制动模式下,电制动和空气制动一般都处于激活状态。一般情况下,电制动能满足车辆制动要求,当电制动不能满足制动要求时,气制动能够迅速、平滑地补充,实现混合制动作用。

②快速制动。快速制动具有以下特点:电制动不起作用,仅空气制动;受冲击率极限的限制;主控制器手柄回"0"位,可缓解;具有防滑保护和载荷修正功能。

③紧急制动。紧急制动的特点如下:失电制动,得电缓解;电制动不起作用,仅空气制动;高速断路器断开,受电弓降下;不受冲击率极限的限制,在 1.7 s 内即可达到最大制动力的 90%;紧急制动实施后是不能撤除的,列车必须减速,直到完全停下来(零速封锁);具有防滑保护和载荷修正功能。

④弹簧停放制动。弹簧停放制动缸充气时,停放制动缓解;弹簧停放制动缸排气时,停放制动施加;还附加有手动缓解的功能。

⑤保压制动。保压制动是为防止列车在停车前的冲动,使列车平稳停车,通过 ECU 内部设定的执行程序来控制。

2）**城轨车辆制动控制方式**

①制动控制的基本原则:常用制动优先原则;常用制动混合原则;常用制动力的分配原则。

②常用制动优先原则:第一优先再生制动;第二优先电阻制动;第三优先摩擦制动(气制动)。

3）**常用制动混合原则**

①电制动无故障状态下的制动原则。在 DCU 无故障状态情况下,电制动始终起作用,提供常用制动所需的制动力($AW_0 \sim AW_2$)。制动指令值同时送至所有的 DCU 和 ECU,并由它们分别根据车辆的载荷情况计算所需的制动力。

②电制动与气制动混合的控制原则。电制动和气制动之间融和(混合)应是平滑的,并满足正常运行的冲击极限。气制动用来填补所要求的制动需求和已达到的电制动力之间的差额。

③常用制动力的分配原则。电制动力的分配原则:由于车辆编组每单元为三节,假设每单

元自己提供制动力,总共需要300%的制动力,而电制动时只有动车能提供制动力,每单元的三节车中只有两节动车,因此每节动车承担150%的制动力。空气制动力的分配原则:由A,B和C车组成的单元车则需300%的气制动力,每节车的气制动控制单元根据本车的载荷重量负责本车100%的制动力。

【任务实施】

下面以西安地铁2号线地铁车辆的制动控制装置和制动防滑装置为例进行本任务的实施。

（1）制动控制装置

西安地铁2号线的地铁车辆每辆车均配备一套制动控制装置,带有司机室的拖车Tc车制动控制单元内部配备有总风低压压力开关,将信号串联至紧急回路,可进行带有空重车调整的常用制动、紧急制动以及滑行保护等的控制,此外具有自我诊断等诸多功能。如图7.16所示为西安地铁2号线地铁车辆制动控制装置内部部件布局图,由图可知,其制动控制装置主要有电子制动控制单元和制动控制单元,对其作用分述如下:

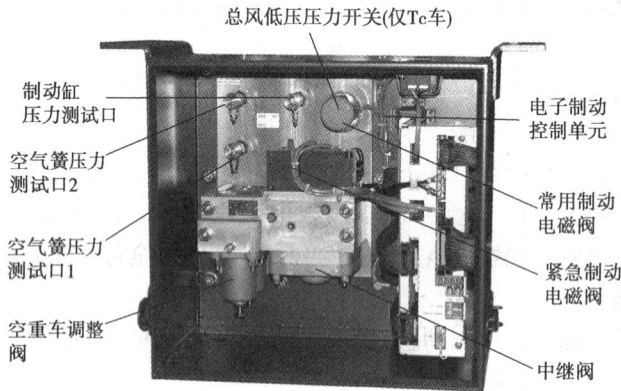

图7.16 制动控制装置

1）电子控制单元

如图7.17所示是电子制动控制单元的结构原理图。电子制动控制单元具有以下功能:

①检测两个空气簧的压力并通过压力传感器进行空电转换,从而保证无论空车还是超员均可得到稳定的牵引力和制动力。

②进行电空演算,从而进行常用制动控制,并保证优先使用电制动。

③具有滑行检测和矫正功能。即测定各个车轴的速度,一旦检测出车轮滑行,则通过控制防滑阀来降低制动缸内部压力,从而尽快恢复黏着。

④提供状态监测和诊断功能。

2）制动控制单元

如图7.18所示为制动控制单元的内部气路图。制动控制单元包括常用制动和紧急摩擦制动所需的所有电空阀和压力传感器。

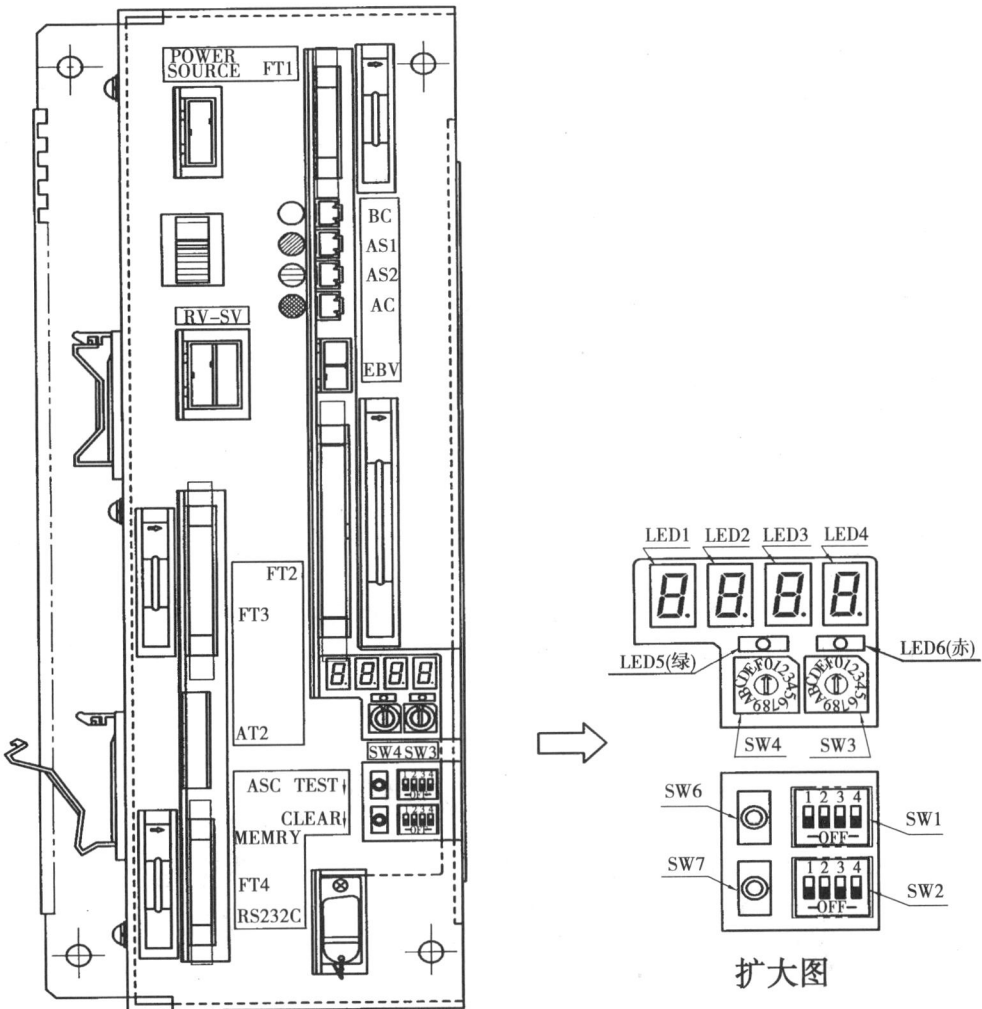

图 7.17　电子制动控制单元

①中继阀(RV)。中继阀为气动操作阀,可将大量压缩空气由制动风缸提供给制动缸。供风压力等同于中继阀通过变载截断阀从制动/缓解和紧急阀获得的压力信号。如果压力信号保持一定,中继阀将保持恒定的闸缸压力以防泄露,并自动补充发生的任何泄露。

②空重车调整阀(VLV)。空重车调整阀为机械变压限制装置,它可将中继阀信号阀口的供风压力限制在称重紧急制动所需的压力以下。空重车调整阀只影响紧急制动的压力并正比于空气簧压力。此外通过两个连接管路上的节流孔(B05)来减小空气弹簧的压力产生波动。当没有空气簧压力信号时(例如空气簧爆裂),空重车调整阀将默认空载紧急制动值为缺省值。

③常用制动施加与缓解。电子制动控制单元通过压力传感器来感应空气簧的压力,通过总线接收常用制动指令,从而计算出制动缸的压力,并通过控制常用电磁阀中的供给阀和排气阀得电和失电,使实际的制动缸的压力与计算出的制动缸压力相符。

④紧急制动电磁阀(EBV)。紧急制动电磁阀采用得电缓解,失电制动的形式。因此车辆在正常运行期间,紧急制动电磁阀必须得电,无论何种原因导致失电,列车将立即施加紧急制动。在紧急制动施加期间,通过空重车调整阀进行空重车调节。

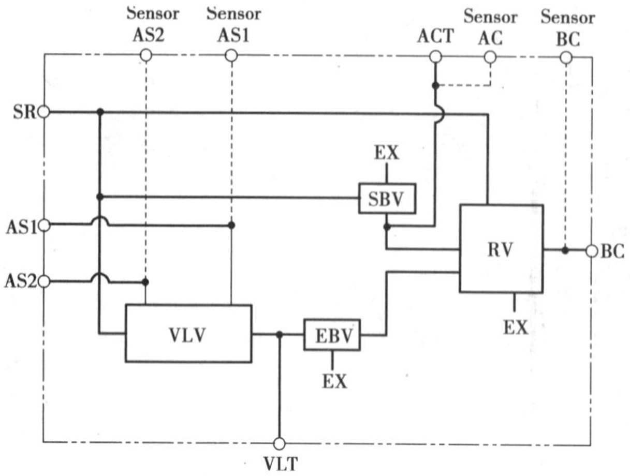

标号	说　明
AS1	预控压力
AS2	空气弹簧
BC	制动缸
EBV	紧急电磁阀
EX	排气
RV	中继阀
SBV	常用电磁阀
SR	供给储气器
VLV	空重车调整阀

图 7.18　制动控制单元内部气路图

（2）列车防滑系统

如图 7.19 所示为西安地铁 2 号线地铁车辆的防滑阀和速度传感器。车轮滑动保护系统采用基于单轴的滑动检测和矫正功能,即每个轴配备一套速度传感器和防滑阀。速度传感器与测速齿轮间的间隙调整,请见转向架部分。

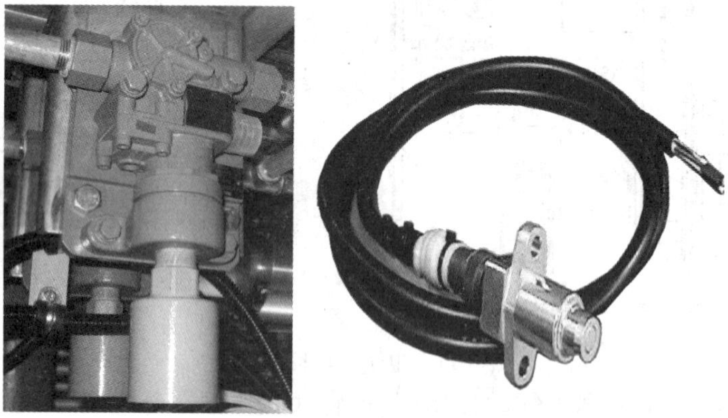

图 7.19　防滑阀和速度传感器

【效果评价】

评价表

项目名称	城市轨道交通车辆制动系统		学生姓名	
任务名称	任务 2　学习城轨电制动的基本知识		分数	
项　目			分值	考核得分
1. 车辆电制动的相关知识、图片的搜集、整理			10	

项目名称	城市轨道交通车辆制动系统	学生姓名	
任务名称	任务2 学习城轨电制动的基本知识	分数	
项　　目		分值	考核得分
2. 是否有小组计划		5	
3. 电制动的分类认识		20	
4. 电制动的工作原理		50	
5. 编制学习汇报报告情况		10	
6. 基本素养考核情况		5	
总体得分			
教师简要评语： 教师签名：			

项目小结

　　随着我国经济建设的不断推进,近年来城市轨道交通快速发展,国内许多大型城市都已有了地铁或轻轨,随着大量的轨道交通项目投入运营,人们的日常出行变得更加方便,可随之而来的担忧也困扰着人们:"我们经常乘坐的地铁会不会刹车失灵、会不会追尾呢?"

　　制动系统作为城轨车辆的重要系统,直接涉及车辆的运行性能和安全,影响乘客的乘坐舒适度。因此,车辆制动系统类型的选择、性能尤为重要。为了适应城市快速轨道车辆运行速度高、站间距离短、启动制动频繁等特点,现代城市轨道交通车辆制动系统一般均采用微机控制的电空混合制动系统。该系统包含有电制动和空气制动两种制动装置。常用制动过程中,由于电制动对设备没有磨损并且节能,因此,在电制动有效的情况下列车优先使用动车的电制动,在电制动不能满足制动需求时,电制动与空气制动进行复合制动。

思考与练习

1. 简述空气制动系统的结构组成。
2. 简述空气制动系统的工作原理。
3. 车辆制动方式有哪几种? 分别有什么特点?
4. 电制动方式有哪几种? 各自特点是什么?
5. 简述电制动的工作原理。

项目 **8**

城市轨道交通车辆受电弓

【项目描述】

对采用架空接触网受电的城市轨道交通车辆而言,车顶设备主要包括受电弓、避雷器、空调通风装置等,本项目主要学习为城市轨道交通车辆动力系统引入电能的设备,即受电弓避雷器,对改善城轨车辆乘坐舒适度的空调设备,将在另一项目学习。

【学习目标】

通过本项目的学习要求掌握以下基本知识:

1. 掌握城市轨道交通车辆受电弓的基本组成及工作原理。
2. 掌握受电弓的调试方法。
3. 了解城市轨道交通车辆主要供电与受流方式。
4. 掌握避雷器等其他车顶设备的基本知识。

【技能目标】

1. 能准确描述城市轨道交通车辆受电弓的结构、特点、原理、技术参数、功能作用。
2. 能对城市轨道交通车辆的受电弓等车顶设备进行一般的日常检查和日常维护与保养工作。

任务 1　受电弓的基本组成及工作原理认知

【活动场景】

在城市轨道交通车辆生产车间或检修现场教学,或具备能用多媒体展示城市轨道交通车辆受电弓、避雷器等车顶设备的组成、结构的教室或实训、实验室进行。

【任务要求】

1. 掌握城市轨道交通车辆受电弓基础知识及工作原理。
2. 掌握受电弓调试方法。

【知识准备】

受电弓是城市轨道交通车辆从接触网取得电能的电气设备,安装在带有受电弓的动车 M_p 车的车顶上。

目前,城轨车辆的受电弓主要有单臂弓(见图8.1)和双臂弓(见图8.2)两种,它们均由滑板、上框架、下臂杆(双臂弓用下框架)、底架、升弓弹簧、传动汽缸、支持绝缘子等部件组成。还有一种,如图8.3所示的菱形受电弓,由于维护成本较高以及容易在故障时拉断接触网而逐渐被淘汰,近年来多采用单臂弓。

受电弓的受流质量,即负荷电流通过接触网和受电弓滑板接触面的流畅程度,与滑板与接触网间的接触压力、过渡电阻、接触面积有关,取决于受电弓和接触网之间的相互作用。

图8.1　单臂气囊受电弓　　　　图8.2　双臂受电弓　　　　图8.3　菱形受电弓

避雷器安装在城轨车辆的车顶,受电弓附近,一方面是对接触网直流额定电压 1 500 V (1 000 ~ 1 800 V)起过电压保护作用;另一方面能有效防止来自车辆外部的过电压(如雷击等)和车辆内部的操作过电压对车辆电气设备绝缘的破坏。避雷器的保护值范围与变电所过电压保护相协调。避雷器符合 JIS E5003 标准和测试要求。

【任务实施】

下面分别以西安地铁2号线单臂气囊式受电弓和广州地铁单臂弹簧式受电弓为实例,进行本任务的实施。

(1)西安地铁2号线单臂气囊式受电弓

西安地铁2号线选用的是上海天海公司生产的 QG-120(B-XAL2)型受电弓,主要特点如下:

①结构简单、性能安全可靠、维护简单、日常维护工作量小。
②在整个车辆速度范围内具有良好的空气动力学特性。
③可满足地铁车辆在地面、高架和隧道内线路运行的车辆的使用要求。
④能适应风、沙、雨、雪、冰雹等恶劣天气及空气内含有大量水气的环境。
⑤具有防霉、防灰尘的功能,不受洗车清洁剂的影响。

⑥能经受虫蛀,特别是啮齿类动物的侵害。

1)QG-120(B-XAL2)型单臂气囊式受电弓技术参数

额定电压	DC 1 500 V
网线电压变化范围	DC 1 000 ~ 1 800 V
额定电流	1 500 A
最大工作电流(14 s)	2 800 A
最大停车电流	460 A
适用速度	≤120 km/h
受电弓最低工作位置(不包括绝缘子)	80 mm
受电弓最高工作位置(包括绝缘子)	2 300 mm
受电弓最大升弓高度(包括绝缘子)	(2 880 ± 100) mm
受电弓折叠高度(包括绝缘子)	(300 ± 10) mm
受电弓与接触网线接触压力额定静态压力	120 ± 10 N
静态压力调整范围	70 ~ 140 N
升弓时间(弓头离开止挡到最大工作高度)	≤8 s
降弓时间(最大工作高度到弓头落到止挡位置)	≤8 s
受电弓总长度	≈2 430 mm
受电弓总宽度	(1 550 ± 10) mm
碳滑条工作部分长度	800 mm × 60 mm × 22 mm
弓头宽度	(350 ± 5) mm
碳滑条数量	2 根
底脚安装尺寸	1 100 mm × 950 mm
额定工作气压	0.45 MPa
最小工作气压	0.32 MPa
受电弓总质量(不包括绝缘子)	≈(130 ± 5) kg
绝缘子高度	80 mm
绝缘子数量	4 个

2)QG-120(B-XAL2)型单臂气囊式基本组成

如图 8.4 所示为单臂气囊式受电弓的结构图和零件名称。基本组成如下:

①底架。为了增大强度,底架采用无缝矩形管材料焊接而成。

②上、下臂杆。上臂杆采用高强度的铝合金材料,受流性能明显增强,且质量减轻,同时不会影响强度;下臂杆采用了无缝钢管经机械加工后焊接而成,采用转动轴承技术,使受电弓的转动更加灵活。

③气囊。受电弓的升弓动力来源于气囊,当车内压缩空气进入气囊后,气囊向水平方向移动,安装在气囊前推板上的钢丝绳推动下臂杆旋转,使受电弓升起。

④液压阻尼器。受电弓的缓冲是通过安装在下臂杆和上臂杆上的液压阻尼器来实现的,通过安装液压阻尼器使弓头的碳滑条有很好的随网性。

⑤拉杆。拉杆是由无缝不锈钢管和重型自润滑的关节轴承组合而成。当拉杆绕底架的回转中心转动时,受电弓弓头的位置被改变。

⑥平衡杆。平衡杆是使受电弓弓头在整个工作高度范围内(包括升到最大高度)保持水平,在车辆运动过程中通过缓冲调整装置消除外力对弓头在运动过程中的干扰。

⑦受电弓气源控制箱。受电弓气源控制箱主要由:控制箱体、过滤器、精密调压阀、节流阀和快排气阀等组成。安装在气源控制箱体内的精密调压阀可以调节受电弓静态压力。精密调压阀具有很高的灵敏度,可在 0.01 ~ 1.0 MPa 内对压力进行调节,受电弓气源控制箱被安装在受电弓底架上。

⑧软连线。为了避免电流直接通过受电弓转动部位,在受电弓的每个转动部位都加装了一定数量的软连线,使电流由软连线流过对转动部位起到保护作用。

⑨弓头总装。弓头采用两根滑板条,同时横托架内设有减振弹簧,受电弓在工作时可有效地保护滑板条。

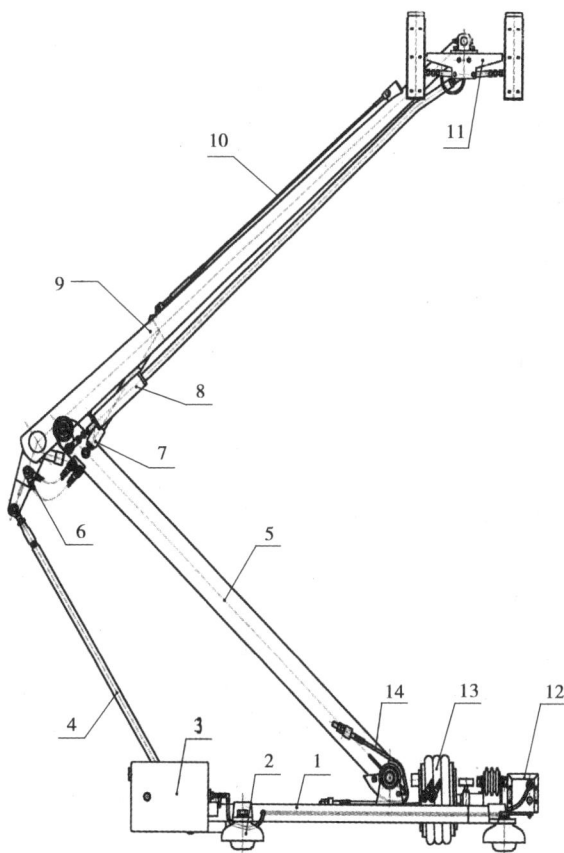

图 8.4　受电弓零部件

1—底架;2—绝缘子;3—气源控制箱;4—拉杆;5—下臂杆;6—软连线;7—液压阻尼器;

8—平衡杆;9—上臂杆;10—调整钢丝;11—弓头;12—电气控制箱;13—气囊;14—钢丝绳

3)QG-120(B-XAL2)型单臂气囊式受电弓的工作原理

①升弓过程。启动空气压缩机,当气压达到受电弓的额定工作气压时,激活电客车;按下升弓按钮,压缩空气经车内电磁阀、受电弓控制箱进入空气弹簧;空气弹簧膨胀推动钢丝绳带动下臂杆运动,下臂杆在拉杆的协助下托起上臂杆及弓头,弓头在平衡杆的作用下,在工作高

度范围内始终保持水平状态,并按规定的时间平稳的升至网线高度,完成升弓过程。整个升弓过程要求受电弓的运动平稳,不对架空接触网线产生有害的冲击。

②降弓。在电客车激活端按下降弓按钮,控制箱释放空气弹簧中的压缩空气,受电弓在重力作用和阻尼器的辅助作用下平稳地落到底架上的橡胶止挡上,完成整个降弓动作。整个降弓过程在规定的时间内完成,并且受电弓的运动平稳对底架和车顶无有害冲击。

③车辆受电弓控制电路。如图8.5所示的电气原理图,受电弓控制:在Mp车上,列车线2803a得电—升弓继电器2KA03得电,其常开触点闭合,升弓电磁阀得电,受电弓开始执行。

升弓操作中车辆蓄电池DC110V电源3110—受电弓断路器PANN(合)—2801得电—受电弓升弓按钮PANU(合)—2802—升弓继电器2KA02得电—其常开触点闭合,通过降弓继电器2KA01常闭触点一起形成自保电路,将升弓按钮旁路;2802线经通过降弓继电器2KA01常闭触点—2803线—2803a—2KA01常闭触点—2803b—2KA01常闭触点—升弓继电器2KA02得电—其常开触点闭合。

降弓操作:在任意一个车上操作降弓按钮PAND—降弓继电器2KA01得电—其常闭触点断开所有升弓回路,升弓继电器失电,其常闭触点与2KA01常开触点组成自保电路。

安全措施:投入时车间电源,通过车间电源转换开关使继电器2KA01长带电,保证受电弓无法升起。

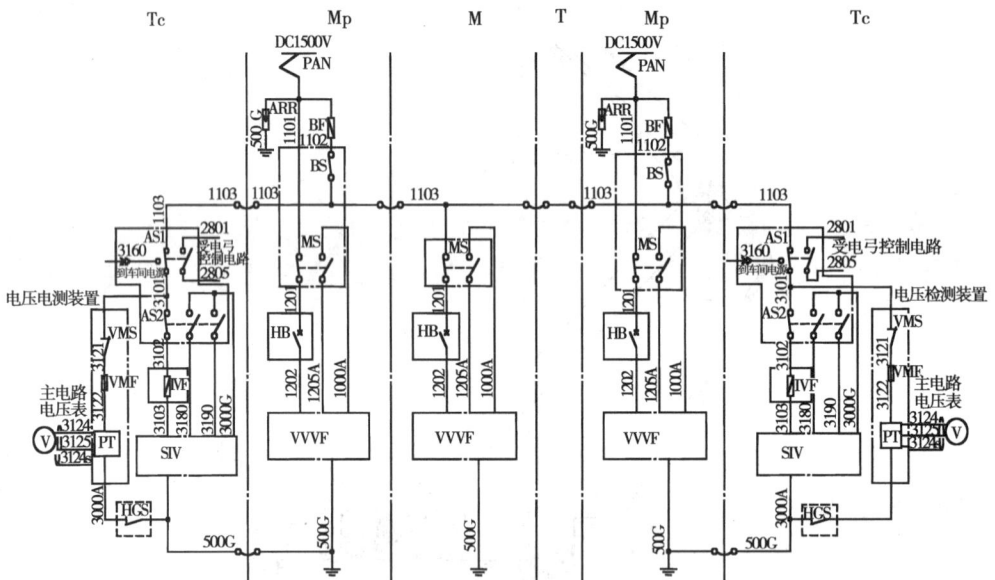

图8.5　受电弓控制原理图

(2)广州地铁单臂式弹簧受电弓

如图8.6所示为广州地铁安装于B车车顶的单臂弹簧式受电弓。这种受电弓主要由底架、构架、弓头、拉伸装置及下部装置等组成。受电弓的控制是通过电磁阀进行控制,正常情况下可通过压缩空气升起受电弓,如果压缩空气的压力不够,受电弓会在弹簧拉力的作用下回到降弓位置,这里可通过安装在B车2位端电气柜中的脚踏泵使受电弓在人工的控制下升起。下面对此种受电弓的主要部件进行介绍。

①底架。如图8.7所示,底架安装在车顶,由方形中空管、角钢等焊接而成,是下臂的支撑装置,包括轴承、下导杆轴承滑轮、拉伸弹簧悬挂及气压升弓传动装置等。

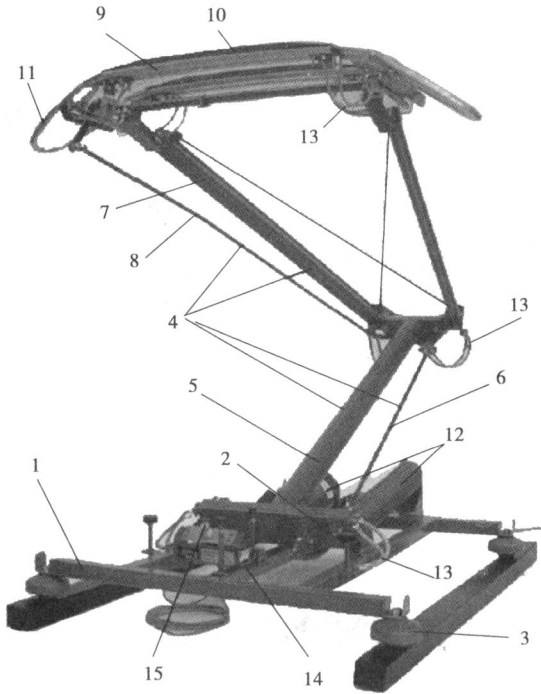

图8.6　受电弓组成

1—底架;2—高度止挡;3—绝缘子;4—构架;5—下臂;6—下导杆;7—上臂;8—上导杆;9—弓头;
10—接触滑板;11—端角;12—升降装置;13—电流传输装置;14—锁钩;15—最低位置指示器

图8.7　底架

②高度止挡。如图8.8所示,高度止挡安装在受电弓两侧下导杆的侧下方,用两个螺钉限制受电弓升起的最大高度,并使受电弓在垂向不会产生任何位移。

③构架。如图8.9所示,构架是安装受电弓弓头的零部件,可使弓头在相关平面作垂向运动,保证使碳滑板与接触网有良好的接触,由中心连接、下导杆、上导杆、下臂等组成。接触网的高度变化由受电弓构架进行均衡,构架就一个多边形连接。

④上、下臂和上、下导杆部件。如图8.10所示是受电弓的上臂,上臂是由焊接铝组成

259

的封闭框架结构,由拉伸型管、环形的上臂"十"字管和上臂连接组成,主要作用是支撑下臂的旋转头和下导杆。下臂由一个焊接钢管构成,包括中心连接支撑的所有部分,支撑点由密封的重型旋转头组成。上导向杆引导弓头,它由铝管制成,下导杆引导多边形接点,由精密钢管组成。

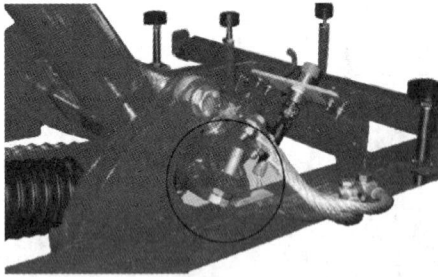

图8.8　高度止挡

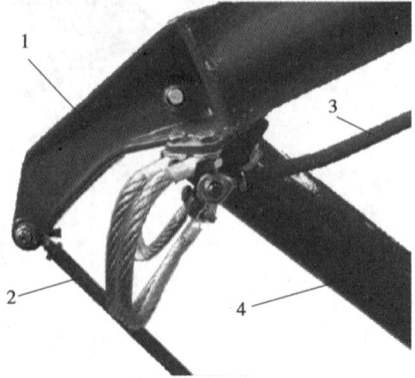

图8.9　构架零件

1—中心连接;2—下导杆;3—上导杆;4—下臂

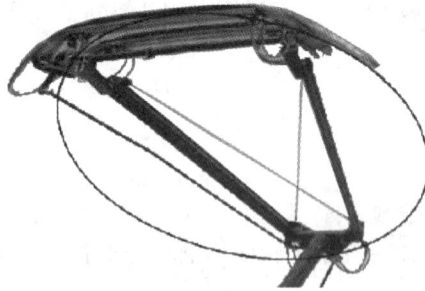

图8.10　上臂

⑤弓头和接触滑板。如图8.11所示是受电弓的弓头,由触滑板、上导杆、端角3部分组成,是直接与上部接触网相接触的部件。弓头的质量与受电弓框架相比应尽可能减小,接触滑板安装在簧片上,弓头安装在上臂的上部。弓头通过上部导向杆导向。

接触滑板从上部接触网受电的部件,是弓头的一部分(见图8.12),接触滑板由碳滑板和接触滑板固定器组成。

图8.11　弓头

1—触滑板;2—上导杆;3—端角

图8.12　接触滑板

⑥升降装置。如图 8.13 所示为带有拉伸弹簧的气压升弓传动装置,它控制受电弓框架接触滑板与上部接触网接触的范围,提升力由拉伸弹簧产生,下降力由气压升弓传动装置产生。为提升受电弓并在碳触条和上部接触网间产生接触力,在底架和下臂主轴间安装有拉伸弹簧,图中零件 1 即是拉伸弹簧,它由螺旋状的钢弹簧组成,弹簧力使滚子链在下臂上产生一力矩,滚子链沿凸轮槽导向,且与下臂的主轴相链接,凸轮槽的形状改变了控制杆的有效长度,这样在整个工作范围内接触压力基本相同。受电弓的气压升弓传动装置由弹簧式蓄能器缸、活塞、带有控制杆的活塞杆、带阀的风管组成,气压升弓传动装置的作用是需要时将受电弓从最低位置提升到上部接触网,它通过允许压缩空气进入弹簧式蓄能器缸来完成。压缩空气使活塞在弹簧式蓄能器中移动,受电弓的主要拉伸弹簧松开,使受电弓升高。

如图 8.14 所示为脚踏泵,在紧急情况下由脚踏泵产生压缩空气升弓。

图 8.13 带有拉伸弹簧的气压升弓传动装置
1—拉伸弹簧;2—气压升弓传动装置

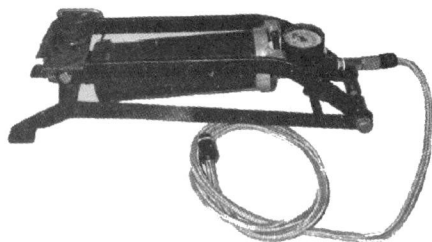

图 8.14 脚踏泵

⑦锁钩和最低位置指示器。锁钩的作用是在受电弓最低位时将其锁紧(见图 8.15),特别是在进行维修时用处更大,维修前必须将弓头固定在底架上,这样在受电弓上工作时受电弓不会动作。最低位置指示器固定在底架上。如图 8.16 所示为最低位置指示器。当受电弓降到最低位置时,它向车辆发送一个电子信号,表示受电弓已降落。

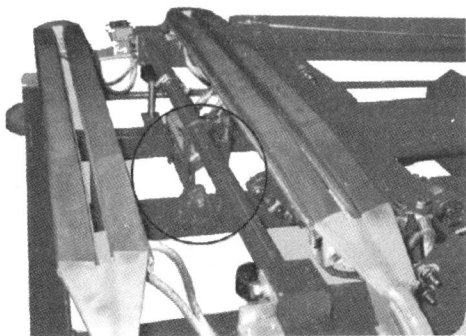

图 8.15 维修时用于固定受电弓的锁钩

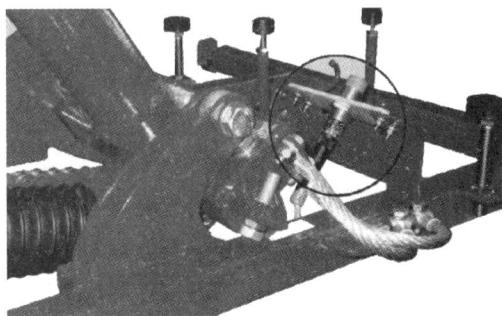

图 8.16 最低位置指示器

【效果评价】

评价表

项目名称	城市轨道交通车辆受电弓		学生姓名	
任务名称	任务1 受电弓的基本组成及工作原理认知		分数	
项　目			分值	考核得分
1.受电弓的相关知识、图片的搜集、整理			10	
2.是否有小组计划			5	
3.受电弓分类的认知情况			20	
4.单臂气囊弓、弹簧弓结构形式、工作原理及其特点的认知情况			25	
5.受电弓基本技术参数的认知情况			25	
6.、编制学习汇报报告情况			10	
7.基本素养考核情况			5	
总体得分				
教师简要评语：				
			教师签名：	

任务2　调试受电弓与认知避雷器

【活动场景】

在城市轨道交通车辆检修车间对受电弓进行调试与日检,有针对性地进行相关部件检查、调试,是受电弓符合运营要求。

【任务要求】

1.掌握城市轨道交通车辆受电弓调试方法。
2.掌握城市轨道交通车辆受电弓调试的要点。
3.掌握城市轨道交通车辆受电气源控制箱各部分名称及作用。
4.掌握避雷器的基本知识与检修方法。

【知识准备】

（1）**受电弓的调试**
受电弓在使用前和运营管理中均要进行调试和试验。

①拉杆的调整。调整受电弓静止时拉杆的长度;用扳手卡住拉杆上的四方即可调整拉杆尺寸;调整结束后锁紧拉杆两端关节轴承上的紧固螺母。

②静态接触压力的调整。受电弓组装完后或弓头碳滑条更换后需要对受电弓的静态压力进行调整。静态接触压力在受电弓专用试验台上进行,如果车顶作业时则使用弹簧秤进行测量。如果测量所得的标准静态压力不小于(120 ± 10)N的数值,如果不在额定值则要顺正时针或逆时针方向旋转精密减压阀的手轮,使空气压力增大或减少至测量的标准静态压力。

【注意】调整结束后请将精密减压阀手轮上的螺母锁紧,以防止在车辆运行过程中精密减压阀的压力发生变化后影响受电弓的标准静态接触压力值。

③弓头碳滑条的调整。调整平衡杆,使受电弓弓头在整个工作高度范围内保持水平,使受电弓弓头沿弓头转轴方向有一定的自由度,使受电弓弓头各碳滑条的顶面用水平仪调整到同一平面上,防止碳滑条磨耗不均匀造成浪费。

④升降弓时间的调整。调整如图8.17所示的节流阀3,可对升弓时间进行调整;节流阀9可对降弓时间进行调整。受电弓弓头从离开止挡开始动作到最高工作位置的时间不大于8 s,且对接触网线没有有害冲击;受电弓从最高工作位置下降到静止位置的时间不大于8 s,且对车顶无有害冲击。阀单元示意图如图8.18所示。

【注意】调整结束后将节流阀3和节流阀9的紧固螺母锁紧;调整时可用计数秒表验证调整时间。

⑤受电弓气密性的检查。对组装和维修好的受电弓要进行气密性检查,受电弓的整个系统管路应满足以下要求:将受电弓与容积为1 L的储汽缸相连,充入额定压力后关闭气源,经保压10 min,储汽缸内压力下降不超过初始充入压力的5%。

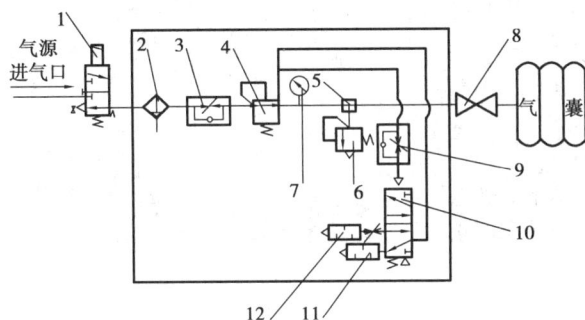

图 8.17　控制阀板气路简图

1—电磁阀;2—空气过滤器;3,9—节流阀;4—精密减压阀;5—三通座;6—安全阀;
7—压力表;8—球阀;10—换向阀;11—消音器;12—消音节流阀

(2)避雷器

如图8.19所示为避雷器在车顶的安装位置。安装时要求避雷器能经受住风、雨、雾、冰、霜、沙尘以及空气中酸雨、臭氧、硫化物、二氧化硫等化学物质的侵蚀;能防止虫蛀、啮齿类动物的侵害;能防止霉变以及不受洗车清洁剂的影响。如图8.20所示为避雷器的外形结构图。避雷器是城轨车辆一个非常重要的保护设备,安装在受电弓附近,对城轨车辆直流供电电网的过

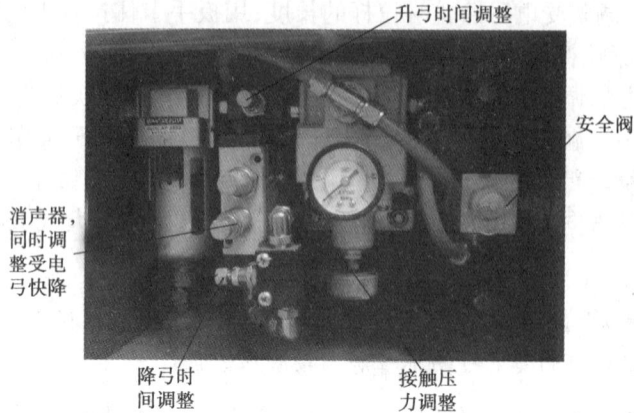

图 8.18　阀单元示意图

电压起保护作用,能防止来自车辆外部的过电压(如雷击等)和车辆内部的操作过电压对车辆电气设备绝缘的破坏。

【任务实施】

本任务的实施主要包括两个方面的内容:一是以西安地铁 2 号线受电弓运用状态维护为例,对西安地铁 2 号线的 QG-120(B-XAL2)正常使用时的调试内容进行分析;二是分析西安地铁 2 号线车辆避雷器的基本参数。

图 8.19　避雷器的安装位置

(1)西安地铁 2 号线受电弓日常调试

①弓头碳滑条。如图 8.21 所示,受电弓的日常检修中目测检查弓头碳滑条时,应观察碳滑条是否损坏或者磨耗到线。预计碳滑条的使用寿命,弓头各个碳条之间是否存在磨耗不均匀现象,如果存在应对碳滑条做平行调整,使各个碳滑条与网线接触的平面基本水平,保证每根碳滑条都能与网线很好的接触。如果碳滑条磨损到 5 mm,要及时更换碳滑条。如果弓头碳滑条更换,应同时将弓头所有的碳滑条全部予以更换。新碳滑条更换后应检查受电弓的静态压力,根据需要进行调整。

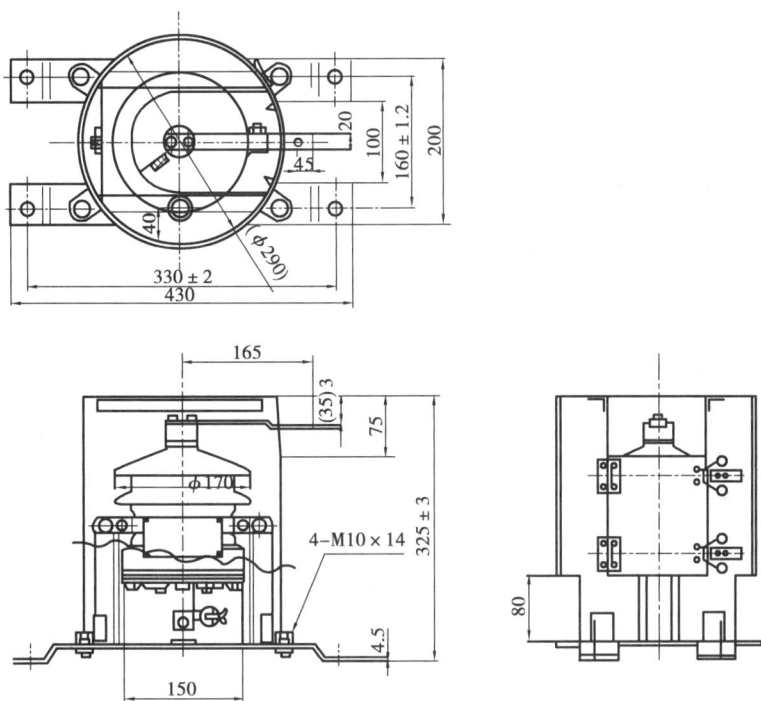

图 8.20　外形尺寸及主要参数

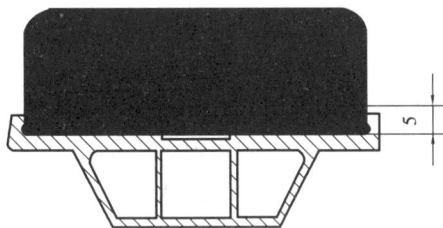

图 8.21　碳滑条磨耗限度

②轴承。每次检查和更换滚动轴承时,应使用 Shell Alvania RL3 润滑脂进行润滑。如果轴承转动不灵活,出现卡滞现象,检查出现卡滞现象的原因,损坏的轴承应予以更换,出现油污的轴承应用清洗剂清洗后安装。所有的滚动轴承和拉杆的关节轴承每 60 个月润滑一次。

③液压阻尼器。将液压阻尼器拆下,进行压缩和拉升试验,检查有无卡滞现象和漏油现象,如果需要请更换。

④绝缘子、绝缘气管。对车顶和受电弓连接的绝缘子和绝缘气管进行清洁处理,使绝缘子和绝缘气管保持干净。

⑤受电弓气源控制箱。在每次全面检查时,应对气源控制箱的安全阀进行调整;检查精密减压阀的压力是否在额定值,如果需要应进行调整;升弓和降弓时间有所变化,应对控制箱中的各节流阀进行调整;每年应对安全阀进行试验,确保安全阀的可靠性。

265

⑥弓网故障后的维修和检测。当发生弓网故障,造成受电弓碳滑条、弓头、上框架等零部件变形或损坏,应将受电弓从车顶拆下,进行全面检修或更换零部件,检修完成后在专用试验台上对受电弓进行例行试验(包括动作试验、弓头自由度测量、气密性试验、静态压力特性试验),试验合格后方可装车交付使用。

(2)西安地铁2号线车辆避雷器的基本技术参数分析

西安地铁2号线车辆避雷器的基本技术参数如下:

持续运行电压	DC 2 000 V(max)
额定电压	DC 2 000 V
8/20 波形标称放电电流	10 kA
4/10 波形大电流冲击耐受	100 kA
2 ms 方波长持续时间电流冲击耐受	1 200 A
标称放电电流下残压	≤4.8 kV
操作冲击电流(500 A)下残压	≤3.9 kV
压力释放的参数	40 kA/0.2 s
外套的外绝缘性能参数	
1 min 湿工频耐受电压	23 kV
1.2/50 μs 雷电冲击耐受电压	55 kV
操作冲击试验前后残压变化范围	≤5%
能量吸收能力	5.5 kJ/kV
线路放电等级	4 级
爬电距离	248 mm(min)
伞径 Φ	176 mm
高度 H	191 mm
质量:	5.9 kg

【知识扩展】

城市轨道交通车辆主要供电制式与受流方式

城轨车辆的供电制式是直流供电,主要有 DC 600 V,DC 750 V,DC1 500 V 这3种,我国国家标准《地铁直流供电系统》中规定我国地铁车辆采用 DC750V(波动范围为 500 ~ 900 V)和 DC1 500 V(波动范围为 1 000 ~1 800 V)两种。目前世界上地铁发展较早的城市大都采用直流 750 V,个别有采用 600 V 的。通常城市轨道交通车辆在电网电压为 1 500 V 时多采用架空接触网形式,由安装在车辆顶部的受电弓集电。当电网电压为 750 V 及以下时,较多有第三轨受电。例如,北京地铁、天津轻轨,均采用 DC 750 V 电压,第三轨受电方式;如,西安、广州、深圳、上海地铁大部分采用 DC 1 500 V 电压,受电弓受流方式。直流 1 500 V 与 750 V 比较有以下优点:可提高牵引电网供电质量,降低迷流数值,增加牵引供电距离,从而可减少牵引变电所数量;便于地铁线路实现地下、地面和高架的连接。

供电方式有接触网供电和接触轨供电两种形式。接触网供电是指通过轨道线路上空架设的特殊输电线向行走在线路上的电动列车不间断的供应电能,电动列车利用顶部的受电弓与接触网滑动摩擦而获得电能。接触轨供电是指在列车行走的两条路轨以外,再加上带电的钢轨(一般使用钢铝复合轨)。带电钢轨设于两轨之间或其中一轨的外侧。列车受流器(集电装置也称集电靴或取流靴)在带电轨上接触滑行取流。电动列车的受流方式根据供电方式的不同接触网受流和第三轨受流。受流装置按其受流方式可分为以下 5 种形式:

①杆形受流器(见图 8.22)。外形为两根平行杆,上部有两个受电轨(导线),广泛用于城市无轨电车。

②弓形受流器(见图 8.23)。形状如"凸",属上部受流,弓可升可降,其接触有一根导线,下面有导轨构成电路,用于城市有轨电车。

图 8.22 杆形受流器

图 8.23 弓形受流器

③侧面受流器(见图 8.24)。在车顶的侧面受流,又称为"旁弓",多用于矿山的电力机车上。

④轨道式受流器(见图 8.25)。从底部导电轨受流,又称第 3 轨受流,空间可得到充分利用,多用于速度较高的隧道列车运行。北京地铁及目前欧美大部分地铁均采用这种受流方式。

⑤受电弓受流器(见图 8.26)。属上部受流,形状如"凸",弓可升可降,适用于列车速度较高的干线电力机车上。西安、上海、广州等地铁亦采用这种方式。

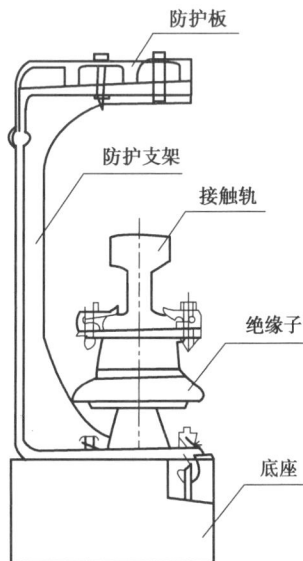

图 8.24 侧面受流器

图 8.25　轨道式受流器

图 8.26　受电弓受流

【效果评价】

评价表

项目名称	城市轨道交通车辆受电弓		学生姓名	
任务名称	任务 2　调试受电弓与认识避雷器		分数	
项　　目			分值	考核得分
1.受电弓的相关知识、图片的搜集、整理			10	
2.是否有小组计划			5	
3.城市轨道交通车辆受电弓调试认知情况			20	
4.单臂气囊弓气源控制箱操作			25	
5.单臂受电弓拉杆、静态接触压力、升降弓时间、弓头碳滑条调整掌握情况			25	
6.编制学习汇报报告情况			10	
7.基本素养考核情况			5	
总体得分				
教师简要评语：				
			教师签名：	

项目小结

　　城市轨道交通车辆(简称城轨车辆)车顶设备主要包括受电弓、避雷器,为城市轨道交通车辆动力系统引入电流,改善列车乘坐舒适度。

　　本项目重点讲解了车顶受流装置受电弓的基本组成、工作原理及调试。受电弓是电客车或电力牵引机车从接触网取得电能的电气设备,安装在机车或动车(Mp)车顶上,与有关受电弓滑板和接触网间的接触压力、过渡电阻、接触面积决定了受流质量。受电弓可分为单臂弓和双臂弓两种,均由滑板、上框架、下臂杆(双臂弓用下框架)、底架、升弓弹簧、传动汽缸、支持绝缘子等部件组成。菱形受电弓,也称钻石受电弓,以前非常普遍,后由于维护成本较高以及容易在故障时拉断接触网而逐渐被淘汰,近年来多采用单臂弓,单臂受电弓包括单臂气囊受电弓和单臂弹簧受电弓。

思考与练习

　　1.受电弓的基本形式有几种,分别是什么?

　　2.受电弓的作用有哪些?

　　3.单臂气囊受电弓的工作原理是什么?

　　4.避雷器的主要作用是什么?

项目 **9**

城市轨道交通车辆空调系统

【项目描述】

城市轨道交通车辆空调系统是调节车厢内空气的温度、湿度、洁净度和气流速度的装置,是满足乘客乘坐安全和舒适的重要设备,本项目简要介绍了空气调节与制冷、制热基本原理、城市轨道交通车辆空调系统的构成、空调机组装置及内部部件、车辆通风、加热装置,以及典型城市轨道交通空调机组的技术参数和日常维护等内容。

【学习目标】

1. 掌握空调制冷、制热原理和空调系统的构成。

2. 了解空气调节主要分类和作用。

3. 掌握蒸汽压缩式制冷的 4 个过程。

4. 了解我国城市轨道交通车辆空调系统的主要装置。

5. 掌握我国现有城市轨道交通车辆典型空调机组及其维护。

【技能目标】

1. 能够说明和分析城市轨道交通车辆空调系统的构成和主要装置的作用。

2. 能够根据城市轨道交通车辆空调装置的技术参数,进行城市轨道交通车辆空调机组的一般日常维护和保养工作。

任务 1　空气调节的概念与原理的认知

【活动场景】

空气调节,简称"空调",与我们的生活已密不可分。本任务可在以下两种工作场景完成:

270

一是在有空调实训设施的实验室通过透明的空调原理演示模型或打开家用空调机的外盖板；二是在城轨车辆空调检修基地对照打开单元式空调机组的外盖板，进行现场教学。

【任务要求】

1. 掌握空调的概念及分类。
2. 掌握蒸汽压缩式制冷原理及其4个过程。
3. 了解热泵制热原理。

【知识准备】

（1）空调系统的概念

用人为的方法处理室内空气的温度、湿度、洁净度和气流速度的系统，称为空气调节系统，简称空调系统。

通过空调系统可使某些场所获得具有一定温度、湿度和空气质量的空气，以满足使用者及生产过程的要求和改善劳动卫生和室内气候条件。根据空气调节的使用分为舒适性空调和工业性空调两大类，城轨车辆空调为舒适性空调。根据空气调节的目的分为：制冷系统、供热系统、除湿系统、除尘系统等。

（2）空调系统的分类

1）按空气处理设备的集中程度划分

按空气处理设备的集中程度划分为集中空调系统、半集中空调系统和局部式空调系统。

①集中空调系统。集中空调系统的特点是所有的空气处理设备：风机、加热器、冷却器、加湿器、减湿器和制冷机组等都集中在空调机房内，空气处理后，由风管送到各空调房里，热源和冷源也是集中的。优点是处理空气量大，运行可靠，便于管理和维修，缺点是机房占地面积大。

②半集中空调系统。半集中式空调系统的特点是空调机房的空气处理设备只处理一部分空气，分散在各空调房间内还有空气处理设备，对室内空气进行就地处理，或对来自集中处理设备的空气进行补充再处理。诱导系统、风机盘管、新风系统就是这种半集中空调系统的典型例子 。

③局部式空调系统。局部式空调系统是将空气处理设备全部分散在空调房间内，又称为分散式空调系统。通常使用的各种空调器就属于此类。空调器将室内空气处理设备、室内风机等与冷热源与制冷剂输出系统分别集中在一个箱体内。分散式空调只向室内输送冷热载体，而风在房间内的风机盘管内进行处理。

2）按负担冷热负荷的介质划分

按负担冷热负荷的介质划分为全空气系统、空气-水系统和制冷剂式系统。

①全空气系统。全空气系统是空调房间的冷热负荷全部由经过处理的空气来承担，比如，集中式空调系统就是这种系统。

②空气-水系统。空气-水系统是空调房间的冷热负荷既靠空气，又靠水来承担，比如，风机盘管加新风系统就是这种系统。

③制冷剂式系统。制冷剂式系统是空调房间的冷热负荷直接由制冷系统的制冷剂来承担，比如，局部式空调系统就属此类。

3）按冷却介质的种类划分

按冷却介质种类划分为直接蒸发式系统和间接冷却式系统。

①直接蒸发式系统。制冷剂直接在冷却盘管内蒸发，吸取盘管外空气热量。它适用于空调负荷不大，空调房间比较集中的场合。

②间接冷却式系统。制冷剂在专用的蒸发器内蒸发吸热，冷却冷冻水（又称制冷剂水），冷冻水由水泵输送到专用的水冷式表面冷却器冷却空气。它适用于空调负荷较大、房间分散或自动控制要求较高的场合。

4）按采用新风量划分

按采用新风量划分为直流式系统、闭式系统和混合式系统。

①直流式系统。又称全新风空调系统。空调器处理的空气为全新风，送到各房间进热湿交换后全部排放到室外，没有回风管。这种系统卫生条件好，能耗大，经济性差，用于有有害气体产生的车间、实验室等。

②闭式系统。空调系统处理的空气全部再循环，不补充新风的系统。系统能耗小，卫生条件差，需要对空气中氧气再生和备有二氧化碳吸式装置。如用于地下建筑及潜艇的空调等。

③混合式系统。空调器处理的空气由回风和新风混合而成。它兼有直流式和闭式的优点，应用比较普遍，如宾馆、剧场等场所的空调系统。

（3）蒸汽压缩式制冷原理

如图 9.1 所示为蒸汽压缩式制冷的原理图，制冷系统中制冷剂的低压蒸汽被压缩机吸入并压缩为高压蒸汽后排至冷凝器，同时轴流风扇（冷凝风机）吸入的室外空气流经冷凝器，带走制冷剂放出的热量，使高压制冷剂凝结成高压液体。高压液体经过节流机构后，在蒸发器内蒸发，吸收周围的热量，同时送风机使空气不断进入蒸发器的翅片间进行热交换，并将放热后的空气送向室内。因此，室内空气不断循环流动，达到降低温度的目的。

蒸汽压缩式制冷循环是全封闭的系统，可概括为 4 个过程：蒸发过程—压缩过程—冷凝过程—节流过程。简单地说 8 个字，即蒸发、压缩、冷凝、节流。

①蒸发过程。低压低温液体在蒸发器内蒸发，吸收室内空气热量，变成低压高温蒸汽。液体制冷剂经节流元件流入蒸发器后，由于压力的降低，开始沸腾汽化，其汽化（蒸发）温度与压力有关。液体汽化过程中，吸收被冷却介质——空气的热量，这些介质由于推动热量而温度降低，实现了制冷的目的。液体的汽化是一个逐渐的过程，最终所有的液体变为干饱和蒸汽，继而流入压缩机的吸气口。

②压缩过程。低压高温蒸汽在压缩机中压缩为高压高温蒸汽。为维持一定的蒸发温度，制冷剂蒸汽必须不断地从蒸发器中引出，从蒸发器出来的制冷剂蒸汽被压缩机吸入并被压缩成高压气体，且由于压缩过程中，压缩机要消耗一定的机械能，机械能又在此过程中转换为热能，所以制冷剂蒸汽的温度有所升高，制冷剂蒸汽呈过热状态。

③冷凝过程。高压高温蒸汽在冷凝器中被室外空气带走热量，冷凝成高压低温液体。从制冷压缩机排出的高压制冷剂蒸汽，在冷凝器放出热量，把热量传给它周围的介质——冷凝风机强迫吸入的空气，从而使制冷剂蒸汽逐渐冷凝成液体。在冷凝器中，制冷剂蒸汽向介质散发热量有两个基本条件：一是制冷剂蒸汽冷凝时的温度一定要高于周围介质的温度，压根保持适当的温差；二是根据压缩机送入冷凝器的制冷剂蒸汽的多少，冷凝器要有适当的管长和面积，以保证制冷蒸汽能在冷凝器中充分冷凝。

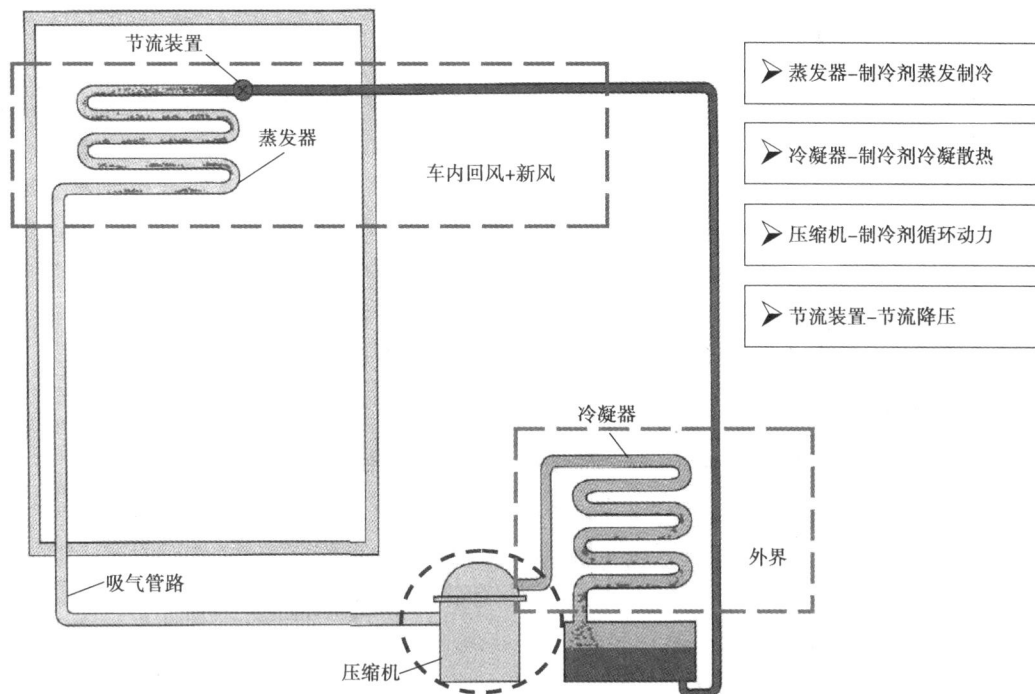

图 9.1　制冷循环原理图

④节流过程。高压低温液体经过节流机构后成低压低温液体。从冷凝器出来的制冷液体经过降压设备(如节流阀、膨胀阀等)减压到蒸发压力。节流后的制冷剂温度也下降到蒸发温度,并产生部分闪发蒸汽。节流后的气流混合物进入蒸发器进行蒸发过程。

压缩机、冷凝器、膨胀阀、蒸发器 4 大主件组成。用人为方法使制冷剂在密闭系统内进行物态(气态、液态)变化,达到连续、稳定提供冷量的一套制冷装置。整个制冷过程就是通过这 4 个装置形成一个循环系统,如此反复循环,从而不断使温度得到降低。

由制冷压缩机抽吸从蒸发器流过来的低压、低温制冷剂蒸汽,经压缩机压缩成高压、高温蒸汽而排出,这样就把制冷剂蒸汽分成了高压区和低压区。从压缩机的排出口至节流元件的入口端为高压区,该区压力称高压压力或冷凝压力,温度称为冷凝温度。从节流元件的出口至压缩机的吸入口为低压区,该区压力称为低压压力或蒸发压力,温度称为蒸发温度。正是由于压缩机造成的高压和低压之间的压力差,才使制冷剂在系统内不断地流动。一旦高低压之间的压力差消失,即高低压平衡之一,制冷剂就停止了流动。高压区和低压区压力差的产生及压力差的大小,完全是压缩机压缩蒸汽的结果。压缩机不停地运转是靠消耗电能或机械能来实现的。

制冷系统中制冷剂的循环与空气循环是密不可分的。空气循环包括内、外两种空气循环回路。内空气回路,车内的循环空气由机组的通风机吸入,通过机组的蒸发器(或电加热器)得到冷却(或加热),并由机组底部出风口经风道的车顶格栅送入车内,向车内吹出冷风(或热风),并通过温度调节器自动调节车内空气温度,保持车内的一定舒适温度。外空气回路,冷凝器的冷凝借助于轴流风机,从机组两侧吸进外界环境空气,经过冷凝器后,向机组上方排出。通过空气流动带走冷凝器中制冷剂的热量,从而使制冷剂蒸汽逐渐冷凝成液体。

273

(4)热泵制热原理

如图9.2所示,热泵循环是制冷循环的逆过程。其采用一个四通换向阀,通过四通换向阀切换,改变制冷剂的流向。在夏季制冷工况下,制冷剂在冷凝器放热,被室外空气带走热量;在蒸发器吸热,带走室内循环空气的热量。在冬季制热工况下,四通换向阀切换,蒸发器和冷凝器换位。具体过程:制冷剂的过热液体在蒸发器内吸收室外低温空气的热量,蒸发成低压高温气体。低压高温气体经压缩机的压缩,变为高温高压气体。再在冷凝器中将热能释放给带有一定新风的室内高温空气,同时自身变为高压低温液体。高压液体在膨胀阀中减压,再变为过热液体,进入蒸发器,循环最初的过程。同时,室内空气不断循环流动,达到升高温度的目的。

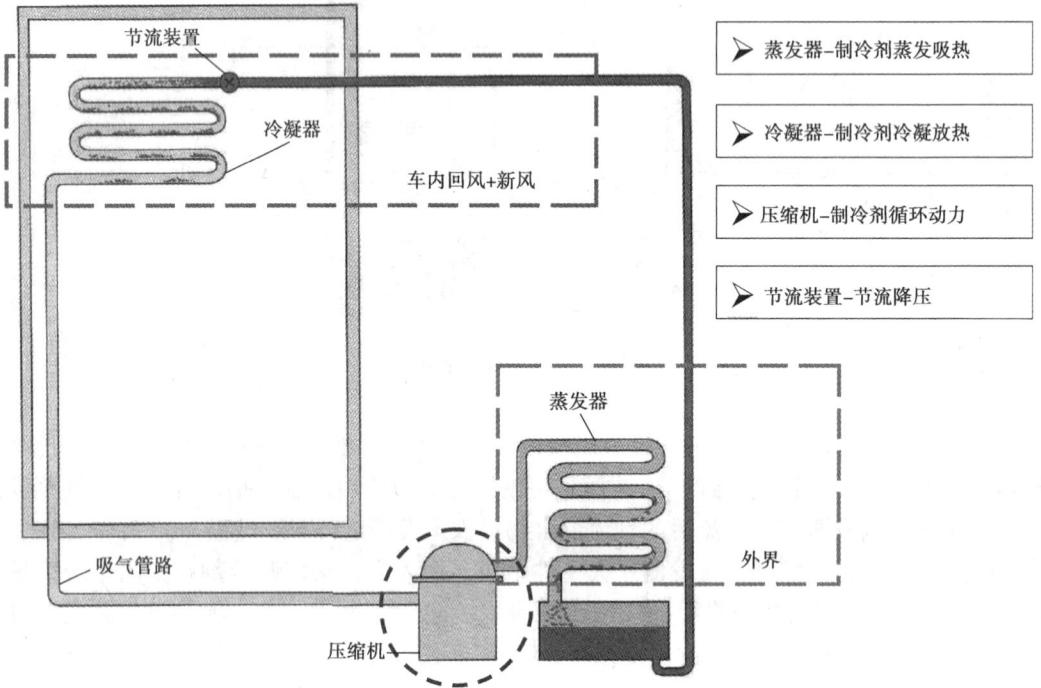

> ➤ 蒸发器–制冷剂蒸发吸热

> ➤ 冷凝器–制冷剂冷凝放热

> ➤ 压缩机–制冷剂循环动力

> ➤ 节流装置–节流降压

图 9.2   热泵循环原理图

【任务实施】

以西安地铁2号线车辆空调系统为例进行研究,对空调系统的基本工作原理进行了解。

(1)空调安装及故障情况下的运行

西安地铁2号线的空调机组采用顶置式安装,如图9.3所示。空调机组采用单冷形式、微机控制并具有自诊断功能。每辆车安装制冷能力为29 kW的空调机组两台。当列车的一台辅助电源故障时,每一台空调机组自动减半运行。空调机组因故不能制冷时,保证适当的通风。全列车各空调机组在车辆运行时由司机集中控制,在维修时可由维修人员单独控制。

(2)空调的运行情况

空调装置设有4种工况:手动、自动、通风和停止,并可通过本车控制装置对空调进行控制,也可通过司机室内的显示器进行控制和温度设定。在手动工况时,空调机组根据各自的温度控制器所设定的温度进行客室内温度控制;在自动工况时,空调机组根据外界环境温度自动调节客室内温度。

(3)空调与车辆总线关系

空调机组可与列车总线网络进行通信,并可通过列车总线网络对空调机组进行控制。列车空调机组的启动方式:采用同步指令控制,分时顺序启动。空调机组设在可自动调节的新风口和回风口。

图9.3　空调机组采用顶置式安装

(4)空调的排风及回风

新风调节机构及回风口的气流调节装置能保证从全开到全闭范围内调整风量,确保制冷和紧急通风功能的需要。设置调节挡板,用于调节新风、回风的混合比例。空调机组采用带有挡水百叶窗的新风口并设过滤装置。新鲜空气的最小供给量:制冷时司机室人均新风量不少于 30 m^3/h;客室内人均新风量不少于 10 m^3/h(按额定载客人数计);客室内仅有紧急通风时,人均供风量不少于 20 m^3/h(按额定载客人数计)。空调机组回风口内设有调节挡板,可在紧急通风时将回风口关闭,使通过空调机组送入客室的风全部为新风。在紧急通风时由紧急通风逆变器对空调机组的风机供电,保证车辆的紧急供风。车顶部的排水采用管道式,禁止直排,并保证空调机组与车顶部安装处无积水。

【效果评价】

评价表

项目名称	城市轨道交通车辆空调系统		学生姓名	
任务名称	任务1　空气调节的概念与原理的认知		分数	
项　目			分值	考核得分
1.空气调节分类的认知			20	
2.制冷循环原理的掌握			30	
3.热泵制热循环原理的认知情况			10	
4.空调制冷循环过程的认知情况			20	
5.编制学习汇报报告情况			10	
6.基本素养考核情况			10	
教师简要评语: 教师签名:				

任务2 城轨车辆空调系统构成的认知

【活动场景】

城轨车辆的空调系统包括空调机组、风道、排风口、控制柜等装置(见图9.4)。本次任务建议在城市轨道交通车辆检修车间的空调检修班组进行现场教学,或者在城轨车辆空调实训演练基地进行。

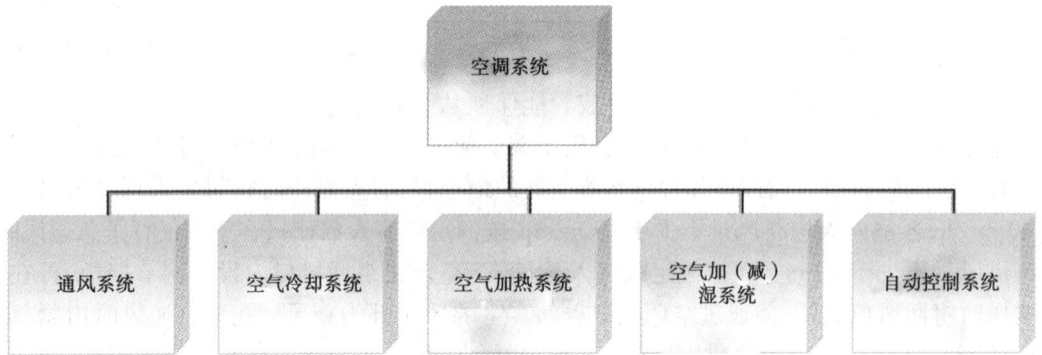

图9.4 空调系统结构图

【任务要求】

1. 了解城轨车辆空调的发展概况。
2. 掌握城轨车辆空调系统的构成。
3. 掌握城轨车辆空调各子系统的功能。

【知识准备】

(1)城轨车辆空调的发展

空调与制冷装置被广泛应用于我国的工农业生产和人们的日常生活,对我国国民经济发展和人民物质文化生活水平提高具有重要意义。城轨车辆客室内的空气调节已经成为城轨车辆舒适乘坐环境的重要标志,目前,我国国内新造的城市轨道交通车辆均安装了空气调节装置。随着城市化进程的加快和城市轨道交通的快速发展,旅客对城轨车辆空调的舒适性要求也越来越高,城市交通运营部门也对空调的舒适性和节能提出更高的要求。

目前,我国采用的轨道车辆空调类型多是传统的单冷型空调机组,有些机组装有电预热器,可对新风进行预热。单冷型机组不仅能耗浪费,而且还存在车厢内温度波动大等问题。近年来,随着变频技术逐步成熟,变频冷暖空调不仅能够有效地改进非变频空调系统的这些不足,使空调设备的输出功率随着负荷的增减而变化,起到明显的节能效果、节省运行费用。

（2）城轨车辆空调系统的构成

城轨车辆安装空调装置的目的是为广大乘客提供舒适的乘坐环境,主要控制车厢内空气的温度、湿度、气流速度和洁净度,在空调正常运行情况下,能够使人体保持热平衡而满足舒适感。

城轨车辆空调系统一般由通风系统、空气冷却系统、空气加热系统、空气加（减）湿系统以及自动控制系统共 5 大部分组成。其作用是将一定量的车外新鲜空气和车内再循环空气混合,经过滤、冷却或加热、减湿或加湿等处理后,以一定的流速送入车内,并将车内一定量的污浊空气排出车外,从而控制客室内温度、湿度、风速、清洁度及噪声,并使之达到规定标准,以提高车内的舒适性,改善乘车环境。

1)通风系统

通风系统的作用是将车外新鲜空气吸入并与车内再循环空气混合,在滤清灰尘和杂质后,再压送分配到车内,同时排出车内多余的污浊空气,以保证车内空气的洁净度以及合理的流动速度和气流组织。通风系统一般由通风机组、空气过滤器、新风口、送风道、回风口、回风道以及废排气口等组成。

城市轨道交通车辆车内空气的品质和气流组织不仅关系乘坐舒适度,还直接关系乘客的乘坐安全。因此,城市轨道交通车辆对车内空气具有一定要求。

①城市轨道交通车辆对风压的要求。城市轨道交通车辆普遍采用静压风道,使用静压风道能够降低噪声,使送风均匀,且可有效地防止外界未经处理的空气及灰尘的渗入。

②城市轨道交通车辆对风速的要求。城市轨道交通客车车内的空气流速,同样影响人体的散热。车内空气流速的增大可以加速人体表面的对流散热,促进人体表面汗液的蒸发,从而增加散热效果。

③城市轨道交通车辆对送风布置的要求。城市轨道交通车辆通常车内乘客较多,车辆内部要求做到全面送风。即使是空调机回风口区域,也要设送风口。否则气流受拥挤人群扰动、阻塞,局部区域内的乘客会感觉不到气流而不适。

④城市轨道交通车辆对新风量的要求。城市轨道交通车辆载客量大,车内人员密度大、流动大,在客室内,由于人的呼吸,车内氧气减少,二氧化碳含量增加,车内过多的二氧化碳会使旅客感到气闷、疲劳,当增加到一定浓度后就会影响人的健康。此外,车内还可能产生其他有害气体,使车内空气变得污浊。因此,必须不断更换车内的空气,使车内空气保持一定的新鲜程度。因此,按照卫生标准和要求,每人必须有 $10 \sim 30 \ m^3/h$ 的新鲜空气量。

⑤城市轨道交通车辆对废排风量的要求。由于城市轨道交通车辆载客量大,客室内所需新风量大,使空调系统的通风量增大,从而也使客室的正压值增大。为保证客室内的压力平衡,需将客室内多余的空气排出车外,因此,城市轨道交通车辆一般需设置废排口或废排装置。城市轨道交通车辆废排口或废排装置的废排量应略小于或等于新风量,一般为新风量的 90 % ~95%。

⑥城市轨道交通车辆对应急通风的要求。空调系统故障状态下的运行及紧急通风的要求。空调系统应自动转入紧急通风状态,此时由蓄电池提供 DC 110 V 电源,制冷压缩机和冷凝风机全部停止运转,仅通过专用逆变器给蒸发器风机提供交流电源使其工作,保证客室正常通风。同时,回风调节挡板将回风关闭,新风阀全部打开,输送空气全部为新鲜空气,以维持客室内的氧气含量及空气流动。在紧急通风状态下,蓄电池应保证通风系统一定时间的应急通风。

由此可见,通风系统是车辆空气调节的重要组成部分。城市轨道交通车辆的空调装置通风系统的通风量为新鲜空气量和再循环空气量之和。空调机组设有可自动调节的新风口和回风口。新风调节机构可保证从全开到全闭范围内调整新风量,回风口的气流调节装置可确保制冷和紧急通风功能的需要。调节机构设置调节挡板,用于调节新风、回风的混合比例。新风阀与排气阀同步,根据车辆载客量的不同,可调节不同的开度,改变新风量。

2)空气冷却系统

空气冷却系统(也称制冷系统)的作用是对车内的空气进行降温、减湿处理,使车内空气的温度与相对湿度保持在规定的范围内。冷却系统工作时,蒸发器将要送入车内的空气冷却,由于蒸发器表面的温度低于空气的露点温度,空气中的部分水蒸气就会凝结成水滴,形成通常所说的"空调水"。因此,空气在通过蒸发器冷却的同时也得到了减湿处理。为保证制冷系统安全、有效地工作,制冷系统除压缩机、蒸发器、冷凝器、节流装置4大件外,还配有贮液器、干燥过滤器、气液分离器等辅助设备。

空气冷却系统通常集中在空调机组内,为单元式机组装置。目前,国内城市轨道交通车辆大多采用的是单冷式空调机组,此外也兼具空气加热功能的冷暖空调机组。空气冷却系统将在下一任务中详细介绍。

3)空气加热系统

空气加热系统与空气冷却系统的作用相反,是对车内的空气进行加热处理。车辆空气加热方式主要有电加热、热泵制热和电(热泵)辅助加热3种。

①电加热是通过空调机组中的电加热器对新风进行预热,再与客室高温回风混合来保持车内温度的方式。适用于冬季较为温暖、空气加热负荷较小的地区。主要设备是空气预热器。另一种是地面电加热。使用客室电加热设备直接对客室中的循环空气进行加热。主要设备是客室电加热器,一般布置在座椅下或车内侧墙上,比如西安地铁2号线的电加热器就安装在座椅下。

②热泵制热是利用空调机组制冷系统转换蒸发器和冷凝器后的制热功能来实现的,热泵制热提高了机组的利用率,我国南方一些城市的城轨车辆较适合采用此种方式。

③电(热泵)辅助加热是机组制热与客室电加热混合使用的方式。在空调机组中加装特定设备(空气预热器或热泵),由空调机组完成预加热。再由客室电加热设备进行加热。

4)空气加(减)湿系统

空气加(减)湿系统的作用是对车内的空气湿度进行调节。客室内空气的相对湿度也是影响人体舒适的重要因素,当人体周围的相对湿度较大时,将要影响人体的蒸发散热,而使人们感到闷热。当人体周围的相对湿度较小时,人体的水分随人体热辐射散发,而使人们感到干燥。按照卫生标准和要求,相对湿度应为40%~70%。

通常情况下,夏季气候高温潮湿,需减湿;冬季寒冷干燥,需加湿。在夏季,一般是利用空调制冷开启的同时进行减湿;而在我国南方的一些地上轨道车辆,当空调制冷的除湿负荷能力达不到减湿负荷要求时,可采用先干燥新风、后与回风混合通过制冷减湿的方法来提高系统的减湿能力。在冬季,车内空气温度升高,其露点温度也随之升高,车内空气的相对湿度(相对湿度是指空气中的水汽距离饱和的程度,即气温与露点的差值)也随之变化。由于车内乘客的散湿量较大,因而通常不需要再进行加湿调节。加湿系统仅在某些对车内相对湿度要求较高的车辆内安装。

5)自动控制系统

自动控制系统的主要作用是控制通风、制冷或采暖系统的运行及停止。其余的控制任务是为让空调顺利工作提供一系列保障和辅助措施,如,电机间的启动顺序和互锁、避免压缩机频繁启动、运行信息的监控、各种故障的保护和处理、方便调试使用的手动功能、简单的温度设定等。空调控制系统一般采用微机控制方式,空调装置设有手动、自动、通风和停止 4 种工况。支持集中控制和本车控制,可通过本车控制装置对空调进行控制,通过司机室内的显示器进行控制。在手动工况时,空调机组根据各自的温度控制器所设定的温度进行客室内温度控制。在自动工况时,空调机组根据外界环境温度自动调节客室内温度。

目前,国内城市轨道交通车辆空调控制采用微处理器的控制系统,主要设备有本车空调控制柜、司机控制屏以及之间连接的通信设备。

【任务实施】

以西安地铁 2 号线车辆空调为例进行研究。

(1)空调机组概况

如图 9.5 和图 9.6 所示分别为西安场地铁 2 号线空调机组的结构图和空调机组的外形图。西安地铁 2 号线地铁车辆空调机组各零部件组装在一个不锈钢板制成的箱体内,加盖板后形成一个整体。空调机组的主要部件包括全封闭制冷压缩机 2 台、冷凝器 2 台、毛细管 2 组、蒸发器 2 台、干燥过滤器 2 个、离心风机 2 台、轴流风机 2 台、气液分离器 2 个、回风电动阀 1 个、新风电动阀 2 个、新风感温头 1 个、回风感温头 1 个等。

空调机组分为室内侧和室外侧,其中室内侧分为蒸发腔和新风腔,室外侧分为压缩机腔和冷凝腔。离心风机、蒸发器、回风电动阀、回风滤尘网等安装在蒸发腔;气液分离器、新风电动阀、新风滤尘网等安装在新风腔;压缩机、压力开关、干燥过滤器、电磁阀等安装在压缩机腔;轴流风机、逆止阀和冷凝器等安装在冷凝腔。空调机组的箱体和上盖全部采用 SUS304 不锈钢板制成。组成制冷系统的部件及配管全部用银钎焊连接,构成全封闭的制冷循环系统,作为制冷剂的 R407C 封闭在制冷系统内。空调机组的回风口在机组底部中间处,冷风出口在机组底部两侧,新风口在机组左右侧板的中间部位。空调机组新风腔处装有高效新风过滤网,车内回风口处装有高效回风过滤网,对车内循环风进行过滤。

(2)主要部件功能

①压缩机。制冷压缩机为全封闭卧式压缩机,是将电动机、压缩机构及供油系统组装在同一个密封的机壳内。制冷压缩机通过橡胶减振器安装在空调机组箱体内。制冷压缩机的作用是将来自蒸发器的低温低压的 R407C 气体压缩成高温高压的气体,并送往冷凝器。

②离心风机。室内侧通风机为直联多叶片式离心风机。室内侧通风机可以强化冷媒在蒸发器中的蒸发过程,并将经蒸发器冷却降温的空气或经电加热器加热升温的空气送入车内。

③轴流风机。室外侧通风机为直联轴流式风机,风机的叶轮安装在立式电机上,并采取防水结构。室外侧通风机用于强化冷媒在冷凝器中的凝结放热过程。

④蒸发器。西安地铁 2 号线的蒸发器为铜管套铝肋片式的。低温低压的气液混合的冷媒在蒸发器内蒸发,当车内循环空气和新鲜空气混合后,通过蒸发器时进行热交换。这时,空气的热量被蒸发器内的冷媒吸收,温度降低。

⑤冷凝器。其结构形式与蒸发器相同。高温高压的 R407C 气体,通过冷凝器时,在外界

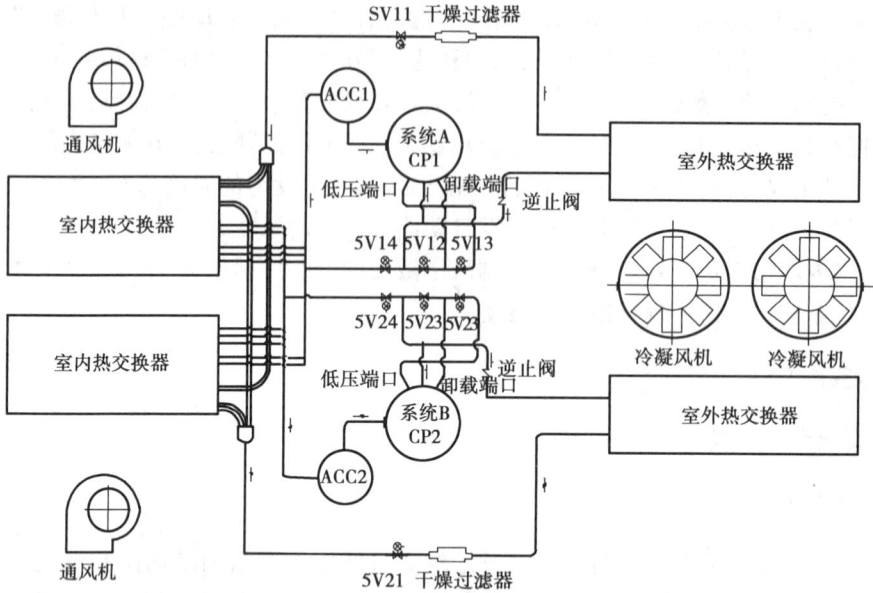

图 9.5　车辆空调机组结构图

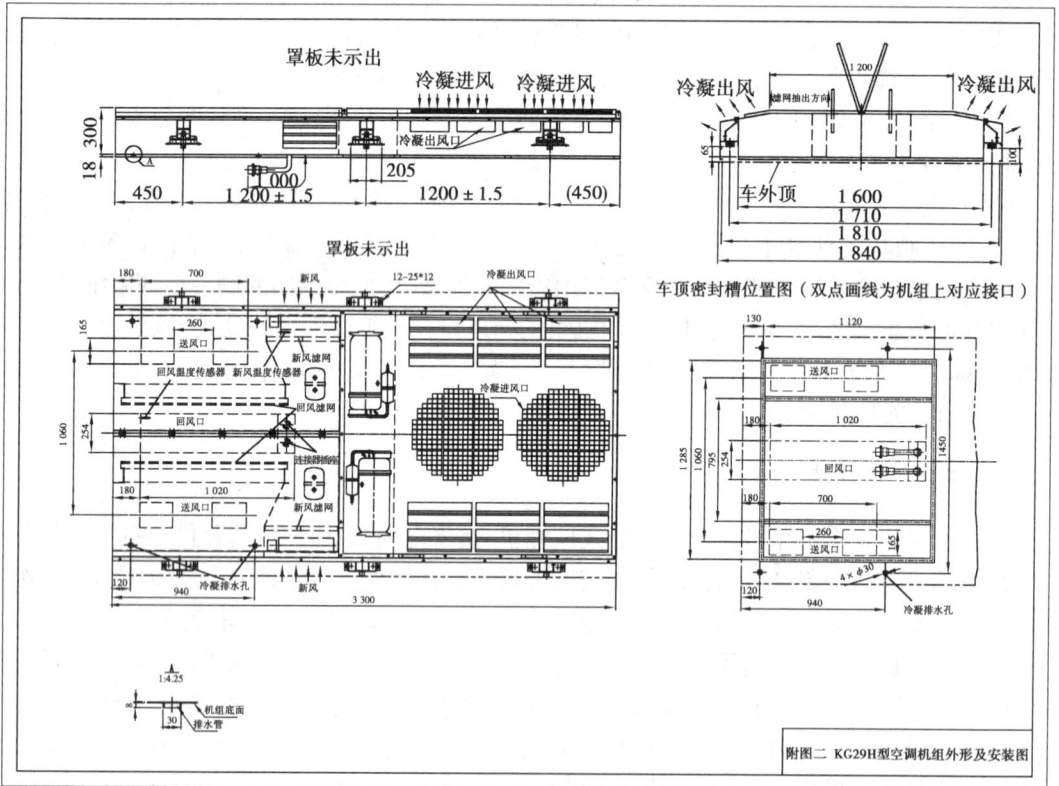

图 9.6　空调机组的外形和结构图

空气的强制冷却下,变成常温(约 50 ℃)高压的冷媒液体。

⑥毛细管。为一组内径极小的细长铜管,当高压液体冷媒流经这组高阻力管时,起节流降压的作用。

⑦干燥过滤器。将滤网固定在容器内,并封入干燥剂,过滤冷媒中的残余杂质,吸取冷媒中的残留水分。

⑧高、低压压力开关。高压开关,当制冷系统的压力异常高时,高压开关动作,停止压缩机的运转,保护制冷系统。高压开关的复位方式为自动复位。低压开关,当制冷系统的压力异常低时,低压开关动作,停止压缩机的运转,保护制冷系统。低压开关的复位方式为自动复位。

⑨电磁阀。旁通电磁阀(SV14,SV24),是保证压缩机在长时间停止后以及温度较低情况下启动时的轴承润滑,需要在一定时间内(从压缩机启动开始 30 s)打开电磁阀。容量控制电磁阀是配合压缩机内能量调节机构可以控制压缩机的容量,通过两个电磁阀的开闭及每台机组两台压缩机工作状态组合,进行全运转以及控制容量运转(约 70%)的切换,可实现空调机组多级能量调节,制冷能力实现 100%,70%,50% 共 3 档。当打开高压侧(SV12,SV22),关闭低压侧时(SV13,SV23),为全运转状态;当打开低压侧(SV13,SV23),关闭高压侧(SV12,SV22)时为容量控制运转状态。液管电磁阀(SV11,SV21)是安置在冷凝器出口,防止压缩机停止时冷媒液倒流入压缩机侧,防止造成再次启动时润滑不良。逆止阀是安装在压缩机的排气管上,在压缩机停止时,防止冷媒液从排气管逆流回压缩机侧。

⑩吸气过滤器。是安装在压缩机的吸气管上,过滤吸气冷媒中的残余杂质。

(3)工作原理概述

1)制冷系统的工作过程

如图 9.7 所示为西安地铁 2 号线空调机组制冷系统工作的流程图。

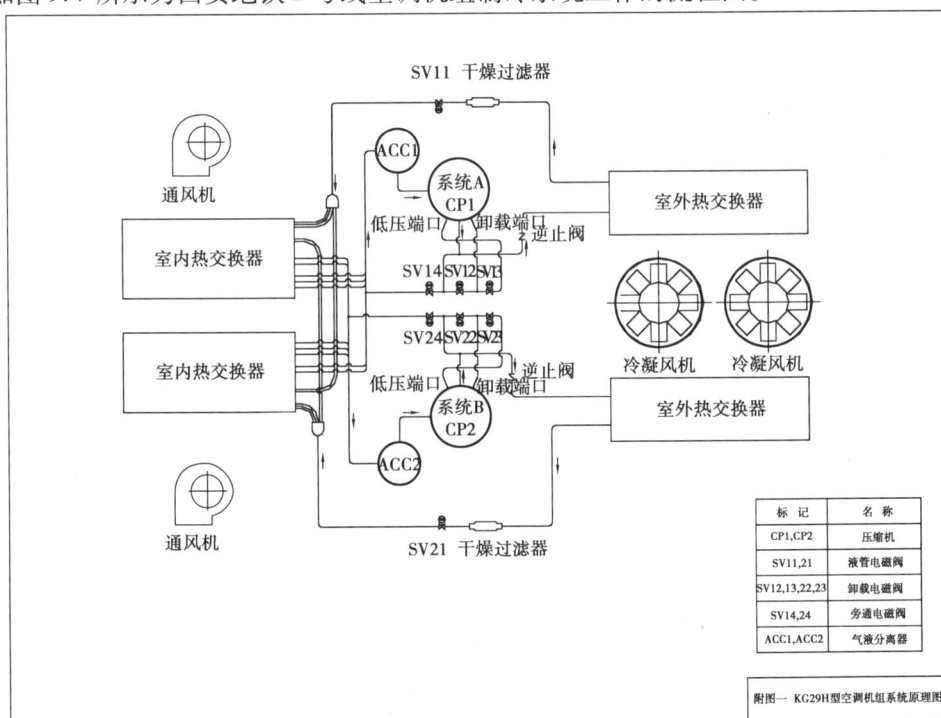

图 9.7　空调机组制冷系统流程图

281

由压缩机压缩成高温高压的 R407C 蒸汽,进入风冷冷凝器,经外界空气的强制冷却,冷凝成常温高压的液体,进入毛细管节流降压,变成低温低压的气液混合冷媒,然后进入蒸发器,吸收流过蒸发器的空气的热量,蒸发成低温低压的蒸汽,再经过气液分离器,被压缩机吸入,完成一个制冷循环。压缩机不断工作,达到连续制冷的效果。车内的空气通过蒸发器时,空气中的水分冷凝成水滴,被引到车外而起除湿作用。

2)**车厢内的降温过程**

车厢内的循环空气及由新风口引入的新鲜空气,由机组的通风机吸入,在蒸发器前混合,通过蒸发器得到冷却,并由机组底部出风口送入车顶通风道各格栅,向车内吹出冷风。在制冷系统连续工作下使车内温度逐渐降低,并由温度调节器自动调节车内空气温度。可在一定范围内调节车内空气温度。冷凝器的冷凝借助于轴流风机,从机组上方吸进外界环境空气,经过冷凝器后,向两侧排出。

【效果评价】

评价表

项目名称	城市轨道交通车辆空调系统		学生姓名	
任务名称	任务2 城轨车辆空调系统构成的认知		分数	
项 目			分值	考核得分
1.车辆空调系统作用的认知情况			10	
2.车辆空调系统构成的认知情况			20	
3.空调通风系统作用的认知情况			20	
4.空调冷却和加热系统构成和作用的认知情况			20	
5.空调加(减)湿系统的认知情况			10	
6.编制学习汇报报告情况			10	
7.基本素养考核情况			10	
教师简要评语: 教师签名:				

任务3 城轨车辆空调机组的认知和维护

【活动场景】

空调机组是空调系统最基础、最重要的部分,是对室内空气进行制冷(制热)处理的设备。本任务在城市轨道交通车辆检修车间进行现场教学。

【任务要求】

1.了解城市轨道交通空调的主要形式和分类。

2.掌握城市轨道交通车辆空调机组及内部主要部件的构成和功能。

3.了解 KH29H 空调机组基本情况和日常维护要求。

【知识准备】

(1)城轨车辆空调机组的形式

城轨车辆空调机组可为城轨车辆的司机室和客室提供冷风和新鲜空气,以提高司机驾驶和乘客乘坐的舒适性。城轨车辆空调机组主要由空调机、司机室送风单元、风道、送风格栅、幅流风机、废排装置和控制装置等组成。

城轨车辆空调系统有单机组形式和双机组形式。

①单机组形式,即一辆车设有一台单元式空调机组,通常设在车顶中部。单机组形式虽然节省了初装费用,但机组送风机功率足够大以满足整节车辆的通风要求,也存在车内风速不均匀的问题。

②双机组形式,即一辆车设有两台单元式空调机组,通常设在车顶两端。是目前城市轨道交通车辆常用的空调形式。每台机组有安装座,通过减振器固定在车顶凹处的平台上,并加设防护罩(罩板)以防灰尘和雨水。机组侧下面有出风口两处,回风口一处,其周围均设防风防雨密封胶条、胶垫与车体密封。风道系统送风经连接风道分为左、右两路,进入主风道。主风道采用均匀静压送风,以保证出风口送风的均匀性。空调机组送出的风进入车内主风道,并沿主风道在推进过程中进入静压箱,进行静压平衡调节,使沿车长方向的空气在静压箱中静压相等,并形成一定的静压值,空气通过静压箱上的开口将静压转换成一定的动压喷射出去。从相邻的空调机组主风道引支风管进入司机室送风机,经过风口调节后向司机室送风。主风道分前、中、后 3 部分贯通全车。主风道材质为铝板,外贴隔热吸声材料,通过法兰相互连接。空调机组下面两出风口之间为回风口。送风经外露软风道进入主风道,另两路左右回转,风道下面开有顺长风口,通过密封座与车内饰带送风口相通。

(2)城轨车辆空调机组的分类

城轨车辆空调机组的分类如下:

①按功能分为冷风型、电热冷热风型、热泵冷热风型、热泵辅助电热型。

②按结构分为整体式和分体式两种。

③按使用气候环境温度分为(以气候环境最高温度为准)

- T1　　45 ℃
- T2　　50 ℃
- T3　　55 ℃

(3)城轨车辆空调机组的主要部件

空调机组各零部件组装在一个不锈钢板制成的箱体内,加盖板后形成一个整体。空调机组内通常有两套独立的制冷系统,主要部件包括全封闭制冷压缩机 2 台、冷凝器 2 台、毛细管 2 组、蒸发器 2 台、干燥过滤器 2 个、离心风机 2 台、轴流风机 2 台、气液分离器 2 个、回风电动阀 1 个、新风电动阀 2 个、新风感温头 1 个、回风感温头 1 个等。

空调机组分为室内侧和室外侧。室内侧分为蒸发腔和新风腔,离心风机、蒸发器、回风电动阀、回风滤尘网等安装在蒸发腔。气液分离器、新风电动阀、新风滤尘网等安装在新风腔。室外侧分为压缩机腔和冷凝腔。压缩机、压力开关、干燥过滤器、电磁阀等安装在压缩机腔。轴流风机、逆止阀和冷凝器等安装在冷凝腔。

城轨车辆空调机组的外形和结构,如图9.8所示。空调机组的箱体和上盖全部采用SUS304不锈钢板制成。组成制冷系统的部件及配管全部用银钎焊连接,构成全封闭的制冷循环系统,制冷剂封闭在制冷系统内。采用下送下回送风方式的空调机组,其回风口在机组底部中间处,冷风出口在机组底部两侧,新风口在机组左右侧板的中间部位。空调机组新风腔处装有新风过滤网,车内回风口处装有回风过滤网,对车内循环风进行过滤。

图9.8　空调机组外形及结构图

1)制冷压缩机

根据制冷压缩机的工作原理不同,可分为容积型和速度型两大类。容积型主要有活塞式压缩机和螺杆(涡旋)式压缩机,它们是通过活塞(或螺杆、涡旋)在汽缸中运动所形成的可变工作容积来完成制冷剂蒸汽的压缩和输送的。速度型压缩机是指透平式压缩机,也称离心式压缩机,它是用高速旋转的叶轮使制冷剂蒸汽产生压力,同时获得动能,然后再通过扩压器、蜗壳使蒸汽的动能转变为压力能,从而完成压缩和输送制冷工质的任务。我国部分轨道车辆的空调装置采用涡旋式制冷压缩机。

涡旋式压缩机(Soroll Compressor)由一个固定的渐开线涡旋盘和一个呈偏心回旋平动的渐开线运动涡旋盘组成可压缩容积的压缩机。全封闭卧式涡旋压缩机(见图9.9),是将电动机、压缩机构及供油系统组装在同一个密封的机壳内。制冷压缩机通过橡胶减振器安装在空调机组箱体内。制冷压缩机的作用是将来自蒸发器的低温低压的制冷剂气体压缩成高温高压的气

图9.9　卧式涡旋式制冷压缩机

体,并送往冷凝器。从结构及工作原理来看,小型涡旋式压缩机具有如下的特点:

①效率高。涡旋压缩机吸气、压缩、排气连续单向进行,直接吸气,因而吸入气体有害过热小;没有余隙容积中气体的膨胀过程,因而输气系数高。同时,两相邻压缩腔中的压差小,气体泄漏量少。另外,旋转涡旋盘上所有接触线转动半径小,摩擦速度低,损失小,加之吸、排气阀流动损失小,因而效率高。

②力矩变化小、振动小、噪声低。涡旋压缩机压缩过程较慢,并可同时进行两三个压缩过程,机器运转平稳,而且曲轴转动力矩变化小;其次,气体基本连续流动,吸、排气压力脉动小。

③结构简单,体积小,质量小,运动零部件少。没有吸、排气阀,易损件少,可靠性好。涡旋压缩机同活塞式压缩机相比,体积小 40%,质量减轻 15%,效率高 10%,噪声低 5 dB(A)。但其制造需高精度的加工设备及精确的调心装配技术,这就限制了它的制造及应用。

2)送风装置

送风装置主要由离心风机和轴流风组成。如图 9.10 所示,室内侧通风机为车辆客室送风,通常采用直联多叶片式离心风机,可强化制冷剂在蒸发器中的蒸发过程,并将经蒸发器冷却降温的空气送入车内。如图 9.11 所示,室外侧通风机为冷凝器提供强迫送风,通常采用直联轴流式风机,风机的叶轮安装在立式电机上,并采取防水结构,用于强化制冷剂在冷凝器中的凝结放热过程。

图 9.10　离心风机　　　　　　　　图 9.11　轴流风机

3)换热装置

蒸发器和冷凝器是最主要的换热器。它们传热效果的好坏直接影响制冷机的质量尺寸和经济性。蒸发器将低温低压的气液混合的制冷剂在蒸发器内蒸发,当车内循环空气和新鲜空气混合后,通过蒸发器时进行热交换。这时,空气的热量被蒸发器内的制冷剂吸收,温度降低。车辆空调的冷却介质是车辆循环空气,蒸发器通常为铜管套铝肋片的直接蒸发式空气冷却器。

冷凝器根据冷却介质和冷却方式的不同,可分为水冷式冷凝器、空气冷却式冷凝器和蒸发式冷凝器 3 种。城轨车辆空调冷凝器属空气冷却式冷凝器,其结构形式与蒸发器相同。高温高压的制冷剂气体,通过冷凝器时,在外界空气的强制冷却下,变成常温(约 50 ℃)高压的制冷剂液体。

4)膨胀机构

当高压液体制冷剂流经膨胀机构时,起节流降压的作用。膨胀机构除了起节流作用以外,还起调节进入蒸发器制冷剂流量的作用。膨胀机构的种类很多,根据它们的应用范围,可分为以下 5 大类型:

①手动膨胀阀,用于工业用的制冷装置。

②热力膨胀阀,用于工业、商业和空气调节装置。

③电子膨胀阀,用途与热力膨胀阀相同。

④毛细管,用于家用制冷装置。

⑤浮球调节阀,用于工业、商业和生活用制冷装置。在城市轨道交通车辆制冷装置中一般采用毛细管,为一组内径极小的细长铜管,也常采用热力膨胀阀。

5）辅助设备

城轨的制冷设备中除了必需的制冷压缩机、冷凝器、蒸发器和膨胀机构外，还有许多改善制冷系数和保证运转安全不可缺少的辅助设备，主要有干燥过滤器、吸气过滤器、气液分离器、储液器等。

①干燥过滤器，用于吸附制冷剂中的水分，清除制冷剂中的机械杂质，如金属屑及氧化物等。干燥过滤器是将滤网固定在容器内，并封入干燥剂，当制冷剂在通过其中时，起到过滤和干燥的作用。

②吸气过滤器，安装在压缩机的吸气管上，过滤吸气制冷剂中的残余杂质。

③气液分离器，气液分离器一般用于分离蒸发器所排出的低压蒸气中的液滴，可防止活塞式制冷压缩机的液击。

④储液器，用于储存制冷剂液体，通常在大型制冷装置中使用。

6）压力保护装置

为保证城轨制冷设备的运行安全，在系统中常装有压力保护器件，以便压力达到规定的极限值时，压缩机能自动停车。

压力保护装置可分为高压压力开关和低压压力开关两种。

①高压压力开关，当制冷系统的压力异常高时，高压开关动作，停止压缩机的运转，保护制冷系统。高压开关的复位方式为自动复位。

②低压压力开关，当制冷系统的压力异常低时，低压开关动作，停止压缩机的运转，保护制冷系统。低压开关的复位方式为自动复位。

7）阀门

城轨车辆制冷装置中的阀门主要有电磁阀和截止阀。电磁阀是一种自动开启的阀门，用于自动接通和切断制冷系统的管路，广泛应用于空调机组中。截止阀安装在制冷设备和管路上，起着接通和切断制冷剂通道的作用。

阀门可分为旁通电磁阀，容量控制电磁阀、液管电磁阀和逆止阀。

①旁通电磁阀，为保证压缩机在长时间停止后以及温度较低情况下启动时的轴承润滑，需要在一定时间内（从压缩机启动开始30 s）打开电磁阀。

②容量控制电磁阀，此电磁阀配合压缩机内能量调节机构可以控制压缩机的容量，通过两个电磁阀的开闭及每台机组两台压缩机工作状态组合，进行全运转以及控制容量运转（约70%）的切换，可实现空调机组多级能量调节，制冷能力实现100%，70%，50%共3档。当打开高压侧，关闭低压侧时，为全运转状态；当打开低压侧，关闭高压侧时为容量控制运转状态。

③液管电磁阀，安置在冷凝器出口，防止压缩机停止时制冷剂液倒流入压缩机侧，防止造成再次启动时润滑不良。

④逆止阀，安装在压缩机的排气管上，在压缩机停止时，防止制冷剂液从排气管逆流回压缩机侧。

8）管道

制冷装置中各单个设备或部件需用管道连接才能构成完整的系统，制冷剂所产生的冷量也要通过管道才能输送至需要冷量的地方。若将制冷压缩机比作制冷系统的心脏，那么管道就是血管。因此管道尺寸确定的正确与否，直接影响制冷机的能力，甚至影响制冷机的正常运转。管道采用的材质一般有:铜管(不适于氨机)或无缝钢管。管路之间的连接采用焊接方式。

9)温度控制装置

空调机组有许多工作点温度需要控制。首先是被冷却对象温度恒定;此外,排气温度等必须在安全范围以内。为此用温度调节器实现调节或用温度控制器作为电开关,发出电气指令,使执行器对装置的相应部分完成控制动作。常采用传感器与温控器。传感器用作温度检测,一般采用热电偶或热敏电阻作传感器。温控器多使用电子调节器。

(4)空调机组的保护措施

为了确保空调机组可靠、安全地工作,空调机组在制冷系统和电气系统方面具有以下保护措施:

①电源有过电压和欠电压保护。

②压缩机内部设压力保护、过热保护,运行设延时启动保护。

③各电机设短路、缺相、过载保护。

④电加热器有温度继电器及温度熔断器保护。

这些保护功能都是通过空调控制装置中的传感器及控制元件来实现的。

【任务实施】

下面以西安地铁 2 号线车辆采用的 KH29H 空调机组为例,认知城轨车辆空调机组及内部部件。

(1)KH29H 空调机组的基本特点

如图 9.12 所示的是西安地铁 2 号线 KH29H 空调机组外形尺寸图,表 9.1 为西安地铁 2 号线空调机组的主要技术参数。KH29H 型单元式空调机组是单冷车顶单元式超薄型空气调节设备,安装在车顶两端,机组壳体材料为不锈钢,机组从前箱体底部中间回风,底部两边送风,新风从机组两侧导入。空调机组送风经由车上风道朝两边均匀导入车内。与空调机组配套的电气控制柜安装在车内,电气控制柜通过连接器与空调机组相连。

(2)KG29H 空调机组的主要性能

KG29H 空调机组采用单冷形式、微机控制并具有自诊断功能。每辆车安装制冷能力为 29 kW 的空调机组两台。当列车的一台辅助电源故障时,每一台空调机组自动减半运行。空调机组因故不能制冷时,保证适当的通风。空调装置设 4 种工况:手动、自动、通风和停止,并可通过本车控制装置对空调进行控制,也可通过司机室内的显示器进行控制和温度设定。在手动工况时,空调机组根据各自的温度控制器所设定的温度进行客室内温度控制;在自动工况时,空调机组根据外界环境温度自动调节客室内温度。空调机组可与列车总线网络进行通信,并可通过列车总线网络对空调机组进行控制。

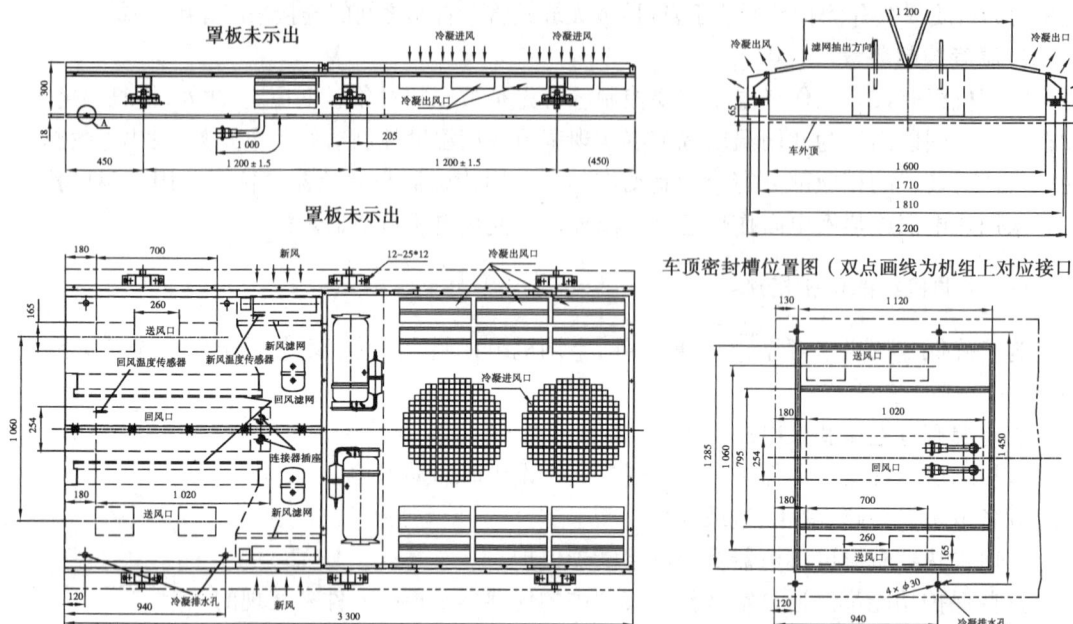

图 9.12 KH29H 空调机组外形尺寸图

表 9.1 西安地铁 2 号线 KG29H 空调机组的技术参数

型　号	KG29H
形　式	车顶单元式(平底下出风下回风)
电　源	主回路:三相交流 380 V,50 Hz 控制回路:DC 24 V 电磁阀 AC 220 V,50 Hz
制冷量	29.1 kW
通风量	4 000 m³/h
新风量(可调)	最大为 1 270 m³/h
应急通风量	2 000 m³/h
制冷剂	R407C
输入功率	约 14 kW
质　量	约 600 kg
外形尺寸(长×宽×高)	3 300 mm×1 600 mm×300 mm(注:不含安装座尺寸)
构架材质	SUS304

(3)西安地铁 2 号线车辆 KH29H 空调机组的日常保养与维护

1)冷凝器、蒸发器、排水系统

冷凝器的散热片上落上灰尘、异物时会影响换热效率,使高压侧的压力升高,因此,需进行定期检查、清扫或清洗。清扫时,把压缩空气按运转时的反方向吹入肋片间隙或从脏物附着多的一侧用吸尘器进行吸尘。特别脏时,应使用专用洗涤剂进行清洗。蒸发器脏污,会使室内通风机风量减小,冷量不足,甚至会导致蒸发器表面的凝结水被通风机吹入风道内,并通过出风口滴入车内,所以视灰尘的附着情况应定期清扫或清洗。清扫时,从脏物附着多的一侧用吸尘器进行吸尘。特别脏时或存在油污时,应使用专用洗涤剂进行清洗。定期检查、清洗排水口,并疏通排水管,使之不被垃圾或异物等堵塞。

2)前盖板门锁检查和隔热材料检查

定期检查前盖板和前盖板门锁。前盖板原则上不允许踩踏,当前盖板出现变形,或者当前盖板门锁锁紧后前盖板出现松动时,须查明原因,及时进行维修或者更换门锁。当锁舌出现细小裂纹时必须进行更换。目测蒸发器室中隔热材料是否老化:如发现隔热材料表面有明显裂痕、明显损伤、与箱体粘接处有开胶现象,须除去老化或损坏的部分,换新的相应隔热材料。

3)冷凝风机和通风机

运转时,发现有异常声音、振动时,需更换轴承或电机。可用软毛刷刷洗附着在叶片内侧的灰尘(注意不要使叶片变形)。运转时,发现有异常声音、振动时,更换球轴承。

4)减振器检查和紧固件检查

减振器不需特殊维护,当目测减振器表面有明显的裂纹或空调机组或压缩机有异常的振动和噪声,应予以更换。通过查看螺栓防松标记或以锤轻击来检查各元件(如压缩机、风机、电加热器、电气元件终端等)的安装螺栓是否松动。

5)绝缘电阻检查和电气连接检查

用 500 V 电阻表测量绝缘电阻并确认带电部分与无电部分之间的阻值大于 2 MΩ。如果不大于 2 MΩ,须检查各部分是否有绝缘老化并作适当地修补。确认电线端头连接及其紧固螺栓连接牢固、可靠。

【效果评价】

评价表

项目名称	城市轨道交通车辆空调系统		学生姓名	
任务名称	任务 3　城轨车辆空调机组的认知和维护		分数	
项　目			分值	考核得分
1. 城轨车辆空调机组总体的认知情况			20	
2. 城轨车辆空调机组内部部件的认知情况			20	
3. 城轨车辆空调机组内部各部件在空调系统中作用的认知情况			20	
4. 单冷机组和热泵机组部件组成不同点的认知情况			20	
5. 编制学习汇报报告情况			10	
6. 基本素养考核情况			10	
教师简要评语:				
教师签名:				

任务4　城轨车辆空调附属设备的认知和维护

【活动场景】

城市轨道交通车辆空调系统是一个集通风、制冷（制热）等功能的多部件组成的集合体，城轨车辆空调装置除主要部件外，还有许多重要的附属设备，为了更好地学习这些重要的附属设施，本任务建议在城市轨道交通车辆检修车间进行现场教学或者城轨车辆实训基地进行。

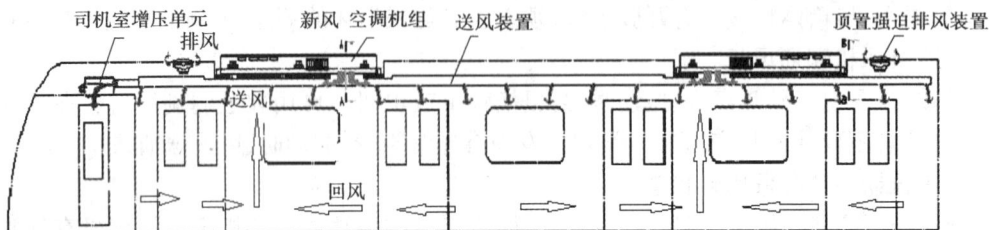

【任务要求】

1. 能说明城市轨道交通空调系统的重要附属装置的主要结构和工作原理。
2. 能进行城市轨道交通车辆空调装置重要附属装置的一般性检查、检修工作。

【知识准备】

城轨车辆空调装置除空调机组外，还有司机室送风单元、废排风机、风道等通风设备和客室电加热器等空气加热设备和控制设备。

(1)司机室送风单元

城轨车辆司机室内一般不设单独的空调机组。为保证司机室的送风量和冷量，设有司机室送风单元，有风量和风向可调的送风口，送风口也可关闭。送风口内置调速风机，风速控制旋钮设在司机台上，可由司机根据实际需要进行手动控制。送风单元内置的调速风机通过单独的风道与相邻的空调机组相连。司机室送风单元主要包括司机室增压单元和可调式送风口。增压单元内设调速风机，客室空调机组处理后的空气经风道通过可调式送风口送入司机室，在增压单元内调速风机的作用下送入司机室。调速风机的风速控制旋钮设在司机台上，便于司机手动调节风速。如图9.13所示为司机室可调式送风口，司机室的风量、风向可调式送风口，由司机根据需要手动调节。

(2)幅流风机

城轨车辆空调装置中的幅流风机是安装在地铁列车、轻轨列车天棚上与钢结构连接的通风换气装置。城市轨道交通车辆一般采用幅流风机以扰动客室内空气，促进空气对流，减小客室内温度差，为乘客提供舒适的服务。

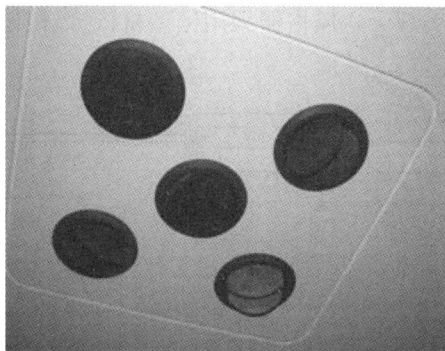

图9.13　司机室可调式送风口

1）工作原理

幅流风机的叶轮在电机的驱动下高速旋转，产生流场，介质在叶道内流动，在叶片的作用下，获得能量，将机械能转化为动能，达到通风换气的目的。幅流风机主要有双轴幅流风机和单轴幅流风机两种。

2）幅流风机的结构

如图9.14所示为双轴幅流风机的结构示意图。由图可知，幅流风机主要由以下6部分组成。

①叶轮部，由耐腐蚀，具有良好的刚度、强度的铝合金材料经落料、压型等工艺制成。叶轮的一端传动轴与辐板铆接，与轴承配合，然后与轴承座连接；另一端固定套外部的聚氯丁橡胶套与辐板连接，然后与电机主轴配合（见图9.14）。为获得均匀流场，叶片型线经三元流理论设计，采用特殊结构。

②电机，动力源与支架连接。由主电机、摆头电机及连杆机构组成。摆头电机固定在连杆机构上，该机构与主电机轴套相连，摆头电机通过齿轮逐级变速，带动摆头机构转动5次/min。主电机采用全封闭的轴承，能承受较大的力和扭矩，使用寿命高，故障率低，当负载扭矩增高大于规定扭矩时，输出轴出现滑动现象，有效地保护了内部减速机构。

③集风器，型线与叶轮相匹配，材质与叶轮相同，电机侧与连杆机构相连。

④摆头机构，连杆机构与集风器连接，在摆头电机的驱动下，使摆头电机的圆周运动转化成往复机械运动，使风力范围覆盖广泛。

⑤轴承座，支撑叶轮旋转与支架相连。

⑥支架，优质碳素结构钢经下料、折弯、焊接而成，在其两侧配备把手，便于安装。

（3）风道、废排装置

1）风道

如图9.15所示为带司机室的城轨车辆送风道布置图。一般情况下，为了实现城轨整车送风均匀，城轨车辆一般采用静压风道。其工作原理是空调机组下部送出的风进入车内主风道，并沿主风道在推进过程中进入静压箱，进行静压平衡调节，使得在主风道的不同截面上，具有不同静压的空气在静压箱中得到平衡，并形成一定的静压值，空气通过在静压箱上的开口将静压转换成一定的动压喷射出去，从而达到均匀送风的目的。相对于空调机组出风口，风道对称布置，能最大限度保证送风均匀。回风口沿车体长度方向布置，保证回风滤网等设备检修的同

291

时最大限度地保证车内造型美观。送风格栅采用铝型材,送风格栅断面结构有利于送风均匀。

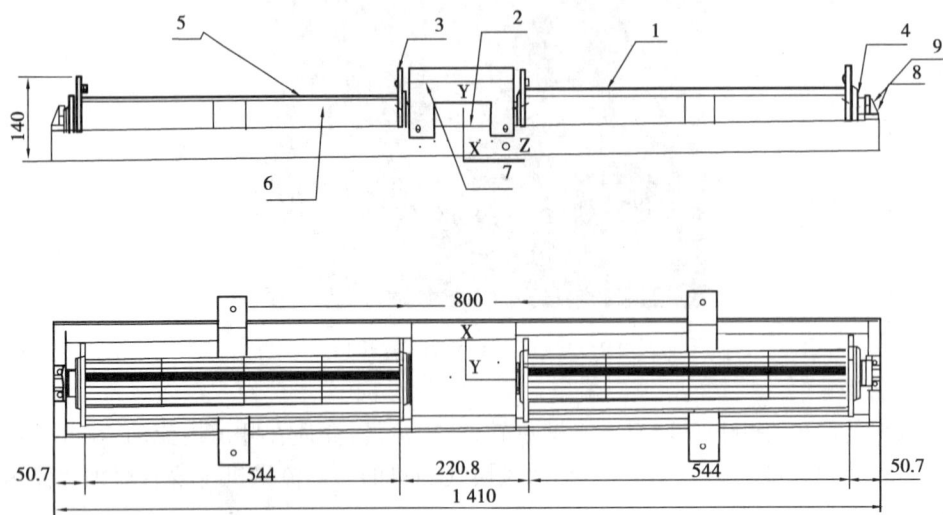

图 9.14　双轴幅流风机外形图

1—叶轮组;2—电动机组;3—集风气(2 件);4—支撑板(2 件);5—风挡板;
6—集风蜗型板;7—电机罩;8—轴承座;9—橡胶梅花套

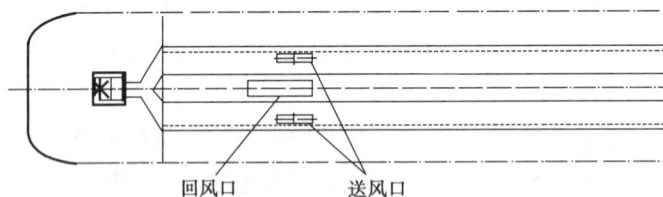

图 9.15　送风道布置图

2)废排装置

城轨车辆考虑客室内向客室外的换气功能,在车体适当位置设置排气口,并在车体侧墙考虑适当的风道,确保客室内向客室外的排气功能的实现,以防客室内正压过高造成的新鲜空气输入量减少和对关门造成困难。司机室回风与客室间的换气通过在司机室间壁门上开通风口,可实现司机室送风单元在不同工作情况下的功能:在司机室送风单元风机调到高速时,由司机室向客室回风。若司机室送风单元全部关闭时,可实现司机室和客室间的压力平衡。

(4)客室加热器

城轨车辆在冬季由于客室的热损失较大,因此必须加设取暖装置,以补偿客室内的热损失,从而保证冬季车内空气的温度达到指定的范围。为提高车辆内部的温度及空气质量,采取以下措施来保证冬天客室和司机室的舒适性:

在车体中采用优质的防寒保温材,减小车体的传热系数,降低车内向车外的热传递。

由于司机长时间在司机室工作,同时穿的衣服比乘客要少,因此,司机室的温度要比客室的温度稍高才能满足司机的舒适性要求。除了采用司机室送风单元为司机室送入热风外,还在司机室中设置电热器,以满足司机室舒适性要求。

通过合理的控制系统来满足冬季客室和司机室舒适性要求。采暖控制将客室电热、司机室电热以及新风阀的开度视为一个系统,综合考虑,为乘客和司机提供一个良好的乘车环境。

根据热媒不同,客室加热器也可分为温水加热器和电加热器两种。城市轨道交通车辆通常采用在座椅下方的电热器,即地面式取暖装置。这种方式有利于被加热的热空气较客室内上层冷空气轻,而产生客室内上、下空气环流。

1)客室电热器

如图 9.16 所示为城轨车辆客室内电暖器布置。客室电热器安装在座椅底部的安装座上。每组电热器内设两支电热管,两支电热管分两路,可分别或同时工作、停止。电热器设"全暖""半暖"两个控制位,由司机集中控制。

2)司机室电热器

如图 9.17 所示为城轨车辆司机室的电加热器。为提高司机室冬季采暖的舒适性,在司机室设带风机的强迫通风电热装置。司机室电热装置结构如图,每个电热器内设一台小型贯流风机,两支电热管。司机室电热装置安装在司机台下。司机室电热装置内风机与电加热器设置连锁,风机启动后电热装置投入运行,电热装置设热继电器进行超温保护,当由于风机故障等原因使电热器温度超过设定值时,自动停止工作。由司机手动操作,设半暖、全暖位。

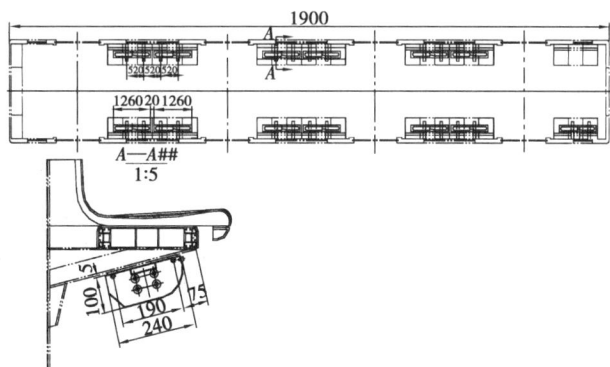

图 9.16　客室电热器结构及布置图

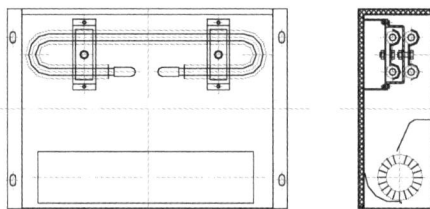

图 9.17　司机室电热装置结构图

(5)空调控制柜

城轨车辆的空调控制柜用于控制本车的空调机组的操作和显示。一般在每辆车上各设有一个空调控制柜,其外观如图 9.18 所示。此控制柜与客室内的空调装置一起为乘客提供空调控制。空调控制柜控制单元由 PLC 主机单元、温度扩展模块、信息显示操作屏组成。信息显示操作屏外观如图9.19所示。此外,司机台上的操纵显示屏中也有空调的控制和显示界面,用于司机控制全车空调系统和观察车辆空调系统的工作状态。

通过空调系统中的传感器、控制元件和列车控制系统,从而实现空调系统的自动化控制。一般来说,自动化包括以下5方面:

①自动监视,自动记录出某些参数随时间的变化情况。

②自动显示,用发光二极管或声响来预示某一参数已达到规定数值。

③自动保护,当某一参数达到危险的数值时,使机器停止工作。

④自动控制,使系统中各元件按规定的顺序启动及停止运转。

⑤自动调节,使某些参数保持给定的数值或按规定的规律来变动。

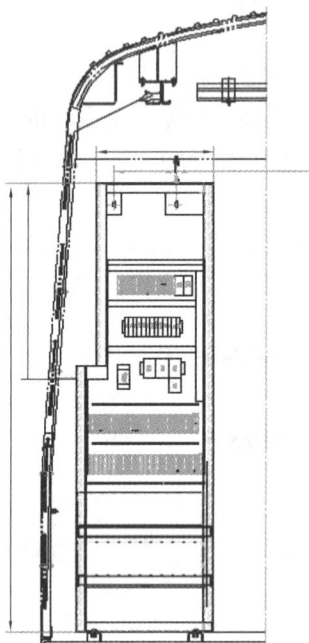

图9.18　客室空调控制柜内外观图

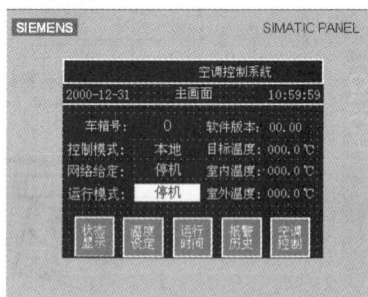

图9.19　客室空调控制柜内信息显示操作屏

【任务实施】

以西安地铁2号线车辆空调为例,重要附属配件的维护保养如下。

(1)**幅流风机、废排风机的定期维护**

幅流风机、废排风机的定期维护如下:

①风机工作一定时间后,应对各转动部件进行清洁(清洗),加润滑油。当积少量灰尘时,可用软毛刷清扫,可在钢结构上进行,不必拆卸,若灰尘较多时,应把产品拆卸下来,卸下叶轮、集风器,彻底清洁。

②风机工作更长的一定时间后,应拆下后进行分解维护工作。包括检查动作轴承;运转是否灵活,有无异音现象;更换幅流风机摆头电机及必要的试验等。

(2)**客室电加热器的定期维护**

客室电加热器使用过程中必须注意以下事项:

①电热管发生击穿或闪烁现象,应该断开电源,进行检查更换。

②避免乘客触碰电热管,以防烫伤或触电。

③不允许将水或其他杂物放入电加热器,不允许使用湿布清洁电加热管。

④不得随意磕碰电加热器,以防损坏电加热器外罩。

⑤在夏季停用电热加热器时,应该断开电加热器的控制电源。

电加热器在使用过程中必须进行定期检查,保持电热管表面干燥、清洁。通常每年在冬季使用电加热器前或定期维护时进行。具体内容如下:

①电加热器外罩是否变形,紧固螺钉是否缺失。

②打开电加热器外罩,用软毛刷轻轻刷掉电热管表面的灰尘及杂物。

③检查电加热器相关线路空气开关、接触器、端子排的接线是否松脱、烧损、变色等。

④将电加热器通电运转数小时以上,观察各电加热器的各空气开关、接触器、端子排接线是否出现过热现象。

【效果评价】

评价表

项目名称	城市轨道交通车辆空调系统		学生姓名	
任务名称	任务4　城轨车辆空调附属设备的认知和维护		分数	
项　目			分值	考核得分
1.空调附属设备的认知情况			20	
2.空调附属设备在空调系统中所承担作用的认知情况			20	
3.幅流风机定期维护的认知情况			20	
4.电加热器定期维护的认知情况			20	
5.编制学习汇报报告情况			10	
6.基本素养考核情况			10	
教师简要评语: 　　　　　　　　　　　　　　　　　　　教师签名:				

项目小结

空调系统保证了城轨车辆内的温度、湿度、空气流速保持在一个舒适范围内,是改善旅客乘车环境的重要装置。空调系统工作的好坏不仅关系乘客乘坐舒适感受的程度,并且关系着乘客生命安全。现代化的城市轨道交通列车采用了封闭式车窗,无法随意打开,一旦空调系统发生故障,车厢内的空气循环将受到严重影响,乘客会因空气中含氧量不足、高温而出现身体不适,甚至会出现中暑虚脱、晕厥,后果是很严重的。可见,城轨车辆空调对旅客旅途的生命安全也是相当重要的,大力发展车辆空调也极有必要。

思考与练习

1. 简述空调系统制冷原理。
2. 制冷循环有哪几个过程?
3. 简述城市轨道交通车辆空调系统的构成。
4. 空调机组的四大件是什么,各起什么作用?
5. 城市轨道交通车辆空调装置除空调机组外,还有哪些主要设备,分别属于哪个系统?
6. 城市轨道交通车辆采暖方式有哪些? 通常采用什么方式?

城市轨道交通车辆牵引传动及辅助供电系统

【项目描述】

城轨车辆中用电动机驱动实现车辆牵引和传动控制方式,称为牵引传动系统。城轨车辆的牵引传动方式分直流和交流两种。

牵引传动系统主电路一般是指一个车辆单元的牵引主电路,主要包括受流器、牵引逆变器、牵引电动机、制动电阻、滤波电抗器及电气控制开关的组成。

辅助供电系统是城市轨道交通车辆上的一个必不可少的部分,其主要功能为车辆配备的空调电暖器、空气压缩机、照明设备、列车控制及蓄电池浮充电等辅助设备供电。

【学习目标】

通过本项目的学习要求掌握以下基本知识:

1.掌握城市轨道交通车辆牵引传动系统类型和结构组成。

2.掌握城市轨道交通车辆牵引传动系统工作过程及调速控制方式。

3.掌握城市轨道交通车辆辅助供电系统的组成及控制原理,主要设备的结构、原理、功能作用。

【技能目标】

1.能准确描述国内城市轨道交通车辆的牵引传动系统类型、结构组成及调速控制方式。

2.能熟练讲述城市轨道交通车辆辅助供电系统的组成及控制原理,主要设备的结构、原理、功能作用。

任务1　牵引传动系统的认知

【活动场景】

在城市轨道交通车辆生产车间或检修现场教学,或用多媒体展示城市轨道交通车辆组成,以及各条轨道交通车辆结构。

【任务要求】

掌握城市轨道交通车辆牵引传动系统的基础知识。

【知识准备】

(1)直流牵引传动系统

如图 10.1 所示是直流主传动系统的示意简图。城市轨道交通车辆直流主传动系统由网侧高压电路和直流电动机调速电路组成,主要设备包括受流器、断路器、接触器、直流牵引电机、齿轮箱、轮对及接地回流装置。

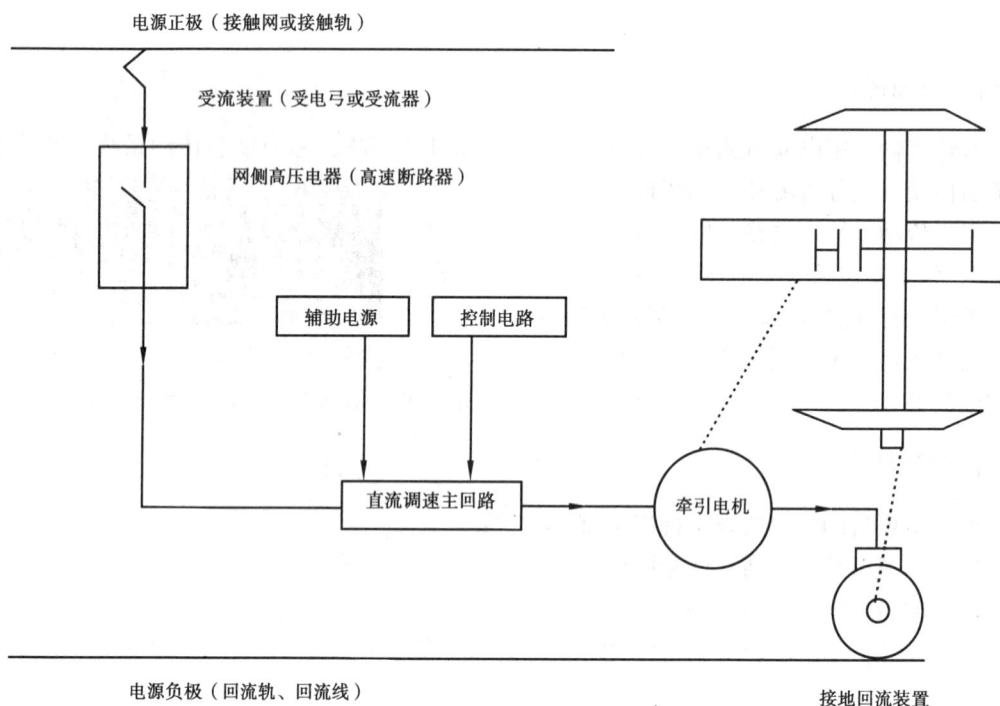

图 10.1 直流主传动系统

1)直流传动系统的工作过程

城轨车辆通过受流器将接触网或接触轨的电能引入车内,再经高速断路器、高压线、直流牵引电机调速电路、直流牵引电机等设备,最后经接地回流装置反馈回电源负极,在此过程中直流牵引电机将电能转化成机械能,经齿轮传动装置传递到车辆走行部,实现牵引运行。

2)直流传动分类和特点

直流传动可分为变阻和斩波调压控制两种类型。

变阻控制是通过调节串入电机回路的电阻,改变直流牵引电机的端电压而达到调速的目的,主要有凸轮调阻和斩波调阻。如图 10.2 和图 10.3 所示分别为北京地铁 20 世纪六七十年生产的第一代凸轮调阻车和 20 世纪八九十年代的第二代斩波调阻车。

图 10.2　北京地铁凸轮调阻车

图 10.3　斩波调阻车

斩波调压控制是通过控制接在电网与牵引电动机之间的斩波器的导通与关断来改变牵引电机的端电压而实现调速的目的,斩波控制装置代替了启、制动电阻,因此在启动过程中减少了电能的消耗,在再生制动过程中能回收一部分电能的消耗,在再生制动的过程中能回收一部分电能,与凸轮变阻车相比节约电能 20% ~ 30% ,并且启、制动过程完全无级平滑调节的,提高了平稳性。

直流牵引电机具有良好的牵引和制动性能,调速方便;但直流牵引电机的防空转性能较差,等功率下电机的体积和质量较大、换向困难、电位条件恶化,易产生环火和复杂的维护,特别是在高电压大功率时,换向困难,电位条件更加恶化,使电动机的工作可靠性降低。

由于直流传动系统有许多的缺点,因此,北京地铁直流牵引系统的电客车正在逐步退出历史舞台,目前,随着大功率晶闸管,特别是近年来全空型电子器件的迅速发展,可调压调频的逆变装置已成功解决交流电动机的调速问题,交流牵引传动系统普遍应用于城市轨道交通车辆。

（2）**交流牵引传动系统**

交流异步牵引电动机的转速控制方法是在保持电源频率恒定的情况下改变定子电压的大小实现的,交流异步电动机只需采取以下几种方法就可获得与直流电动机类似的牵引特性:U/f 恒定控制、横转差频率控制、恒功率控制和恒电压控制,但这种方法只适合开环控制系统。目前,我国城市轨道交通车辆多采用闭环控制系统,基本采用转差-电流控制,如上海地铁 2 号线地铁车辆;矢量控制,如西安地铁 2 号线 DKZ27 型车辆、广州地铁 1 号线、北京地铁 1 号线 SMF04 型车辆等;直接转矩控制,如深圳地铁 1 号线车辆。

【知识链接】

近年来,最有实用价值的非黏着驱动方式的直线牵引电机车辆的应用已越来越受到重视。如图 10.4 所示,直线电机可认为是旋转电机的结构的转变,即将旋转电动机沿轴向切开,按水平方向展开,从而使旋转电机的定子演变为初级,转子演变为次级,以直线运动取代旋转运动。由于直线电动机无旋转部件,因此可大大降低城轨车辆的高度,缩小隧道直径,降低工程成本,直线电机环保性能好,车辆运行噪声小。

直线电动机在城轨车辆上应用时,初级既可设在车上,也可设在地面,分别称为车载初级式和地面初级式。目前城轨车辆多采用车载初级式异步的方式,初级安装在动车的转向架上,从受电轨受电,电源的变换和控制设备安装在车上;次级是沿线路敷设的两根走行钢轨之间的导体板,建设费用低。广州地铁 4 号线和北京机场线地铁车辆均采用直线电机牵引传动系统,采用一台 VVVF 逆变器向两台三项 8 极的直线感应电动机供电,采用 IGBT 器件和脉冲调制技术的牵引逆变器,实现牵引、再生制动控制。

【任务实施】

本任务以西安地铁 2 号线车辆为例,分析其牵引及电传动系统。

(1)概述

西安地铁 2 号线车辆采用日本日立公司提供的无速度传感器的、矢量控制方式的交流传动系统,主要特点如下:

①实现高效节能的 IGBT 逆变器装置。

②采用无速度传感器控制,提高可保养性能。

③采用了光反馈方式保证 IGBT 元件控制的高可靠性。

④安全性能高,牵引系统和辅助电源系统的完全分离。

⑤以可保养性为最优先考虑的箱体构成。

⑥最优先导入自然风冷却方式,提高可保养性。减少强迫冷却风机的保养。

⑦将 VVVF 逆变器装置的高速断路器装入不同箱体内,来提高可保养性,使高速断路器的接点维护、交换部件的作业能够容易地进行。

(2)西安地铁 2 号线车辆牵引与电传动系统分析

如图 10.4 所示是西安地铁 2 号线的牵引系统的主电路图,由图可知,牵引系统主要包括受电弓(PAN)、避雷器(ARR)、高速断路器(HB);主隔离开关(MS);滤波器电抗器(FL);滤波电容(FC);制动电阻(BRe);VVVF 逆变器(包括制动斩波器);线路接触器(LB1,LB2);电流/电压传感器(电流传感器 CTU,CTV,CTW,BCT,CTS,电压传感器 DCPT1,DCPT2)交流牵引电机;齿轮箱及联轴节;接地装置等,主要设备的性能参数见表 10.1。

表 10.1　主要设备的性能参数

名　称	参　数
制动电阻	2.277 Ω(常温 20 ℃),2.452(高温 470 ℃)
滤波电抗器	(8 ±10%) mH
滤波电容	9 600 μF
放电电阻	500 Ω
充电电阻	10 Ω
IGBT	1 200 A/3 300 V
主隔离开关(MS)	额定电压:1 500 V,额定电流:1 000 A
接地开关(GS)	额定电压:1 500 V,额定电流:1 000 A
高速断路器(HB)	额定电流:1 000 A,额定电压:2 000 V

工作过程:受电弓从接触网受流,通过高速断路器、接触器、滤波电抗器后,将 DC 1 500 V

送入牵引逆变器转换模块上,逆变成频率电压可调的三相交流电,平行供给车辆 4 台交流鼠笼式异步牵引电机,实现对电机的调速,完成列车牵引、电制动功能。其半导体变流组件采用 IGBT(逆变相、制动斩波相均为 1 200 A/3 300 V)。

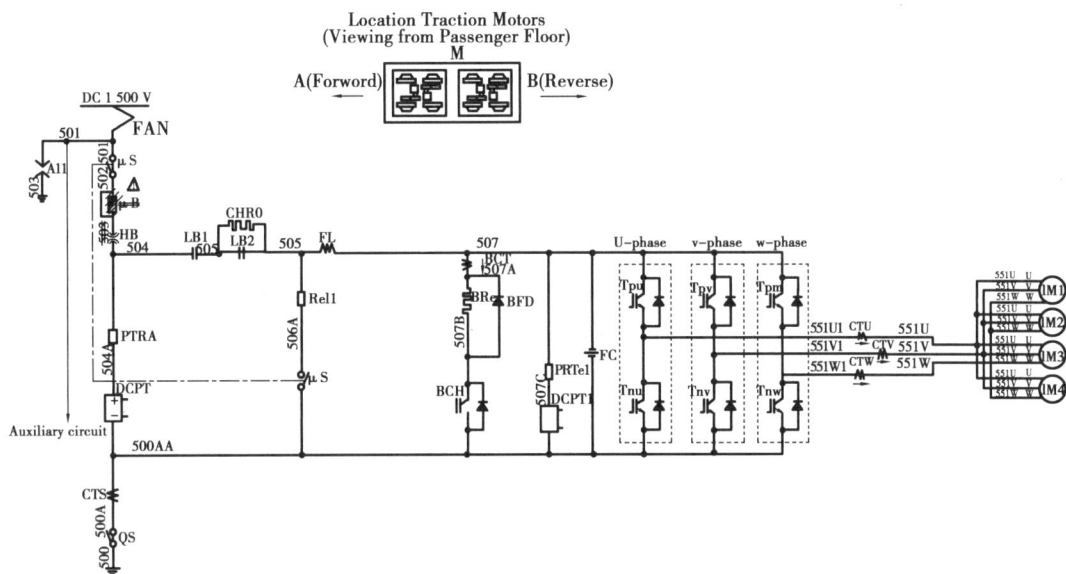

图 10.4　西安地铁 2 号线车辆主回路图

(3)西安地铁 2 号线车辆交流牵引电传动系统主要电气设备简介

西安地铁 2 号线牵引系统设备主要布置在车下,包括如下设备:牵引逆变器装置 (VVVF)、主隔离开关加母线隔离开关(MS + BS)、高速断路器箱(HB)、制动电阻器箱、滤波电抗器箱、牵引电机等。

1)牵引逆变器

如图 10.5 所示为西安地铁 2 号线牵引逆变器的结构示意图,由图可知,它属于电压型逆变器,即 VVVF 式,采用 3 种接线方式:

①线夹板,用于固定电机线。

②电缆夹紧接头,用于固定主回路电源线。

③控制线连接器插座,用于连接控制线。对它的基本要求是:满足 IEC60077 等相关国际标准振动和冲击条件要求;

输入的额定电压 DC1 500 V,最低电压 DC1 000 V,最高电压 DC1 800 V,瞬时最高电压 (再生时)DC1 980 V。

2)主隔离加母线隔离开关

如图 10.6 所示主隔离加母线隔离开关中设置 3 个刀闸开关,用以截断受电弓至牵引逆变器和整列车的母线。接线处采用电缆防水夹紧接头,4 根 150 mm² 线缆,两根 16 mm² 电缆。具体线号详见主回路图。

3)高速断路器

如图 10.7 所示为高速断路器的结构图。高速断路器接线分为两个电缆防水夹紧接头,连

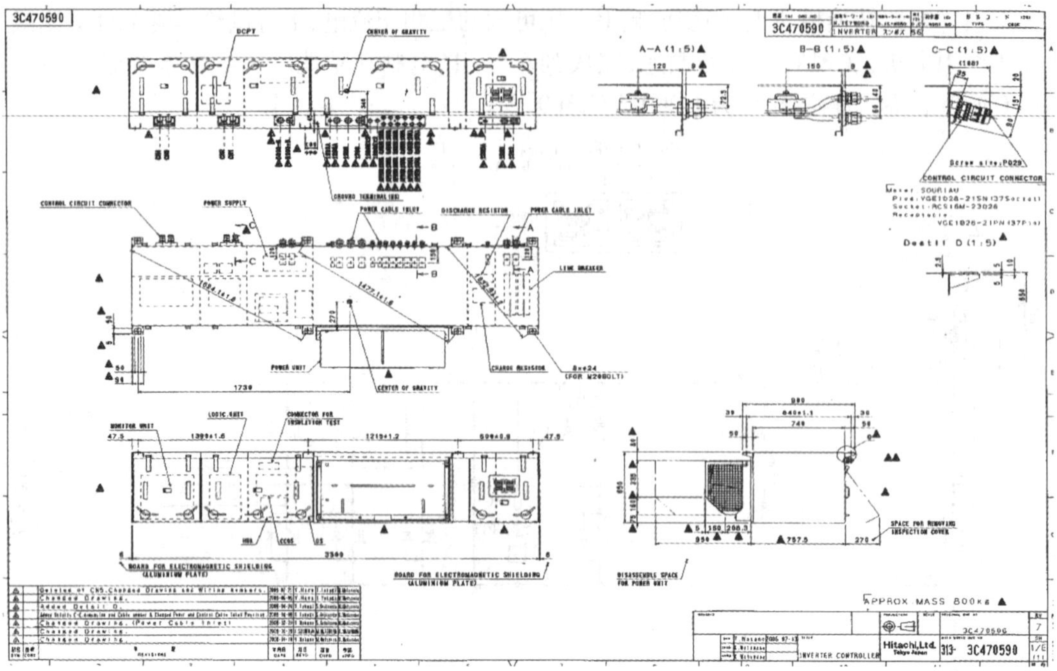

图 10.5　VVVF 逆变器结构图

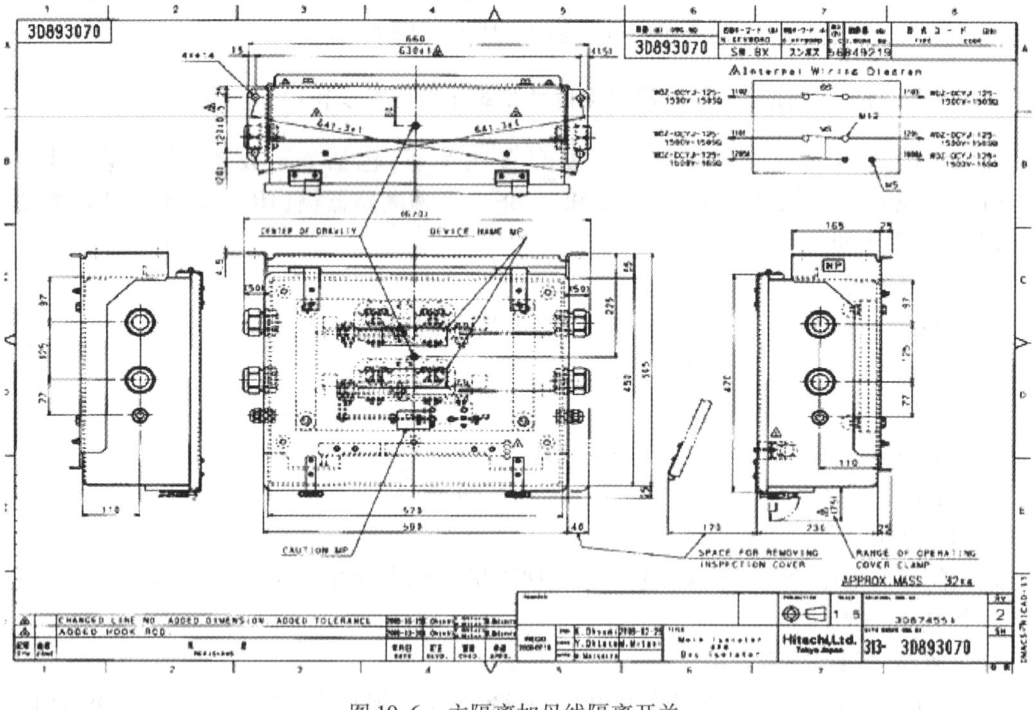

图 10.6　主隔离加母线隔离开关

接两根 150 mm² 电缆;一个电气连接器插座,连接一束控制。其主要参数如下:额定电流:
1 000 A;额定电压:2 000 V;额定控制回路电压:DC110 V;机械的耐久寿命:开闭动作 50 万次
(每 10 万次更换部件);拉开动作:2 万次;主接点动作时间:接通 70 ~ 150 ms,断开 8 ~ 15
ms 线。

4）滤波电抗器

如图 10.8 所示为滤波电抗器的结构图,每台 VVVF 逆变器配备一个滤波电抗器。滤波电抗器由电抗器和电容器及其他高压器件组成,其电抗值:8 mH,电容:6 000 μF。滤波电抗器的设计与高速断路器的分断能力协调一致,以保证当滤波电抗器突然接地时,不损坏任何其他设备。滤波电抗器的安装采用屏蔽板结构,减小磁通密度,从而减小对客室人员的影响。

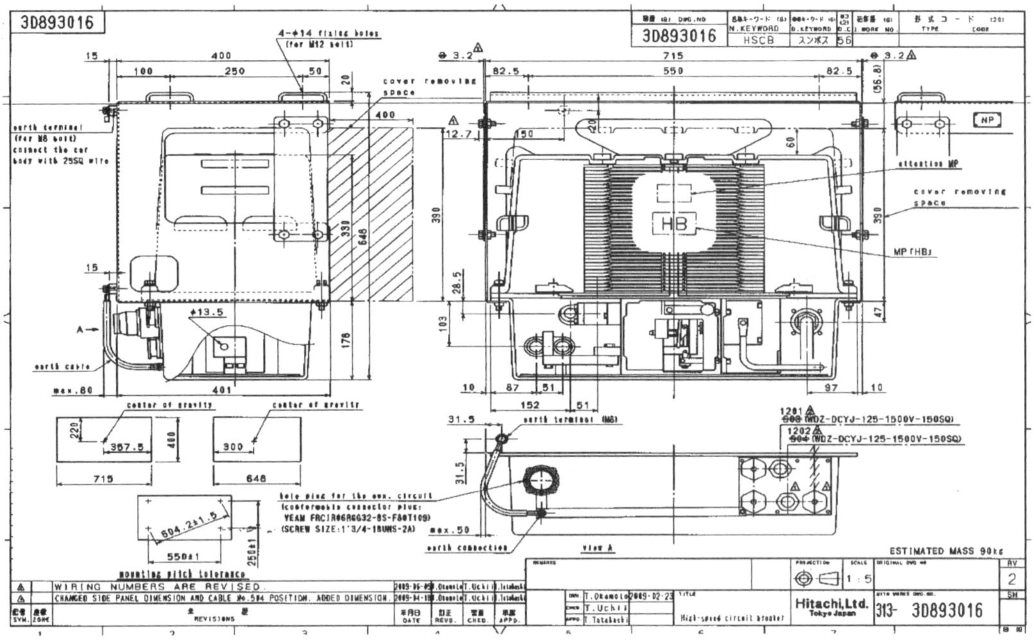

图 10.7　高速断路器

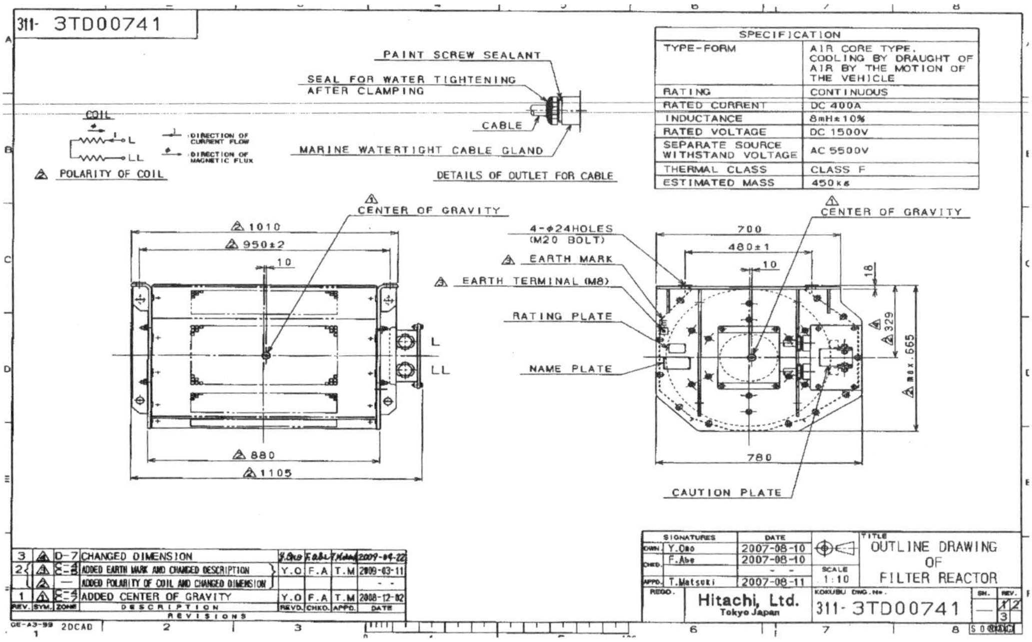

图 10.8　滤波电抗器

【效果评价】

评价表

项目名称	城市轨道交通车辆牵引传动及辅助供电系统	学生姓名	
任务名称	任务10.1　牵引传动系统的认知	分数	
项　目		分值	考核得分
1.牵引系统资料的搜集		5	
2.是否有小组计划		5	
3.对牵引系统传动控制要点的熟悉情况		20	
4.牵引系统基本组成设备的认知情况		20	
5.对牵引系统控制原理的掌握情况		25	
6.对不同牵引系统优缺点的熟悉程度		15	
7.编制学习汇报报告情况		5	
8.基本素养考核情况		5	
总体得分			
教师简要评语： 　　　　　　　　　　　　　　　　　　　　教师签名：			

任务2　辅助供电系统的认知

【活动场景】

在城市轨道交通车辆生产车间或检修现场教学,或用多媒体展示城市轨道交通车辆组成,以及各条轨道交通车辆结构。

【任务要求】

掌握城市轨道交通车辆辅助供电基础知识。

【知识准备】

辅助供电系统是为城轨车辆空调电暖器、空气压缩机、照明设备、列车控制及蓄电池浮充电等辅助设备供电。

（1）**辅助供电系统组成**

城轨车辆辅助供电系统包括辅助逆变器（DC/AC 变流器,简称 SIV）和低压电源（DC/DC 变流器和蓄电池）两大部分。辅助逆变系统主要给车辆上 AC380 V 和 AC220 V 交流负载提供电源,负载大部分是泵类（三相异步电动机驱动）,不需要调速,直接启动,启动冲击电流大。如空调压缩机及风源管路空气压缩机是辅助逆变器的最大负载。低压电源包括 DC110 V 和 DC24 V,为车辆控制系统及应急负载供电。

（2）**辅助逆变技术发展**

城市轨道交通车辆设计早期,辅助逆变技术一般采用旋转式电动-发电机组供电,接触网为电动机提供直流高压,电动机带动发电机工作,输出三相交流电为负载供电;使用三相变压器和整流设备变换将输出三相交流电转变为控制用 DC110 V 和 DC24 V。这种供电方式机组体积大、输出容量小、效率低,电源易受直流发电机组工况变化的影响,输出电压波动大,可靠性差。

近年来,随着电力电子技术的发展,新的电力电子器件在城规车辆技术的引用,我国各城市轨道交通车辆上,辅助电源系统均采用了静止逆变供电方式（见图 10.9）。

图 10.9　西安地铁 2 号线 SIV 辅助静止逆变器

静止逆变设备直接通过车辆设置的受流设备受电,高压直流电经过 DC/AC 静止逆变转换为低压三相交流电,再通过整流及斩波电源变换输出可用的直流电源。电源变换中采用了变压器隔离形式。这种辅助逆变方案的优点为输出电压品质因数好,电源使用效率高、工作性能安全可靠。实际应用设计也具备多样性,主要与车辆所使用的高压电源电压类型和电力电子器件发展水平存在直接关系。

（3）**电气元件发展对辅助供电设计的影响**

随着电力电子器件的发展,城市轨道交通车辆辅助静止逆变系统也经历了不同时期的发展过程。静止辅助系统中采用的电力电子器件经历了晶闸管（SCR）、大功率晶体管（GTR,BJT）、可关断晶闸管（GTO）和绝缘栅双极型晶体管（IGBT）的发展过程。

20 世纪 90 年代初,上海地铁进口的 1 号线车辆,其辅助系统采用电流驱动型可关断晶闸管 GTO 构成,其开关频率低而功率大,耐压值高,安全性好。随着新一代的电力电子器件 IG-BT 容量的提升,旧的电力电子器件 GTR 或 BJT 进入了淘汰行列。

在 1997 年,国际上 GTO 主要生产厂家对中容量范围 GTO 的停产,标志着地铁车辆逆变进入了 IGBT 时代,其驱动全控性、脉冲开关频率高、性能好、损耗低、自我保护能力强等优点,推动了电力元件集成化、模块化的发展。近年来,城规交通供电网压调制由低至高(由 DC750 V 升至 DC1 500 V),对 IGBT 的电压等级也提出了高的要求。现国内新使用的地铁车辆辅助供电设备均采用 IGBT 电子元件。

(4)辅助逆变电路结构及供电模式

随着电力电子器件 IGBT 的发展,城市轨道车辆辅助供电系统由过去的单一形式逐渐发展为设计多样化,满足了城规车辆不同时期的不同需求。

1)辅助逆变电路结构

辅助逆变器电路结构从逆变器电路原理上分为先经升/降压稳压后逆变结构和直接逆变结构两种。从逆变器的电路构造来分,可分为双逆变器型和单逆变器型。其中双逆变器型又分串联型与并联型。单逆变器型又分先经升/降压稳压后逆变型和直接逆变型。这些逆变器均采用两电平逆变方式。

①从逆变器电路原理选型。

A. 先斩波(升/降压斩波)后逆变方式(DC—DC—AC)。

将高压直流电通过斩波器转换为较低/高直流电压,通过逆变装置输出交流电。此电路主要由单管 DC/ DC 斩波器、二点式逆变器、三相滤波器、隔离变压器和整流电路组成,原理如图 10.10 所示。

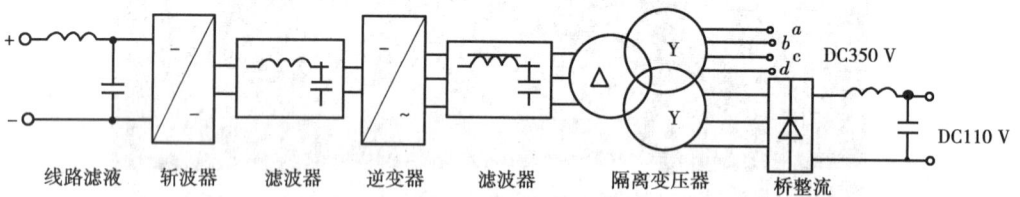

图 10.10　先斩波后逆变方式示意图

其中,DC—DC—AC 方式升/降压斩波中,升压斩波的系统应用在 DC750 V 供电网压的场合;降压斩波系统应用在网压为 DC1 500 V 的场合。采用升/降压斩波的目的都是为了使逆变器的输入电压稳定,当负载变化或电压波动时,保证斩波器有稳定的输出电压。德国 Siemens 公司多采用此项技术,如上海 1 号、2 号线和广州 1 号线地铁车辆。

B. 直接逆变方式(DC—AC)。

直流逆变方式是地铁车辆辅助逆变电源最简单的基本电路结构形式,将高压直流电通过逆变设备直接逆变输出交流电,供列车使用。开关元器件通常可采用大功率 GTO,IGBT 或 IPM。辅助逆变电源采用直接从受电弓或第三供电轨受流方式,逆变器按 V/F 等于常数的控制方式,输出三相脉宽调制电压采用变压器隔离向负载供电,原理如图 10.11 所示。

这种电路的特点是电路结构简单、元器件使用数量少、控制方便,但逆变器电源输出电压容易受电网输入电压波动影响,功率电子器件(如 IGBT)环流时承受的 du/dt 较大,特别是高电压情况下(DC1 500 V 供电系统再生制动时,网压可达 2 000 V)。Bombardier 公司多采用此项技术,应用于长春生产的车辆中。

目前, 以 GTO,IGBT 为代表的开关器件的开关频率足以满足在网压波动范围内,用 PWM

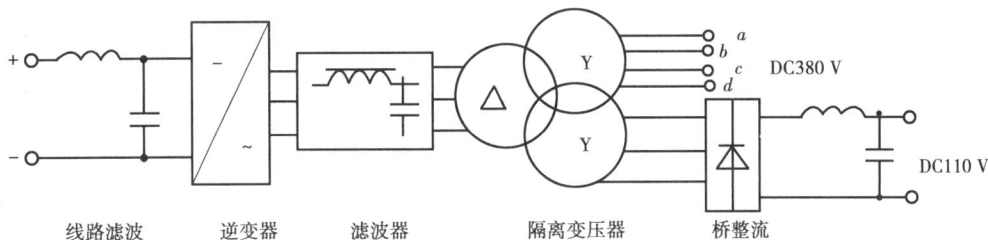

图 10.11　直接逆变方式示意图

调制实现逆变器稳定输出,且满负荷运行,因此现在生产的车辆常采用直接逆变的方式。

②从逆变器的电路构造选型。

A.单逆变器型。对于网压 DC1 500 V,容量约 190 kVA 的辅助逆变器一般均使用 3 300 V/400 A的 IGBT 器件。这种结构简单、可靠,逆变器采用 PWM 调制控制,可使输出电压的谐波含量在限制值以内。且随着 IGBT 性能的不断完善,将会进一步简化逆变器主电路,减少使用器件,提高电路可靠性,降低制造成本,简化调试工作灯。因此,这是目前辅助系统逆变器普遍采用形式。

B.双逆变器型。两台逆变器输出至隔离变压器,隔离变压器或者通过电路叠加,或者通过磁路叠加,然后滤波输出。这种多重逆变电路的优点是逆变器可以用容量较低的 IGBT 器件。另外,可以通过控制两台逆变器输出电压的相位差,使变压器输出电压的谐波减少,提高基波含量,从而可减少滤波器的体积和质量。

双逆变器型电路较为复杂,尤其是组式变压器,用电路叠加的变压器称 Dy-Dz 变压器,其二次绕组较为复杂。用磁路叠加的变压器,其磁路设计较为复杂。鉴于现在 IGBT 的耐电压水平已足够高,因此,目前的产品已基本不再采用这种形式。

③低压 DC110 V 电力变换形式。城市轨道车辆低压电力变换装置为列车提供 DC110 V 的电源,同时给蓄电池浮充电。DC110 V 电力变换设计就输入电源形式分两种形式,分别为直接变换与间接变换。

A.直接变换。设计独立的直—直变换器直接接于供电网压(DC1 500 V,DC750 V),通过高频变压器隔离后再整流并滤波得到 DC110 V 电源。广州 1 号、2 号线车辆采用直接变换形式。

间接变换——使用辅助逆变器提供的低压交流电(AC380 V),通过 50 Hz 隔离降压变压器来实现,再通过整流得到 DC110 V 电源。广州 3 号线、西安 2 号线均采用间接变换形式。

这两种方案,间接变换依赖于静止辅助逆变器,一般是将辅助逆变器输出的 AC380 V 转换成 DC110 V,其受逆变器故障的影响;直接变换与静止逆变器无关,不受逆变器故障的影响,但因为需要独立的直流电源,成本高。

B.DC110 V 电力变换设计就设备电气元件设计分为二极管式和晶闸管式。整流器使用二极管三相整流桥方式,输出电压为恒定,电流不可控;使用晶闸管三相可控整流桥方式,输出电流可以进行调节,便于蓄电池充电。

2)车辆辅助供电形式

辅助供电系统就供电输出源设备布局设计来分,可分为分散供电和集中供电;就供电线路设计来分,可分为交叉供电和扩展供电。

307

①设备布局设计。

A. 分散供电。地铁车辆每列编组 6 节车,每节车辆均配备一台静止逆变器,两端 Tc 车(带司机室的拖车)各配备一台 DC110 V 电源装置。如广州地铁 1 号线西门子设计车辆即采用分散供电,每节车均配备一台 DC/AC,共 6 台,提供 AC380 V 电源;在两端带有司机室的拖车各配备一台 DC/DC,共两台,提供 DC110 V 电源。同时,针对输出容量,也有每 3 节车配备两台静止逆变器的情况,也作为分散供电方式。目前,这种设计方案多应用在欧系车上,如德国 siemens、法国 Alston 等。

B. 集中供电。地铁车辆整列车仅采用两套辅助供电装置集中供电,互为冗余。即每 3 节车配一套静止逆变装置。如西安地铁 2 号线车辆采用这种方式,整列车配备两套 SIV 静止逆变单元,布置在两端 Tc 车车底,为整车提供电源。每台辅助逆变器 SIV 容量为 185 kV·A,DC110 V 输出容量为 18 kW,DC24 V 输出容量 1 kW。两套辅助供电设备互为冗余,当一台发生故障时,余下的 1 套能承担 6 辆车的基本负载并保证列车的正常运行。此种设计方案多应用在日系车上,如日立、三菱、东洋等。

C. 方案对比。分散供电和集中供电这两种供电方式各有优缺点,其对比见表 10.2。

表 10.2　分散供电和集中供电方案对比表

方案 项目	冗余度	轴配重	总质量	造价	占用车底空间	模块化程度	故障率
分散供电	大	均匀	高	高	多	低	高
集中供电	小	不均匀	低	低	少	高	低

【任务实施】

西安地铁 2 号线车辆所采用的辅助电源系统技术在日本国内外众多的列车上已投入使用,性能稳定。

(1)系统概述

如图 10.12 所示为西安地铁 2 号线辅助供电系统结构图,即 SIV 系统,具有以下特点:在 AC 滤波器的吊装部位放置橡胶垫,以防止 AC 滤波电抗器及变压器对箱体的传播,实现了低噪声、低振动;采用无吸收回路方式,以提高效率,为作业人员安全考虑,牵引系统和辅助电源系统的完全分离化,通过完全分离牵引系统和辅助电源系统,确保了作业人员在牵引系统装置保养时的安全性;通过统一的、每一车种的布线来提高可保养性。由此,可期待通过舣装设计的最小化来实现设计成本的最小化以及舣装可作业性的提高,以可保养性为最优先考虑的箱体构成,最优先导入自然风冷却方式,提高保养性;常时加压机器与 SIV 启动器在不同的箱体,确保在检查 SIV 装置的逆变箱时的安全性。

(2)技术要求

如图 10.13 所示为西安地铁 2 号线辅助供电系统的辅助电源系统电路图。其技术要求如下:

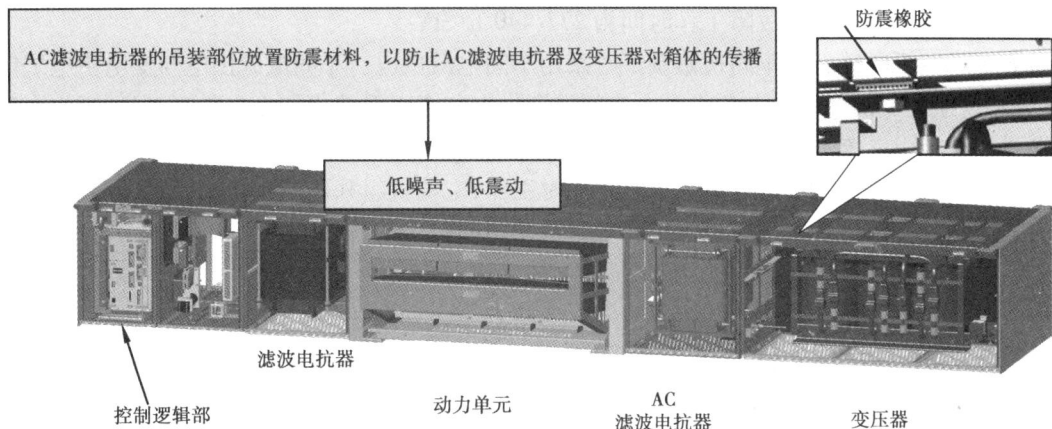

图 10.12　西安地铁 2 号线辅助供电系统结构图

①容量及输出能力。每列车安装两套静止逆变器(SIV)和蓄电池组。其输出能力满足 6 辆编组列车各种负载工况的用电要求。每台静止逆变器的容量为 185 kV·A,在 Tc 车司机台侧面和其他车内空调控制柜内各设置 1 个 AC220 V 电源插座,其容量为 1 kW。

②过载冲击能力。辅助系统具有足够的过载能力,在短时间内能承受住负载启动电流的冲击,在输入电源及负载突变条件下,瞬间输出电压变化很小,不会影响所有负载电机电器的正常工作。

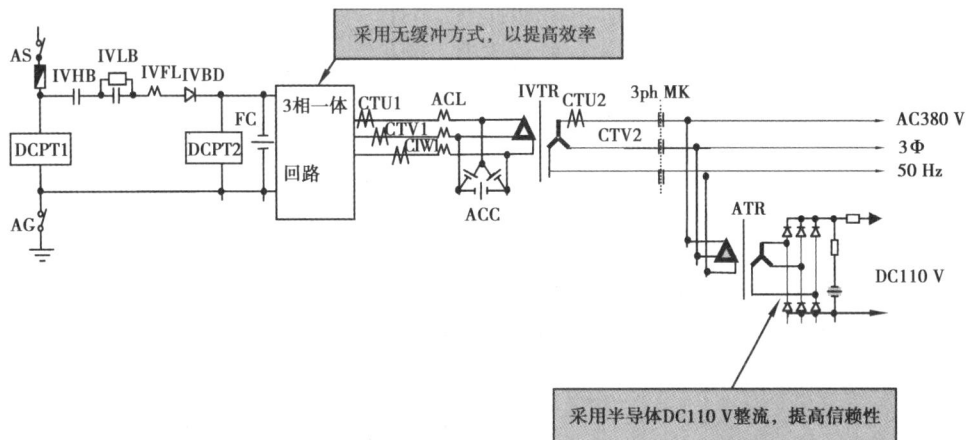

图 10.13　辅助电源系统电路

③输出波形要求。输出的交流电压基波应为正弦波。

④自监视功能。辅助控制系统内设自动监视装置,具有自诊断和故障记录功能,并能在司机显示屏上显示系统状态及故障情况,便于故障分析和维修。

⑤通信功能。辅助电源装置应具有与列车总线网络通信的功能,并可通过列车总线网络对辅助电源装置进行控制。

⑥干扰抑制及防护。辅助电源装置(SIV)本身产生的电磁辐射受到抑制,不影响司机室信号、有线及无线通信设备、牵引和制动控制系统等的正常工作,也不影响各种线路设施的正常工作,同时应能抵御外界的电磁干扰。输入滤波器(滤波电容、滤波电抗器)通过 LC 低通滤波来防止 IGBT 的开关引起的高频电流流向回线。

⑦辅助电源系统的无故障工作时间为 277-440 h/SIV。

⑧车间电源联锁。在车间检修调试时采用车间电源供电。车间电源供电与受电供电之间有联锁,保证列车仅由一种电源供电。车间电源供电与牵引系统之间也有联锁,保证当由车间电源供电时牵引系统不能得电。

⑨负载限制要求。空调与电热采暖不同时工作;空调机组采用同步指令控制,分时顺序启动方式;空调压缩机组、空气压缩机组和客室电动门同时启动,辅助系统输出可以满足负载。

(3)基本配置

如图 10.14 所示为安装于 Tc 车底部的辅助电源系统的基本配置图,由图可知主要包含以下设备:辅助逆变器(SIV)1 台/车;整流装置 1 台/车;启动机 1 台/车;蓄电池 1 台/车;辅助熔断器 1 台/车;电压检测装置 1 台/车;辅助开关箱 1 台/车;接地开关箱 1 台/车;应急逆变器箱 1 台/车;电笛 1 台/车。

如图 10.15 所示为安装于 T 车车下的辅助电源系统的配置图,由图可知,主要包含以下设备:TMS 箱 1 台/车;接地开关箱 1 台/车;应急逆变器箱 1 台/车;扩展供电箱 1 台/车。

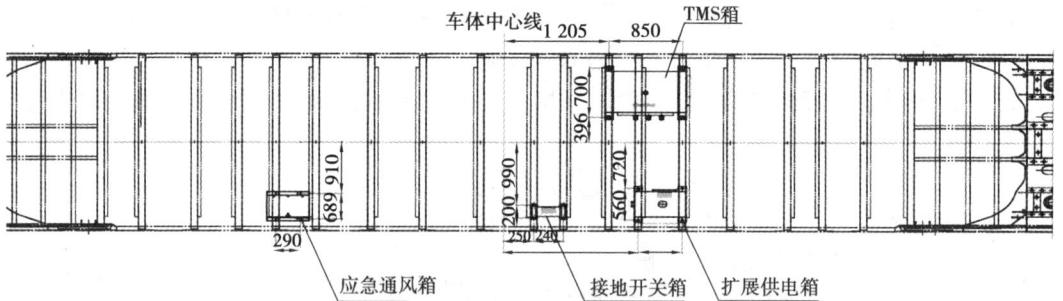

图 10.14　Tc 车底部设备布局图

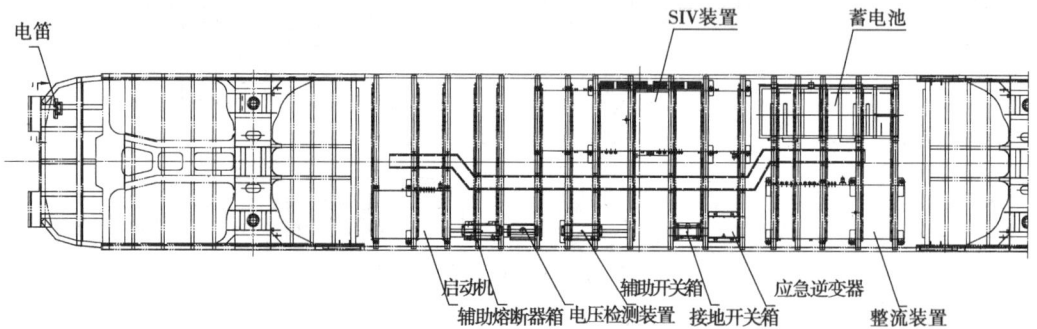

图 10.15　T 车车底辅助设备布局图

(4)供电负载

辅助电源系统具体的负载见表 10.3。

表 10.3　车辆辅助电源设备负载表

380 V 及单项 220 V 负载	110 V 负载		24 V 负载
空调(冷凝风机)	客室应急灯	列车广播控制	仪表灯
空调(压缩机)	司机室荧光灯	闪灯报站装置	防护灯
	运行指令	LCD 显示屏	电笛
空调(通风机)	VVVF 控制	监控系统	雨刮器
空压机	制动控制	PIDS 控制设备	ATP,ATO
司机室送风单元	空压机控制	无线通信	
客室照明(含 AC220 V 和 DC110 V)	门系统	SIV 控制	
废排风机/幅流风机	外部指示灯	空调控制	
其他(包括方便插座)	客室内指示灯	蓄电池充电	
客室电热/司机室电热	头灯	紧急通风	
司机室窗加热器			

【效果评价】

评价表

项目名称	城市轨道交通车辆牵引传动及辅助供电系统	学生姓名	
任务名称	任务 2　辅助供电系统的认知	分数	
项　目		分值	考核得分
1.辅助供电系统资料的搜集		5	
2.是否有小组计划		5	
3.对辅助供电系统组成的熟悉情况		20	
4.辅助供电系统功能逆变技术发展的认知情况		20	
5.对辅助逆变电路结构及供电模式的掌握情况		25	
6.对不同牵引系统优、缺点的熟悉程度		15	
7.编制学习汇报报告情况		5	
8.基本素养考核情况		5	
总体得分			
教师简要评语:			
教师签名:			

项目小结

本项目简要讲述了城市轨道交通车辆牵引电传动系统和辅助供电系统基本组成、工作过程和控制原理。在轨道交通车辆中,用电动机驱动实现车辆牵引的传动控制方式,称为电力牵引控制或电力牵引传动系统,是以牵引电机作为控制对象,通过控制系统对电动机的速度和牵引力进行调节,满足车辆牵引性能的要求,根据驱动电动机的形式不同,牵引系统分为采用直流牵引电动机的直流牵引传动系统和采用交流(同步、异步)牵引电动机的交流牵引传动系统两大类。电力牵引传动系统主电路一般是指一个车辆单元的牵引主电路,主要包括受流器、牵引逆变器、牵引电动机、制动电阻、滤波电抗器及电气控制开关的组成。

辅助供电系统是城市轨道交通车辆上的一个必不可少的部分,其主要功能为车辆配备的空调电暖器、空气压缩机、照明设备、列车控制及蓄电池浮充电等辅助设备供电。

目前,城市轨道交通车辆普遍采用的是交流异步牵引电动机,这是因为同步电动机需要集电环和电刷,或者在转子上安装旋转整流器,不适合频繁启动和停止的工作需要,也不能在轮径不同或牵引电机转速有差别时,由一台逆变器驱动多台电机并联工作。交流异步电动机没有换向器,具有结构简单、成本低、工作可靠、寿命长、维修和运行费用低、防空转性能好等优点,尤其是鼠龙异步电动机在空间和质量上更加适用于城市轨道交通车辆。随着电力电子器件的发展,城市轨道交通车辆辅助静止逆变系统也经历了不同时期的发展过程。现国内新使用的地铁车辆辅助供电设备均采用 IGBT 电子元件,其驱动全控性、脉冲开关频率高、性能好、损耗低、自我保护能力强等优点,推动了电子元件集成化、模块化的发展。

复习思考题

1. 国内外城市轨道交通车辆牵引系统的种类有哪些? 优缺点有哪些?
2. 交流传动系统设备主要包括哪些?
3. 辅助供电系统辅助逆变电路结构及供电模式各有几种,分别是什么?

项目 **11**

城市轨道交通车辆微机控制与诊断系统

【项目描述】

城市轨道交通车辆微机控制与诊断系统是城轨车辆的神经系统,由实现功能控制的目标单元和实现信息交换的通信网络组成;能够完成牵引控制的优化,使牵引力实现最大化;能够进行逻辑控制;能为司机提供故障和排除信息提示;还可提供车辆运行的状态信息。

【学习目标】

通过本项目的学习,要求掌握以下基本知识:

1. 了解城市轨道交通车辆微机控制与诊断系统的种类及应用。

2. 了解西安地铁 2 号线地铁车辆微机控制与诊断系统构成及功能。

3. 了解西安地铁 2 号线地铁车辆微机控制与诊断系统的技术参数。

【技能目标】

1. 能简要说明城市轨道交通车辆微机控制与诊断系统的种类及应用。

2. 能简要说明 ATI 系统的构成及功能。

任务 1　城轨车辆微机控制系统的认知

【活动场景】

在城市轨道交通车辆生产或检修车间的微控检测与检修班组进行现场教学,或在能够展示城市轨道交通车辆微机控制及诊断系统的多媒体教室与实训室进行教学。

【任务要求】

1. 掌握城市轨道交通车辆微机控制及诊断系统的基础知识。

2. 了解 ATI 系统的组成与功能。

【知识准备】

(1)城市轨道交通车辆微机控制及诊断系统概述

城轨车辆微机控制及诊断系统是基于车辆控制的复杂性需求和人们对于控制的智能化要求,随着计算机技术和控制技术的发展而发展。

①早期的地铁车辆采用传统的110 V有接点逻辑电路,通过一系列开关组件的"接通"和"断开"来传递控制与检测信号,通过设在司机室控制按钮实现对列车的控制。其弊端很多,如果某个继电器不能正常工作,将会给车辆直接造成不良影响;如果某个继电器出现故障,列车将不能启动;如果司机不能迅速判断故障所在,将导致列车清客救援,有许多功能不可能实现,或实现起来太过复杂。

②随着人们对城轨车辆运用要求的提高和计算机技术的发展,容量大、速度快、应用可靠的城轨车辆微机控制与诊断系统相继诞生,并迅速地发展起来。这种控制系统,首先在控制策略上应用各种新型的控制方法和手段,使车辆微机控制与诊断系统具有更高的精度和智能化;其次,控制软件的硬件化使控制系统具有更快的响应速度和更高的可靠性;最后,速度快、处理能力强、体积小、容量大的存储器和可编程器件为实现这些功能提供了条件。

③车辆微机控制与诊断系统朝着分布式控制系统的方向发展。车辆微机控制及诊断系统分布式方向发展是车辆微机控制及诊断系统的一种自然趋势,也是提高车辆微机控制与诊断系统可靠性的要求。

④车辆微机控制及诊断系统将逐步融入公共的网络平台,即联入互联网。这是运营部门实现系统闭环控制的必然要求。在系统联网的技术方面比较容易实现,主要的问题在于安全性。作为一个公共交通工具的控制系统,其安全性是第一位的。因此,系统必须具备很好的安全防范性能,系统在受到恶意攻击时应具有"自卫"能力和应急处理措施,从而保证车辆运行安全。

车辆微机控制及诊断系统是多种技术结合的产物,是多学科综合应用的结合体。他运用了电工技术、模拟电子技术、数字电子技术和自动控制技术。车辆微机控制与诊断系统的发展在很大程度上依赖于电子器件和计算机技术的发展。当前计算机控制已进入嵌入式控制和网络控制的时代,相信随着电子技术、自动控制技术和计算机技术的发展,车辆微机控制与诊断系统也会随之发展到一个更新、更高的程度。

目前,我国城轨车辆应用较多的微机控制系统是ATI系统。

(2)ATI 系统的认识

1)ATI 系统的定义

ATI是车辆通信网络以车辆中央控制单元为核心的一个车辆监控系统。

2)ATI 系统的功能

ATI由具有车辆控制级和车辆控制级功能的多台计算机系统和一些专门开发的高处理速度的微机组成。由于可以通过ATI的骨干传输和对设备传输方式收发车上的主要信息,因而可实现控制指令传输、车辆状态显示、异常检测、车上检查等功能。

ATI具有控制指令传输、车辆状态显示、异常检测、车上检查等功能。实现此功能需通过串行传输与其他主要设备进行循环传输。ATI 的主干传输为双重系统,当一处发生故障时可通过迂回控制继续进行信息收发,以此确保车辆的冗余性。ATI 具有自检功能,可在显示器上操作进行自检,也可将自检结果显示在显示器上。

3)ATI 系统的结构

在城轨车辆中的每个带司机室的拖车即 Tc 车设 1 个 ATI 中央局,整列车共有两个 ATI 中央局。ATI 系统的中央局与其他车辆的终端局、中央局进行信息交换,并且也与其他设备进行信息交换。ATI 中央局具有自检功能。ATI 中央局的 CPU 采用高效率的 32 位微处理器,按照与其他设备交换的信息实现诊断功能。

【任务实施】

下面以西安地铁 2 号线的 ATI 系统为例,认识 ATI 系统结构及功能。

(1)西安地铁 2 号线 ATI 系统主要设备简介

西安地铁 2 号线 ATI 中央局的主要设备均设置在驾驶台的背面等处的地面上,主要考虑减少与驾驶台的配线、方便与计算机的连接。ATI 终端局的标准是设置在车底板下,在有 VVVF 的车中,设置在 VVVF 箱内,T 车的 ATI 终端局单独设置在车底下部。

1)列车级主要设备

如图 11.1 和图 11.2 所示分别为西安地铁 2 号线的 ATI 中央控制单元的实物图和西安地铁 2 号线的 ATI 终端控制单元的实物图。如图 11.3 所示为西安地铁 2 号线的列车设在驾驶室司机台上的显示器。

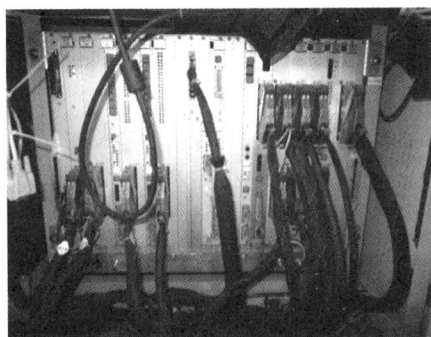

图 11.1　ATI 中央控制单元

图 11.2　ATI 终端控制单元

2)车辆级主要设备

西安地铁 2 号线 ATI 系统车辆级的设备通过 RS-485 串行传输或接点信号主要与电气牵引控制单元;空气制动电气控制单元;列车空调控制单元;列车车门控制单元;列车辅助电源控制单元;列车广播系统;乘客信息显示系统,ATO 车载信号设备等进行信息交换。

(2)ATI 中央控制单元的主要功能

ATI 中央控制单元与其他车辆的终端控制单元、中央控制单元进行信息交换,也与其他设备进行信息交换。ATI 中央控制单元的 CPU 采用高效率的 32 位微机。按照与其他设备交换的信息实现诊断功能。Tc 车(带司机室的头车)设 1 个 ATI 中央控制单元。另一端的 ATI 中央控制单元作为主控单元进行主干传输的管理。各车辆的中央控制单元、终端控制单元收发的数据通过主干传输向其他车辆的中央控制单元、终端控制单元传输。在不影响列车的安全性、冗余性的情况下,尽量通过 ATI 传输,避免使用导线。列车运行时,通过主控单元端的中央控制单元向其他车辆的终端控制单元、中央控制单元传输控制指令

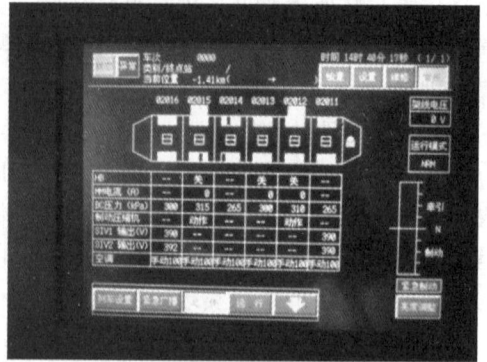

图 11.3　司机台显示器

信息。基本上以 Tc1 端为主控单元,当检测到主控单元故障时,子单元作为主控单元开始工作。中央控制单元、终端控制单元具有自我监视功能,当看门狗定时器工作时自动再次启动。

①ATI 中央控制单元的主要功能。ATI 中央控制单元具有自检功能,通过主干传输与其他车辆的终端控制单元、中央控制单元进行信息交换;通过 RS-485 对设备传输,与该车辆的主要设备进行信息交换;异常检测与显示、记录;牵引、制动指令的传输;累计行驶距离的记录;司机台显示器的信息显示;自检功能;通过 RS-232C 与 PC 机的接口;RS-485 接口通信;故障信息、检查记录、累计信息等记录数据通过便携式测试单元 PTU 读取。

②ATI 可以显示高速断路器的控制、控制辅助逆变器电源负载分配方式(正常与故障状态)、列车自动驾驶(仅负责牵引、制动指令的传输)、乘客信息系统的控制(仅传输当前位置信息、车门状态等必要的信息)、空压机组、空调机组顺序启动的状态信息。

③ATI 还可将从司机控制器接收到的牵引、制动指令发送给各车辆的 VVVF 装置和制动装置。虽然列车控制功能在 ATI 的功能范围之外,但需要 ATI 系统列车中央控制单元的牵引、制动控制指令传输到电气牵引控制单元及空气制动微机控制单元,电气牵引控制单元与制动控制单元之间的信息交换不需要经过 ATI 就可直接进行。

④ATI 的车门监视功能。ATI 的中央控制单元通过车门控制子系统传送来的车门开/关到位的反馈信息监视列车的车门动作情况,并记录车门故障。在司机室显示器上显示车门状态和车门故障。

⑤ATI 的其他管理功能。发送在画面上设定的空调控制模式;向制动系统发送控制指令;ATP 模式下对列车广播进行控制。发送 ATI 上具有的前方信息、当前位置信息;ATP 模式下对乘客信息系统进行控制。但可发送 ATI 上具有的前方信息、当前位置信息。

【效果评价】

评价表

项目名称	城市轨道交通车辆微机控制与诊断系统		学生姓名	
任务名称	任务 1　城轨车辆微机控制系统的认知		分数	
项　目			分值	考核得分
1. 城轨车辆微机控制与诊断系统资料的搜集			5	

续表

项目名称	城市轨道交通车辆微机控制与诊断系统	学生姓名	
任务名称	任务 1　城轨车辆微机控制系统的认知	分数	
项　目		分值	考核得分
2. 是否有小组计划		5	
3. 对城轨车辆微机控制与诊断系统的熟悉情况		20	
4. 城轨车辆微机控制与诊断系统功能的认知情况		20	
5. 对城轨车辆微机控制与诊断系统发展的掌握情况		25	
6. 对日系车辆微机控制与诊断系统的熟悉程度		15	
7. 编制学习汇报报告情况		5	
8. 基本素养考核情况		5	
总体得分			
教师简要评语：			
		教师签名：	

任务 2　ATI 系统在城轨车辆中的应用

【活动场景】

在城市轨道交通车辆生产或检修车间的微控检测与检修班组进行现场教学,或在能够展示城市轨道交通车辆微机控制与诊断系统的多媒体教室与实训室进行教学。

【任务要求】

能够分析并简要描述城轨 ATI 的应用,并进行简单的调试工作。

【知识准备】

1) 城轨车辆故障诊断和记录功能

ATI 可根据从各装置接收到的故障信息进行车辆故障诊断。车辆的中央控制单元设有 32 bit 的微处理器,用于处理故障数据,连接在 ATI 上的各子系统的控制单元可以诊断到各子系统的最小可更换单元。中央控制单元通过主干传输和监视传输系统接收从各子系统传来的故障信息。ATI 系统可对重要的故障信息进行记录,可接收并保存或生成跟踪数据。车辆故障诊断功能包括对故障信息的识别和处理、输出故障信息等。

ATI 具有自诊断功能,可以识别主要部分的异常。ATI 所记录的事件记录、跟踪数据等可通过中央控制单元的 RS-232C 端口进行下载。事件故障附带速度、牵引/制动指令等环境数据。通过读取软件将下载的数据还原成可用于分析故障的故障记录表和相关的模拟量/数字量图形,可以在通用 PC 机(读取 PC)上完成。

ATI 系统可根据车辆故障对子系统、车辆性能、安全性的影响将故障划分为不同的等级,并在司机室显示屏上显示,同时发出警报提醒司机。车级故障等级可分:1 级故障,车辆必须在最近一站停靠、疏散乘客,空车返回基地;2 级故障,允许车辆维持完成运行图规定的本次交路后,再返回基地;3 级故障,允许车辆完成运行图规定的全天运行交路后,再返回基地等 3 个级别。子系统的部件故障也可划分为 3 个等级:轻微故障,不影响部件系统功能的故障;中等故障,限制部件系统功能的故障;严重故障,严重影响系统的故障,系统自动关闭。在子系统部件发生单个故障时,ATI 能根据整车辆的故障情况及该子系统部件故障对车辆运营的影响程度,显示事先确定的指引内容。

ATI 系统可实时监控行车设备的信息状态,检测并记录发生的故障。当检测到一个故障时,有报警音响并自动将司机显示画面切换到故障信息画面。ATI 的故障等时间记录数在 1 000 件之内,以 200 ms 的采样周期保存各种信息,数据的保存时间为 6 h,取决于所记录的信息内容。信息以滚动方式(FIFO)保存,可通过 PC 机读取。中央控制单元的事件记录可以反映各车辆的终端控制单元、中央控制单元所收发的信息。可以采用便携式测试单元 PTU 通过中央控制单元下载故障信息。记录数据包括如下内容:车号;日期和时间;地点及运行区间;车辆控制信息(如,牵引和制动级位等);车辆速度;接触网电压;故障详细内容等。

2)司机台的显示信息功能

在城轨车辆 Tc 车司机台设置一台司机显示器,将车辆操作系统、应用软件及故障等数据存储在闪存卡中。显示器的通常模式画面可供司机在内的所有工作人员调试,而维护模式画面仅限于维护人员使用,维护模式有密码保护。司机台显示器包括以下的显示内容:通过 ATI 的自诊断画面显示主干传输及对设备传输的状态,可识别发生故障的系统;向司机显示列车的基本运行数据、故障与评估、车辆状态信息(包括所有空气制动施加/缓解状态、每辆车的停放制动缓解状态、每个车门开关状态、每个空调状态等);向维修人员显示故障信息的记录及已定义的环境条件等。

3)城轨车辆监控功能

ATI 系统可实现对车辆牵引、制动、广播、空调、门系统的监控功能。ATI 具有信息采集、记录和显示功能,用于对车辆主要设备的运行状态和故障进行自动信息采集、记录和显示并兼有对车辆辅助设备的控制功能,可通过便携式测试单元 PTU 将数据读出和打印。具有出库检查功能,即在车辆出库前,对 VVVF、制动、车门等主要装置的基本动作进行自动判断,并显示状态,但部分操作为手动。ATI 启动时,系统自动显示在显示器上。具有乘务员业务支持功能、检修作业支持功能和车辆试运行测试功能。准确、高效并具有完备的保护功能和强抗干扰能力。车辆监控系统的监控对象包括 VVVF 逆变器系统;辅助电源系统;空气制动系统;空调系统;客室电动门;司机室侧门信号;车辆广播设备和乘客信息系统;网压、网流及高速断路器的分/合状态(均由 VVVF 或 SIV 等其他设备传送过来);司机控制器及其他控制信号;紧急报警信号;ATO 信号及车载 ATP 给出的接点信号。

4）状态显示和数据累计及输出功能

具有列车出库状态监测支持功能,车辆出库时可进行车门开闭状态监测、制动功能监测、牵引测试等;具有当前车站自动显示功能;具有累计数据记录功能,可累计并存储运行距离;车辆在牵引时的耗电量;车辆在再生时的再生电量;辅助电源 SIV 的消耗电量等数据;具有乘车率记录及显示功能,可显示和通过便携式测试单元 PTU 读出:日期和时间;车站名称;每辆车的乘车率等信息;具有可通过司机显示屏设定编组号、时日等数据的功能;具有列车运行信息记录功能并且可通过便携式测试单元 PTU 读出,可累计下列数据:1 d 的运行距离(10 m,可设置);1 d 的运行时间(min);自最后设置起的运行里程(km);牵引电量;再生电量;空气压缩机的工作时间;辅助电源电量。

5）**具有试运行测试功能**

ATI 系统可通过司机显示屏的车辆性能测定画面的操作,对下列数据进行测定并记录和显示测试结果,还可通过便携式测试单元 PTU 读出。

试运行测试功能具有以下两种性能:

①加速性能(起点为主电路开始有电流时),包括平均加速度 –1(0~40 km/h)和平均加速度 –2(0~80 km/h)。

②减速性能(起点为制动指令发出时),包括平均减速度;制动初速度(制动指令发出时);制动距离(m);制动模式(电制动/空气制动)等。

6）**其他辅助功能**

其他辅助功能主要表现在以下 4 个方面:

①具有轨迹跟踪(波形)数据记录功能并可通过便携式测试单元 PTU 读出。

②具有对车载设备测试和诊断功能。

③具有密码功能。

④具有 ATI 的控制功能。

【任务实施】

本次任务以西安地铁 2 号线 ATI 系统的实际操作设置为例,对 ATI 系统的功能操作进行学习和实践。

(1)ATI 的基本操作模式

1）**正常模式**

如图 11.4 所示为西安地铁 2 号线车辆正常运行时,乘务员使用的画面,车辆正常运行时的数据显示主要有电网电压、牵引/制动级位、VVVF 状态、SIV 状态、运行方向、乘车率、制动压力、车速等;如图 11.5 所示是当车辆发生故障时自动转入故障显示画面,主要有车号、故障项目、故障记录、故障种类、故障数量等,还有记录车辆运行状况,显示车门的开/关状态;显示空调或电热器的工作状态;显示空气压缩机的工作状态,具体内容均可用便携式测试单元 PTU读出,包括日期、时间、车号以及故障时相关信号的波形等。

【注意】ATI 系统在正常情况下,当出现故障时对乘务员提供故障指南。故障指南一定要采用简单明了的方式,尽量少采用较长的文字叙述。文字应采用标准简体中文。具有显示各站到发时间的时刻表显示功能。该数据应事先由 PC 机生成,保存在中央控制单元内置的 CF 卡中。

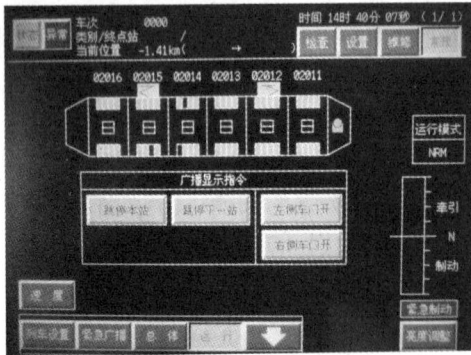

图 11.4 运行画面

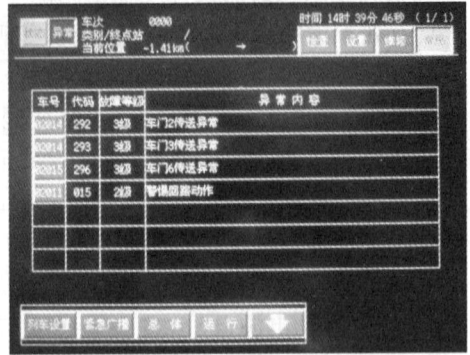

图 11.5 故障画面

2）维修模式

西安地铁 2 号线的 ATI 维修模式的内容主要有详细的故障记录；便携式测试单元 PTU（PC 机）读出并打印故障记录；SIV 和控制电源电压检查；空压机工作状态及打风时间检查；某些点空气压力检查；车门开闭状况检查；参数初始化；空调状态显示；滑行、空转模拟测试（但前提是 VVVF、制动等装置能够应对）；系统自动测试，显示并记录测试结果，并且可在 PC 机读出后通过打印机打印测试结果。

3）软件和便携式测试单元 PTU 软件

ATI 系统软件的更新应可通过用便携 PC 机经由标准连接电缆与 RS-232C 串口相连来实现。便携式测试单元 PTU 软件读取 ATI 记录的 PC（PTU）软件主要用于维修的目的，用于车辆功能试验和基本校准。更深一步的功能包括：读取事件记录读取轨迹数据读取车上检查结果读取、变更累计行驶里程。

（2）中央局、终端局开关设置

1）中央局、终端局机架的 SW 设置

①FTR 电路板。请按表 11.1 设置中央局 FTR-1 电路板及终端局 FRT-2 电路板 SW1 ～ SW8 的设定值。请按表 11.2 设置中央局 FTR-1 电路板及终端局 FRT-2 电路板 SW9 的设定值。

表 11.1 FTR 基板 SW1 ～ SW8 设定值

SW 名称	各基板默认值设定												备 注
	1 号车		2 号车		3 号车		4 号车		5 号车		6 号车		
	中央局		终端局		终端局		终端局		终端局		中央局		
	1A	1B	2A	2B	2A	2B	2A	2B	2A	2B	1A	1B	
SW1 (0～9)	0	0	0	0	0	0	0	0	0	0	0	0	
SW2 (0～9)	0	0	0	0	0	0	0	0	0	0	0	0	

续表

SW 名称	各基板默认值设定												备　注
	1 号车		2 号车		3 号车		4 号车		5 号车		6 号车		
	中央局		终端局		终端局		终端局		终端局		中央局		
	1A	1B	2A	2B	2A	2B	2A	2B	2A	2B	1A	1B	
SW3 (0~9)	0	0	0	0	0	0	0	0	0	0	0	0	号车设置 SW（十位）
SW4 (0~9)	1	1	2	2	3	3	4	4	5	5	6	6	号车设置 SW（一位）
SW5 (0~9)	0	0	0	0	0	0	0	0	0	0	0	0	系设置 SW（十位）
SW6 (0~9)	1	2	1	2	1	2	1	2	1	2	1	2	系设置 SW（一位）
SW7 (0~9)	0	0	0	0	0	0	0	0	0	0	0	0	
SW8 (0~9)	0	0	0	0	0	0	0	0	0	0	0	0	

表 11.2　FTR 基板 SW9 设定值

SW 名称	初始设置		备　注
	中央	终端	
	1A/1B	2A/2B	
SW9	下	下	上侧:FLASHROM 启动 下侧:EPROM 启动

②MBF 电路板。请按表 11.3 设置中央局 MBF 电路板 SW1 的设定值。

表 11.3　MBF 基板 SW1 设定值

SW 名称	初始设置		备　注
	中央	终端	
	MBF	—	
SW1 (0~9)	0	SW 无	

2）驾驶台显示器的设置

西安地铁 2 号线列车在开始运用 ATI 时或转换中央局和终端局机架时,要从驾驶台显示器中进行设置,在其中任何一台驾驶台上设置即可,想要切换到设定画面,需要输入 4 位保护密码,初始设定值为"0123",输入初始设定值后,切换到各设定画面上,进行以下设定。

①时钟设置。如图 11.6 所示是西安地铁 2 号线的时钟设置画面。具体设置步骤如下：

a. 触碰画面右上方的"设置"键，输入维修用密码后，切换为设置菜单画面，请在该画面触碰"时钟设置"键。

b. 选择"月日"键，并输入"月日"，再按下画面右下方的"设置"键。

c. 选择"时刻"键，并输入"时刻"，再按下画面右下方的"设置"键，即可完成设置。

②编号设置。

如图 11.7 所示是西安地铁 2 号线的时钟编号设置画面。具体设置步骤如下：

a. 当按下画面右上方的"设置"键（见图 11.7），便转换到设置选项单画面，此时，请在该画面按下"编号设置"键。

b. 输入编组号，再按下画面右下方的"设置"键，即可完成其设置。

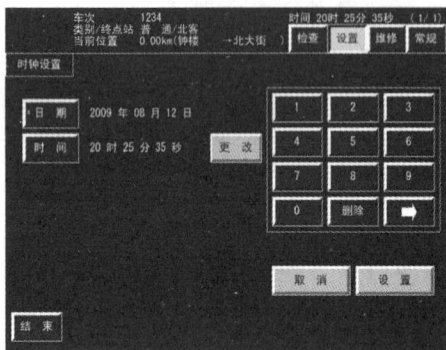

图 11.6　时钟设置画面

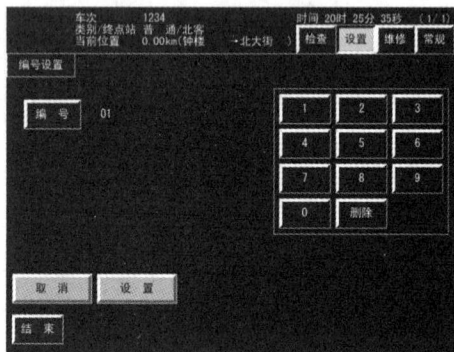

图 11.7　编号设置画面

3）车轮径设置

如图 11.8 所示是西安地铁 2 号线的轮径设置画面。具体设置步骤如下：

a. 当按下画面右上方的"设置"键（见图 11.8），便转换到设置选项单画面，此时，请在该画面中按下"车轮径设置"键。

b. 设置各车辆的轮径平均值（4 轴之平均）。

【注意】作为初始值设置 840 mm；设置后使电瓶后备，即使在电源再投入时也仍保持该设置。

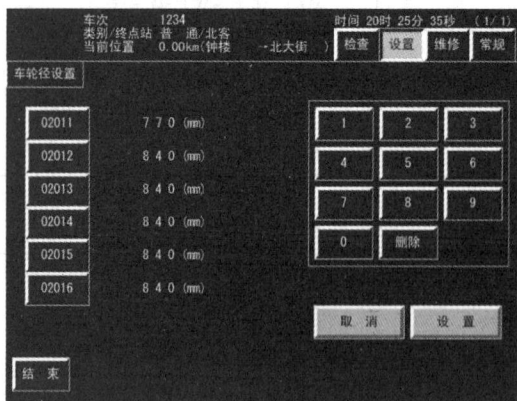

图 11.8　轮径设置画面

【效果评价】

评价表

项目名称	城市轨道交通车辆微机控制与诊断系统	学生姓名	
任务名称	任务 2　ATI 系统在城轨车辆中的应用	分数	
项　目		分值	考核得分
1. ATI 系统车辆微机控制与诊断系统资料的搜集		5	
2. 是否有小组计划		5	
3. 对 ATI 车辆微机控制与诊断系统的熟悉情况		20	
4. 对 ATI 车辆微机控制与诊断系统构成的认知情况		20	
5. 对 ATI 系统车辆微机控制与诊断系统功能的掌握情况		25	
6. 对 ATI 车辆微机控制与诊断系统基本操作模式的熟悉程度		15	
7. 编制学习汇报报告情况		5	
8. 基本素养考核情况		5	
总体得分			
教师简要评语：			
		教师签名：	

项目小结

　　城市轨道车辆微机控制与诊断系统是基于车辆控制的复杂性需求和人们对于控制的智能化要求,随着计算机技术和控制技术的发展所提供的可能性而逐步发展的。车辆微机控制与诊断系统是多种技术结合的产物,是多学科综合应用的结合体。他运用了电工技术、模拟电子技术、数字电子技术和自动控制技术。车辆微机控制与诊断系统的发展在很大程度上依赖于电子器件和计算机技术的发展。

　　车辆微机控制与诊断系统是城市轨道车辆的核心部件,它包括以实现各种功能控制为目标的单元、实现车辆控制的车辆控制机和实现信息交换的通信网络。车辆微机控制与诊断系统的主要功能包括实现牵引控制及牵引特新曲线的实现和牵引功能的优化;实现车辆牵引的黏着控制,使车辆在各种运用条件下,都能保持轮轨间的牵引力,并尽可能地使机车运用在轮轨间的牵引力实现最大化;实现关联和电路连接,即逻辑控制功能,以及实现车辆运行过程中的故障信息处理,即进行故障信息的采集、处理、传输、显示和记录,并为司机提供故障现场处理和排除信息提示。车辆微机控制与诊断系统还可以提供车辆运行的状态信息。我国城市轨道交通车辆中应用的微机控制与诊断系统主要有：SIBAS 系统、MITRAC 系统、AGATE 系统、TIS 信息系统、DTECS 系统、TIMS 管理系统、ATI 系统，其中 DTECS 系统是我国自行开发的微机控制系统。

以西安地铁 2 号线车辆微机控制与诊断系统为例，重点讲述了 ATI 系统的构成及功能。ATI 系统是车辆通信网络以车辆中央控制单元为核心的一个车辆监控系统。它由具有车辆控制级和车辆控制级功能的多台计算机系统和一些专门开发的高处理速度的微机组成。由于可以通过 ATI 的骨干传输和对设备传输方式收发车上的主要信息，因而可实现控制指令传输、车辆状态显示、异常检测、车上检查等功能。

复习思考题

1. 车辆微机控制与诊断系统的主要功能是什么？
2. 我国城市轨道交通车辆中应用的微机控制与诊断系统主要有哪些？
3. ATI 系统主要由哪些设备构成？阐述 ATI 中央控制单元主要功能有哪些？

项目 *12*
城市轨道交通车辆内装

【项目描述】

车体内装是保证乘客舒适性的一部分,它一般是指车体钢结构以内到内墙板、内顶板及地板布所包括的各部件,它不仅要求具有良好的隔声、隔热性能,而且要求造型美观、色彩新颖,以便为乘客创造良好的乘坐环境。另外还选用不燃、阻燃、少烟、低毒的材料,以保证乘客的安全。内装设计除需要考虑与车体结构和车内设备之间连接关系外,还要结合所在城市历史、文化特点及标书中的要求进行总体优化。

司机室也称为驾驶室,它不仅是驾驶员的工作场所,也是整个车的重要组成部分。司机室为驾驶员提供便利的工作条件,对乘员提供舒适的乘坐条件,保护他们免受或减少车辆行驶时的振动、噪声的侵袭以及外界恶劣气候的影响。司机室应具有合理的外部形状,在行驶时能有效地引导周围的气流,以减少空气阻力,减少能源消耗。一般城市轨道交通车辆司机室机电设备包括司机台、控制屏柜、综合屏柜、司机室照明、司机室电热、前照灯、刮雨器、电热玻璃、遮阳帘、终点站显示器、左/右侧屏、车载无线电系统、车载 PIS 系统、ATO 系统及司机室线槽等。这些电气设备与客室内电气设备及车下电气设备共同完成车辆的牵引、制动、开关门、空调、照明、广播、紧急对讲、客室监视及列车自动控制、车辆通信、车辆与地面通信等功能。

【学习目标】

通过学习城市轨道交通车辆内装发展、内装的设计原则、结构和基本组成等,掌握目前国内轨道交通车辆车体内装的基本情况。了解城市轨道交通车辆司机室设备组成和基本功能等,掌握西安地铁 2 号线车辆司机室设备组成和基本功能。

【技能目标】

能够掌握城市轨道交通车辆内装的基本功能、设计原则及模块化结构的优点。能够掌握城市轨道交通车辆司机室基本功能和设备组成。

任务1 城市轨道交通车辆车体内装的认知

【活动场景】

在城市轨道交通车辆段检修地基现场教学,或用多媒体展示城市轨道交通车辆内装风格和结构。

【任务要求】

了解城市轨道交通车辆内装的基本功能、设计遵循的原则和典型模块化结构的作用。

【知识准备】

(1)车体内装概述

车体内装按车的基本结构主要包括底架、侧墙和端墙、车顶等几大部件。它是保证乘客舒适性的一部分,不仅要求具有良好的隔声、隔热性能,而且要求造型美观、色彩新颖。

1)底架

一般地铁车辆所采用的底架(如广州地铁)由地板、地板布、支撑梁、隔声、隔热材料和阻尼浆等组成。早期北京地铁车辆地板有的用胶合板组成,后来为了解决防火等问题,均采用铝蜂窝夹层复合铝板制成。

地板布一般都由聚氯乙烯(PVC)制成,厚度一般为2~3 mm,具有耐磨、防滑、防火、抗化学腐蚀和易清洗等特点。

北京早期地铁车辆,普遍采用木梁作为支撑梁,后来地铁车辆为了防火采用金属材料做支撑梁,在支撑梁与金属地板之间,有的车辆设有由橡胶制成的减振元件,起减振和隔断热桥的作用。在地板和金属地板之间安装有超细玻璃棉或矿渣棉等隔声、隔热材料。

2)侧墙和端墙

侧墙与端墙的结构基本相似,均由墙板、支撑梁、隔声、隔热材料和阻尼浆组成。

早期北京地铁车辆侧墙与端墙板采用两面黏结塑料贴血板的胶合板,支撑梁采用木质件,隔声、隔热材料采用超细玻璃棉和阻尼浆。该结构的突出缺点是防火性能差。因电线老化易造成车辆火灾。针对这一安全隐患,对后期生产的车辆进行技术改进,主要措施是减少木材用量和对使用的木质件进行防火处理,采用复合铝板代替胶合板,使车辆防火性能得到极大改善。

目前,上海、广州地铁车辆的侧墙和端墙的墙板采用非饱和聚酯玻璃钢板黏结泡沫状密胺树脂和铝板的复合板,支撑梁采用金属梁,隔声、隔热材料采用矿渣棉并用铅铂包装,金属铝墙的内表面涂有阻尼浆。深圳地铁车辆亦采用类似结构。

3)车顶

在内装设计中,车顶是较为复杂的一个部件,因为在该部件上需要安装风扇或空调风道幅流风机及风口、灯具、立柱等设备,因此,顶板的安装应当与上述设备统一考虑进行整体优化,才能收到良好效果。

北京早期地铁车辆的车顶安装风扇,目前,绝大多数地铁车辆设有空调,安装风扇的结构已经淘汰。设有空调地铁车辆车顶的风道设在车顶中部,由铝合金薄板制成,整个风道外表面均覆盖隔热材料,以防止风道与外界热量交换的损失和结露,风道的出风口在风道底部的两侧,灯带设在风道的两侧。立柱上端固定在内顶板骨架上,内顶板由具有表面涂层的铝蜂窝夹层复合铝板制成,其悬吊及支撑梁由金属材料制成,隔热、隔声材料为矿物棉,由铝铂包装而成,在顶板的内表面涂有阻尼浆。内装中装饰件较多,在维护中一般是处理墙面划伤与地板布脱胶及侧板、顶板和内装件的损坏、连接件松动等。

(2)客室内装设计原则

车体内装设计遵循如下设计原则:

①各车型的基本结构形式(除司机室)和风格相同,以实现客室零部件的通用性和互换性。

②内部装饰以车体纵向中心为对称,车体内装饰美观大方,色调协调、明快、柔和,具有现代气息并适当考虑该城市的人文历史特色。

③车辆内部的总体布局、装饰具有现代美学观点,造型线条流畅,内装饰高雅、美观、大方,内装饰的设计不局限于功能设计,同时体现出时尚;在视觉上,使用完全协调一致的颜色和质地。

④在设计中,充分考虑人机工程学,保证乘客乘坐的舒适性,给乘客更舒适、方便的乘车环境。

⑤在结构上,具有良好的密封以防水、防尘性能。

⑥应用材料应不受气候条件的影响,牢固可靠,同时易于保养和清洁。

⑦尽量不使用外露紧固件,使整体内装协调统一。

⑧易磨损部位采用具有较高耐久性的表面喷涂处理。

⑨通过采用高性能隔声、隔热、减振材料,提高车体隔声、隔热性能,提高乘坐环境舒适性。

⑩具有良好的防火性能。

⑪车辆钥匙系统设计根据车辆运营的安全性和维护的便捷性、适用性的原则,进行分类和统一,一般将钥匙系统分为 3 级。

⑫所有内装材料包括黏结剂,符合环保要求。

⑬人机工程学设计车辆内装采用了适合于乘客群体的人机工程学设计。根据该地区所对应的人体数据,对内装部分的功能设备(如座椅、扶手等)进行分析设计。提高乘坐的舒适性。

【任务实施】

以西安地铁 2 号线车辆内装为例进行研究。

西安地铁 2 号线车辆在造型、装饰和车头设计上有现代列车的造型特点,体现现代城市运输系统的时尚;还考虑了西安的人文历史特色。车体的内部装饰、布置、车内设施达到国际水平。

西安地铁 2 号线车辆内装分两种:带司机室的车辆内装组成和不带司机室的车辆内装组成。

①不带司机室的车辆内部装饰以车体纵向中心为对称,主要有辐流格栅、中顶板、灯带、通风格栅、侧顶板、门口立罩板、侧墙板、地板布、间壁、座椅、扶手、车窗、车侧门、灭火器等组成。(见图12.1)。所使用的材料和制品符合 DIN5510 和相关中国标准的防火和安全要求。一位端设有 1 个空调控制柜和 1 个综合电气控制柜(包括列车网络接口设备及乘客信息系统的车辆网络接口);残疾人轮椅区;设有 8 对双开电动内藏门;客室内部设纵向排布的座椅;座椅下部设有干粉灭火器、8 个扬声器、8 个动态线路地图及 8 个 LCD 信息显示器、2 个客室监视摄像头;2 个门内部紧急解锁装置;2 个车外紧急解锁装置等。

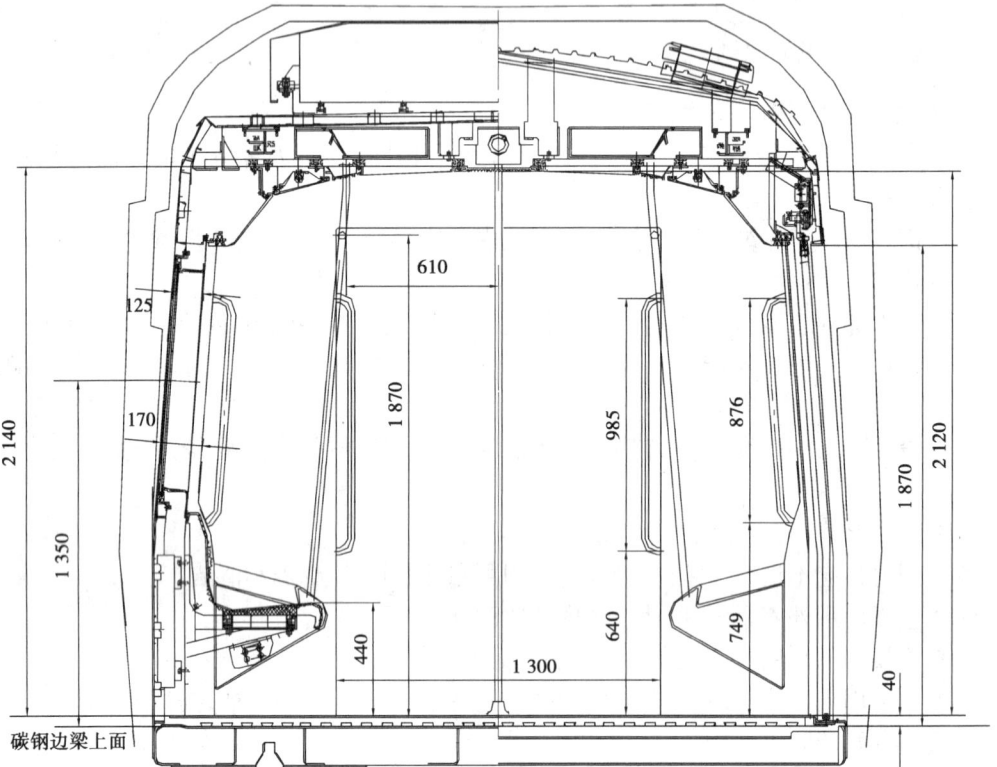

图 12.1　西安地铁 2 号线车辆内装结构断面

②车顶二次骨架。车顶二次骨架由纵梁和横梁组成,通过中间吊、侧吊和安装螺栓固定在车体钢结构的 T 形滑槽内,安装方便,固定牢靠。纵梁和横梁均为铝型材,如图12.2 所示。

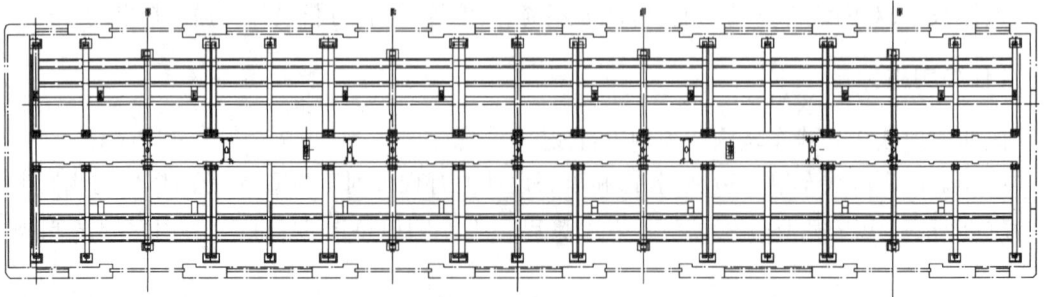

图 12.2　西安地铁 2 号线车辆内装车顶二次骨架结构断面

　　二次骨架由纵梁和横梁组成,通过 T 形安装螺栓与车顶钢结构的中间吊、侧吊固定,安装方便,固定牢靠。纵梁和横梁均为铝型材。二次骨架为车顶内装的其他部位(中顶板、格栅、灯具以及侧顶板)提供了良好的安装平台。为保证整车车顶内装效果,要求二次骨架整车纵向平面度不超过 2 mm。

　　③辐流格栅。辐流格栅采用铝型材挤压成形,上面开有送风口,辐流风机搅拌空气通过辐流格栅上的风口往客室内送风,给乘客提供舒适的环境。辐流格栅的安装通过用螺钉固定在二次骨结构上,便于辐流风机的检修。

　　④中顶板。中顶板采用铝板压型结构,表面喷漆处理。中顶板靠近车体中心侧安装时先用 M4 钉预安装在二次骨结构上,然后幅流格栅压住中顶板,通过幅流格栅的固定而最终实现安装。中顶板远离车体中心侧同样先用螺钉预安装在二次骨结构上,最终通过送风格栅的固定而固定。每两块中顶板之间留有 10 mm 自然间隙,美观且便于安装,安全牢靠,具体结构如图 12.3 所示。

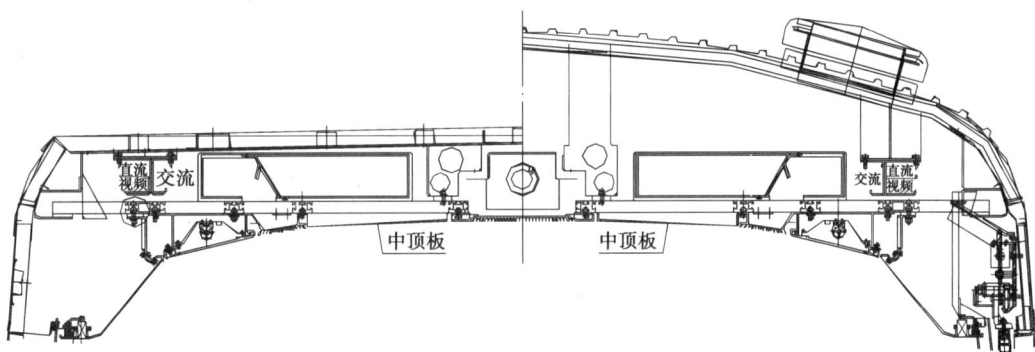

图 12.3　西安地铁 2 号线车辆中顶板结构

　　⑤侧顶板。侧顶板选用铝型材表面喷漆处理侧顶板断面形状,如图 12.4 所示。侧顶板安装在车顶两侧,均为可开启式的活门结构,其中折页固定在车顶二次骨结构上,锁挡板固定在侧板上。这种活门结构便于里面的机构和设备的检修。

　　⑥侧墙板。侧墙板采用进口聚酯玻璃钢材料糊制成形,厚度为 4 mm,具体布置如图 12.5 所示。侧墙板安装采用不锈钢骨架支撑,墙板上边缘伸入到侧顶板内部,下边缘伸入到下墙板内部,用螺钉和 3 M 尼龙搭固定在侧墙钢结构上,内墙板上、下两边用螺钉固定,窗口四周用 3 M 尼龙搭固定在不锈钢骨架梁上,与地板接触地方设有 1.5 mm 厚不锈钢踢脚线表面拉丝成形,用 3 M 胶带和螺钉固定在侧墙板上,便于密封、清洁,如图 12.6 所示。

　　⑦间壁。在车体的一二位端设有间壁(电气

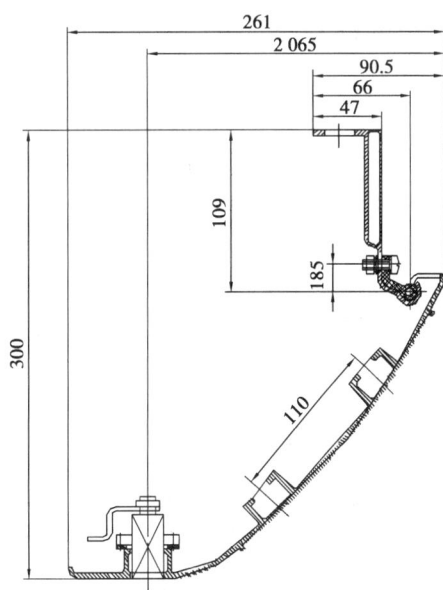

图 12.4　西安地铁 2 号线车辆侧顶板结构

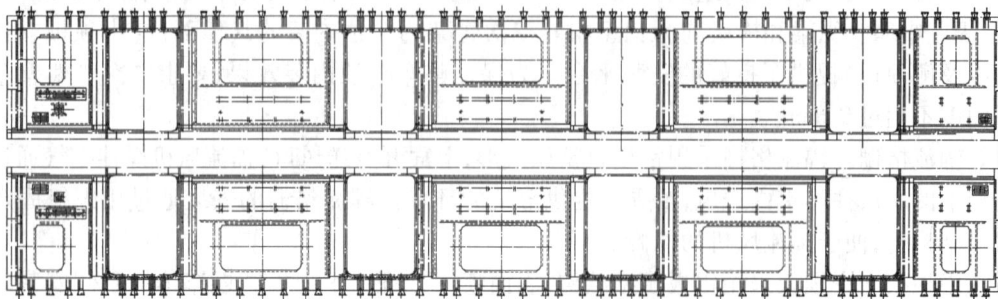

图 12.5　西安地铁 2 号线车辆侧墙板结

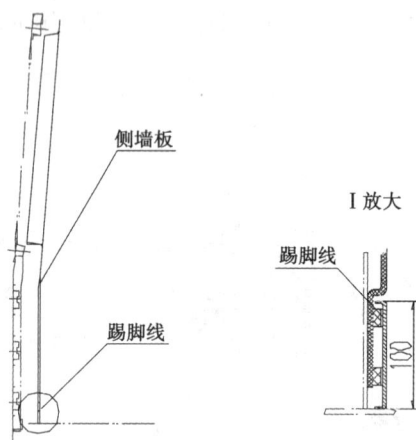

图 12.6　西安地铁 2 号线车辆不锈钢踢脚线结

柜),材料采用玻璃钢,厚度为 5 mm。分左、中、右 3 个组成部分,下部设踢脚板,用 1 mm 不锈钢板压制成形,表面拉丝,通过 3 M 尼龙搭与间壁内侧下部连接。间壁上装有扶手,左、中、右 3 个部分均设有检查门,其中,中间部分还设有信息显示器安装孔,整个间壁与车顶、侧墙、端墙、底架用螺栓连接。图 12.7 为西安地铁 2 号线车辆间壁结构。

⑧地板及地板布。地板采用在波纹钢板上面铺设铝蜂窝隔音地板(厚 18 mm,计权空气声隔声量 28 dB(A))和粘贴地板布的非木结构形式。地板使用难燃性材料,具有良好的隔音、隔热性能。地板布选用 PVC 聚合材料,施胶粘接在铝地板上,接缝处采用焊接的方式接口。采用宽幅地板布减少接缝。地板布的厚度为 3 mm,具有抗压、抗拉、耐磨、防火、防滑、隔热、吸音、减振、耐酸、耐碱、寿命长、不开裂等特性,而且具有美观、易于清洁的特点。客室周边地板布和钢结构焊接用以支撑铝地板的角铁之间施以密封胶,在门区处采用防滑踏板压住地板布。地板及地板布的安装牢固可靠,在长期运营中能保证良好的外观质量。

⑨隔音毡与防寒材。为降低车下设备(如空压机组、转向架等)主要噪声源区域的车内噪声,在不锈钢波纹地板上粘有 1.2 mm 厚度进口静香隔音毡,达到减振降噪的作用。同时在地板、侧墙及车顶装有密度为 24 kg/m³ 的超细玻璃丝棉,隔断车内外的传热途径,更好地保持车内的温度。

(3)带司机室的拖车内部装饰组成

1)拖车的内部分为客室和司机室两部分

Tc 客室:二位端设有 1 个空调控制柜和一个综合电气控制柜(包括列车网络接口设备及乘客信息系统的车辆网络接口);设有 8 对双开电动内藏门;客室内部设有纵向排布的座椅;座椅下部设有干粉灭火器;6 个扬声器,8 个动态线路地图及 6 个 LCD 信息显示器、2 个客室监视摄像头;4 门内部紧急解锁装置;2 个车门外部紧急解锁装置等。

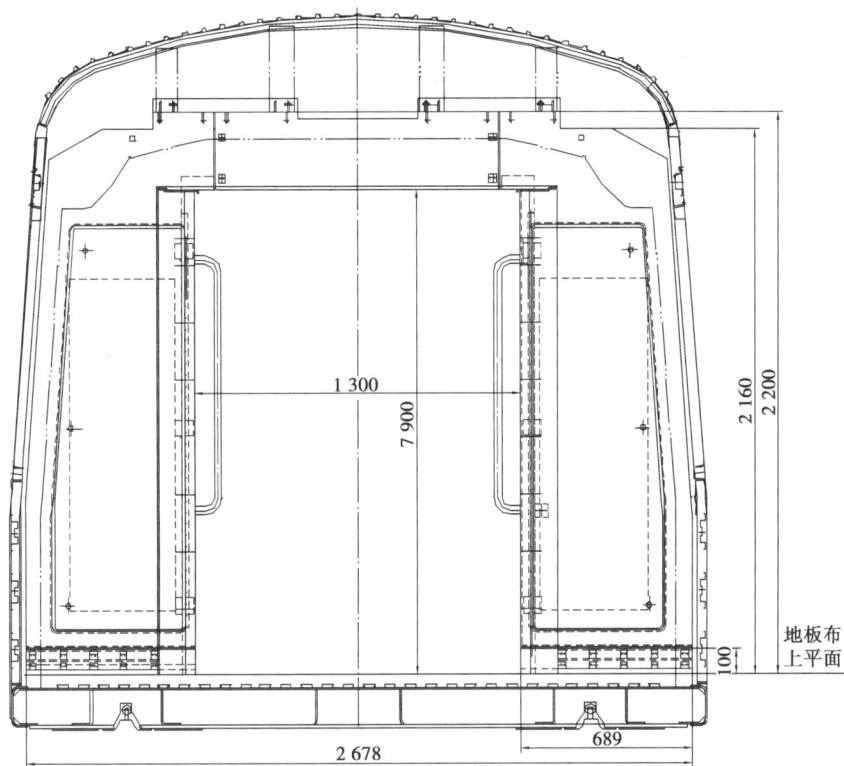

图 12.7　西安地铁 2 号线间壁结构

2）司机室内部装饰

司机室内部装有前端墙板、侧墙板、平顶板、间壁、间壁门、前端逃生门、紧急疏散梯、电器控制柜（包括开关屏、继电器屏、车辆音频及视频控制器主机、车辆网络控制传送装置等）；司机台（包括司机控制器、各种操作开关及按钮、无线电台系统车载设备、ATO 及 TOD 显示器、乘客信息系统操作板等主要设备）、可旋转的司机座椅、终点站显示器、2 个客室监视摄像头、CCTV 车辆监视显示器、电热装置、灭火器等。

3）前端墙板、侧墙板、塞拉门罩板、逃生门罩板采用进口聚酯玻璃钢材糊制成形，在左侧墙板上安装有按钮和仪表屏，充分利用了司机室内空间。

侧门扶手表面采用不锈钢拉丝处理，美观大方。

司机室间壁为铝蜂窝材质，表面喷塑处理，并在侧面设有呼吸面罩，供紧急情况下司机使用，充分体现了人性化的设计理念。图 12.8 为西安地铁 2 号线司机室内装饰。

司机室间壁门采用铝蜂窝结构，并带有可观察窗口。

司机室座椅采用国际设计思路，可前后、左右调整，并且座椅靠背角度可调整 30°。

司机室平顶板为铝蜂窝材质，表面喷塑处理。上部设有通风口。

司机室左前端设有前端逃生门及紧急疏散梯，体现了"以人为本"的设计思路。

司机室内所有内饰件防火标准均为 DIN5510。

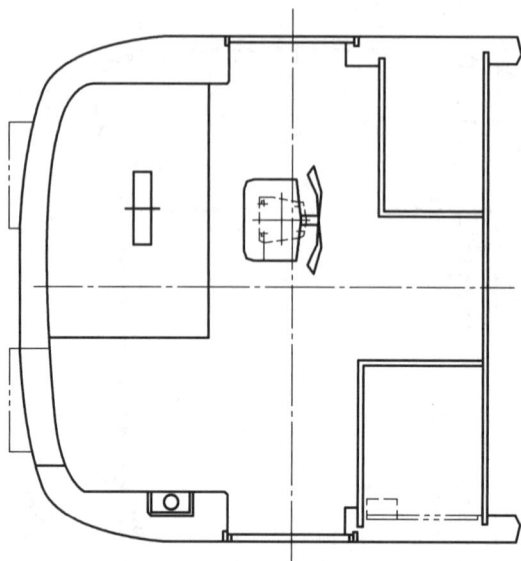

图 12.8　西安地铁 2 号线司机室内装饰

（4）车辆钥匙系统的钥匙设计

车辆钥匙系统影响到车辆运营的安全性和维护的便捷性。根据车辆运营、维护、清洁等实际需求，对列车钥匙系统进行分类和统一，避免以往钥匙种类多、使用不便的缺点。根据列车运营安全重要性、设备维护便捷性、适用性的原则和钥匙统型的需要将钥匙系统分为 3 级。

钥匙系统分级原则：一级司机驾驶用开关钥匙；二级出人可机室门用钥匙；三级通用钥匙一级司机控制器；二级司机室侧门、司机台柜门、司机室电气柜检查门、客室侧门、切除锁客室侧门；三级四角钥匙车内侧顶板活门、空调回风检查门、客室电气柜检查门、电热器罩板盖、车下设备检查门、司机室后端间壁门锁。

【效果评价】

评价表

项目名称	城市轨道交通车辆内装		学生姓名	
任务名称	任务 1　城市轨道交通车辆车体内装的认识		分数	
项　目			分值	考核得分
1. 城市轨道交通车辆内装资料的搜集			5	
2. 是否有小组计划			5	
3. 对城市轨道交通车辆内装的熟悉情况			20	
4. 对城市轨道交通车辆内装的认知情况			20	
5. 对城市轨道交通车辆内装工艺的掌握情况			25	
6. 对城市轨道交通车辆内装维修及保养的熟悉程度			15	

项目名称	城市轨道交通车辆内装		学生姓名	
任务名称	任务1　城市轨道交通车辆车体内装的认识		分数	
项　目			分值	考核得分
7.编制学习汇报报告情况			5	
8.基本素养考核情况			5	
教师简要评语： 　　　　　　　　　　　　　　　　　　　　　　　　教师签名：				

任务2　城市轨道交通车辆司机室的认知

【活动场景】

在城市轨道交通车辆段检修地基现场教学,或用多媒体展示城市轨道交通车辆司机室设备和主要功能。

【任务要求】

掌握城市轨道交通车辆司机室设备构成及其基本功能。

【知识准备】

（1）司机室布局

司机室内部装有前端墙板、侧墙板、平顶板、间壁、间壁门、前端活门、门机构检查门、车窗、内藏门、内藏门罩板、前端逃生门、紧急疏散梯、逃生门罩板、电器柜、司机台、司机座椅、扶手、灭火器等组成,内部布置如图12.9所示。

前端墙板、侧墙板、前端活门、塞拉门罩板、逃生门罩板均采用进口聚酯玻璃钢材料糊制成形,在左侧墙板上安装有电热器及显示屏,充分利用了司机室内空间。侧门扶手表面采用不锈钢拉丝处理,美观大方。司机室间壁为铝蜂窝材质,表面喷塑处理,并在侧面设有呼吸面罩,供紧急情况下司机使用,充分体现了人性化的设计理念。司机室间壁门采用铝蜂窝结构,并带有可观察窗口。司机室座椅采用国际设计思路,可前后、左右调整,并且座椅靠背角度可调整30°。司机室平顶板为铝蜂窝材质,表面喷塑处理。上部设有通风口。司机室左前端设有前端逃生门及紧急疏散梯,司机室内所有内饰件防火标准均为 DIN5510。

（2）司机室电气设备

司机室电气设备主要包括司机台、控制屏柜、综合屏柜、司机室照明、司机室电热、前照灯、刮雨器、电热玻璃、遮阳帘、终点站显示器、左/右侧屏、车载无线电系统、车载 PIS 系统、ATO 系统及司机室线槽等。这些电气设备与客室内电气设备及车下电气设备共同完成车辆的牵引、制动、开关门、空调、照明、广播、紧急对讲、客室监视及列车自动控制、车辆通信、车辆与地面通信等功能。

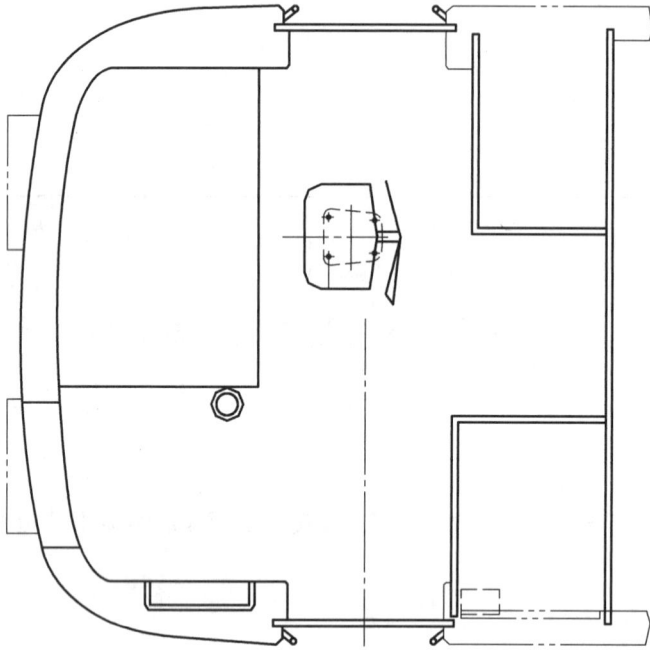

图 12.9　司机室内部布置

【任务实施】

（1）司机室电气设备认识

司机室电气设备认识，设备布置如图 12.10 所示。

1）司机台

司机台只装在 Tc 车上，供司机驾驶列车用。在结构上，整个司机台分两部分：台面设备和台下箱柜（见图 12.11）。司机台台面一般采用玻璃钢材料，台下箱柜采用钢板材料。整个司机台在底部通过螺栓与车体固定。在功能上，司机台分为列车牵引控制、制动控制、门控制、无线电台控制、空调控制、自动列车控制、前照灯控制及列车故障诊断等功能。司机台台面设有无线电台控制器、监控显示屏、ATO 显示屏、双针压力表、司机控制器、按钮及指示灯等。司机台左侧柜设有车载电台主机、司机台用电气连接器；右侧柜内有刮雨器水箱。图 12.12 为司机室台面布置。

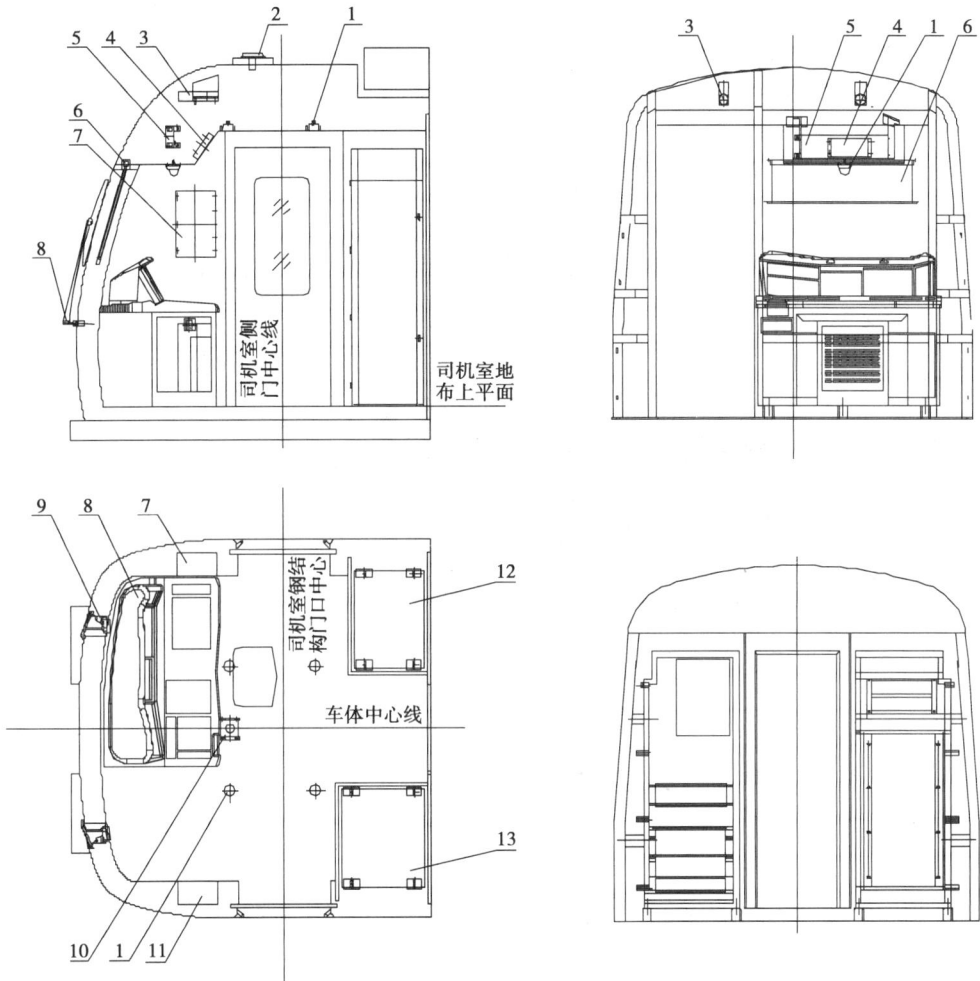

图12.10　司机室设备

1—筒灯;2—无线电台天线;3—ATO天线;4—客室状态监视器;5—终点站显示器;6—遮阳帘;7—右侧屏;
8—司机台;9—前照灯;10—扬声器;11—左侧屏;12—控制柜;13—综合柜;14—PIS天线

指示灯明细:

代　号	名　　称	型　　号	作　　用
4HL01	门允许指示灯	LA423D/DC110G	可以开门指示
4HL02	门关好指示灯	LA423D/DC110G	所有门关好指示
4HL03	制动不缓解指示灯	LA423D/DC110R	制动不缓解指示
4HL04	ATP切除指示灯	LA423D/DC110R	ATP切除指示
4HL05	开门短接指示灯	LA423D/DC110R	开门短接指示
4HL06	紧急制动施加指示灯	LA423D/DC110R	紧急制动施加指示
4HL07	ATI故障指示灯	LA423D/DC110R	ATI故障指示

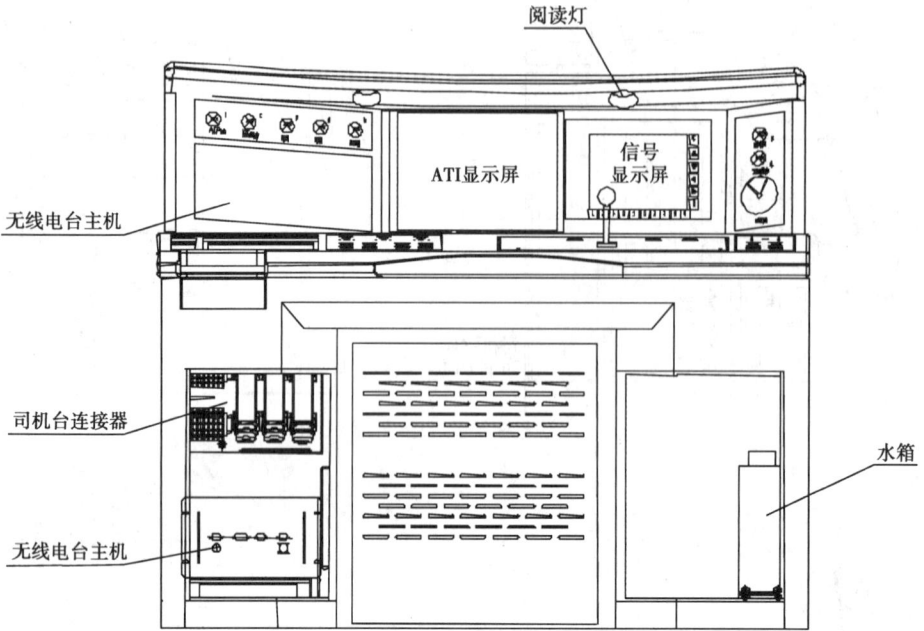

图 12.11　司机台下箱柜布置

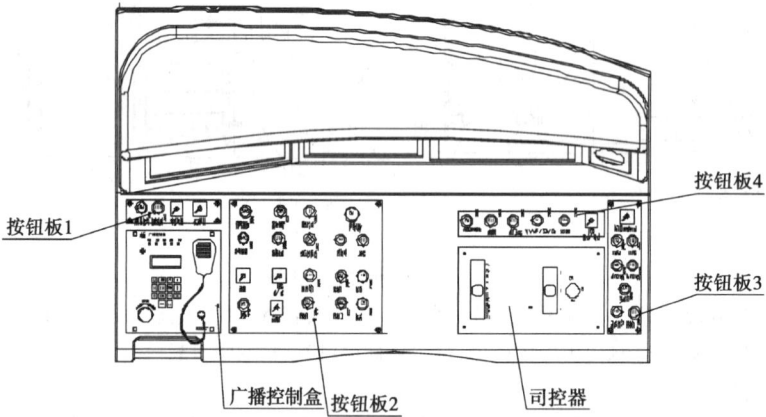

图 12.12　司机室台面布置

按钮板 1 明细：

代　号	名　称	型　号	作　用
6SB01	电热玻璃	LA423PS-10/G	电热玻璃控制
6SB02	司机室电热	LA423PS-10/G	司机室电热控制
5SC01	客室照明	LW42A2-2713	客室照明控制
6SC02	客室电热	LW42C2-11058/L	客室电热控制

按钮板 2 明细:

代　号	名　称	型　号	作　用
OBTS	蓄电池断	LA423P-10/R	切断蓄电池
CBTS	蓄电池合	LA423P-10/G	闭合蓄电池
PAND	降弓按钮	LA423P-10/G	降受电弓
PANU	升弓按钮	LA423P-10/G	升受电弓
HSB	电笛	LA423P-10/Y	电笛
AOCD1	再开闭门	KRTGBMTII	门未开\闭好再开\闭
CDL1	关左门	KRTGNMTII	关左门
ODL1	开左门	KRTGTMTII	开左门
2SB01	空压机启动	LA423PS-10/G	空压机启动
CS	强迫启动	日立提供	强迫空压机启动
EBB	紧急制动	日立提供	施加紧急制动
WPS	水泵	LA423P-10/G	雨刷水泵
ACS	高加速	日立提供	高加速
FRS	换端	LA423P-10/Y	站台折返门保持
4SB01	坡起	日立提供	坡起
7SC01	雨刷	LW42C32-21289/L	雨刷开关
8SC01	左右门选	LW42C2-5553/L	开左右门选择
4SC03	前照灯	LW42C2-1026/L	前灯控制

按钮板 3 明细:

代　号	名　称	型　号	作　用
CDR1	关右门	KRTGNMTII	关右门
ODR1	开右门	KRTGTMTII	开右门
ATO	ATO 发车	KRTGNMTII	ATO 发车确认
TBB	制动折返	LA423P-20/G	制动折返
4SC01	ATO 模式选择	XD6078-9	ATO 模式选择

按钮板 4 明细:

代　号	名　称	型　号	作　用
ATIRS	ATI 复位	LA423P-10/Y	ATI 故障复位
RS	VVVF/SIV 复位	LA423P-10/Y	起车前复位

续表

代　号	名　称	型　号	作　用
CLS	洗车	LA423P-10/Y	洗车模式
CpRS	强迫缓解	LA423PSD-10/DC110VY	强迫缓解制动
PBS	停放制动施加缓解	LA423PSD-10/DC110VY	停放制动施加缓解
8SC02	门选(自动、手动)	XD6077-4	选择开门模式

2)综合柜

柜内设备组成:CC机柜、控制用空气开关、控制用继电器。

柜内控制开关明细:

代　号	名　称	型　号	作　用
ATO1	ATO电源1	5SJ5 DC110 6A	ATO电源
ATO2	ATO电源2	5SJ5 DC110 6A	ATO电源
ATO3	ATO电源3	5SJ5 DC110 6A	ATO电源
ATO4	ATO电源4	5SJ5 DC110 6A	ATO电源
ATO5	ATO电源5	5SJ5 DC110 6A	ATO电源
ATO6	ATO电源6	5SJ5 DC110 6A	ATO电源
ATO7	ATO电源7	5SJ5 DC110 6A	ATO电源
ATO8	ATO电源8	5SJ5 DC110 6A	ATO电源
4QF12	无线电台电源	5SJ5 DC110 6A	无线电台电源
6QF08	电热控制	5SJ5 DC110 6A	电热控制
4QF13	信号灯电源	5SJ5 DC110 6A	信号灯电源
4QF15	仪表灯电源	5SJ5 DC110 6A	仪表灯电源
4QF3.2	前照灯电源	5SJ5 DC110 6A	前照灯电源
7QF01	雨刷电源	5SJ5 DC110 6A	雨刷电源
QF03	备用	5SJ5 DC110 6A	备用
6QF09	电热玻璃	C65N-C 10A/3P	电热及电热玻璃

3)右侧屏

右侧屏组成:蓄电池电压表、网压表、按钮、开关。

右侧屏明细:

代　号	名　称	型　号	作　用
ODR2	开右门	KRTGTMTII	开右门
CDR2	关右门	KRTGNMTII	关右门

代　号	名　称	型　号	作　用
AOCD2	再开闭门	KRTGBMTII	门未开\闭好再开\闭
6SC01	引流风机调速	K1F-013QLHC	风机调速
YBDB	仪表灯按钮	LA423PS-10/G	仪表灯按钮
READB	阅读灯按钮	LA423PS-10/G	阅读灯按钮
5SB01	司机室照明	LA423PS-10/G	司机室照明
PVH	网压表	ENG 8/80-2 000 V(1：250)	网压显示
PVL	蓄电池电压表	ENG8/80-150 V	蓄电池电压显示

4）左侧屏

右侧屏组成:按钮。

右侧屏明细:

代　号	名　称	型　号	作　用
ODR3	开右门	KRTGTMTII	开右门
CDR3	关右门	KRTGNMTII	关右门
AOCD3	再开闭门	KRTGBMTII	门未开·闭好再开\闭

（2）司机室机械设备

Tc 车前端设有司机室。司机室的设备布置科学合理,符合人体工程学,便于使用和维修。司机室内所有设备均满足 BS6853-1999 或 DIN5510 标准的防火要求。当司机坐在座椅上,可以通过调节座椅高度及角度方便而清楚地观察前方信号、接触轨、轨道设备、前方轨道和车站。司机室布置既保证清楚的外部视野又方便司机工作,司机视野符合 UIC651 标准要求。当司机室遇到火灾事故,司机可以利用急救箱中呼吸面罩进行自救。同时可以利用司机室灭火器进行灭火。

1）司机室座椅

①体重调节。在座椅空载状态下,通过转动座椅的体重调节杆可将座椅调至适合驾驶员体重的最佳使用状态。指示标签上可显示所调数值。为了防止对驾驶员的健康造成伤害,有必要在车辆启动前对体重调节进行检查并适当调整。调节范围为 60～130 kg。图12.13 为座椅体重调节。

②高度倾角调节。将座椅前后的高度-倾角调节手柄扳动,可调节座椅前后倾角,该倾角调节可有级固定在调节范围内任意位置。通过配合调节前后的倾斜量

图 12.13　座椅体重调节

可同时调节座椅的高度,图 12.14 为高度倾角调节。

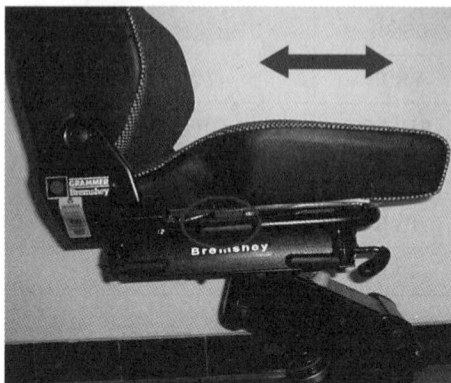

③坐深调节。可单独对坐垫的前后坐深方向进行调节。上抬手柄按钮(椭圆范围内)可将坐垫沿前后方向拉出或缩进于所需位置上,图 12.15 为坐深调节。

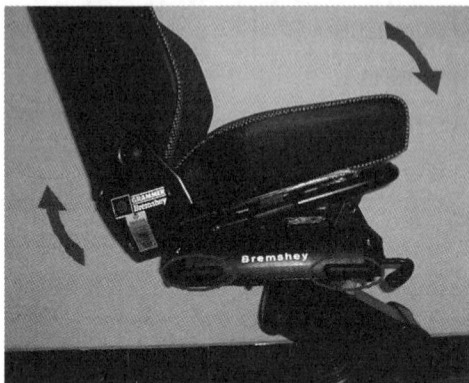

图 12.14　高度倾角调节

图 12.15　坐深调节

④靠背倾角调节。通过调节座椅右侧的按钮可调节靠背的角度(见椭圆范围内),图 12.16 为靠背倾角调节。

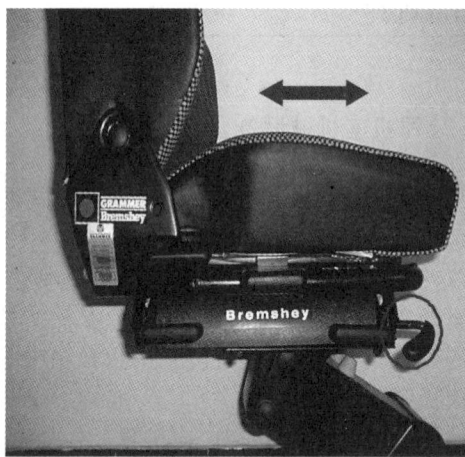

⑤前后调节。通过调节座椅右侧的按钮(见椭圆范围内)可实现座椅整体的前后调节。图 12.17 为靠背前后调节。

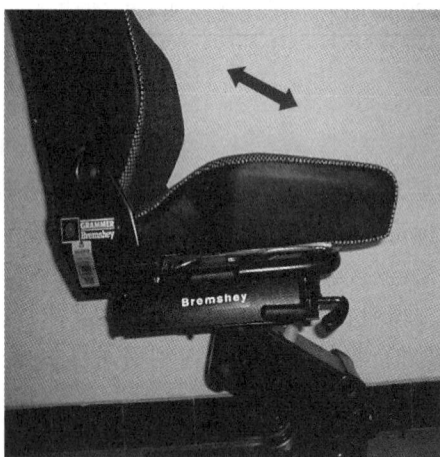

图 12.16　靠背倾角调节

图 12.17　靠背前后调节

⑥左右旋转调节。通过调节座椅左侧的按钮可实现座椅整体的旋转调节。图 12.18 为座椅左右旋转调节。

2)逃生装置

①逃生门。本紧急疏门为上翻形式,打开后由两根空气弹簧支撑,在正常状况下,紧急疏散门处于锁闭状态;在紧急情况下,按照紧急操作标签的指示,可手动将紧急疏散门打开,配合紧急疏散梯,以用于疏散人群。使用结束后可方便回收。

②开关方法。正常情况下,紧急疏散门应处于锁闭状态。当发生紧急情况时,可按操作标志打开紧急疏散门,扳动红色锁把手至开位,向外轻轻一推,疏散门将自动打开(见图 12.19)。

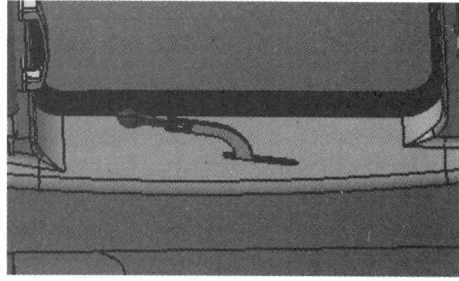

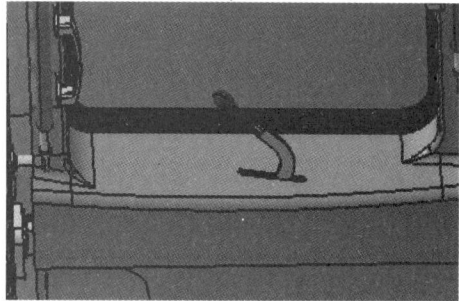

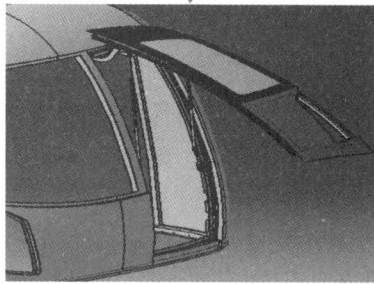

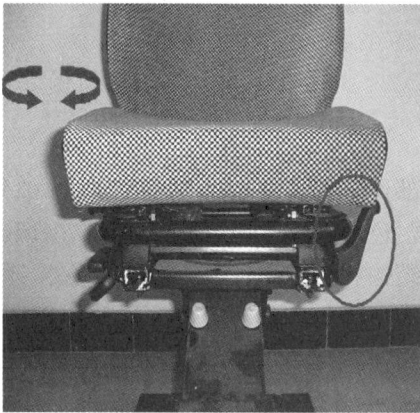

图 12.18 左右旋转调节

图 12.19 疏散门开启示意图

【效果评价】

评价表

项目名称	城市轨道交通车辆司机室		学生姓名	
任务名称	任务 2 城市轨道交通车辆司机室的认知		分数	
项　　目			分值	考核得分
1. 城市轨道交通车辆司机室资料的搜集			5	
2. 是否有小组计划			5	
3. 对城市轨道交通车辆司机室内电气设备的熟悉情况			20	

续表

项目名称	城市轨道交通车辆司机室	学生姓名	
任务名称	任务2 城市轨道交通车辆司机室的认知	分数	
项 目		分值	考核得分
4.对城市轨道交通车辆司机室内机械设备的认知情况		20	
5.对城市轨道交通车辆司机室按钮功能的掌握情况		25	
6.对城市轨道交通车辆司机室按钮操作的熟悉程度		15	
7.编制学习汇报报告情况		5	
8.基本素养考核情况		5	
教师简要评语： 教师签名：			

项目小结

车体内装一般分为底架、侧墙、端墙、车顶等几大部件。它是保证乘客舒适性的一部分，不仅要求具有良好的隔声、隔热性能，而且要求造型美观、色彩新颖。选用不燃、阻燃、少烟、低毒的材料，以保证乘客的安全。内装设计除考虑与车体结构和车内设备之间连接关系外，还结合所在城市历史、文化特点。

司机室也称为驾驶室，一般城市轨道交通车辆司机室机电设备包括司机台、控制屏柜、综合屏柜、司机室照明、司机室电热、前照灯、刮雨器、电热玻璃、遮阳帘、终点站显示器、左/右侧屏、车载无线电系统、车载PIS系统、ATO系统及司机室线槽等。这些电气设备与客室内电气设备及车下电气设备共同完成车辆的牵引、制动、开关门、空调、照明、广播、紧急对讲、客室监视及列车自动控制、车辆通信、车辆与地面通信等功能。

复习思考题

1.车体内装组成有哪些？

2.客室内装设计遵循什么原则？

3.西安地铁2号线客室内装主要包括哪些部件？

4.司机室电气设备主要有哪些？

项目 **13**
城市轨道交通车辆乘客信息系统

【项目描述】

随着城市轨道交通车辆技术的飞速发展和人们对城市公共交通服务要求日益提高,目前,城市轨道交通车辆中为乘客提供信息服务形式必须呈现多样化、个性化的特点,为乘客提供信息服务的设施也由原来较单一的广播报站系统升级为能提供声、光、影"三位一体"的乘客信息系统。本项目主要学习目前我国城市轨道车辆中主流的列车广播系统、媒体播放系统、CCTV 监控系统的特点和组成。

【学习目标】

通过本模块的学习要求掌握以下基本知识:

1. 掌握列车广播系统的特点和组成。
2. 掌握媒体播放系统的功能和结构。
3. 掌握 CCTV 监控系统的功能。

【技能目标】

1. 能熟练掌握广播系统的各项功能。
2. 能熟悉 CCTV 监控系统的显示状态。

任务 1 城轨车辆列车广播系统的认知

【活动场景】

在城轨车辆生产或检修车间列车广播系统的调试或检修现场进行教学,或在多媒体展示列车广播系统的基本功能、基本组成和进行模拟调试的多媒体教室或实训室进行教学。

【任务要求】

1.认识列车广播系统的组成和基本功能。

2.对列车广播系统能进行简单的调试。

【知识准备】

（1）列车广播系统的组成和功能

城轨列车广播系统由司机室广播系统、乘客广播系统、无线广播系统、自动广播系统、紧急广播系统等组成；具有司机对讲、司机对乘客、无线广播、列车自动广播、司机与乘客的紧急对讲（乘客紧急报警）等功能。

1）司机对讲功能

不同列车的司机室间可实现相互通话的功能：本机呼叫对方，按下对讲按键，指示灯闪烁，对方确认接通，指示灯处于常亮状态；对讲结束后，按起对讲按键，指示灯熄灭，结束通话。对方呼叫本机，对讲键指示灯闪烁并有声音提示，按下对讲按键，指示灯常亮，提示音停止，线路接通，开始对讲。对讲结束后，按起对讲键，指示灯熄灭，结束对讲。

2）司机对乘客广播（人工广播）功能

司机在具有操作功能的激活端司机室可用话筒对客室进行人工广播，按下广播按键，即可通过话筒对乘客广播，广播的声音可被客室及另一端司机室听到，而激活端司机室本身则静音。广播过程中，广播提示灯处于点亮状态；广播结束时，再按广播控制按键即可，广播提示灯熄灭。

3）无线电广播（OCC广播）

城轨列车的广播系统可与能进行实时文本信号传递的RS232接口及音频接口相接，自动实现OCC向司机室或客室乘客的广播；也通过手动控制实现OCC与司机的对讲和OCC向客室乘客的广播。

4）列车自动广播（数字化报站与预录紧急广播）

①全自动播放站名。当列车在ATC控制有效时，广播系统接收ATC的车站识别、站台左右、离站、到站、预到达等信息并进行自动报站和相关信息的显示控制；当ATC失效后，广播系统在确认列车上/下行信息、终点站/起始站信息和越站信息等行车设置信息的情况下也可进行全自动报站，中央控制器可根据列车的25 km/h或30 km/h速度信号、零速信号和开关门信号进行自动报站，并控制车站地图闪灯式报站装置显示相关信息，出站时播放预报站信息，进站时播放进站信息。

②半自动播放站名。在全自动数字化语音报站的基础上，司机通过改变广播控制盒的段码进行报站。

③人工播放站名。通过手动改变广播控制盒上的报站段码结合广播控制盒上的段码和站名对照表进行人工报站。

④预录立体声广播。预录广播音频信息包括预报站、到站、越站、开关门预示音、紧急广播等；预录广播文本信息包括预报站、到站、越站、紧急广播等；司机通过按下广播控制盒上的广播显示按键选择广播项目。

5）司机与乘客的紧急对讲（乘客紧急报警）

如图 13.1 所示，报警器在工作时，通过"呼叫""通话""挂起"3 种状态进行联络。

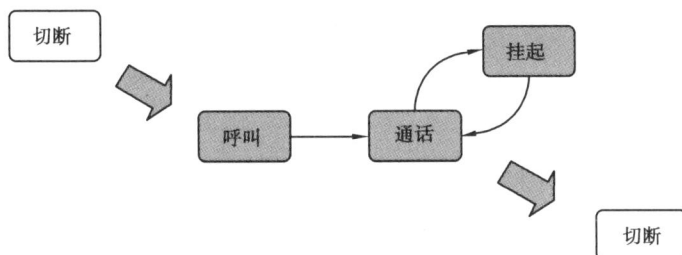

图 13.1　报警器 3 种状态

在客室出现紧急情况或突发事件时，乘客可通过客室内紧急报警装置上的紧急按键向司机室报警。司机对报警器有选择接听的权力，多个报警器同时报警时，司机可选择对其中任何一个报警器进行应答，未被应答的报警器处于呼叫状态，自动进入排队状态；当司机想暂停与某个报警器的通话而去应答另外一个报警器时，可让该报警器进入挂起状态。如图 13.2 所示是报警的复位过程，即报警器从任意一种工作状态返回到切断状态的过程。报警器的复位方式有 3 种：司机室远程复位、通话结束、报警器自动复位。

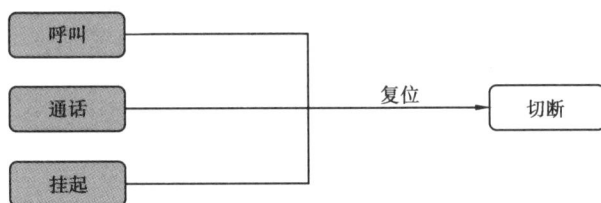

图 13.2　报警器复位过程

6）广播系统通信功能优先级别

广播按以下次序排列优先级别：

①控制中心（OCC）对列车进行广播。

②司机向乘客广播（人工广播）。

③预录制应急广播。

④列车自动广播。

⑤媒体伴音广播。

原则上广播与对讲功能可同时进行，互不影响。当司机工作于人工广播时有紧急报警发生，司机室操作人员可立即接通客室对讲，中断人工广播。在高级别的通信要求到来时，立即中断正在播送的低一级的通信，并进行高级别的通信。

7）广播系统及音量自动调整

广播系统功率放大器中具有噪声检测控制单元，通过客室内的噪声传感器或扬声器（利用扬声器的反向变换功能）实时采样车厢内环境噪声，并根据环境噪声的大小自动调节广播音量。

8）广播监听功能

通过系统功能控制键盘进行操作，可监听客室广播信息并能调整音量大小，在主司机室可监听乘客紧急报警呼叫以及可监听司机对讲呼叫。

9)动态地图 LED 显示

列车广播系统每节车厢车门上方均安装电子动态地图 LED 显示屏,该显示屏采用无彩膜双色 LED 显示,为乘客提供必要的乘车、换乘信息。用于显示列车运行线路、运行方向、下一站、列车当前停靠车站、换乘站以及开门侧等信息。

(2)广播系统的重要设备的认知

如图 13.3 所示是司机室广播机柜,是广播系统的核心设备,由电源模块、中央控制模块、音频处理器、数字报站器、功率放大器和接口模块等构成,可完成广播系统的通信控制、音频处理、音源选择和系统的自诊断功能。如图 13.4 所示是客室广播机柜,主要由电源模块、车厢控制器、对讲控制模块、功率放大器等组成。

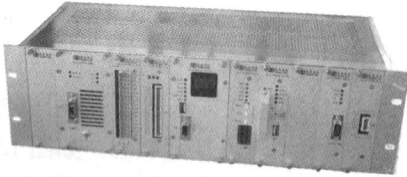

图 13.3 司机室广播机柜实物图　　图 13.4 客室广播机柜

如图 13.5 所示为城轨列车广播控制盒面板图,操作人员只需按下"PTT"按键可对客室进行人工广播、司机室之间对讲及司机室与客室之间紧急对讲。主要有:

①手持话筒。侧面配置"PTT"按键;

②蜂鸣器。当客室发生紧急报警时发出声音提示;

③键盘。通过操作按键实现列车广播系统的相关功能;

④显示屏。显示相关操作的提示功能;

⑤电源指示灯。上电后指示灯点亮,指示广播控制盒已进行上电操作;

⑥主/从指示灯。指示广播控制盒处于"主""从"工作状态;

⑦通信指示灯。指示列车广播总线通信状态,间隔闪烁;

⑧听/讲指示灯。指示广播控制盒处于"听""讲"工作状态等组成。

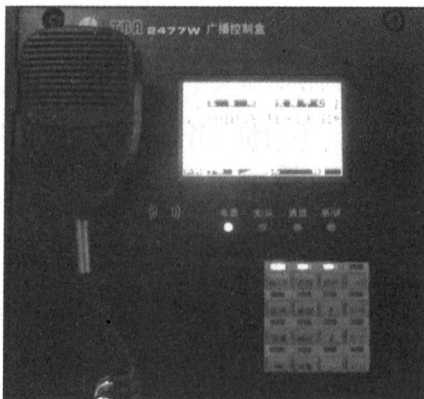

图 13.5 广播控制盒面板图　　　图 13.6 紧急报警器

　　如图 13.6 所示为紧急报警及对讲装置。按下呼叫请求键,乘客紧急报警器被激活,此时司机控制面板(广播控制盒面板)上的"通话"灯闪烁。司机对乘客讲话时,面板上有相应 LED 指示灯指示。如果司机接受了呼叫请求,绿色的 LED 指示灯亮,乘客可向司机讲话。通信方向由司机控制。如果司机同乘客讲话,乘客紧急报警器上的黄色灯亮。如果在司机接听一个紧急呼入的同时,另一个乘客紧急报警器也有紧急呼叫,那么另一呼入的乘客紧急报警器上显示红色的"等待"指示灯,直到当前通话结束。内部呼叫请求按序列实物。

　　如图 13.7 所示为列车扬声器,在列车的每个客室内部装有8 个扬声器,每个司机室内部装有两个扬声器(1 个用于监听,1个用于对讲),用于向旅客广播相关信息。扬声器自带变压器,可平面嵌装于车厢内,能够保证在 AW_2 载荷,80 km/h 车速,隧道区段时声音清晰。如图 13.8 所示为闪灯式报站装置。在列车客室内的每个车门上方安装了 LED 动态地图,通过 LED 动态地图显示下一站、终点站信息的功能。

图 13.7　扬声器

图 13.8　闪灯式报站装置

【任务实施】

本任务以西安地铁 2 号线车辆列车广播系统为例,学习列车广播系统的各项功能。

西安地铁 2 号线列车广播系统由天津北海通信技术有限公司设计制造,可与列车总线网络进行通信,并可通过列车总线网络对列车广播装置进行控制,可实现列车司机室间内部通信(IC)、乘客紧急报警通信、人工语音广播(PA)、自动语音广播(DVA)、运营控制中心(OCC)对乘客广播、运营控制中心(OCC)与司机对讲等功能。

(1)内部通信系统(IC)

同一列车的两个司机室可进行双向通话,通话内容不转播给任何乘客。双方通过监听扬声器或观察 LED 指示可监听或监视到对方的呼叫,发现对方呼叫后,按下广播控制盒上的"对讲"键,即可进行通话。

(2)乘客紧急报警

在西安地铁 2 号线的每个客室中均设有两个乘客紧急报警器,用于紧急情况或突发事件时乘客向司机报警。乘客在紧急情况下报警后,在激活端司机室内将发出音响告警,在监视显示器上显示报警乘客的位置,包括列车编号、车辆编号等位置信息,司机可通过监视显示器选通与报警乘客通话;报警结束后,由司机远程取消报警状态,也可以到乘客报警位置手动复位。另外,司机也可以选择操作广播控制盒面板上的"报警"键与报警乘客通话。乘客报警的时间和通话的内容将被记录在硬盘上,用于备案查询;乘客报警的同时给列车监控系统发送一个报警信号。如果遇到乘客同时报警情况,系统会储存所有乘客的呼叫信息,并按时间先后顺序形成报警呼叫信息队列。当前一乘客报警结束后，系统自动处理排在队首的报警呼叫，产生音响告警和显示告警。司机可在乘客报警、PA、IC、无线电广播之间进行人工选择和切换。

(3)人工语音广播(PA)

在激活端司机室的司机通过按下司机控制单元上的"广播"键选择"人工"广播模式，司机就可使用话筒对客室进行语音广播。在人工语音广播期间，自动语音广播中断，话筒输出的模拟语音信号通过音频接口输入音频控制器中的音频处理模块，由音频处理模块进行编码压缩变成 MP3 格式的音频数据，通过网络总线传输给客室车辆网络接口，由车辆网络接口中的音频处理单元进行解码处理，还原成模拟语音信号送给客室音箱。

(4)自动语音广播(DVA)

自动语音广播的语音素材预先制作成 MP3 格式数据文件，存放在视频控制器内通用的硬盘中，视频控制器的监控软件在收到播放启动信号后，从硬盘中读取相应语音数据，通过 TMMPIS 网络总线传输给客室车辆网络接口，由车辆网络接口中的音频处理单元进行解码处理，还原成模拟语音信号送给客室音箱。在正常情况下，由司机操作列车方向开关设置主机，主机负责信息的播出。在列车运行过程中，根据列车提供的门开关信号或 ATP 系统提供的 PWM 信号计算列车当前的位置和速度，实现列车自动预报前方到站和列车到站广播。预报信息结束后，可自动停止广播，距离和速度的计算误差由门控信号进行及时修正以保证自动报站的准确性。当 ATP 出现故障时，将给出 ATP 切除信号，列车可根据门开关信号进行自动报站。在列车车门打开或关闭过程中，列车广播系统(PA)可发出两种不同的门铃信号，提示弱视乘客。自动语音广播包括语音信息系统自动运行(全自动广播)和语音信息系统人工干预运行(半自动广播)两种方式。

①语音信息系统自动运行(全自动广播)。在列车运行过程中，列车管理系统通过列车总线网络发布列车运行信息，包括车辆编号、当前站、即将到达的下一站、本站与下一站之间的距离、已经行驶距离、列车运行速度、起点站、终点站等信息。广播主机通过与列车总线网络接口接收这些信息，或接收来自列车外部接口的速度、关门信号，根据这些信息或信号产生语音播放启动信号，控制列车运行过程中的全自动语音广播。自动语音广播内容包括预报列车前方到站和列车到站信息以及服务用语等插播信息。

②语音信息系统人工干预运行(半自动广播)。根据列车运行需要，或当接收的列车位置信息不可利用或非更新模式时，激活端的司机可对语音信息系统的运行进行干预，实现列车到站广播并预报前方到站，并将刷新列车运行路线中的列车位置。如果随后单击"启动报站"菜单项，将启动人工干预自动广播，即半自动广播。

③预录紧急广播信息(文字及声音)。当遇到紧急情况时，如发生火灾、严重故障等，司机可操作广播上的键盘，将预先录制好的紧急疏导等信息进行语音播放，同时在乘客信息显示器上以中英文显示紧急广播信息。

(5)运营控制中心(OCC)广播和与司机对讲

运营控制中心(OCC)广播信号可通过车载无线电设备进入列车广播系统，对乘客进行语音广播。当 OCC 对乘客进行语音广播时，广播主机自动撤销当时正在进行的任何其他语音广播。运营控制中心(OCC)亦可通过车载无线电设备和司机直接通话，通话内容不传到客室。

（6）音量自动调整

根据车辆中的背景噪声大小,列车广播系统具有自动连续的可变音量控制功能。广播音量始终高于室内噪声 10 dB,但任何时候广播音量不高于 95 dB。客室广播音量满足在最恶劣条件下声音清晰,声强均匀,无死区。能够抑制语音峰值,使之不高于平均输入电平 3 dB。

（7）主机选择

首尾车司机室的广播系统分别使用相同的设备,可互为热备份。一旦激活端司机室的广播系统发生故障不可操作时,另一端司机室的广播系统可被自动激活;或原激活端司机室的司机可通过司机控制单元面板上的"主机"键进行"主机"切换,使另一端司机室的广播系统接替原激活端司机室的广播系统,完成相应的广播功能。当本司机室为从机状态时,可以通过司机控制单元面板上的"主机"键激活成为主机状态。"主机"键灯亮,表示已被激活。当一方为主机时,另一方则为从机。列车控制系统确保只有一个司机室被激活,且只有被激活的司机室中的广播主机才能作为主机,负责音频和视频信息播出控制。

（8）功能优先级

系统的功能优先级可以设置。高级别的广播通信可以打断低级别的广播通信,而低级别的广播通信不能打断高级别广播通信,需要等候高级别广播通信结束后才能开始。被高级别打断的低级别广播通信,在高级别结束后自动恢复。系统缺省的优先级设置如下(从上到下级别降低):①运营控制中心广播;②乘客紧急报警;③司机室之间的通信;④人工语音广播;⑤自动语音广播;⑥伴音播放。

（9）特别运行站设置

特别运行站设置主要有以下 3 种类型:

①起点站/终点站设置。为适应列车运行区间变更的需要,通过广播控制盒和监视显示器的触摸屏可重新设置起点站和终点站,自动实现列车在变更区间运行过程中的全自动广播报站。

②越站设置。越站设置是对列车不停靠的车站的设置。当列车开往前方车站不停车时,自动播报列车通过此站不停车,并能继续自动播报将要到达的下一站的广播内容。在此区间的所有越站可一次性进行设置。

③其他功能设置。根据列车运行需要,还应具有"停止广播""应急广播""运营服务""调试""回库"等设置功能。

（10）语音监听

通过广播通信系统可实现下列语音监听:可监听客室的广播信息,并能调整音量大小;可监听客室紧急报警呼叫;可监听司机对讲呼叫。

（11）广播通信显示

广播通信显示主要包括以下几方面:

①可同步地显示广播报站的中文站名,站名代码及列车运行状态(上行/下行)及列车运

行路线图;②显示电源工作状态;③显示广播状态;④显示紧急报警车辆号码,同时有声音告警;⑤显示系统控制状态;⑥显示司机对讲呼叫;⑦显示故障设备,并记录故障发生的时间。

【效果评价】

评价表

项目名称	城市轨道交通车辆乘客信息系统		学生姓名	
任务名称	任务1 列车广播系统的认知		分数	
项 目			分值	考核得分
1.列车广播系统相关知识、图片的搜集、整理			10	
2.是否有小组计划			5	
3.列车广播系统功能的掌握情况			50	
4.列车广播系统相关设备的认知情况			20	
5.编制学习汇报报告情况			10	
6.基本素养考核情况			5	
总体得分				
教师简要评语:				
			教师签名:	

任务2 媒体播放系统的认知

【活动场景】

在检修现场教学,或用多媒体展示媒体播放系统的基本功能。

【任务要求】

掌握媒体播放系统的功能及结构。

【知识准备】

媒体播放系统是依托多媒体网络技术,以计算机系统为核心,以车载显示终端为媒介向乘客

提供信息服务的系统。车载设备可接收无线传输的实时信息或将已预录的信息在列车车厢 LCD 进行文本信息播放。使乘客通过正确的服务信息进行引导,安全、便捷地乘坐城市轨道车辆。

(1)媒体播放系统的功能

媒体播放系统的主要功能是负责向乘客播放数字视频节目、显示列车运营信息、紧急信息以及其他乘客服务信息等内容,在提高客户体验的同时方便工作人员对乘客进行管理和引导。具体功能如下:多媒体信息实时和非实时播放;接收存储多媒体信息;运营信息播放;紧急告警播放;多窗口分屏叠加;日志信息管理;断电自启动;冗余功能。

(2)媒体播放系统的结构

如图 13.9 所示是媒体播放系统的网络结构示意图,由图可知,主要由视频服务器、编码器、解码器、交换机、分屏器和 LCD 屏等设备组成。

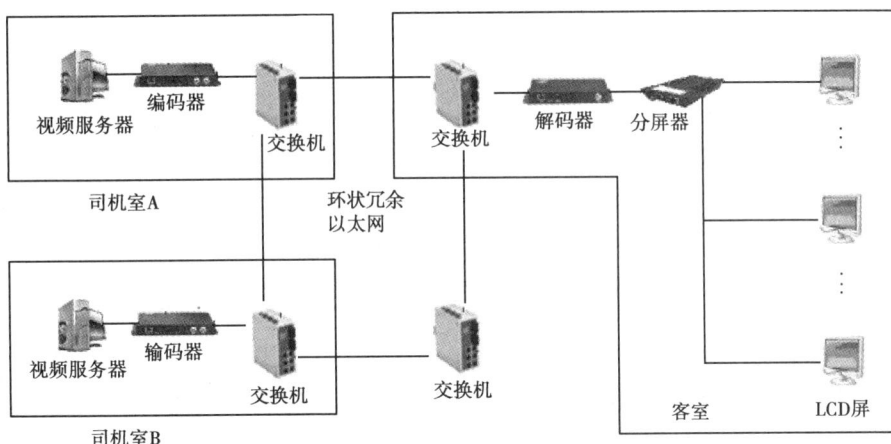

图 13.9　媒体播放系统网络结构示意图

①视频服务器。视频服务器的主要功能是对直播或录播的节目进行播放,并通过编码器将其发送至网络,具备实时直播和录播两种工作方式,能够自动或手动切换。在有数字电视信号覆盖隧道区间,视频服务器可以播放实时转播的电视节目。录播节目内容存储于视频服务器中,节目内容可以更新。视频服务器还可将列车运营信息、紧急信息以及其他乘客服务信息等内容叠加至网络视频流中,使乘客在欣赏视频节目的同时还可了解到目前列车其他运行信息,在出现紧急情况时便于工作人员对乘客进行管理和疏导。运行过程中站名显示应与自动报站一起同步设定,运营信息的显示内容和方式可以通过编辑软件进行编辑。系统具备记录播出日志功能,能够记录并查询所有媒体文件的播出时间、地点、播出方式、播出次数等其他数据反馈。播出日志可按照播出时段、媒体名称分别查询并显示清单列表。对于视频服务器则通常采用双机冗余热备份,及在每一列车编组的车头和车尾各有一台视频服务器, 在系统运行过程中如果当前运行的视频服务器出现问题不能正常工作,则备份的视频服务器会自动启动。

②编码器和解码器。编码器负责将视频和列车运行信息发送至网络,为了保证视频的传

输效果,常采用 MPEG2 编码形式。解码器和编码器配套使用,将网络中的视频和列车运行信息进行 MPEG2 解码,并利用标准视频接口将视频传输至下一级进行显示。

③交换机。交换机是用来构成整个媒体播放系统的基础网络架构,负责将视频服务器的内容传送至各个客室。当一条网络出现故障时,并不影响视频信息的数据传输;当某个车厢的交换机设备出现故障时,只影响本节车厢的数据传输,其他车厢的多媒体播放系统及监控系统的工作并不受影响,保障了单点故障不扩散。

④分屏器。在西安地铁 2 号线的每辆电客车室总共有 8 个 LCD 屏,因此需要分屏器将解码器解出的视频进行分屏,以提供给各个 LCD 显示。

(3)媒体播放系统的工作过程

整个媒体播放系统(LCD)的工作过程简述如下:视频服务器播放直播或者录播的节目,同时向视频中叠加列车运行信息,并通过编码器将这些数据进行编码发送至网络,各个客室的解码器将网络上的数据解码,通过分屏器将解码后视频分为多路显示,再利用抗干扰能力较强的差分信号传输至各个 LCD 屏。此时乘客便可以欣赏到精彩的视频节目和获取列车最新的运行信息。

【任务实施】

以西安地铁 2 号线车辆媒体播放系统为例,学习媒体播放系统的原理、组成。

西安地铁 2 号线车辆媒体播放系统由神州数码公司和广州国联通信公司共同设计制造,司机室内的车载交换机、LCD 播放控制器、VGA 编码器等设备属于神州数码供货,LCD 屏、VGA 编码器设备属于广州国联供货。其基本原理如图 13.10 所示。

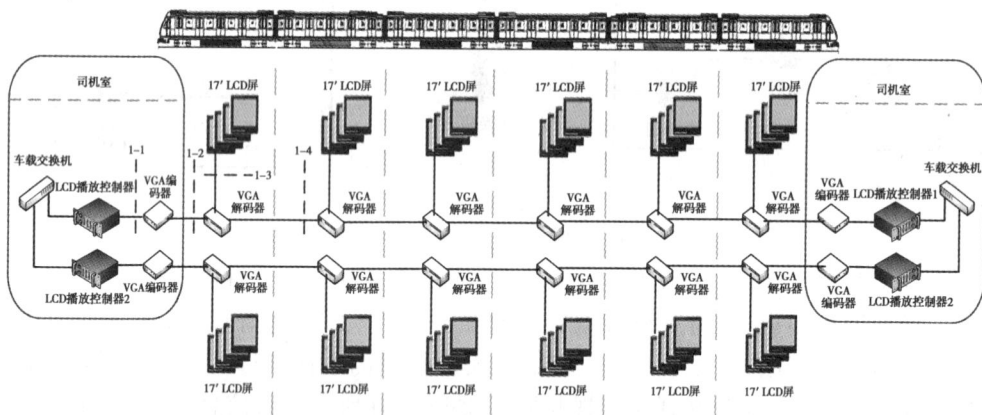

说明:1-1处为一根VGA电缆和一根音频电缆,分别传输VGA信号和音频信号;
1-2处为一根CAT-5电缆,传输信号为经过H.264编码处理的TS数据流;
1-3处为四根CAT-5电缆(每块屏一根),传输的信号为将H和V信号编码至RGB信号上加重处理的信号;
1-4处为一根CAT-5电缆,传输信号为经过H.264编码处理的TS数据流。

图 13.10　西安地铁 2 号线车辆媒体播放系统拓扑图

车厢采用数字传输是用车载 VGA 信号编码器将 VGA 信号、立体声音频信号进行编码,通过 H.264 压缩方式对信号进行压缩成为 TS 数据流,应用网络传输的方式使数据流在车厢局域网内传输,采用广播方式传输占用网络带宽小于 3 M。在车厢内,系统再将 VGA 信号解码器先从网络上接收 TS 数据流解压输出 VGA 信号、音频信号,再将 VGA 信号中 H 和 V 信号编码至 RGB 信号上加重处理,利用 CAT-5 电缆将信号直接送到 17′LCD 显示屏上,17′LCD 显示屏内嵌 VGA 接收板,解码输出视频信号。

【效果评价】

评价表

项目名称	城市轨道交通车辆乘客信息系统		学生姓名	
任务名称	任务 2　媒体播放系统的认知		分数	
项　目			分值	考核得分
1.媒体播放系统相关知识、图片的搜集、整理			10	
2.是否有小组计划			5	
3.媒体播放系统功能的掌握情况			20	
4.媒体播放系统结构的掌握情况			50	
5.编制学习汇报报告情况			10	
6.基本素养考核情况			5	
总体得分				
教师简要评语：				
			教师签名：	

任务 3　CCTV 监控系统的认知

【活动场景】

在检修现场教学,或用多媒体展示 CCTV 监控系统的基本功能。

【任务要求】

掌握 CCTV 监控系统的功能及组成。

【知识准备】

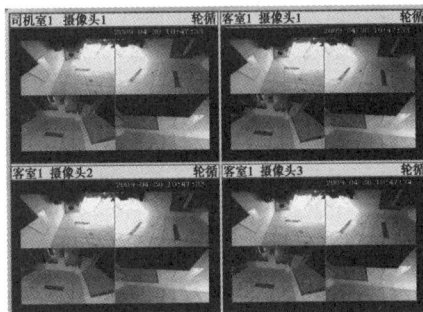

城轨列车的车载视频监控系统,简称 CCTV 系统。是集实时图像、文字、声音、控制、报警于一体的系统,充分利用丰富的网络资源,通过网络平台将各车厢现场画面进行统一管理、统一运用的综合监控系统平台解决方案。是建立在数字 IP 技术基础之上的体系结构,可利用车内有线的基础设施承载数字化的视频信息。

(1)车载视频监控系统功能

车载初步监控系统具有司机室、客室视频图像采集;视频图像数据压缩传输;视频图像实时监视;报警联动;数字录像;视频录像文件查询、回放、下载;权限管理;主备切换;车载设备状态监控;日志信息管理;多种外部通信接口;视频图像上传;系统冗余等多种功能。

(2)车载视频监控系统的组成

如图 13.11 所示是城轨车辆 CCTV 监控系统的组成简图,由图可知,主要由 CCTV 主机、媒体网关、触摸屏、摄像机组成。工作过程可描述为:摄像机和 PECU 将采集的视音频数据通过同轴电缆和音频电缆传输至媒体网关;媒体网关接收到视音频数据后,进行模/数转换,并采用标准的 MPEG-4 压缩算法压缩后,将视音频数据经车内以太网分别传送至两个司机室 CCTV 主机;CCTV 主机从网络交换机接收视音频数据进行存储,并解码输出视频信号到 LCD 触摸屏。

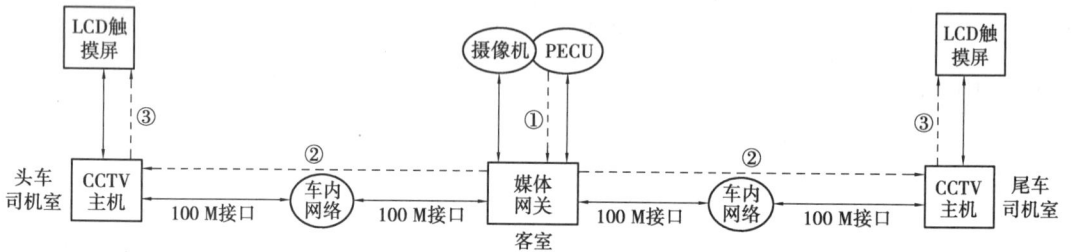

图 13.11　视音频数据采集压缩传输过程

①CCTV 主机。如图 13.12 所示,主要功能是:视频录像的存储、PTU 设备提供通信接口、内置交换机,提供触摸屏 DC12V 电源等。

②媒体网关。如图 13.13 所示,主要功能是:视频图像采集、编码及发送,提供图像水印技术,内置 8 口工业交换机,提供摄像机 DC12V 电源,音/视频信号传输分配等。

图 13.12　CCTV 主机

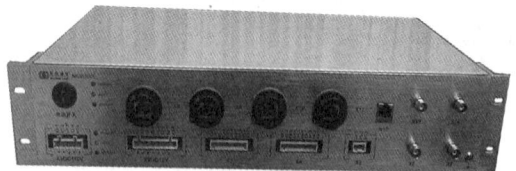

图 13.13　媒体网关

③摄像机。如图 13.14 所示,在系统中作为监控图像转为视频数据前端设备,摄像机的选择对系统性能影响非常大。

④触摸屏。如图 13.15 所示,主要用于实时视频显示和触摸式操作控制。

图 13.14　摄像机

图 13.15　触摸屏

【任务实施】

下面以广州地铁 2、8 号线车载视频监控系统为例,学习城轨车辆车载视频监控系统的各项功能。

广州地铁车载视频监控系统共 3 种显示状态,按照优先级从低到高的顺序分别为正常显示状态、门烟报警显示状态、PECU 报警显示状态。PECU 报警显示状态:客室发生 PECU 紧急报警,显示对应车厢的广播报警盒与该车厢客室的摄像机图像。门烟报警显示状态:客室发生门报警与烟雾报警后,显示对应客室的摄像机图像。正常显示状态:以上两种情况都未发生时的显示状态。

(1)系统启动

如图 13.16 和图 13.17 所示。系统上电到显示软件人机界面第一组图像的时间:大约 200 s。系统循环显示 14 路摄像机图像(包括 12 路客室摄像机图像和 2 路司机室的图像)。对客室摄像机来说,每 4 个摄像机的视频画面为 1 组:编组方式为 1 车、2 车的画面为一组;3 车、4 车的画面为一组;5 车、6 车的画面为一组。对于司机室,1 车、6 车的司机室画面为一组。三组四画面和一组两画面图像顺序轮巡显示。

图 13.16　软件启动后,默认显示第一组图像

图 13.17　5 s 后,切换显示第二组图像

(2)人机界面

如图 13.18、图 13.19、图 13.20 所示。车载视频监控软件的人机界面由视频显示区域、功能按钮区域以及摄像机图标区域 3 部分组成。

图 13.18　视频图像显示区域

图 13.19　功能按钮区域

1）视频显示区域（见图 13.21 和图 13.22）

视频显示区域显示各车厢的图像，共有两种显示模式：单画面和四画面。四画面与单画面显示模式切换，四画面显示模式切换到单画面显示模式，单击其中任一视频画面即可。

图 13.20　摄像机图标区域

图 13.21　四画面显示模式

如图 13.23 所示。若该视频图像画面对应的状态条和摄像机均为红色，系统切换到单画面模式，视频显示区域显示所单击画面对应的摄像机的图像，系统状态处于门烟报警显示状态。

图 13.22　单画面显示模式

图 13.23　切换到门烟报警显示模式

若该视频图像画面对应的状态条和摄像机均为绿色,系统切换到单画面模式,视频显示区域显示所单击画面对应的摄像机的图像,系统仍处于正常显示状态,如图13.24所示。

单画面模式切换到四画面模式:在单画面模式下,单击当前画面,系统切换到四画面模式,系统处于正常显示状态。

2)功能按钮区域

功能按钮区域提供"自动切换"功能按钮,方便对系统进行功能操作。功能按钮使用范围见表13.1。

图 13.24　切换到正常显示状态下的单画面模式

表 13.1　功能按钮使用范围

状态 按钮	正常显示状态	门烟报警显示状态	PECU 报警显示状态
自动切换	√	√	×

系统默认以自动切换显示所有视频图像,默认时间间隔为 5 s。

自动切换按钮,在自动切换模式下,单击功能按钮区域中的 [图标] ,自动切换按钮图标变为 [图标] ,系统中止自动切换模式。如图 13.25 所示。

3)摄像机图标区域

摄像机图标区域由 14 个摄像机图标组成,分别对应 6 个客室的 12 路摄像机以及两个司机室的 2 路摄像机。绿色的摄像机图标表示视频图像显示区域正在显示对应的视频图像,红色的摄像机图标表示有门、烟雾或 PECU 报警,待显示或正在显示对应的视频图像,其余的摄像机图标为灰色,表示摄像机在正常录像。如图 13.26 所示。

图 13.25　自动切换模式

图 13.26　当前正在显示的视频图像

在正常显示状态下,单击其中任一摄像机图标(四画面模式与单画面模式具有相同效果):

若单击的摄像机图标为红色,对应的摄像机图标颜色不变。系统显示状态处于单画面模式的门烟报警显示状态。若单击的摄像机图标为绿色,对应的摄像机图标颜色不变。系统显示状态处于单画面模式的正常显示状态。若单击的摄像机图标为灰色,对应的摄像机图标变为绿色。系统显示状态处于单画面模式的正常显示状态。如图 13.27 和图 13.28 所示。

图 13.27　手动选择红色摄像机,
显示对应视频

图 13.28　手动选择灰色摄像机,
则该摄像机变为绿色

(3)PECU 报警与广播报警盒

单击红色摄像机图标,系统进入 PECU 报警显示状态,显示对应客室车厢报警摄像机的视频图像,并显示与广播报警盒的连接状况。单击红色报警盒(表示 PECU 报警与广播报警盒接通)上面的按钮,司机即可通过广播与客室车厢乘客对话。每个车厢有 3 个广播控制盒分别为 PECU1,PECU2 和 PECU3,红色报警盒表示 PECU 报警与广播报警盒接通,绿色报警盒表示未与广播报警盒接通。报警盒上的绿色按钮表示可操作,灰色按钮表示不可操作。有 PECU 报警但没有接通广播报警盒时的状态如图 13.29 所示,车厢上有报警时,报警盒上"接通"可操作,"挂断"按钮不可操作,单击"接通"按钮司机即可与乘客对话。

当 PECU 与广播报警盒有接通时的状态如图 13.30 所示,车厢上有报警的报警盒,其中接通时报警盒为红色显示,"挂断"按钮可操作,"接通"按钮不可操作。

图 13.29　报警但司机未接通报
警车厢的广播报警盒

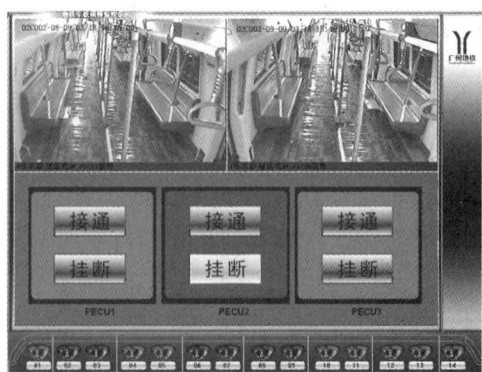

图 13.30　接通 PECU2 广播报警盒

同时有其他客室车厢的广播报警盒发生 PECU 报警,此时系统自动挂起待操作的广播报警盒,单击后会弹出"已经有报警盒被接通"提示框,如图 13.31 所示,当处理完当前车厢 PECU 报警后,再处理挂起的发生 PECU 报警的广播报警盒,司机即可与客室车厢乘客通话。

当司机通过广播与报警的客室车厢乘客通话后,需要挂断与当前车厢的广播报警盒连接时,单击"挂断"按钮,即可断开连接,同时该报警车厢的报警盒为绿色状态,等待下一次 PECU 报警与广播报警盒的连接,如图 13.32 所示。

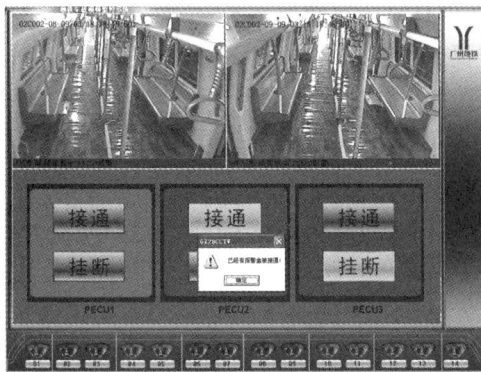

图 13.31　单击有接通时挂起的 PECU
报警盒"接通"按钮

图 13.32　单击与广播报警盒接通时的
挂断按钮后的界面

【效果评价】

评价表

项目名称	城市轨道交通车辆乘客信息系统		学生姓名	
任务名称	任务 3　CCTV 监控系统的认知		分数	
项　目			分值	考核得分
1. 车载视频监控系统相关知识、图片的搜集、整理			10	
2. 是否有小组计划			5	
3. 车载视频监控系统功能和组成的掌握情况			50	
4. 车载视频监控系统显示状态的认知情况			20	
5. 编制学习汇报报告情况			10	
6. 基本素养考核情况			5	
总体得分				
教师简要评语:				
			教师签名:	

项目小结

随着城市轨道交通技术和信息技术的发展,乘客信息系统逐步发展成集报站、客室广播、导向显示、视频广告、视频监控于一身的综合性乘客信息显示系统。

列车广播系统具有司机室对讲、司机对乘客广播、无线电广播、数字化报站、紧急广播、紧急对讲等功能。

媒体播放系统(LCD)主要由视频服务器、编码器、交换机、解码器、分屏器和 LCD 屏等设备组成。

CCTV 监控系统主要由 CCTV 主机、媒体网关、触摸屏、摄像机组成,主要有 3 种显示状态:正常显示状态、门烟报警显示状态、PECU 报警显示状态。

思考与练习

1. 简述列车广播系统的基本功能以及优先级别?
2. 简述列车广播系统的基本组成?
3. 简述媒体播放系统的功能以及组成?
4. 简述 CCTV 监控系统的功能以及组成?
5. 简述 CCTV 监控系统常见的几种显示状态?

项目 **14**

城市轨道交通车辆动力学基础

【项目描述】

城轨车辆在运行过程中由于轨道不平顺、零部件损伤等可能会产生伸缩、浮沉、横摆、侧滚、摇头、点头等对车辆运行平稳性和安全性有重大影响。

城轨列车运行平稳性指标是评定乘客乘坐舒适度的一个重要指标,影响城轨车辆脱轨的因素很多,主要有线路、车辆结构参数和运用条件等。

【学习目标】

通过本项目的学习,我们将要了解城轨车辆基本振动形式和激发振动的主要原因;掌握城轨车辆运行安全性、平稳性评定标准;掌握与城轨车辆动力学相关的蠕滑、蠕滑率和蠕滑力等基本概念的内涵,了解城轨车辆蛇行运动产生的机理,了解如何提高蛇行失稳的临界速度等。

【技能目标】

1. 能说明城轨车辆的振动的几种形式。
2. 能分析激起城轨车辆振动的主要原因。
3. 能分析城轨车辆运行平稳性、安全性及我国的评定标准。
4. 能定义蠕滑、蠕滑率和蠕滑力。
5. 能分析蛇行运动及蛇行失稳,提高蛇行失稳的临界速度。
6. 能分析出提高车辆曲线通过性能的措施。

任务1　城轨车辆振动的原因及基本振动形式的研究

【活动场景】

利用多媒体讲解车辆振动的原因，以及振动形式。

【任务要求】

能准确描述车辆运行时产生振动的原因，以及存在的振动形式。

【知识准备】

(1)车辆的振动模型

为了深入地研究城轨车辆的各种动力学性能，通常将城轨车辆系统抽象并简化为力学模型，建立相应的数学模型，通过系统运动的微分方程，以求其解。在不考虑车体自身的弹性振动的情况下，将车体视作刚体，车体在悬挂系统上的运动具有6个自由度，如图14.1所示。

一般将沿 x 轴的纵向运动称伸缩;沿 z 轴的上下运动称浮沉;沿 y 轴的左右运动称为横摆;在横断面内的转动称为侧滚;沿水平面的转动称摇头，

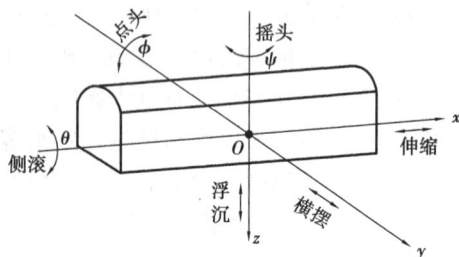

图 14.1　车体的空间振动示意图

在纵向立面中的转动称点头。在实际工况中，这些不同方向的运动通常以振动的形式出现，称为振型，并相互耦合。

车体支撑在对称的弹簧上，当车体横摆时，车体重力与弹簧支撑合力形成力矩使车体产生侧滚，这意味着车体的横摆与侧滚不能独立存在，它们形成了两个耦合振型:绕车体重心上方某滚心运动的为上心滚摆;绕车体重心下方某滚心运动的为下心滚摆。车体的摇头与滚摆属于车辆横向振动范畴。浮沉点头为垂向运动范畴。伸缩则为纵向振动。转向架构架视为刚体时运动也同样具有6个自由度。在车辆运行时，在线路不平顺等条件的激励下，车体及其他零、部件均会产生振动。各种振动可能会同时出现，但是振动幅度和频率是不同的。

(2)激起车辆振动的线路原因

轨道在车轮动载荷的作用下将沿长度方向呈现不均匀的弹性下沉，造成轨道实际几何形状与名义尺寸的偏差，即轨道不平顺。在城市轨道交通的线路中除车辆段、停车场等接引线采用碎石道床外，一般在隧道或高架线上均采用整体道床，采用整体道床的轨道的不平顺程度比传统铁路要小得多，但也存在高架预应力梁的徐变，橡胶垫的蠕变与老化，地基的不均匀下沉，钢轨的波浪形磨耗等问题，这些都可能激起车辆振动。如图14.2所示为轨道不平稳的4种表达方式。

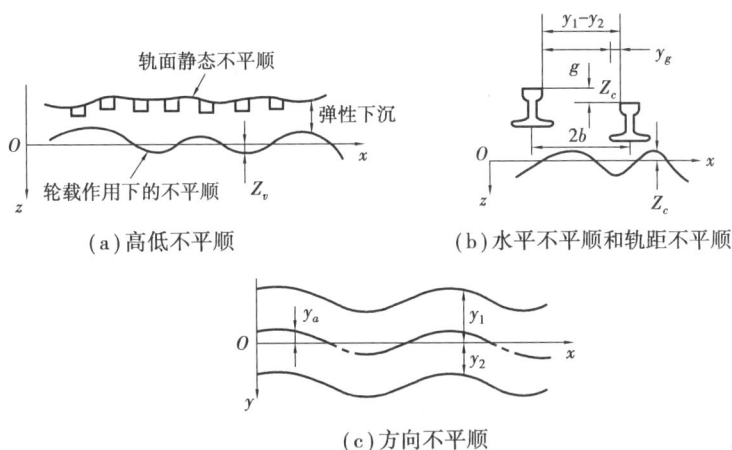

图 14.2　轨道不平稳的 4 种类型

①高低不平顺 Z_v。主要影响车辆的垂直振动,以左右轨面高度(严格讲,应是轮对在左右轨面上的纯滚动线高度)Z_1,Z_2 的平均值表示为

$$Z_v = \frac{Z_1 + Z_2}{2} \tag{14.1}$$

②水平不平顺 Z_c。主要影响车辆的横向振动,表示为

$$Z_c = Z_1 \times Z_2 \tag{14.2}$$

③方向不平顺 y_a。也影响车辆的横向振动,以左右轨头内侧面中心线偏离轨道中心线(严格讲,应是在左右轨面上纯滚动线距线路中心线偏离量)y_1 及 y_2 的平均值表示为

$$y_a = \frac{y_1 + y_2}{2} \tag{14.3}$$

④轨距不平顺 y_g。影响轮轨接触几何参数,在线性假设下一般不考虑它的影响。轨道不平顺按性质可分为:离散不平顺(如道岔、低接头、三角坑等)、周期性不平顺(如钢轨接头、波浪形磨耗等)、随机性不平顺 3 种。

各种不平顺对车辆运行平稳性、安全性有重大影响,因而要限制不平顺的幅度。随机不平顺一般用功率谱 $S_{(\omega)}$ 表示,反映不同波长的不平顺程度。

图 14.3 给出了轨道随机不平顺功率谱的示例。从中可知,长波的不平顺幅度大而短波不平顺小。当车辆结构和参数确定之后,线路率谱的大小就决定了该种车辆运行时的振动幅度,也确定了该车辆运行的平稳性指标。为了达到车辆运行的平稳性指标,在设计阶段就应明确车辆运行的环境,确定车辆结构与参数以适应运行环境和条件的要求。

(3)车辆的自激振动

钢轮与钢轨的接触面或橡胶轮胎与导向路面之间存在着切向力,这种切向力称蠕滑力或黏滑力。它随车轮与路面或轨面的相对位置或运动状态而发生变化。在一定条件下,这种切向力会激起车轮乃至车辆发生剧烈振动,振动的原因是自激性的。

【任务实施】

组织学生从理论方面讨论振动的存在形式以及振动的原因。

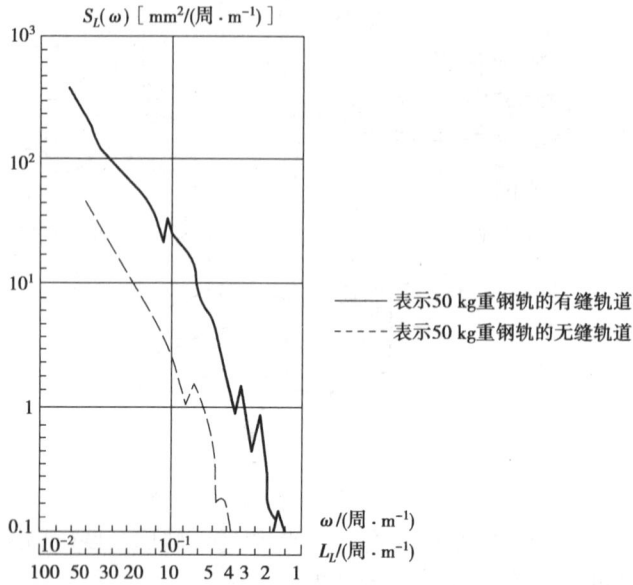

图 14.3 轨道不平顺的功率谱密度函数示例

【效果评价】

评价表

项目名称	城市轨道交通车辆动力学基础		学生姓名	
任务名称	任务 1 城轨车辆振动的原因及基本振动形式的研究		分数	
项 目			分值	考核得分
1. 车辆振动相关知识、图片的搜集、整理			20	
2. 是否有小组计划			10	
3. 车辆振动原因的分析是否透彻			20	
4. 车辆振动形式的定义是否清楚			50	
总体得分				
教师简要评语：				
教师签名：				

任务 2 车辆运行安全性及平稳性评定标准研究

【活动场景】

利用多媒体讲解车辆运行安全性、平稳性标准。

【任务要求】

能准确描述车辆运行安全性、平稳性含义以及标准。

【知识准备】

城轨车辆的运行安全性只有在轮轨处于正常接触状态下才能得到保证,城轨车辆在线路上运行时,由于受到外界或内在因素共同影响可能会丧失车辆安全运行的基本条件,从而造成轮轨分离,导致车辆脱轨甚至发生倾覆等恶性事故。

(1)车辆运行安全性及评定指标

1)轮对脱轨条件和评定指标

一般条件下,车辆从直线进入曲线,其转向是在轮轨导向力作用下完成的。这时前轮对的外侧车轮轮缘紧靠外轨,轮轨接触力如图 14.4 所示。车轮在侧向力推动下逐渐爬上轨头,当到达轮缘圆弧拐点时,如果车轮不能滑回原位,则出现脱轨临界状态。此时车轮很有可能在 Q_1 力作用下维持上升趋势直至脱轨发生。因此,拐点处的临界状态是爬轨的分析条件。

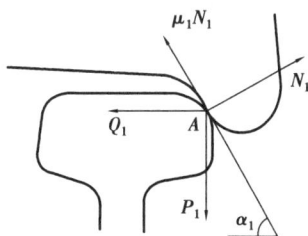

图 14.4 车轮脱轨的作用

Q_1 及 P_1 是外轮作用给轨头的力,N_1 及 μN_1 力则是轮轨接触处给车轮的法向力及切向力,它们是一对作用力与反作用力。其平衡方程式为

$$\left.\begin{array}{l} P_1\sin\alpha_1 - Q_1\cos\alpha_1 = \mu_1 N_1 \\ p_1\cos\alpha_1 + Q_1\sin\alpha_1 = N_1 \end{array}\right\} \tag{14.4}$$

式中 μ_1——摩擦系数;

$\quad\alpha_1$——轮缘角。

其方程的解为

$$\frac{Q_1}{P_1} = \frac{\tan\alpha_1 - \mu_1}{1 + \mu_1\tan\alpha_1} \tag{14.5}$$

此表达式是车轮在爬轨过程中维持在拐点的平衡条件。由式(14.5)可以推出,α_1 角越大或摩擦系数越小,越不易发生脱轨。

$\dfrac{Q_1}{P_1}$ 定义为脱轨系数,超过限度就有脱轨可能。根据我国轮轨状态,规定我国标准为:$\dfrac{Q_1}{P_1} = 1.0$ 为第一限度也是允许限度;$Q_1/P_1 = 1.2$ 为第二限度。第一限度是希望不超过的允许限度,新车不能超过允许限度。而第二限度则是安全限度。

由单轮脱轨公式可以演变出整体轮对的脱轨条件。采用测力轮对直接测取 Q_1 和 P_1 的值,可以评价脱轨安全性;也可以采用测量转向架构架力的方法,测取左右侧架轴箱垂直力及横向力,计算左右车轮的垂直力 P_1 和 P_2,左右侧架的横向力之和 H 是转向架作用在轮对上的横向力。低速时,省略轮对的惯性力后,脱轨条件可近似表示为轮对形式:

$$\frac{H + \mu_2 p_2}{p_1} = \frac{\tan \alpha_1 - \mu_1}{1 + \mu_1 \tan \alpha_1} \tag{14.6}$$

上面的评价条件均适用于低速脱轨过程。高速脱轨是由于跳轨或蛇行失稳产生的,此时瞬时侧向力可以很大,因此 $\frac{Q_1}{P_1}$ 的临界值与出现峰值瞬时力的时间 Δt 成反比。

2)轮重减载引起的脱轨条件

上面考虑的脱轨过程都是轮对在较大水平力和较小轮重下形成的。从实际运用中出现的脱轨事故中发现,有时脱轨轮对所受侧向力并不大,只是左右轮重发生较大差异。这种情况的脱轨条件只要令 $H \approx 0$ 时就可推出轮重减载的脱轨条件:

$$\frac{\Delta p}{p} = \frac{\dfrac{\tan \alpha_1 - \mu_1}{1 + \mu_1 \tan \alpha_1} + \dfrac{\tan \alpha_2 + \mu_2}{1 - \mu_2 \tan \alpha_2}}{\dfrac{\tan \alpha_1 - \mu_1}{1 + \mu_1 \tan \alpha_1} - \dfrac{\tan \alpha_2 + \mu_2}{1 - \mu_2 \tan \alpha_2}} \tag{14.7}$$

式中 Δp——右右轮重差;

$\mu_1, \mu_2, \alpha_1, \alpha_2$——左右车轮与轨头接触处的摩擦系数及接触角。

我国规定 $\Delta p/p$ 的允许限度为 0.6。

在使用上述 3 个公式时,应注意具体条件,这是根本性的依据,后两个公式则是有条件的,条件不满足时会得到矛盾的结果。

3)影响脱轨的因素及防范措施

影响车辆脱轨的因素很多,而实际脱轨往往是多种不利因素的组合,其中某个因素起了决定作用。主要的因素多为线路、车辆结构参数和运用条件。线路方面的因素有,曲线超高、顺坡、三角坑及局部不平顺均会引起过大侧向力或轮重减载。车辆方面的因素有,转向架制造公差,回转力矩、轴箱横向定位刚度过大、斜对称载荷均会造成侧向力过大或引起轮重减载。侧向力过大、重心过高在曲线上也会导致减载超限。装载偏重、空车弹簧静挠度过小均会引起轮重减载。一般车辆低速由曲线进入直线时容易脱轨,当车辆通过曲线时遭受到强风也是曲线脱轨的原因之一。

4)车辆倾覆安全性

当车辆弹簧柔性过大,重心过高时,在过大的离心力、振动惯性力或侧风力组合作用下,造成车辆一侧车轮减载过大而使车辆倾覆。它与低速脱轨时不考虑离心力、振动的情况有所不同。车辆在横向力作用下可能倾覆的程度用倾覆系数 D 来表示,即

$$D = \frac{p_2 - p_1}{p_2 + p_1} \tag{14.8}$$

式中 p_2——车辆外轨侧的垂直轮轨力;

p_1——车辆内轨侧的垂直轮轨力。

我国规定 $D=0.8$ 为危险限度,允许倾覆系数应为 $D<0.8$。与车辆脱轨一样,车辆的倾覆不仅与车辆结构有关,也与线路状态和运用条件有密切的关系。为了防止车辆倾覆,可加大车辆横向刚度或抗侧滚刚度,以减少重心偏移过大引起的簧上失稳。由于增大横向刚度会减小横向平稳性,因此,目前大多采用增加抗侧滚刚度的扭杆来减小侧滚角,提高抗倾覆能力。

（2）**运行平稳性及评定标准**

车辆平稳性是评定旅客舒适程度的主要依据,反映了车辆振动对人体感受的影响。因此,评定平稳性的方法主要是以人的感觉疲劳程度为依据,通常以平稳性指标表示。我国主要用斯佩林公式来计算平稳性指标 W,W 值越小,说明车辆的平稳性越好。

$$W = 0.896\sqrt{\frac{j^3}{f}F(f)}$$

式中　　j——振动加速度,cm/s^2;

　　　　f——振动频率,Hz;

　　　　$F(f)$——与频率有关的修正公式,反映人体对不同方向和频率振动的敏感度。

图 14.5 中的纵坐标表示振动的加速度值,横坐标表示振动的频率值,而粗实线则表示平稳性指标 W 的等值线。按照振动的频率及加速度就可以从图中查出相应的平稳性指标值。从等值线的下凹特点可知,人体对某些低频的振动是敏感的。

国际标准化组织 ISO 2631 标准规定:ISO 标准评估振动对人体影响时用疲劳时间 T 表示。从维持工作效能、健康和舒适度出发相应提出 3 种限度:工效下降限度、承受限度及舒适度下降限度。这些限度是在对飞行员及汽车驾驶员进行大量测试研究后取得的。研究表明,人体对 2 Hz 左右的水平振动很敏感,而对垂直振动 4～8 Hz 最敏感。在英、法等欧洲国家也有取洛奇的疲劳时间评定法,在日本则采用等舒适度曲线法评定平稳性。

由于新车与运用后的车辆的轮轨关系,悬挂参数有所不同,性能相应发生变化,因而不仅需对新车平稳性或其他性能提出要求,同时,对于运用一段时间的车辆同样必须达到适当的平稳性指标。这就要求在设计时采用的结构参数必须确保在整个运用期内有稳定的动力学性能。

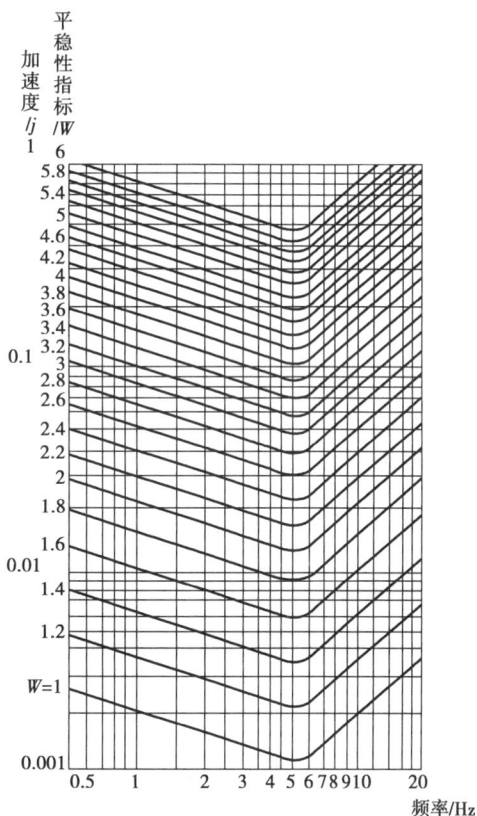

图 14.5　垂直平稳性指标及频率间的关系曲线

【任务实施】

组织学生从理论方面讨论运行安全性及平稳性的评定标准。

【效果评价】

评价表

项目名称	城市轨道交通车辆动力学基础		学生姓名	
任务名称	任务2 车辆运行安全性及平稳性评定标准研究		分数	
项 目			分值	考核得分
1. 车辆运行安全性及平稳性相关资料的搜集、整理			20	
2. 是否有小组计划			10	
3. 车辆运行安全性的评定是否准确			20	
4. 车辆运行平稳性的评定是否准确			50	
总体得分				
教师简要评语：				
			教师签名：	

任务3 轮轨接触及滚动理论研究

【活动场景】

利用多媒体讲解轮轨接触及滚动理论。

【任务要求】

能准确描述轮轨接触原理以及滚动理论。

【知识准备】

轨道交通车辆中地铁、轻轨常采用钢轮钢轨方式,而独轨、新交通系统及部分地铁则采用充气轮胎走行在硬质导向线路面上。通过车轮获取驱动力和制动力,是轨道车辆最常用的一种形式,车轮与钢轨间的接触滚动关系决定了它们间的作用力、变形和相对运动。因此,滚动接触直接影响城市轨道车辆的性能、安全、磨耗及使用寿命。

（1）轮轨接触几何关系（等效斜率、重力刚度及角刚度）

不同的轮轨外形配合具有不同的轮轨接触几何关系和接触几何参数。地铁、轻轨车辆的钢轮在两根钢轨上滚动,具有轮缘的锥形或磨耗型踏面的新轮对与轨道(新轨)中心垂向重合时,接触点左右对称,接触点处的滚动圆半径、接触角相等,称其为名义滚动圆半径 r_0 和接触角 δ_0。此时车辆质量由接触点处的反力平衡,如图 14.6 所示。

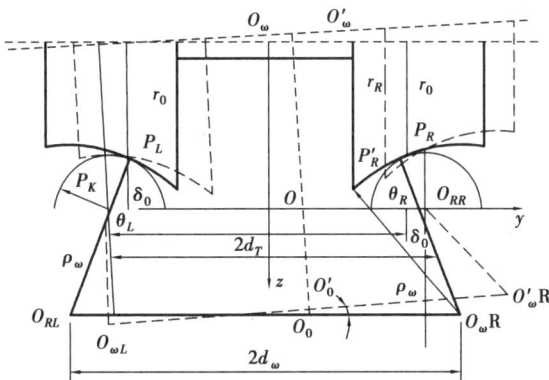

图 14.6　弧形轮轨外形的轮轨接触几何关系

1）等效斜率 λ_e

当轮对产生横移 y 时,左右接触点产生变化,接触点处的滚动圆半径及接触角相应发生变化 Δr 及 $\Delta\delta$。在小位移 y 下,Δr 及 $\Delta\delta$ 与 y 呈线性关系:$\Delta r = \lambda_e \cdot y$,$\lambda_e$ 称为等效斜率,锥形踏面时踏面斜率即为 λ_e。λ_e 的大小反映了轮对偏移时,左右轮滚动圆半径差异的大小,它是产生蛇行运动的直接原因。

2）重力刚度 K_g

假设轮轨接触面处摩擦系数为零,轮对横移后左右车轮的接触角不等,将引起法向力的水平分力也不相等,由此产生的轮轨水平合力将迫使轮对中心回到原来的位置上去。其本质是轮对横移时轮对中心升高,车辆增加的势能具有迫使轮对复位的趋势,因而定义这种复位能力为轮对的重力刚度 K_g,这是有利于轮对运动稳定的因素。

3）重力角刚度 C_g

同样在轮对摇头时,左右轮的接触点前后移动,其左右横向分力产生了一个绕垂直轴的力矩,其方向将使轮对继续扩大摇头角。本质上是轮对重心下移,车辆系统的势能释放,促使轮对继续运动。产生的负力矩与摇头角 $\Delta\varphi$ 的比值称重力角刚度 C_g。它是一个不利稳定的因素,但数值较小。

图 14.7 给出了运用前、运用后的轮对与钢轨的接触几何关系。由图可知,轮轨磨耗后 λ_e 和 K_g 都有所增大。从保持长期稳定运行的观点看,车辆转向架的设计不能依赖于新轮新轨的关系,而应着重考虑磨耗后的轮轨关系才能设计出性能优良的车辆。

一般情况下,采用锥形踏面的轮对的重力刚度及角刚度分别为

$$\lambda_e = \frac{W\lambda_e}{b} \cdot y$$

$$C_g = -Wb\delta_0$$

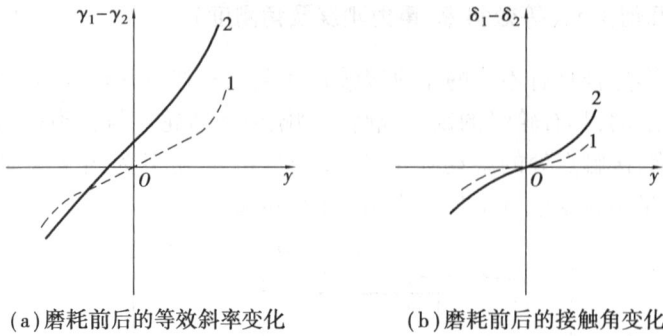

(a)磨耗前后的等效斜率变化　　　　　(b)磨耗前后的接触角变化

图 14.7　磨耗前后的轮轨接触关系变化
1—新轮轨;2—旧轮轨

式中　W——轮重;

　　　b——左右轮滚动圆间距的一半。

(2)轮轨接触蠕滑关系

轮对在钢轨上运行时,一般承受垂直载荷和纵、横切向载荷。纵向载荷主要来自牵引及制动。稳态前进的非动力轮的车轮在不制动时,其纵向切向力平衡轴承阻力和蛇行时的惯性力。无论是动力轮对或从动轮对都存在着纵向切向力,它导致了轮轨纵向相对运动的速度差。

1)黏着区和滑动区

传统理论认为钢轮相对钢轨滚动时,接触面是一种干摩擦的黏着状态,除非制动或牵引力大于黏着能力才会转入完全滑动的摩擦状态。现代研究表明,由于车轮和钢轨都是弹性体,滚动时轮轨间的切向力将在接触斑面上形成两个性质不同的区域:黏着区和滑动区。切向力小时主要为黏着区;随切向力加大,滑动区扩大,黏着区缩小。当切向力超过某一极限值时,只剩下滑动区,轮子在钢轨上开始明显滑动。

2)蠕滑与蠕滑率

由于黏滑区的存在,轮周上接触质点的水平速度与轨头上质点相对轮心的水平速度并不相同,存在着一个微小的滑动,称为蠕滑(Creep)。宏观上轮周速度与轮心的水平速度并不一致。以同样的转速走行在硬质路面和沙地上的两辆自行车,其前进速度并不一样,就是这个道理。当车轮受到横向外力作用时,会产生微小的横向移动,这也是一种蠕滑现象。定义车轮的纵向蠕滑率 y 为

$$y = \frac{\text{实际车轮前进速度} - \text{轮周名义速度}}{\text{实际车辆前进速度}}$$

3)蠕滑率与蠕滑力

实际上过去所谓的牵引力、黏着力、制动力、切向力的概念在本质上都是蠕滑力。图 14.8给出了不同试验下蠕滑率与蠕滑力的关系曲线。从图中可知,在小蠕滑下,蠕滑力与蠕滑率呈线性关系。

该斜率定义为蠕滑系数,按纵向、横向定义为 f_{11}, f_{22},则

$$\text{纵向蠕滑力 } F_{11} = -\text{蠕滑系数 } f_{11} \times \text{纵向蠕滑率 } y_{11}$$
$$\text{横向蠕滑力 } F_{22} = -\text{蠕滑系数 } f_{22} \times \text{纵向蠕滑率 } y_{11}$$

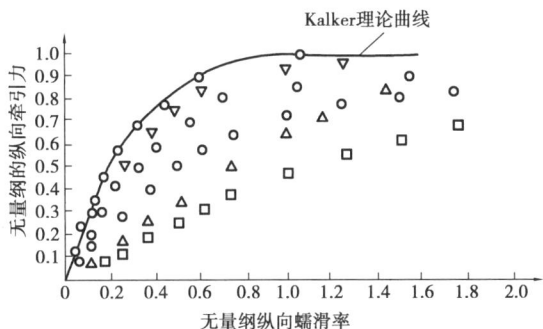

图 14.8　不同试验者做纵向轮轨接触面

▽—Johnmn 和 Vermeulen；○（上）—松井信夫和横濑景司；

○（下）—Ockwell；△—Loach；□—Barwell 和 Woolcaott

4）黏着系数

当蠕滑率较大时,切向力增值的速率变缓,最后切向力达到饱和值。通常将极限状态下的最大纵向切向力与垂直轮载的比值称为黏着系数。

接触表面的状态决定了黏着能力。干净的钢轮钢轨间的黏着系数可达 0.6,但有油污后下降幅度很大。由于轨道油污不可避免,黏着系数或蠕滑系数通常只能达到清洁条件的一半弱。为了使动车组发挥更大的轮周牵引力和制动力,防止黏着不足引起的车轮空转和滑动导致的车轮和钢轨的擦伤与剥离,并减少因此而产生的振动冲击及噪声,研究蠕滑的控制技术是非常有必要的。

（3）防止启动时空转及制动时滑行的蠕滑控制

虽然动车组的牵引力及制动力均是分散的,对黏着能力的需求不像干线机车那样强烈。但是城市轨道交通车辆启动与制动加减速度又比干线列车高,站间距短,启动与制动频繁,因此,提高黏着仍是非常必要的。在干线机车上采用的撒砂方法并不适用地铁车辆,目前,先进的电子防滑（防空转）系统已经使用在地铁车辆上。电子防滑系统由轮对转速测量、微处理器、控制空气制动压力的 EP 单元、控制牵引电机牵引或制动力矩的微机控制单元组成。其工作原理是监察轮对的蠕滑量,调整施加在轮子上的力矩,确保轮轨关系处于最佳黏着范围内。除了这些方法,国外正在研究在动车组踏面上涂抹固体高摩脂来提高或稳定黏着,并已取得一定进展。

【任务实施】

组织学生从理论方面讨论轮轨接触及滚动情况。

【效果评价】

评价表

项目名称	城市轨道交通车辆动力学基础		学生姓名	
任务名称	任务 3　轮轨接触及滚动理论研究		分数	
项　目			分值	考核得分
1. 车辆轮轨接触及滚动理论相关资料的搜集、整理			20	

续表

项目名称	城市轨道交通车辆动力学基础		学生姓名	
任务名称	任务3 轮轨接触及滚动理论研究		分数	
项 目			分值	考核得分
2. 是否有小组计划			10	
3. 车辆轮轨接触关系描述是否清晰			20	
4. 车辆滚动理论研究是否深刻			50	
总体得分				
教师简要评语:				
			教师签名:	

任务 4　车辆的蛇形运动稳定性研究

【活动场景】

利用多媒体讲解车辆蛇形运动过程及其稳定性。

【任务要求】

能准确描述车辆蛇形运动稳定性因素。

【知识准备】

　　具有一定踏面形状的铁道车辆轮对,即使沿着平直轨道滚动,受到微小激扰后就会产生一种振幅保持或继续增大直到轮缘受到约束的特有运动。此时轮对向前滚动,一面横向往复摆动,一面又绕铅垂中心线来回转动,其轮对中心轨迹呈现波浪形,称蛇行运动。表面上轮对并未受到钢轨的纵向或横向位移激振,实际上这是一种自激振动。是轮对对钢轨的相对运动产生了内部激振力,由这种激振力维持着轮对的运动。由机车牵引力提供的非振动能量由于轮轨间的自激机理转换为蛇行运动的能量。当车辆运行提高到某速度,车辆系统中的阻尼无法耗散这种能量时,蛇行运动就呈现失稳,该速度称为蛇行失稳临界速度。轮轨间的蛇行运动是由具有等效斜率的踏面产生的。这种踏面是为了避免轮对的轮缘始终贴靠轨侧运动而采取的自动取中措施。正是这种取中的能力在一定条件下转化为失稳的动力。

　　早期对蛇行运动的认识是表面的。从纯黏着滚动的假设条件出发,由锥形踏面轮对与钢轨间的几何关系可以推导出一个无约束自由轮对的蛇行运动频率 ω_ω 及波长 L_ω 的公式,之后

又推出了轴距为 $2L_1$ 的刚性两轴转向架的蛇行波长 L_1 及蛇行频率 ω_t：

$$\left.\begin{array}{l} \omega_\omega = 2\pi V/L_\omega \\[2mm] L_\omega = 2\pi \sqrt{\dfrac{br_0}{\lambda_e}} \\[2mm] \omega_t = 2\pi V/L_t \\[2mm] L_t = L_\omega \sqrt{1 + \left(\dfrac{L_1}{b}\right)^2} \end{array}\right\} \tag{14.9}$$

随着对蠕滑现象的研究和认识，了解到轮对在钢轨上的蠕滑运动及这种蠕滑产生的蠕滑力是车辆水平振动的重要原因。在引入蠕滑与蠕滑力关系后，轮对及车辆运动方程中产了自激振动的因素，因此，可以从运动微分方程直接推导出自激蛇行运动的解。从此对车辆蛇行运动稳定性的研究进入了崭新的阶段。

在 20 世纪 60 年代，英国及日本首先将蠕滑理论运用于高速车辆蛇行稳定性的研究，成功地指导了高速列车的开发。城市轨道车辆运行速度不高，但是如果轮对定位刚度及悬挂参数选择不当，也会出现蛇行失稳现象。尤其近年来，为改善城市轨道车辆小曲线通性能，减小噪声及磨耗问题，轮对定位刚度逐渐减小有可能导致蛇行运动的失稳。车辆蛇行失稳将恶化运行品质，引起轮轨磨耗并扩大动载荷，严重时还会导致脱轨。因此，车辆的蛇行稳定性的裕量大小是衡量车辆是否能始终满足正常运行的条件之一。图 14.9 体现出了通常的轮对蛇行运动轨迹。

带有弹性定位转向架的车辆在直线运行时会产生两种不同阶段的蛇行运动；车体蛇行运动（一次蛇行）、转向架蛇行（二次蛇行）。在较高速度的二次蛇行，蛇行频率较高，车体振动很小而转向架及轮对振幅较大，一旦出现，没有可能随速度升高而消失。在较低速度时出现的一次蛇行则是车体振幅相对大的一种蛇行振型。其原因是在这种振型下，车辆系统的阻尼无法吸收来自轮轨接触切向力输入的能量，因而振动扩大直到轮缘碰击钢轨。只要选择适当的悬挂参数，这种失稳是可以完全克服的。而对二次蛇行，只能选取合理的参数，提高蛇形运动失稳的临界速度，而不能完全消除它的出现。

影响蛇行运动的因素很多，主要有以下几种：

（1）轮对定位刚度

轮对的纵向定位刚度 K_{1x}、横向定位刚度 K_{1y}，y 是转向架控制轮对运动的直接因素。不同的参数匹配可以获得不同的蛇行临界速度 V_{cx}，如图 14.10 所示。一般来讲，增加 K_{1x} 及 K_{1y} 都

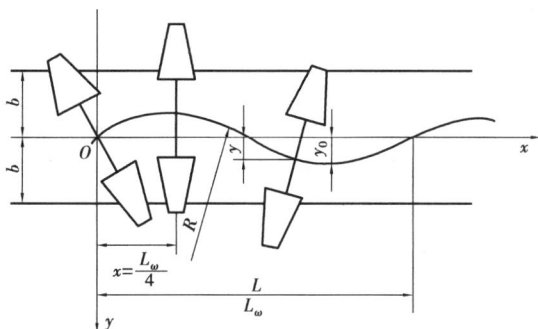

图 14.9　轮对蛇形运动轨迹

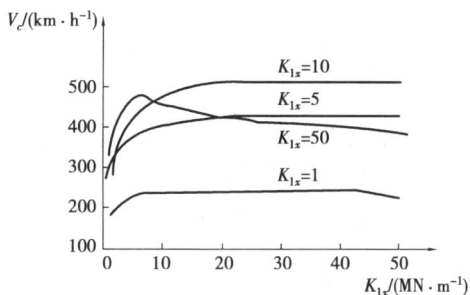

图 14.10　对定位刚度与临界速度的关系

能提高临界速度。但是定位刚度过大增加的效果将不明显,太大时反而下降。纵向刚度过大会不利于曲线通过,而横向定位刚度过大则可能降低车辆横向舒适性。因此,要综合各方面需要来确定定位刚度的数值。

（2）**车轮踏面等效斜率** λ_e

λ_e 是影响蛇行运动的关键参数之一,它与临界速度的关系可用 $V_{cx} \propto \dfrac{1}{\sqrt{\lambda_e}}$ 来描述。小的 λ_e 可以获得高的临界速度。但是要维持小的 λ_e 就需经常镟轮。新轮的踏面斜率虽然合适,但是运用一段时间后就迅速增大。另一个缺点是小的 λ_e 不利于曲线通过。对城市轨道车辆来讲,需要有很好的曲线通过性能及适当的蛇行稳定性,因此 λ_e 不宜太小。目前,国际上通常采用磨耗型(凹型)踏面,λ_e 大致可稳定在 0.15 ~ 0.25,此时地铁车辆的蛇行临界速度可设计为 100 ~ 120 km/h,其正常最高运行速度在80 km/h左右。

（3）**蠕滑系数**

蠕滑系数对蛇行运动有影响,一般是蠕滑系数小,临界速度也小。实际上并非完全如此。蠕滑系数的影响与定位刚度、重力刚度的大小有牵连关系。因此,有些类型的车辆在干燥天气(蠕滑系数大)时临界速度反而下降。需要注意的是,在城市运用的轨道车辆,轨面污染相对严重,车辆的运用必须既考虑蠕滑系数高的情况也要考虑蠕滑系数低的情况。

（4）**转向架固定轴距**

固定轴距增大会使蛇行临界速度提高,但不利曲线通过,在城市轨道交通线路条件下一般倾向取短的固定轴距以改善轮轨磨耗,增强小曲线通过能力。

（5）**中央悬挂装置**

中央悬挂装置内的两系回转复原弹簧 K_{2x},对提高蛇行临界速度有很大影响,如果在那里并联抗蛇行减振器后则作用更加明显,当然 K_{2x} 不宜过大,因为对曲线通过不利。通常在这里设置了具有非线性磁滞饱和特性的悬挂元件,在直线运行的小振幅时,这种特性呈现出高约束性,而在曲线通过时则位于饱和位置以减少对转向的约束。

其他二系悬挂如 K_{2y},K_{2x} 的取值与具体车辆结构及目标速度、运用条件有关,需要具体分析。一般来讲,它们对转向架失稳仅有一定控制作用,但对车体蛇行,如上下心滚摆失稳,控制作用要更大些。在设计时要注意它们对车辆的平稳性、舒适性的影响。

二系阻尼 C_{2x},C_{2y} 对蛇形运动稳定性和车辆的平稳性均有影响。一般增大会提高稳定性,但过大则会破坏平稳性,因此,必须综合考虑参数的选取。

总之,影响车辆蛇行运动的因素很多,在设计车辆或改进车辆时应作多种参数选择和方案比较,从垂直及横向平稳性,蛇行运动稳定性,曲线通过性能等方面综合考虑。既要考虑新车状态,也要考虑运用后的条件,保证在使用或检修间隔期内性能保持优良。从城市轨道车辆运用现实考虑,过高的临界速度是不必要的,要更多地考虑曲线通过、舒适性及对环境的影响。

【任务实施】

组织学生从理论方面讨论蛇形运动稳定性。

【效果评价】

评价表

项目名称	城市轨道交通车辆动力学基础		学生姓名	
任务名称	任务4　车辆的蛇形运动稳定性研究		分数	
项　目			分值	考核得分
1. 车辆蛇形运动理论稳定性相关资料的搜集、整理			20	
2. 是否有小组计划			10	
3. 蠕滑轨迹描述是否清晰			20	
4. 影响蛇形运动的因素描述是否完整			50	
总体得分				
教师简要评语： 　　　　　　　　　　　　　　　　　教师签名：				

任务5　车辆运行时的振动分析

【活动场景】

利用多媒体讲解车辆振动产生的原因。

【任务要求】

掌握车辆周期性振动以及随机相应。

【知识准备】

车辆在直线上运行时的振动主要是由轨道的多种不平顺激励产生的。主要是由于道岔区间或偶然因素引起的是瞬态振动和周期短轨接头引起的周期性振动。而大量的振动来源于轨道的随机不平顺，其产生的响应称车辆的随机响应。

（1）**车辆的垂直振动**

城市轨道车辆的转向架通常采用二系悬挂。力求在有限的空间内获得较大的柔性。图14.11给出了车辆无阻尼的垂直振动简化系统简图。

模型考虑车体仅作浮沉振动，前后转

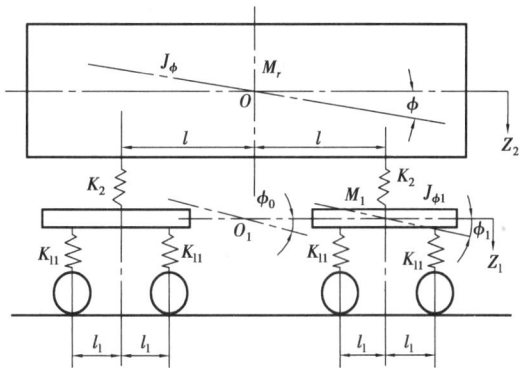

图14.11　二系无阻尼悬挂系统简图

向架构架相应作同相浮沉的低频振型。这是两个自由度的振动系统。其振动方程为

$$\left.\begin{array}{l} M_2 Z_2 + 2K_{2z}(Z_2 - Z_1) \\ 2MZ + 2K_2 M_1 Z + 2K_{2z}(Z_1 - Z_c) + 2K_{1z} Z_1 \end{array}\right\} \tag{14.10}$$

式中　M_1——转向架构架及相连的簧上部分质量;

　　　M_2——车体质量;

　　　K_{1z}——转向架轴箱系弹簧垂直刚度;

　　　K_{2z}——转向架中央系弹簧垂直刚度。

若引入符号 $a_1 = \dfrac{2K_{2z}}{M_z}; a_2 = \dfrac{K_{1z} + K_{2z}}{M_1}; a_3 = \dfrac{K_{2z}}{M_1}$ 则上式改写为:

$$\left.\begin{array}{l} Z_2 + a_1 Z_{1-a_1} Z_c = 0 \\ Z_1 + a_2 Z_{1-a_3} Z_c = 0 \end{array}\right\} \tag{14.11}$$

式(14.11)为一个有两个变量的常系数齐次线性方程组,其解设为

$$\left.\begin{array}{l} Z_1 = A \sin(P_1 + a) \\ Z_2 = B \sin(P_1 + a) \end{array}\right\} \tag{14.12}$$

式中　A, B——转向架构架及车体的自由振动振幅;

　　　P——系统的自振频率;

　　　a——相位角。

将 Z_1, Z_2 代入式(14.11),得

$$\left.\begin{array}{l} a_1 A - (a_1 - P^2) B = 0 \\ (a_2 - P^2) A - a_3 B = 0 \end{array}\right\} \tag{14.13}$$

若该方程组有解,必须满足下列行列式为零,即

$$\begin{vmatrix} a_1 & -(a_1 - p^2) \\ (a_2 - p^2) & -a_3 \end{vmatrix} \tag{14.14}$$

展开得微分方程组的特征方程

$$P^4 - (a_1 + a_2)P^2 + a_1(a_2 - a_3) = 0 \tag{14.15}$$

得方程两个特征根为

$$P_{1\cdot2}^2 = \frac{1}{2}\left[(a_1 + a_2)^2 + \sqrt{(a_1 + a_2)^2 - 4a(a_2 - a_3)}\right] \tag{14.16}$$

考虑车提质量与转向架构架质量的悬殊,可得

$$P_1 \approx \sqrt{\frac{g}{\dfrac{(2M_1 + M_2)g}{2K_{1z}} + \dfrac{M_2 g}{2K_{2z}}}} = \sqrt{\frac{g}{f_{st}}} \tag{14.17}$$

$$f_{st} = f_{s1} + f_{s2} = \frac{(2M_1 + M_2)g}{2K_{1z}} + \frac{M_2 g}{2K_{2z}} \tag{14.18}$$

$$P_2 \approx \sqrt{\frac{f_{s1} + f_{s2}}{f_{s1} \cdot f_{s2}} \cdot \left(1 + \frac{M_2}{2M_1}\right) \cdot g} \tag{14.19}$$

从式(14.17)、式(14.19)中可知,$P_2 > P_1$ 这表明车辆的两自由度简化垂直振动系统有两个自振频率。低频 P_1 与总静挠度 f_{st} 有关,而高频 P_2 除与总静挠度有关外还与刚度及质量比有关。

当 P_1, P_2 确定后,可以求出振幅比 $\dfrac{A}{B}$ 的数值。

与 P_1 对应的 $\dfrac{A_1}{B_1} = \dfrac{a_1 - p_1^2}{a_1} > 0$　　　　　　　　　　　　　　　　(14.20)

与 P_2 对应的 $\dfrac{A_2}{B_2} = \dfrac{a_1 - p_2^2}{a_1} < 0$　　　　　　　　　　　　　　　　(14.21)

这表明低频对应的振型为:车体与构架作同相振动。而 P_2 对应为车体与构架作反相振动。图 14.12 给出了这两种振型同时存在时车体与构架浮沉振动的振幅及相位的情况。

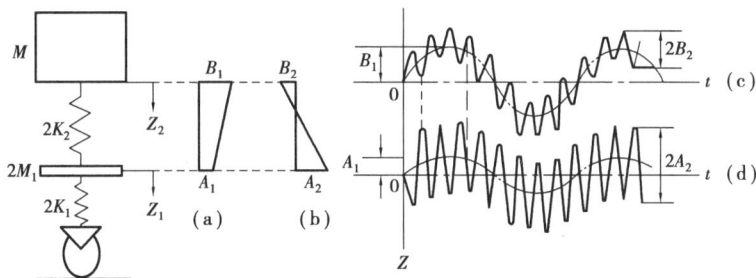

图 14.12　车体与转向架构架浮沉振动的主振型及振动波形

这表明车辆的两自由度简化垂直振动系统有两个自振频率。车体以低频振动为主,而构架则以高频为主。

目前,干线客车及地铁轻轨车辆的两系垂直总挠度通常均在 160 mm 以上。当中央系采用空气弹簧时,空气弹簧的当量挠度可达 200 ~ 300 mm。因此,车辆的低频振动一般在 1 Hz 左右,使车辆具有良好的隔振性能,从而减缓了轮轨冲击力对车体的影响。

当车辆在中央弹簧悬挂处并联阻尼器后,阻尼可以吸收车辆的振动能量以衰减振动。此时振动微分方程将增加阻尼项,具有线性阻尼的自由振动方程为

$$\left.\begin{array}{l} M_2 \ddot{Z}_2 + 2C_{2z} \dot{Z}_2 + 2K_{2z} Z_2 - 2C_{2z} \dot{Z}_1 - 2K_{2z} Z_1 = 0 \\ 2M_1 \ddot{Z}_1 + C_{1z} \dot{Z}_1 + 2(K_{1z} + K_{2z}) Z_1 + 2C_{2z} \dot{Z}_1 - 2C_{2z} \dot{Z}_2 - 2K_{2z} Z_2 = 0 \end{array}\right\}$$　(14.22)

式中　C_{1z}, C_{2z}——分别为一系和二系悬挂垂向减振器的阻尼系数。

其解为

$$\left.\begin{array}{l} Z_1 = A \mathrm{e}^{-\lambda t} \sin(pt + a_1) \\ Z_2 = B \mathrm{e}^{-\lambda t} \sin(pt + a_2) \end{array}\right\}$$　(14.23)

这个具有阻尼的简化系统同样有两个自振频率,并各对应一定的振型。在阻尼不大的情况下,其自振频率和振型均与无阻尼系统的自振频率和振型相近。

设置阻尼可以衰减车辆振动。为了提高效率,阻尼一般只在中央系设置,因为中央系的挠度大,车体相对构架的位移比轴箱处大,因此阻尼功提高。在静挠度较大的中央悬挂设置阻尼,可以有力地抑制车体的振动。

当车辆在线路运行时,由于线路存在着不平顺,车辆随之发生振动,假设线路不平顺为简谐波,简化系统的激励微分方程为

$$\left.\begin{array}{l} M_2 \ddot{Z}_2 + 2K_{2z}(Z_2 - Z_1) + 2C_{2z}(\dot{Z}_2 - \dot{Z}_1) = 0 \\ M_1 \ddot{Z}_1 + K_{1z} Z_1 + K_{2z}(Z_1 - Z_2) + 2C_{2z}(\dot{Z}_1 - \dot{Z}_2) = K_{1z} a \sin wt \end{array}\right\}$$　(14.24)

设车辆在简谐激励下的响应为

$$\left.\begin{array}{l} Z_1 = Ae^{jwt} \\ Z_2 = Be^{jwt} \end{array}\right\} \qquad (14.25)$$

将式(14.25)代入方程(14.24)可解得 A 和 B。

图 14.13 给出了不同阻尼及一系、二系弹簧静挠度比下的车体响应加速度振幅与激振频率的关系。从图中可知，阻尼过大可以有力地抑制低频共振区的振动，但是车体的高频振动加速度反而增大。阻尼过小则低频共振峰突起，而高频振动不大。因此选择合适的挠度比和阻尼是车辆悬挂设计计算的目的之一。

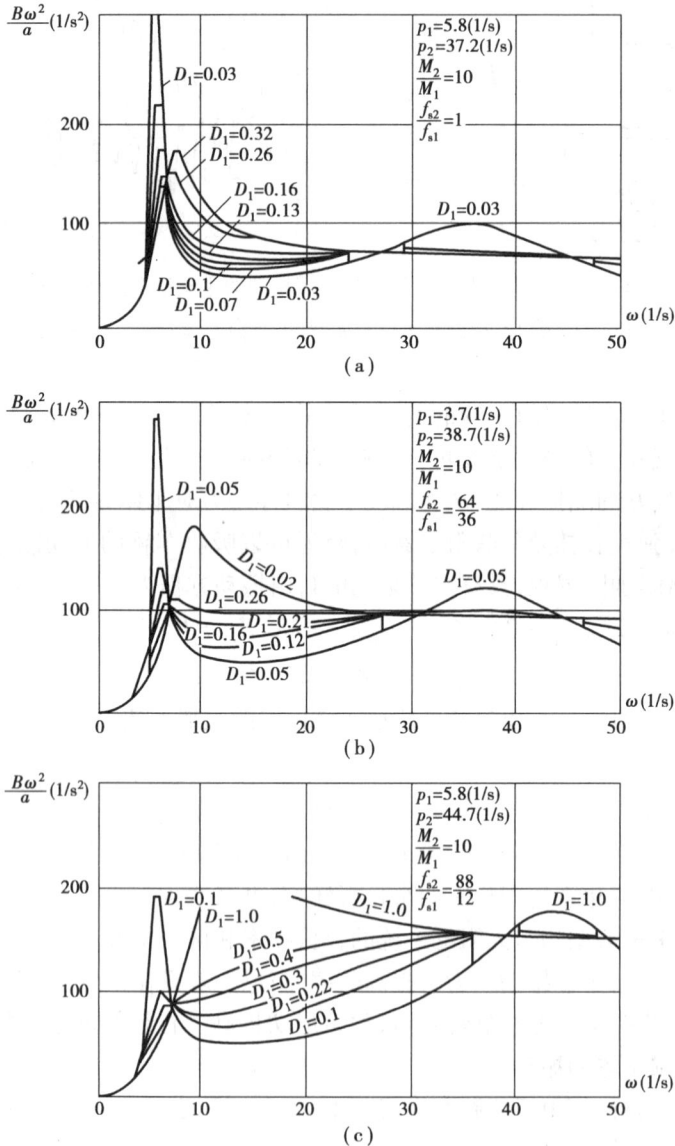

图 14.13　不同阻尼下车体响应加速度振幅与激振频率的关系

（2）**车辆的横向振动**

由于车辆要通过道岔、曲线，车辆本身又具有蛇行的趋势，车辆的横向振动也是需要仔细研究并控制的因素。

为了减缓车体在横向平面内的振动，车体与转向架之间在横向也设置了柔软的悬挂装置，通常采用摇动台结构。近 20 多年来，在地铁上大量采用了橡胶堆或空气簧的无摇动台悬挂方式。无论是哪种悬挂都可简化为图 14.14 的结构。

如果不考虑车体摇头，忽略构架质量，车体在横断面内的振动可以简化为一个两自由度系统。车体具有横摆及侧滚自由度，其自振方程为

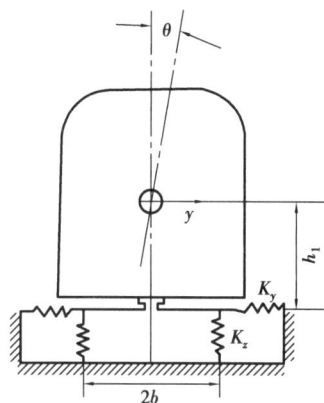

图 14.14   车体的横向振动简图

$$\left.\begin{array}{l} M_2 y + 2K_y y - 2K_y h_1 \theta = 0 \\ J_\theta \theta - 2K_y h_1 y + (2K_z b_2^2 + 2K_y h_1^2 - Mgh_1)\theta = 0 \end{array}\right\} \quad (14.26)$$

车辆受外界激励的横向振动方程是在车辆横向蛇行运动方程中增加线路激励项，如方向不平顺，水平不平顺。这些不平顺不仅直接作用在轮对上，还影响了轮轨相互关系项。例如，方向不平顺会产生左右轮滚动圆半径差，从而引起左右轮产生方向相反的纵向蠕滑力，它将使轮对产生摇头运动。又如水平不平顺会使轮对产生侧滚角，从而激起车辆滚摆振动。

（3）**车辆的随机响应**

轨道存在的 4 种连续随机不平顺可以通过技术测量手段获得并被描述成它们的统计性功率谱密度函数。这种功率谱密度反映了空间域中不同波长的轨道不平顺的幅度或能量大小。如果求出车辆系统在轨道不平顺作用下的微分方程，就可推出由激励（轨道不平顺）传到车辆各处引起响应的传递关系。可以求出由输入到输出的传递函数 $H(W)$。在线路激励下车辆的响应也可以用它的功率谱密度 $S(W)$ 表示。

当轨道的方向不平顺与水平不平顺的互谱密度与它们的自谱密度相比很小时，响应的功率谱密度可以简化为

$$S(W) = |H_1(w)|^2 \cdot \frac{S_a(w)}{v} + |H_2(w)|^2 \cdot \frac{S_c(w)}{v} \quad (14.27)$$

式中 $S(W)$——方向不平顺功率谱密度；

$S_c(w)$——水平不平顺功率谱密度；

$H_1(w)$，$H_2(w)$——由方向及水平不平顺激起的车辆响应的传递函数。

在获得车体心盘地板面处的垂向及横向响应谱后，可按斯佩林公式求出平稳性指标。

（4）**城轨列车的纵向振动**

城市轨道交通动车组一般采用密接车钩，列车编组较小，并采用电控制动，因而它的纵向振动远比干线货运列车及客运列车小得多。

【任务实施】

组织学生从理论方面讨论车辆运动时的状态分析。

【效果评价】

评价表

项目名称	城市轨道交通车辆动力学基础		学生姓名	
任务名称	任务5　车辆运行时的振动分析		分数	
项　目			分值	考核得分
1. 车辆运行时振动分析相关资料的搜集、整理			20	
2. 是否有小组计划			10	
3. 车辆振型的建立是否准确			20	
4. 车辆随机响应的描述是否完整			50	
总体得分				
教师简要评语： 　　　　　　　　　　　　　　　　　　　　　教师签名：				

任务6　车辆的曲线通过研究

【活动场景】

利用多媒体讲解车辆曲线通过特性。

【任务要求】

掌握车辆曲线通过理论。

【知识准备】

城轨车辆的曲线通过车辆曲线通过性能是城轨车辆运行的一个重要指标。车辆在进入曲线时轮对与线路间发生相对位移,由此引起导向线路产生对轮对运动的约束力或导向力,通过转向架的悬挂系统传至车体,引导转向架及车体克服离心力平顺地通过曲线。

具有轮缘的钢轮在曲线上受钢轨的约束,在轮缘踏面与钢轨之间产生了复杂的作用力,也相应产生了轮轨磨耗。过大的侧向作用力会导致轨距扩大、轨排横移或钢轨翻转,从而引起安全问题。轮缘与钢轨的侧磨增加了运行阻力和能耗。具有导向轮的独轨车辆或其他新型导向车辆在曲线通过时依靠导向轮来迫使转向架沿着曲线前进,虽然没有轨排移动等问题,但仍然存在过大的侧向力或离心力引起车辆在曲线上倾覆等问题。因此,城市轨道车辆的曲线通过是一个需要评价的重要性能。

轨道车辆的曲线通过研究经历了几个不同阶段。早期的 Heumann 的摩擦中心理论,将车辆在稳态通过曲线时的轮轨切向力看成由车轮绕车辆的一个瞬时转心运动的摩擦力,并采用图解法和分析法进行计算。这仅在轮对踏面与钢轨间产生很大蠕滑量时是可行的。在蠕滑理论被试验证实后,New-land 和 Boocock 提出了线性蠕滑力导向的稳态曲线通过理论。这一理论适应于大半径的车辆曲线通过工况。近 20 多年来,随着计算机和计算技术的发展,考虑了小曲线通过的大蠕滑情况及轮缘接触的非线性曲线通过理论逐渐完善。目前,通过非线性的动态曲线,通过计算软件可以研究导向车辆从直线进入曲线然后离开曲线的整个动态过程。由此可以获得车辆在风力、轨道不平顺等条件下,在曲线上的轮轨作用力、脱轨的安全性系数、车辆间的纵向作用力、轮对冲角与轮缘磨耗等一系列信息。

随着曲线通过理论和分析技术的发展,一系列具有良好曲线通过性能的新型转向架得到了发展和运用。下面将介绍蠕滑力导向机理并引出径向转向架的理论。

(1)自由轮对的线性蠕滑力导向理论

图 14.15 接触几何及蠕滑规律都是线性关系。在不考虑自旋蠕滑时,轮对踏面上沿纵向及横向的蠕滑力分量 T_x,T_y 与蠕滑率 y_x,y_y 的线性关系为

$$\left. \begin{array}{l} T_x = -f_{11}y_x \\ T_y = -f_{11}y_y \end{array} \right\} \tag{14.28}$$

曲线超高不是引起的左右轮重变化率 $q = \dfrac{\Delta p}{p}$ 的主要因素,作用在整个轮对踏面上的合成横向蠕滑力与纵向蠕滑合成力矩为

$$\left. \begin{array}{l} T_y = T + T = 2f\psi \\ M = (T + T)b = -2f\left(1 - \dfrac{4}{9}q\right)\dfrac{\lambda b}{r}y^* \end{array} \right\} \tag{14.29}$$

式中　ψ——轮对轴线与曲线径向方向的夹角;

y^*——轮对中心距轮对在曲线上的纯滚线的偏移量。

当轮对从直线进入曲线时,轮对中心如果没有处在纯滚线上,如图 14.16 所示,则在左右踏面上产生方向相反的纵向蠕滑力。这一力矩将迫使轮对转动使之与曲线径向形成夹角 ψ。而夹角 ψ 将使轮对产生横向蠕滑力 T_y,在 T_y 作用下轮对中心将向纯滚线移动。因而又反过来减小了纵向蠕滑力,最终轮对中心到达纯滚线,其轴线指向曲线的半径方向。因此,在自由轮对条件下,如果曲线半径不是太小时,轮对偏离纯滚线和径向方向产生的蠕滑力将迫使轮对返回到径向和纯滚线位置上去,从而形成蠕滑力导向的能力,要使轮对具备强的蠕滑导向能力可采用以下措施:

①高的轮轨蠕滑系数,这与轮轨表面黏着能力和接触斑面积有关,因此,增强曲线上的黏着系数,采用凹形踏面将有利曲线通过性能的提高。

②加大踏面等效斜率 λ_e,减少轮缘接触的可能性。目前,一些城市轻轨车辆为了达到减

少小曲线通过时过大的冲角导致的轮缘磨耗,磨耗形(凹形)踏面的等效斜率为 0.2 ~ 0.4。这种措施一方面减少磨耗;另一方面也大大降低了曲线上的噪声水平。

③采用小半径车轮,减少冲角和轮缘力。同时降低车辆高度,以减小地铁工程造价。

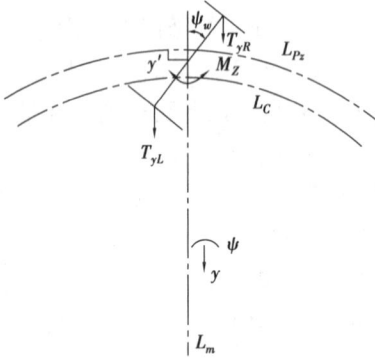

图 14.15　作用在轮对上的蠕滑力

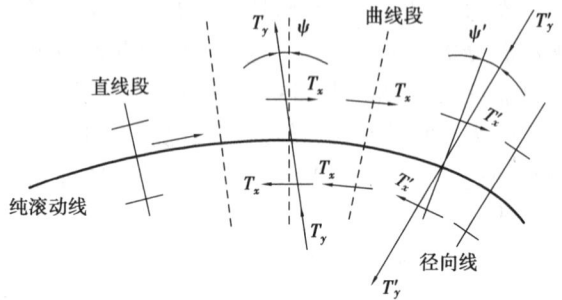

图 14.16　轮对进入曲线的蠕滑导向

(2)带转向架车辆的曲线通过

自由轮对自身具有蠕滑力导向通过曲线的能力,但是车辆不可能采用自由轮对的方式,轮对总是由悬挂系统约束在转向架上。简单地讲,轮对通过纵向及横向一系弹簧约束在构架上,并不具备自由移动转动的能力。当轮对偏离径向和纯滚线而产生蠕滑力及力矩并力图恢复到径向及纯滚线时,车辆及转向架通过一系悬挂妨碍了这种趋势,除非采用非常柔软的一系定位刚度才有可能减少这种阻碍,但是这样会导致蛇行失稳。

车辆在均衡速度下通过曲线时,车辆的圆周运动的离心力将由曲线超高产生的重力分力来平衡。但是轮对在一系悬挂的约束下并不能完全达到径向位置。一定冲角产生的横向蠕滑力使导向轮对向外轨移动。直到轮缘碰钢轨产生了轮缘力以抵消向外的踏面力。因而一系摇头刚度过大将产生大冲角,从而引起轮缘与钢轨接触,加快轮缘及钢轨的侧磨。

同样,二系摇头刚度过大也将阻碍转向架转到曲线的径向方向,对于轮缘接触的防止也是极不利的。为了提高车辆曲线通过性能,主要采取如下措施:

①一系及二系摇头约束刚度要低,减少轮对趋向径向的阻力。

②短轴距以减少径向时的摇头位移量。

③短的车辆定距,减少转向架的摇头位移。

④高的蠕滑系数或黏着系数,可增加轮对蠕滑导向的能力。一般采取大轴重,凹形踏面并涂抹增摩剂。

⑤大的踏面等效斜率。

Skytrain 的轨道正线有半径 70 m 的曲线地段,停车段内曲线半径仅为 35 m。为了改善曲线通过性能,减少磨耗和噪声。它的 Mark Ⅰ 转向架采取了短轴距,大踏面等效斜率,在踏面上涂抹固体高摩剂,采用了径向转向架等技术,结果大大减少了冲角,改善了轮轨磨耗,也减少了曲线上的噪声。Skytrain 的动车组在高架上穿越市区,不少地段紧贴居民住房通过,甚至穿过大楼。显示了它的优良性能。

（3）转向架

提高转向架的蛇行稳定性需要较高的一系定位刚度,特别是纵向刚度,要求小的等效斜率和大的二系摇头刚度,而曲线通过又要求低的一系定位刚度特别是纵向刚度、大的等效斜率和小的二系摇头刚度。这一系列互相矛盾的需求使得参数的选择十分困难。为了解决这些问题,一系列径向转向架技术在近 20 年中被迅速地发展起来。

作为城市轨道交通,曲线半径要比干线铁路小得多。速度虽然不高,也需考虑 80 ~ 100 km/h的最高运行速度。各种径向转向架不同程度地减少了轮对冲角和侧压力,改善了轮轨磨耗和曲线运行的摩擦噪声,降低了维修成本。因此,径向转向架技术必将在城市轨道车辆上获得广泛的应用。

具有代表性的径向转向架主要分为两类:一种径向转向架采用的是迫导向技术,它是利用曲线通过时车体与转向架之间产生的相对转动推动轮对相对构架也相应转动一定的角度,来达到径向的目的。另一种径向转向架技术称自导向技术。这是一种利用锥形踏面或磨耗型踏面的轮对在曲线上的自发纵向蠕滑力矩推动下趋向径向。

【任务实施】

组织学生从理论方面讨论车辆曲线通过能力。

【效果评价】

评价表

项目名称	城市轨道交通车辆动力学基础		学生姓名	
任务名称	任务6　车辆的曲线通过研究		分数	
项　　目			分值	考核得分
1. 城市轨道交通车辆动力学相关资料的搜集			5	
2. 是否有小组计划			5	
3. 对城市轨道交通车辆振动原因及振动形式的熟知情况			20	
4. 对城市轨道交通车辆滚动理论的了解情况			20	
5. 对城市轨道交通车辆蛇形运动理论的掌握情况			25	
6. 对城市轨道交通车辆运行时的振动分析方法的掌握情况			15	
7. 编制学习汇报报告情况			5	
8. 基本素养考核情况			5	
教师简要评语： 　　　　　　　　　　　　　　　　　　　　　　教师签名：				

项目小结

车辆基本振型有:伸缩、浮沉、横摆、侧滚、摇头、点头。轨道的不平顺主要有高低不平顺、水平不平顺、方向不平顺、轨距不平顺,各种不平顺对车辆运行平稳性、安全性有重大影响。列车运行平稳性指标是评定旅客舒适度的一个指标。

列车运行安全性是评定车辆安全运行的基本条件。脱轨系数用于鉴定车轮轮缘在横向力作用下是否会因逐渐爬上轨头而脱轨。影响车辆脱轨的因素很多,而实际脱轨往往是多种因素的组合,其中,某个因素起了决定作用。其主要因素为线路、车辆结构参数和运用条件等。

不同的轮轨外形配合具有不同的轮轨接触几何关系和接触几何参数。蛇行运动是一种自激振动,是具有等效斜率踏面的车辆轮对特有的一种运动。当蛇行运动不能收敛时,便出现为蛇行失稳。蛇行运动呈失稳时的列车速度称为蛇行失稳临界速度。影响蛇行运动的因素有轮对定位刚度、车轮踏面等效斜率、蠕滑系数、转向架固定轴距、中央悬挂装置的刚度等。

车辆的垂向振动有低频和高频之分。车体以低频振动为主,而构架则以高频为主。设置阻尼可以衰减车辆振动。车辆通过道岔、曲线及车辆自身具有的蛇行趋势等激起车辆的横向振动,为了减缓车体的横向振动,在车体与转向架之间横向应设置柔软的悬挂装置。

轮对与钢轨接触形成的蠕滑力具有导向作用。提高蠕滑导向能力的措施:提高的轮轨蠕滑系数;加大踏面等效斜率;采用小半径车轮,减少冲角和轮缘力。

车辆曲线通过性能是车辆运行的一个重要指标。提高车辆曲线通过性能的措施:一系及 M 系摇头约束刚度要低,减少轮对趋向径向的阻力;采用短轴距以减少径向时的摇头位移量;采用短的车辆轴距,减少转向架的摇头位移;高的蠕滑系数或黏着系数,可以增加轮对蠕滑导向的能力;大的踏面等效斜率,减小轮对外移量,使车轮易于在小曲率半径下实现纯滚动;降低车辆的重心。径向转向架减少了轮对冲角和侧压力,从而改善了轮轨磨耗和曲线运行的摩擦噪声,降低了维修成本。径向转向架主要有:迫导向径向转向架和自导向径向转向架两种。

项目 **15**
城市轨道交通车辆新技术

【项目描述】

目前,我国已建成通车和正在兴建的城市轨道交通系统,基本都采用钢轮、钢轨走行系统的地铁或轻轨,这些城轨系统车辆的发展已有上百年历史,在解决城市交通方面效果显著、技术成熟,而且还在向更高层次的技术层发展,但这些城轨车辆系统仍然存在着城市噪声、振动、景观等生态影响等诸多问题,因此在城市轨道交通发展中,各国都致力研制出一些不同于传统形式的城轨车辆,称为新型城轨车辆,本项目将简要介绍直线电机地铁车辆、磁悬浮列车等新型城轨车辆的基本知识。

【学习目标】

通过本模块的学习要求掌握以下基本知识:

1. 掌握直线电机地铁车辆的工作原理、基本结构和特点等基本知识与技能。

2. 了解磁悬浮列车的基本知识。

【技能目标】

1. 能用简要的语言说明广州地铁 4 号、5 号线直线电机地铁车辆的基本工作原理、构造和特点。

2. 能明确磁悬浮列车的基本原理、分类等基本知识。

任务 1　直线电机地铁车辆的认知

【活动场景】

在能够展示直线电机地铁车辆生产或检修的车间进行现场教学,或在能够用多媒体展示直线电机地铁车辆的教室或实训室进行教学。

【任务要求】

掌握直线电机地铁车辆的结构原理和基本特点。

【知识准备】

(1)直线电机基本知识

直线电机是一种将电能直接转换成直线运动的机械能,而不需要任何中间转换机构的传动装置。如图 15.1 所示,一般的旋转感应电动机包括定子和转子两大部分,定子主要由机壳、铁芯、三相绕组组成,转子主要由鼠笼和铁芯组成,而直线异步电机可看成是一台旋转异步电机沿轴向剖开,然后展成平面而成。如图 15.2 所示,对应旋转电机定子的部分称为初级,对应转子的部分称为次级。在初级绕组中通三相交流电,便产生一个平移交变磁场称为行波磁场。在行波磁场与次级永磁体的作用下产生驱动力,从而实现运动部件的直线运动。

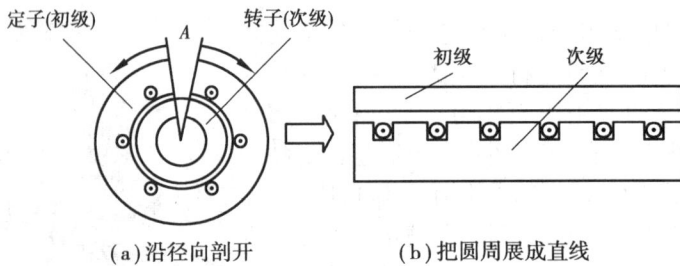

(a)沿径向剖开　　　　(b)把圆周展成直线

图 15.1　旋转异步电机向直线异步电机的演变

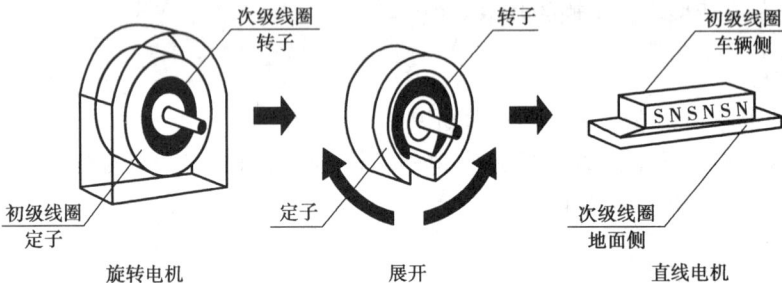

旋转电机　　　　展开　　　　直线电机

图 15.2　直线电机的基本原理

(2)直线电机地铁车辆的特点

直线电机地铁车辆一般情况都将直线异步电机的定子安装在车辆转向架上,将转子安装在轨道中间,转子也可称为感应板,多采用非磁性体(铜板或铝板)和磁性体(钢板)构成的复合金属板,以兼具两者的优点。直线电机地铁车辆的基本特点总结如下:

①具有良好的动力性能。直线电机地铁车辆能够依靠直线电机产生的电磁力推进,车轮仅起到承载作用,列车的牵引力不再受到轮轨间黏着因素的制约,可以获得很强的启动、加速和减速动力性能,尤其具有突出的爬坡能力,线路的最大坡度可达到 70‰以上,远远大于传统地铁车辆 30‰的最大坡度。

②振动和噪声小。直线电机地铁车辆没有齿轮传动机构的啮合振动和噪声;车轮不是驱动轮,没有动力轮对与钢轨蠕滑滚动产生的振动和噪声;采用径向转向架,具有良好的曲线通过性能,避免了过曲线时轮轨冲角带来的振动和噪声,因此对外界环境噪声影响极小。

③可实现径向转向架。由于直线电机地铁车辆的车轮不传递牵引和制动力,因此其转向架的轴箱定位结构可以大大简化,容易实现较小的轴箱定位刚度,另外轴间无须安装传动装置和电机,转向架轴距可以缩减(传统为 2 100 mm 以上),这样很容易实现径向转向架,有利于通过小曲线,提高了车辆的曲线通过性能和运行平稳性,线路的最小曲线半径可达 60 m,有利于选线和布置停车场;直线电机地铁车辆的下部界限不构成对结构的约束,可采用小直径车轮,车辆的地板高度可相应降低,从而实现车辆的小型化,降低了工程投资。

④安全性和可靠性高。直线电机地铁车辆采用的是非黏着驱动模式,牵引和制动性能的发挥不依赖于环境,是一种全天候的运载工具。直线电机驱动的电磁力的分力使轮轨间产生一定的附加压力,有利于提高轮轨运动的稳定性,因此安全性指标较高;取消了旋转电机驱动滚动轴承、传动齿轮,减小了磨耗,大大提高了车辆运行的可靠性和可维护性,维修工作量较小,维护成本较低。

⑤良好的编组灵活性和运营适应性。直线电机地铁车辆具有良好的加减速性能及较高的停车位置控制精度,因此更容易实现小编组、高密度、自动驾驶的运行模式;由于采用钢轮-钢轨技术,故仍可采用长期运用成熟、安全可靠的轨道电路信号系统来实行对列车的信号传输、运行监控和集中调度,运营适应性较好。

⑥建设成本低。直线电机地铁车辆采用的直线异步电机不需借助传动装置把旋转运动变成直线运动,这使得系统本身的结构大为简化,质量和体积下降。若将其用于城市轨道交通车辆上可降低车辆高度,从而缩小地铁隧洞直径,减少工程成本。

【任务实施】

下面以南车集团四方厂为我国广州地铁 4 号、5 号线生产的直线电机地铁车辆为例来学习直线电机地铁车辆的基本知识。

(1)列车主要技术参数

如图 15.3 所示为广州地铁 4 号线地铁列车,广州地铁 4 号、5 号线地铁列车由两个基本单元组成,每个基本单元由一台带驾驶室的 A 车和不带司机室的 B 车组成,均是动车。列车编组为 A + B + B + A 共 4 辆编组,全动力配置,每组列车设有两台受电弓,两侧各有 4 个集电靴,共计 8 个。车头驾驶端为自动车钩,A 车与B 车之间为半永久牵引杆连挂,每个基本单元之间为半自动车钩连接。

图 15.3　广州地铁 4 号线地铁车辆

列车主要技术参数如下:

列车总长　　　　　　　　　　　　　　　　72 260 mm

车辆长度(不含列车两端车钩)A 车/B 车　　18 370 mm/17 760 mm

鼓形车体外部最大宽度　　　　　　　　　　2 890 mm

车辆高度（轨面至车顶高、新轮）	3 600 mm
含排气口及空调单元	3 625 mm
受电弓落弓高度	3 560 mm
车辆中心高度（客室净高）	2 200 mm
地板面到天花板中心最小高度	2 100 mm
轨面到地板面高度（正常运营状态、空载、新轮）	930 mm
车钩中心线距轨面高度	500 mm
客室车门数量	3 对/侧
客室车门的净开宽度	1 400 mm
客室窗数量	A 车 3 个/侧,B 车 4 个/侧
贯通道宽度	1 300 mm
贯通道高度	1 900 mm
转向架中心距	11 140 mm
车辆固定轴距	2 000 mm
车轮直径（采用整体辗钢车轮、新轮）	730 mm
车轮直径（半磨耗）	690 mm
车轮直径（全磨耗）	650 mm
轮对内侧距	(1 353 ±2) mm
列车牵引性能[在额定负荷（AW_2）、平直干燥轨道上,额定供电电压情况时]	
列车结构速度	100 km/h
列车最大运行速度	90 km/h
冲击极限	0.75 m/s^3
启动平均加速度(0~35 km/h)	≥1.0 m/s^2
列车制动特性[在额定负荷（AW_2）、平直干燥轨道上,车轮半磨耗状态,额定供电电压时]	
常用制动平均减速度	≥1.0 m/s^2
紧急制动平均减速度	≥1.3 m/s^2
座位数量	28 座/A 车,32 座/B 车
载客量 AW_2(6 人/m^2)	217 人/A 车,242 人/B 车
载客量 AW_3(9 人/m^2)	312 人/A 车,347 人/B 车
一列车额定载客量 AW_2(6 人/m^2)	918 人/列
一列车超员载客量 AW_3(9 人/m^2)	1 318 人/列
车辆质量 A,B 车（空车）	约 30 t/辆
轴重（AW_3）	≤13 t
电气系统接触网电压（额定值）	DC1 500 V
辅助系统 DC/AC 逆变器	140 kVA/台
	三相 AC 380 V、50 Hz/AC 220 V、50 Hz
DC/DC 变换器	DC77~121 V
控制系统控制电压	DC110 V
蓄电池	80 A·h,2 组

供电方式　在车辆段内为柔性接触网,正线隧道内和高架线路段为第三复合轨,车辆分别用车顶受电弓和转向架上的集电靴取电。

车辆段接触网最大高度	4 800 mm
受电弓工作高度范围	175～1 600 mm
集电靴第三轨轨面距轨道轨顶面高度	200 mm
集电靴第三轨中心线与轨道中心线距离	1 510 mm
三相直线电机(小时制额定功率)	155 kW
工作气隙	9 mm

线路感应板为爆炸焊接成型的钢铝复合金属板,工作宽度 360 mm。

(2)车体

车体包括底架、侧墙、端墙、车顶及司机室等部件;采用焊接整体承载结构;采用强度高、耐腐蚀性能好、质量小的铝合金大断面中空挤压型材;外部造型采用的是现代时尚的流线型;车体的最大外轮廓满足车辆限界的要求;车体内部涂防火阻尼将保证车体隔声降噪的要求。

车体侧墙为弧形设计,以增强车辆的美观性。每侧侧墙上设有 3 个开度 1.4 m 宽的双扇电动塞拉门。塞拉门的采用增加了列车的密封性能,从而提高了隔热、隔声性能。全列车车门集中由司机控制,使用维护方便,整个门系统功能齐全,安全可靠,寿命长。带有司机室的车体每侧设一个司机门。每辆车车顶安装了两台功率为 35 kW 的空调,冷气通过布置在车顶贯通全车的风道均匀地输向车内,为乘客提供舒适的乘坐环境。车辆的内装设计适合于人机工程学,满足乘坐安全舒适的要求。全车使用难燃或不燃的材料,使用不外显现的紧固件及配件,保证安装设备牢固可靠、易于保养和清洁,并且具有良好的密封以防水、防尘。车内两侧纵向各布置了 6 个或 8 个防滑型不锈钢座椅。每节车辆客室内侧设有 4 个 LED 乘客信息显示器,可以为乘客提供图文并茂的有关信息。在每个客室门的上部设有动态线路图,可以清楚地显示列车运行线路、运行方向、将到达的车站等信息。另外,每辆车设有乘客紧急对讲装置,以供乘客在紧急情况下与司机通话。

(3)转向架

如图 15.4 所示,广州地铁直线电机地铁车辆采用型号为 BM3000-LIM 型转向架,是由庞巴迪公司研究开发的直线电机地铁车辆专用转向架,是一种柔性悬挂径向转向架。其主要结构包括构架、摇枕、轮对、轴箱装置、一系悬挂、二系悬挂(中央悬挂)、牵引杆、直线电机吊挂及调整装置、基础制动装置、集电靴等附件。转向架构架采用高锰合金钢材焊接而成,内置式布置,以降低自重;轴箱、一系双锥形叠层橡胶弹簧悬挂采用内置方式,具有利于曲线通过的轮对自导向能力,适于通过小半径曲线,减少轮缘磨耗。

(4)电气牵引系统

直线电机由 VVVF 逆变器供电和驱动。列车的每个单元牵引控制系统主电路由两个逆变器电路组成,每个逆变器电路包括一个直流滤波电容器、一个 VVVF 逆变器,其分别向两台 LIM 供电,控制方式为间接矢量控制方式。VVVF 逆变器采用大容量的 IGBT 模块和脉宽调制技术。车上不设制动电阻,以减轻车辆质量。当车辆的再生负荷不足时,设在变电所内的制动电阻可自动吸收这部分无法利用的能量,变成热能散发。采用大容量的电容滤波器(FC)以吸收输入电网电压中的纹波等。

图15.4　广州地铁4号、5号线车辆转向架

转子磁场定向矢量控制(PWM)技术是直线感应电机(LIM)的一种高性能控制技术,它使电机保持快速动态响应以及良好的稳态性能。使用矢量控制技术,直线感应电机的控制性能可与他励直流电机相媲美,可快速地控制转矩,能将负载扰动对速度的影响降到最低。在矢量控制中磁通和转矩可分别控制,从而在瞬态和稳态下均可获得最大转矩/电流因此效率较高,可以更好地利用驱动系统的电流能力。

(5)**辅助系统**

列车辅助系统由静止三相逆变器、DC/DC 110 V 电源以及它们的负载组成。辅助逆变器SIV 是由三菱电机株式会社伊丹制作所设计开发的,采用了新一代 IGBT 载流子蓄积层沟槽型门极构造双极晶体管,具有高度模块化零件和单元结构,采用数字数码 PCB 控制技术,提高了可靠性和可维护性。

(6)**列车控制技术**

列车管理系统(TMS)集中提供控制和监视车载系统和设备的功能。列车的操作、车载系统的故障诊断、故障数据记录、事件分析和报告等功能都集成在一个分布式智能系统中。列车采用了硬连线控制和 TMS 系统总线控制相冗余的控制方式。列车控制系统还将车辆状态和故障自诊断信息通过车载的无线设备,传输给位于车辆段的 DCC(车辆段控制中心)。

(7)**制动系统**

列车采用先进的 EP2002 制动系统。该制动系统是反应迅速、性能良好的电气指令制动系统,并可与 ATP、ATO 配合。为防止机械制动时车轮擦伤,在每根车轴上均装有车轮速度传感器,使防滑系统能连续接收来自车轴速度传感器的信号,一旦检测出车轮滑行时,可及时纠正,防止轮对擦伤。制动装置主要由常用制动系统(再生制动 + 空气制动补足)和紧急制动系统(只有空气制动)构成。

【效果评价】

评价表

项目名称	城市轨道交通车辆新技术	学生姓名	
任务名称	任务 1 直线电机地铁车辆的认知	分数	
项 目		分值	考核得分
1. 直线电机车辆相关知识、图片的搜集、整理		10	
2. 是否有小组计划		5	
3. 直线电机车辆组成、原理、特点的掌握情况		50	
4. 广州地铁 4 号、5 号线直线电机车辆的认知情况		20	
5. 编制学习汇报报告情况		10	
6. 基本素养考核情况		5	
总体得分			
教师简要评语： 教师签名：			

任务 2 磁悬浮列车的认知

【活动场景】

在能够应用多媒体技术展示磁悬浮列车生产、运用、检修的教室或实训室进行教学。

【任务要求】

掌握磁悬浮列车的原理。

【知识准备】

(1)磁悬浮列车的发展史

磁悬浮技术的研究源于德国,早在 1922 年德国工程师赫尔曼·肯佩尔就提出了电磁悬浮原理,并于 1934 年申请了磁悬浮列车的专利。进入 20 世纪 70 年代后,随着世界工业化国家经济实力的不断加强,为提高交通运输能力以适应其经济发展的需要,德国、日本、美国、加拿大、法国、英国等发达国家相继开始筹划进行磁悬浮运输系统的开发。而美国和苏联则分别在20世纪七八十年代放弃了这项研究计划,目前,只有德国和日本仍在继续进行磁悬浮系统的研究,并取得了令世人瞩目的进展。

日本于1962年开始研究常导磁悬浮铁路。此后由于超导技术的迅速发展,从20世纪70年代初开始转而研究超导磁悬浮铁路。1972年首次成功地进行了2.2 t重的超导磁悬浮列车实验,其速度达到50 km/h。1977年12月在宫琦磁浮铁路试验线上,最高速度达到了204 km/h,到1979年12月又进一步提高到517 km/h。1982年11月,磁悬浮列车的载人实验获得成功。1995年,载人磁浮列车实验时的最高速度达411 km/h。为了进行东京至大阪间修建磁浮铁路试验线,首期18.4 km长的试验线已于1996年全部建设完成。

德国对磁悬浮铁路的研究始于1968年。研究初期,常导和超导并重,到1977年,先后分别研制出常导电磁铁吸引式和超导电磁铁相斥式实验车辆,实验时的最高时速达到400 km。后来经过分析比较认为,超导磁悬浮铁路所需的技术水平太高,短期内难以取得较大进展,遂决定以后只集中力量发展常导磁悬浮铁路。1978年,决定在埃姆斯兰德修建全长为31.5 km的试验线,并于1980年开工兴建,1982年开始进行不载人实验。列车的最高实验速度在1983年底达到300 km/h,1984年又进一步增至400 km/h。目前,德国在常导磁悬浮铁路研究方面的技术已趋成熟。

与日本和德国相比,英国对磁浮铁路的研究起步较晚,从1973年才开始,但是,英国则是最早将磁浮铁路投入商业运营的国家之一。1984年4月,伯明翰机场至英特纳雄纳尔车站之间一条600 m长的磁浮铁路正式通车营业。旅客乘坐磁浮列车从伯明翰机场至英特纳雄纳尔火车站仅需90 s。令人遗憾的是,在1995年,这趟一度是世界上唯一从事商业运营的磁浮列车在运行了11年之后被宣布停止营业,其运送旅客的任务由机场班车所取代。

(2)磁悬浮列车的分类

1)按电磁铁的种类分

按电磁铁的种类可分为常导吸引型和超导排斥型两大类。

①常导吸引型。常导吸引型磁悬浮列车是以常导磁铁和导轨作为导磁体,用气隙传感器来调节列车与线路之间的悬浮间隙大小,在一般情况下,其悬浮间隙大小在10 mm左右,这种磁悬浮列车的运行速度通常为300~500 km/h,适合于城际及市郊的交通运输。

②超导排斥型。超导排斥型磁悬浮列车是利用超导磁铁和低温技术,来实现列车与线路之间悬浮运行,其悬浮间隙大小一般在100 mm左右,这种磁悬浮列车低速时并不悬浮,当速度达到100 km/h时才悬浮起来。它的最高运行速度可以达到1 000 km/h,当然,其建造技术和成本要比常导吸引型磁悬浮列车高得多。

2)按悬浮方式分

按悬浮方式可分为电磁吸引式悬浮(EMS)、永磁力悬浮(PRS)及感应力斥力悬浮(EDS)。

①EMS。该方式利用导磁材料与电磁铁之间的吸引力,绝大部分悬浮采用此方式。

②PRS。这是一种最简单的方案,利用永久磁铁同极间的斥力,一般产生斥力为0.1 MPa。其缺点为横向位移的不稳定因素。

③EDS。依靠励磁线圈和短路线圈的相对运动得到斥力,所以列车要有足够的速度才能悬浮起来,大约100 km/h,它不适用于低速。

3)按列车的驱动方式分

按列车的驱动方式可分为长转子、短定子异步直线电机驱动和长定子、短转子同步直线电机驱动两类。

①长转子、短定子异步直线电机驱动。这种电机的"定子"安装在车辆的底部,"转子"线圈安装在轨道上,它适合于低速运行。

②长定子、短转子同步直线电机驱动。此方式是将电机的"转子"线圈装在车辆上,"定子"线圈装在轨道上,它适合于高速运行。

(3)磁悬浮列车的原理

1)悬浮原理

由于磁铁有同性相斥和异性相吸两种形式,故磁悬浮列车也有两种相应的形式:一种是利用磁铁同性相斥的原理而设计的电磁运行系统的磁悬浮列车,它利用车上超导体电磁铁形成的磁场与轨道上线圈形成的磁场之间所产生的相斥力,使车体悬浮运行的铁路;另一种则是利用磁铁异性相吸的原理而设计的电动力运行系统的磁悬浮列车,它是在车体底部及两侧倒转向上的顶部安装磁铁,在 T 形导轨的上方和伸臂部分的下方分别设反作用板和感应钢板,控制电磁铁的电流,使电磁铁和导轨间保持 10 ~ 15 mm 的间隙,并使导轨钢板的吸引力与车辆的重力平衡,从而使车体悬浮于车道的导轨面上运行。

常导磁吸式(EMS)利用装在车辆两侧转向架上的常导电磁铁(悬浮电磁铁)和铺设在线路导轨上的磁铁,在磁场作用下产生的吸引力使车辆浮起,如图 15.5 所示。车辆和轨面之间的间隙与吸引力的大小成反比。为了保证这种悬浮的可靠性和列车运行的平稳性,使直线电机有较高的功率,必须精确地控制电磁铁中的电流,使磁场保持稳定的强度和悬浮力,使车体与导轨之间保持大约 10 mm 的间隙。通常采用测量间隙用的气隙传感器来进行系统的反馈控制。这种悬浮方式不需要设置专用的着地支撑装置和辅助的着地车轮,对控制系统的要求也可以稍低一些。

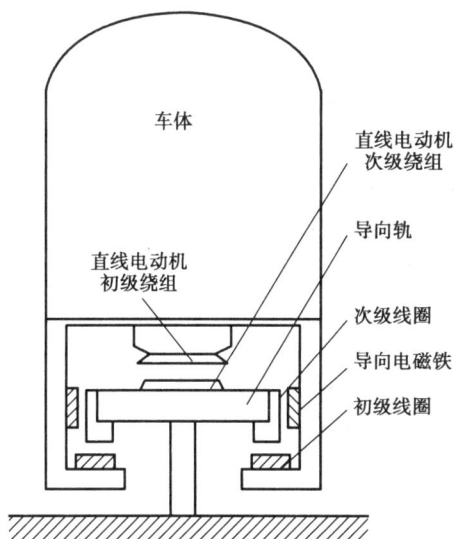

图 15.5　常导吸引式磁悬浮原理图

超导磁斥式(EDS)此种形式在车辆底部安装超导磁体(放在液态氢储存槽内),在轨道两侧铺设一系列铝环线圈。列车运行时,给车上线圈(超导磁体)通电流,产生强磁场,地上线圈(铝环)与之相切割,在铝环内产生感应电流。感应电流产生的磁场与车辆上超导磁体的磁场方向相反,两个磁场产生排斥力。当排斥力大于车辆质量时,车辆就浮起来。因此,超导磁斥力就是利用置于车辆上的超导磁体与铺设在轨道上的无源线圈之间的相对运动,来产生悬浮力将车体抬起来,如图15.6所示。

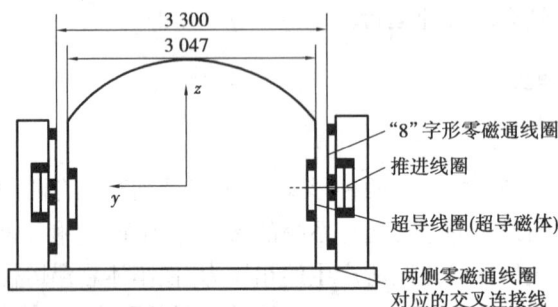

图 15.6 超导磁斥式磁悬浮原理图

由于超导磁体的电阻为零,在运行中几乎不消耗能量,且磁场强度很大。在超导体和导轨之间产生的强大排斥力,可使车辆浮起。当车辆向下位移时,超导磁体与悬浮线圈的间距减小电流增大,使悬浮力增加,又使车辆自动恢复到原来的悬浮位置。这个间隙与速度的大小有关,一般到100 km/h时车体才能悬浮。因此,必须在车辆上装设机械辅助支撑装置,如辅助支持轮及相应的弹簧支撑,以保证列车安全可靠的着陆。

2)导向原理

磁悬浮列车利用电磁力的作用进行导向,现按照常导磁吸式和超导磁斥式两种情况进行简要介绍。

①常导磁吸式的导向系统。常导磁吸式的导向系统与悬浮系统类似,是在车辆侧面安装一组专门用于导向的电磁铁。车体与导向轨侧面之间保持一定间隙,当车辆左右偏移时,车上的导向电磁铁与导向轨的侧面相互作用,使车辆恢复到正常位置。控制系统通过对导向磁铁中的电流进行控制来保持这一侧向间隙,从而达到控制列车运行方向的目的。

②超导磁斥式的导向系统。超导磁斥式的导向系统可以采用以下3种方式构成:第一种在车辆上安装机械导向装置实现列车导向。这种装置通常采用车辆上的侧向导向辅助轮,使之与导向轨侧面相互作用以产生复原力,这个力与列车沿曲线运行时产生的侧向力相平衡,从而使列车沿着导向轨中心线运行。第二种在车辆上安装专用的导向超导磁铁,使之与导向轨侧向的作用力相平衡,使列车保持正确的运行方向。这种导向方式避免了机械摩擦,只需控制侧向地面导向线圈中的电流,就可使列车保持一定的侧向间隙。第三种利用磁力进行导引的"零磁通量"导向系铺设"8"字形的封闭线圈。当列车上设置的超导磁体位于该线圈的对称中心线上时,线圈内的磁场为零;而当列车产生侧向位移时,"8"字形的线圈内磁场为零,并产生一个反作用力以平衡列车的侧向力,使列车回到线路中心线的位置。

3)推进原理

磁悬浮列车推进系统最关键的技术是把旋转电机展开成直线电机。它的基本构成和作用原理与普通旋转电机类似,展开以后,其传动方式也就由旋转运动变为直线运动。

常导磁吸式磁悬浮采用短定子异步直线电机。在车辆上安装三相电枢绕组,轨道上安装感应轨。这种方式结构比较简单,容易维护,造价低,适用于中低速城市运输及近郊运输以及作为短程旅游线系统,缺点是功率偏低,不利于高速运行。其中 TR 型快速动车和上海引进的Transrapid 06 号磁悬浮列车,以及日本的 HSST 型磁悬浮列车都采用这种形式。

超导磁斥式磁悬浮采用长定子同步直线电机。其超导磁体安装在车辆上,在轨道沿线设置无源闭合线圈或非磁性金属板。作为磁悬浮装置的超导电磁线圈的采用,为直线同步电机的激磁线圈处于超导状态提供了方便条件。它们可以共存于同一个冷却系统,或同一线圈同时起悬浮、导向和推进的作用。高速长定子同步直线电机牵引系统的构成相对复杂。地面牵引系统,供电一个区间又分成许多段,每段只有列车通过时供电,各段切换由触点真空开关完成。为使列车在段间不冲动,需两组逆变器轮流供电,其特点为大功率、高压、大电流。

【任务实施】

以国内磁悬浮列车为例,认知国内磁悬浮列车的发展状况。

“八五”期间科技部在国家技术攻关计划中安排了“磁悬浮列车重大关键技术研究”项目,支持组织了铁道科学院、西南交通大学、国防科技大学与中科院电工所 4 个小组,开展了常导低速磁悬浮列车的研制工作。先后研制成功多台试验车,并积极推进在青城山与八达岭建设实用旅游示范线。20 世纪 90 年代中期还与德国合作开展了高温超导磁悬浮列车的原理性研究,在中国科学院电工研究所建立了小型模型。后来在“863 计划”支持下,西南交通大学等单位研制成功,比较有影响力有国防科技大学和株洲电力机车所合作,准备用于八达岭旅游线,长达 2 km 的低速常导磁悬浮,由西南交通大学研制的应用于成都青城山旅游区的国内第一条磁悬浮列车试验线。

2000 年 6 月,中国上海市与德国磁浮国际公司合作,进行中国高速磁悬浮列车示范运营线可行性研究。同年 12 月,中国决定建设上海浦东龙阳路地铁站至浦东国际机场高速磁悬浮交通示范运营线。2001 年 3 月正式开工建设。2002 年 12 月 31 日,经过中、德两国专家两年多的设计、建设、调试,上海磁浮运营线终于呈现在世界的面前,其车辆如图 15.7 所示。这条世界第一磁悬浮列车示范运营线——上海磁悬浮列车建成后,从浦东龙阳站到浦东国际机场,30 km 左右的距离只需 6 ~ 7 min。

2003 年,四川成都青山磁悬浮列车线完工,该磁悬浮试验轨道长 420 m,主要针对观光游客,票价低于出租轿车费。

2005 年 5 月,中国自行研制的“中华 06 号”吊轨永磁悬浮列车于大连亮相,速度可达400 km/h。

2005 年 7 月,首辆中低速磁悬浮工程化样车在唐车公司问世,并投入试验运行。

2005 年 9 月,中国成都飞机公司开始研制 CM1型“海豚”高速磁悬浮列车,最高时速500 km,2006 年7 月,在上海同济大学 1.7 km 长的轨道上进行试车。

图 15.7　上海磁悬浮列车

2006 年 3 月,国务院批准沪杭磁悬浮新型交通建设项目建议书。2010 年 3 月 14 日,沪杭磁悬浮已获发改委批复,总长 199.4 km,并于当年开始建设。

2006 年 4 月 30 日,中国第一辆具有自主知识产权的中低速磁悬浮列车,在四川成都青城山一个试验基地成功经过室外实地运行联合试验,利用常导电磁悬浮推动。

2008 年 5 月,唐车公司建成了长达 1.547 km 的国内首条中低速磁悬浮列车工程化试验示范线,科技部将其确立为国家科技支撑计划中低速磁悬浮交通试验基地。

2009 年 5 月 13 日,国内首列具有完全自主知识产权的实用型中低速磁悬浮列车,在唐车公司完成组装,顺利下线,并随即开始进行列车调试。

2009 年 6 月 15 日,国内首列具有完全自主知识产权的实用型中低速磁悬浮列车,在中国北车唐山轨道客车有限公司下线后完成列车调试,开始进行线路运行试验,这标志着我国已经具备中低速磁悬浮列车产业化的制造能力。

2010 年 8 月 14 日,由长春客车厂、西南交通大学和株洲电力机车研究所联合研制开发的首辆磁悬浮客车,在长春客车厂竣工下线,从而使我国成为继德国和日本之后世界上第三个掌握磁悬浮客车技术的国家。

2012 年 1 月 20 日,一列中低速磁浮列车在中国南车株洲电力机车有限公司下线。磁浮列车采用三节编组,最高运行时速为 100 km,列车最大载客量约 600 人。

【效果评价】

评价表

项目名称	城市轨道交通车辆新技术		学生姓名	
任务名称	任务 2　磁悬浮列车的认知		分数	
项　目			分值	考核得分
1. 磁悬浮列车相关知识、图片的搜集、整理			10	
2. 是否有小组计划			5	
3. 磁悬浮列车分类的认知情况			20	
4. 磁悬浮列车原理的掌握情况			50	
5. 编制学习汇报报告情况			10	
6. 基本素养考核情况			5	
总体得分				
教师简要评语:				
			教师签名:	

项目小结

直线电机车辆的直线电机将传统电动机的旋转运动改为直线运动,突破了依靠轮轨黏着作用传递牵引力的传统技术。

磁悬浮列车主要分为常导型和超导型两大类,运行速度较高,在牵引运行时与轨道之间无机械接触,从根本上克服了传统的轮轨黏着限制、机械噪声和磨损等问题,是一种理想的陆上交通工具。

思考与练习

1. 简述直线电机的原理?
2. 简述直线电机车辆的特点?
3. 简述磁悬浮列车的分类和基本原理?

参考文献

［1］张九高. DC01 型地铁车辆改交流驱动前后牵引系统的区别［J］. 城市轨道交通研究，2010（4）.

［2］徐惠林. 北京地铁 5 号线车辆电传动系统［J］. 机车电传动，2008（6）.

［3］袁登科，陶生桂. 变流变频技术在轨道车辆中应用发展综述［J］. 电机与控制应用，2009（5）.

［4］陈英，陈燕. 成都地铁 1 号线车辆电气牵引系统［J］. 铁道机车车辆，2009（5）.

［5］陶生桂. 地铁 1 号线车辆 IGBT 静止辅助逆变器研制［J］. 城市轨道交通研究，2000（2）.

［6］杨峰. 地铁车辆制动系统浅析［J］. 现代城市轨道交通，2009（4）.

［7］丁崇恩. 地铁列车的新型逆变器系统［J］. 变频器世界，2004（8）.

［8］骆志勇. 第三轨牵引供电技术浅析［J］. 轨道交通，2006（3）.

［9］李晓东. 对地铁电力牵引传动技术方案的探讨［J］. 天津市政工程，2003（2）.

［10］胡引娥，程有平. 广州地铁 1 号线车辆的牵引逆变器［J］. 机车电传动，2003（1）.

［11］郑沃奇. 广州地铁 2 号线车辆辅助逆变器［J］. 机车电传动，2006（5）.

［12］毛明平，李定南. 上海明珠线地铁车辆电气系统［J］. 变频器世界，2004（8）.

［13］薛克仲. 城市轨道车辆车体材料选择［J］. 城市轨道交通研究，2003（1）.

［14］张斌，潘玲. 城轨交通车辆限界和设备限界计算［J］. 现代城市轨道交通，2007（3）.

［15］郭泽阔，闫雪燕. 城市轨道交通车辆车体材料的选择分析［J］. 西部交通科技，2009（10）.

［16］唐春林，陈春棉. 城市轨道交通列车辅助供电系统分析［J］. 电气开关，2008（1）.

［17］张大海，施承有. 成都地铁 1 号线列车微机网络控制系统［J］. 机车电传动，2009（6）.

［18］文龙贤. 天津滨海快速轨道交通列车监控系统［J］. 铁道车辆，2004（1）.

［19］黄争艳，杨建国. 我国城轨交通列车自控系统状况分析及展望［J］. 电气化铁道，2003（1）.

［20］项文路. 现代城市轨道车辆空调系统的特点及发展方向［J］. 铁道机车车辆，2007（10）.

［21］于松伟.我国地铁接触轨技术发展综述与研发建议［J］.都市快轨交通,2004(2).

［22］朱俐琴.城市轨道交通系统供电制式与受流方式分析［J］.电力机车与城轨车辆,2003(3).

［23］柳拥军,杨中平.直线感应电机悬挂技术［J］.都市快轨交通,2006(1).

［24］吕刚,范瑜.直线感应电机推力和法向力的解析计算与分析［J］.电机与控制学报,2010(3).

［25］吕刚.轨道交通中的直线感应牵引电机特性分析［J］.北京交通大学学报,2009(5).

［26］刘绍勇,刘莉.福冈地铁3号线直线电机3000型车辆［J］.现代城市轨道交通,2006(1).

［27］吴萌玲,裴玉春.我国城市轨道车辆制动技术的现状与思考［J］.机车电传动,2006(1).

［28］夏寅荪.城市轨道交通电动车组的制动技术研究［J］.城市轨道交通研究,1998(3).

［29］中国北方机车车辆工业集团公司.城市轨道交通车辆设计图册［M］.成都:西南交通大学出版社,2007.

［30］曾青中,韩增盛.城市轨道交通车辆［M］.成都:西南交通大学出版社,2007.

［31］张振淼.城市轨道交通车辆［M］.北京:中国铁道出版社,2007.

［32］吴祥明.磁悬浮列车［M］.上海:上海科学技术出版社,2008.

［33］何宗华.城市轨道交通车辆运行与维修［M］.北京:中国建筑工业出版社,2007.

［34］张凡.城市轨道交通概论［M］.成都:西南交通大学出版社,2007.

［35］李建国.城市轨道交通概论［M］.北京:机械工业出版社,2009.

［36］张振淼.城市轨道交通车辆［M］.北京:中国铁道出版社,2007.

［37］曾青中.城市轨道交通车辆［M］.成都:西南交通大学出版社,2006.

［38］西安地铁运营公司.西安地铁2号线车辆基本知识与检修手册.